企业会计准则
精要解读

何玉◎编著

人民邮电出版社

北京

图书在版编目（CIP）数据

企业会计准则精要解读 / 何玉编著. -- 北京：人
民邮电出版社，2017.5（2022.11重印）
ISBN 978-7-115-45108-8

Ⅰ．①企… Ⅱ．①何… Ⅲ．①企业—会计准则—中国
Ⅳ．①F279.23

中国版本图书馆CIP数据核字(2017)第046875号

内 容 提 要

本书按照循序渐进的学习思路，为初学者选取了 15 个常用的会计准则（现行会计准则有 41 个）进行讲解。其他准则，读者可以根据需要再进行选择学习。全书共 15 章，包括存货，长期股权投资，固定资产，无形资产，非货币性资产交换，资产减值，职工薪酬，债务重组，或有事项，收入，借款费用，所得税，金融工具确认与计量，会计政策、会计估计变更和差错更正，资产负债表日后事项。

本书可作为高等院校会计类专业学生和自学考试会计类专业学生的教材使用，也可作为从事会计实务工作的从业人员的参考书。

◆ 编　著　何　玉
责任编辑　刘向荣
责任印制　杨林杰

◆ 人民邮电出版社出版发行　北京市丰台区成寿寺路 11 号
邮编　100164　电子邮件　315@ptpress.com.cn
网址　http://www.ptpress.com.cn
固安县铭成印刷有限公司印刷

◆ 开本：787×1092　1/16
印张：17　　　　　　2017 年 5 月第 1 版
字数：492 千字　　　2022 年 11 月河北第 16 次印刷

定价：45.00 元

读者服务热线：(010)81055256　印装质量热线：(010)81055316
反盗版热线：(010)81055315
广告经营许可证：京东市监广登字20170147号

前　言

　　会计准则是会计规则的公共合约，是为实现财务报告目的而约定的一种技术手段。会计准则是国家经济法规的重要组成部分，在国家经济生活甚至国际经济交往中发挥着日益重要的作用。会计准则是反映经济活动、确认产权关系、规范收益分配的会计专业技术标准，是资本市场的一种重要规则。会计准则与审计准则、企业内部控制以及政府外部监管一同构成了资本市场健康发展的四大支柱（王军，2007）。

　　我国的企业会计准则体系包括基本准则、具体准则、会计准则应用指南及会计准则解释等组成部分。基本准则是准则中的准则，统驭着所有具体准则；具体准则主要为企业处理各种具体交易和事项提供统一的标准；在基本准则和具体准则基础上制定的会计准则应用指南，对会计实务中一些要点、重点和难点进行了规范，属于操作层面的规定；会计准则解释是为了全面贯彻实施企业会计准则，落实会计准则趋同与等效，根据企业会计准则执行中出现的情况和有关问题做出的解释与规范。

学习企业会计准则非常重要

　　（1）市场经济的建设与发展离不开会计。如果企业提供的会计信息不可靠、不可比，就会大大增加交易成本，影响市场效率。会计信息质量的高低，直接影响投资者对资本市场的信心，直接影响社会公众的切身利益。认真学习企业会计准则，确保会计信息的真实、可比、有用，不仅是降低交易成本、促进资本市场健康发展、维护社会公众利益的重要手段和途径，而且也是深化企业改革、完善公司治理、加强经济管理的需要。真实、可靠的会计信息为政府监管部门和有关经济管理部门提供了更加有力、更加有效的评判准绳和衡量标准，有利于提高整个经济管理工作的质量和效率。

　　（2）学习企业会计准则不仅是会计人员的应有之责，而且是企业高管的必需工作。企业会计准则与企业经营管理密不可分。执行企业会计准则是企业高管的法定职责。企业编制的财务报告反映企业管理层受托责任的履行情况，是企业管理层和利益相关者沟通的重要纽带和桥梁。企业负责人更是本单位会计工作和财务报告的第一责任人，必须履行法定职责，承担会计责任。

学习企业会计准则的方法

（1）学习企业会计准则要讲究方式方法，要学习会计准则的精髓，要从财务报表编制及其信息披露这一关键环节入手，在完善资产负债表、利润表、现金流量表、所有者权益变动表等报表编制的同时，注重确保附注中的补充信息得到充分、及时披露。应本着不断提高会计信息质量和透明度的基本精神，充分领会新会计准则对会计信息披露范围、空间、时间、内容的相关规定，以维护投资者和社会公众利益作为服务导向，从而调整财务报表的编制及相关信息披露，进而规范会计核算及账务处理。要在深刻领会新会计准则的基本精神、科学加强专业学习的同时，不断地提高自身的专业素养及职业判断能力。

（2）在开始学习新准则时没有必要把所有的准则内容都包括在内，可以优先安排学习一般企业日常业务经常涉及的一些准则，譬如存货、固定资产、收入、职工薪酬、所得税等。即使是应学习的内容也可以根据实务中业务的经常性来安排学习的顺序。可以先根据其所在企业的规模和性质来选择需要学习的准则和准则学习的深浅程度。之后，再根据企业业务的需要，有选择性地来逐步安排其他准则的学习。对于企业业务不涉及的准则可暂不安排学习，这样就可以大大降低准则学习的负担。基于这种观点，本书主要对一般企业日常业务经常涉及的 15 个准则进行解读，旨在为会计准则初学者学习和掌握通用会计准则提供参考与帮助。

本书是江苏省品牌专业南京财经大学会计学专业的教材，由何玉教授担任主编。本书编写采取集体充分讨论、小组分工负责的方式进行，每一章都经过专人撰写、专人修改、全面修改，三易其稿而成。具体分工是：何玉教授确立宗旨、拟定大纲、设计体例，并负责图书全面修改；第一章由郭尚君编写初稿，卞婧进行修改；第二章由蒋碧玉编写初稿，申浩进行修改；第三章由尹宏伟编写初稿，徐春炫进行修改；第四章由陈李云编写初稿，李雨婧进行修改；第五章由吴欣洁编写初稿，陈人杰进行修改；第六章由丁春晨编写初稿，朱丽丽进行修改；第七章由何舒舒编写初稿，陈萌进行修改；第八章由陈晓雯编写初稿，沈滨进行修改；第九章由申浩编写初稿，徐巍进行修改；第十章由季燕编写初稿，刘义宇进行修改；第十一章由梅艳敏编写初稿，戴蓓佳进行修改；第十二章由卞婧编写初稿，张静进行修改；第十三章由徐春炫编写初稿，张诚航进行修改；第十四章由刘宜芬编写初稿，申浩进行修改；第十五章由查文婷编写初稿，沈滨进行修改；文责自负。编者虽已尽力，但因水平所限和会计事务的快速发展，书中难免有些缺漏，敬请广大读者指正。

本书编委会

2017 年 3 月

目录 Contents

存货 | 第一章

【引例】

一位纺织服装行业资深人士表示，判断零售企业经营得如何，收入只是一方面，另一个关键指标则是存货。

"我们普遍认为存货太高不好。当然，存货增加还有另外一种情况，就是企业看好市场所以囤积大量产品。如果当时的市场行情很好，企业的人员储备充足，能够和当年的Kappa一样找到细分市场的空白点，那么，存货的增速超过收入增速是可以的。"

他表示，这里也有一个度，存货增速可以超过收入增速，但也不能超过太多，因为服装是时尚性产品，女装的销售周期大概是一两个月，男装是两三个月，家纺长一点是三到六个月。所以企业一般最多多备两三个月的存货，如果多备半年以上的存货往往是有问题的。

这几年，纺织服装行业一直处于去库存的阶段。罗莱家纺（002293.SZ）曾一度和其他两家公司以"家纺三剑客"出现在资本市场且风光无限，但是后来因为存货的问题，而出现利润的下滑。

可见，存货的管理对企业而言十分重要，高存货配置的代价是巨大的，不仅计提了存货的跌价准备，同时会影响毛利率，并带来销售费用和管理费用的增长。

本章将详细介绍制造企业最重要的资产——存货的相关会计处理，探讨存货的会计处理方法是如何影响企业业绩的。

第一节 | 存货概述

一、存货的定义及其分类

（一）存货的定义

存货，是指企业在日常活动中持有以备出售的产成品或商品、处在生产过程中的在产品，以及在生产过程或提供劳务过程中耗用的材料、物料等。

（二）存货的分类

企业的存货通常可以从以下几个方面进行分类。

1. 按存货的内容分类

（1）原材料。原材料指企业在生产过程中经加工改变其形态或性质并构成产品主要实体的各种原料及主要材料、辅助材料、外购半成品（外购件）、修理用备件（备品备件）、包装材料、燃料等。为建造固定资产等各项工程而储备的各种材料，虽然同属于材料，但是由于用于建造固定资产等各项工程，不符合存货的定义，因此不能作为企业存货进行核算。

（2）在产品。在产品指企业正在制造尚未完工的产品，包括正在各个生产工序加工的产品，和已加工完毕但尚未检验或已检验但尚未办理入库手续的产品。

（3）半成品。半成品指经过一定生产过程并已检验合格交付半成品仓库保管，但尚未制造完工成为产成品，仍需进一步加工的中间产品。

（4）产成品。产成品指工业企业已经完成全部生产过程并验收入库，可以按照合同规定的条件送交订货单位，或者可以作为商品对外销售的产品。企业接受外来原材料加工制造的代制品和为外单位加工修理的代修品，制造和修理完成验收入库后应视同企业的产成品。

（5）商品。商品指商品流通企业外购或委托加工完成验收入库用于销售的各种商品。

（6）周转材料。周转材料指企业能够多次使用、逐渐转移其价值但仍保持原有形态不确认为固定资产的材料，如包装物和低值易耗品。其中，包装物是指为了包装本企业商品而储备的各种包装容器，如桶、箱、瓶、坛、袋等。其主要作用是盛装、装潢产品或商品。低值易耗品是指不符合固定资产确认条件的各种用具物品，如工具、管理用具、玻璃器皿、劳动保护用品，以及在经营过程中周转使用的容器等。

2. 按存货的经济用途分类

（1）在日常生产经营过程中持有以备出售的存货。如工业企业的库存产成品，商品流通企业的库存商品等。

（2）为了最终出售目前尚处于生产过程中的存货。如工业企业的在产品、自制半成品、委托加工材料等。

（3）为了生产供销售的商品或提供服务以备消耗的存货。如企业原材料、燃料、包装物、低值易耗品等。

3. 按存货的存放地点分类

（1）库存存货。库存存货指已运达企业，并已验收入库的各种存货。

（2）在途存货。在途存货指正在运输途中的存货，包括运入在途和运出在途。运入在途是指已经支付货款正在运入途中或已经运到但尚未验收入库的存货；运出在途是指按合同已经发出但尚未转让所有权也未确认销售收入的存货。

（3）加工中存货。加工中存货指企业自行生产加工及委托外单位加工但尚未完成加工的各种存货。

（4）委托代销存货。委托代销存货指委托外单位代销，尚未办理代销货款结算的存货。

4. 按存货的来源分类

（1）外购存货。外购存货指企业从外部购进的各种存货，如商业企业的外购商品，工业企业的外购材料、外购零部件等。

（2）自制存货。自制存货指由企业内部加工制造的各种存货，如自制材料、自制半成品和产成品等，它的成本包括自制过程中消耗的直接材料费、直接工资费用、制造费用及其他直接费用。

（3）委托加工存货。委托加工存货指企业委托外单位加工成新的材料或包装物、低值易耗品等物资。

二、存货的特征

具体来说，存货具有以下特征。

（一）存货是有形资产

这一点有别于无形资产，存货具有具体的形态。

（二）存货是流动资产

在企业中，存货经常处于不断销售、耗用、购买或重置中，具有较快的变现能力和明显的流动性。

（三）存货是企业在日常经营活动中持有

持有存货的最终目的是出售。

（四）存货具有实效性和发生潜在损失的可能性

在正常的生产经营活动下，存货能够规律地转换为货币资产或其他资产，但长期不能耗用或销售的存货就有可能变为积压物资和降价销售，从而造成企业的损失。

三、存货的确认条件

存货在符合定义情况下，同时满足下列两个条件的，才能予以确认。

（一）与该存货有关的经济利益很可能流入企业

存货是企业最重要的流动资产，因此，对存货的确认，关键是判断其是否很可能给企业带来经济利益或包含的经济利益是否很可能流入企业。通常，拥有存货的收益权是与存货有关的经济利益很可能流入企业的一个重要标志。一般情况下，根据销售合同已经售出（取得现金或收取现金的权利）、所有权已经转移的存货，因所含经济利益已不能流入企业，因而不能再作为企业的存货进行核算，即使该存货尚未运离企业。企业在判断与该存货有关的经济利益能否流入企业时，应结合考虑存货所有权的归属，而不应当仅仅看其存放的地点等。例如，在售后回购交易方式下，销货方在销售商品时，商品的所有权已经转移给了购货方，但由于销货方承诺将回购商品，因而仍然保留了商品所有权上的主要风险，交易的实质是销货方以商品为质押向购货方融通资金，销货方通常并不确认销售收入，所销售的商品仍应包括在销货方的存货之中。

（二）该存货的成本能够可靠地计量

存货作为资产的重要组成部分，在确认时必须符合资产确认的基本条件，即成本能够可靠地计量。存货的成本要可靠地计量，必须取得确凿证据作为依据，并且具有可验证性。如果存货成本不能可靠地计量，则不能确认为一项存货。

第二节 存货的初始计量

存货的初始计量，是指企业在取得存货时，对其入账价值的确定。企业取得存货应当按照成本进行计量。一般来说，存货初始计量的成本包括采购成本、加工成本和其他成本三个组成部分。具体来说，存货初始计量的成本根据不同的存货取得方式而有所不同。

一、外购的存货

（一）外购存货的成本

企业外购存货主要包括原材料和商品。外购存货的成本即存货的采购成本，指企业物资从采购到入库前所发生的全部支出，包括购买价款、相关税费、运输费、装卸费、保险费以及其他可归属于存货采购成本的费用。

购买价款，是指企业购入的材料或商品的发票账单上列明的价款，但不包括按规定可以抵扣的增值税进项税额；相关税费，是指企业购买、自制或委托加工存货发生的进口关税、消费税、资源税和不能抵扣的增值税进项税额等应计入存货采购成本的税费；其他可归属于存货采购成本的费用，是指采购过程中发生的除上述各项成本以外的可归属于存货采购成本的费用，如存货采购仓储费、包装费、运输途中的合理损耗、入库前的挑选整理费用等。

对于采购过程中发生的物资毁损、短缺等，除合理的途耗应当作为存货的其他可归属于存货采购成本的费用计入采购成本外，应区别不同情况进行会计处理：一是从供货单位、外部运输机构等收回的物资短缺或其他赔款，应冲减所购物资的采购成本；二是因遭受意外灾害发生的损失和尚待查明原因的途中损耗，暂作为待处理财产损溢进行核算，查明原因后再做处理。

此外，对于商品流通企业在采购商品过程中发生的运输费、装卸费、保险费以及其他可归属于存货采购成本的费用，原则上也应计入存货的成本。在实务中也可以在上述费用发生时先进行归集，期末时按照所购商品的存销情况进行分摊。如果这些费用金额较小，也可以在发生时直接计入当期销售费用。

（二）外购存货的核算

企业外购的存货，由于距离采购地点远近不同、货款结算方式不同等原因，可能造成存货验收入库和货款结算并不能总是同步完成；此外，外购存货还可能采用预付款购货方式、赊购方式等。因此，企业外购的存货应根据具体情况，分别进行会计处理。

1. 结算凭证已收到，材料已入库

在存货验收入库和货款结算同时完成的情况下，企业应于支付货款或开出、承兑商业汇票，并且存货验收入库后，按发票账单等结算凭证确定的存货成本，借记"原材料""周转材料""库存商品"等存货科目，按增值税专用发票上注明的增值税进项税额，借记"应交税费——应交增值税（进项税额）"科目，按实际支付的款项或应付票据面值，贷记"银行存款""应付票据"等科目。

【例1-1】2×16年1月，A公司经有关部门核定为一般纳税人。某日该企业购入甲材料一批，取得的增值税专用发票注明的原材料价款为20 000元，增值税税额为3 400元，发票等结算凭证已经收到，材料已入库，货款已通过银行转账支付。

借：原材料——甲材料　　　　　　　　　　　　　　20 000
　　应交税费——应交增值税（进项税额）　　　　　　3 400
　　贷：银行存款　　　　　　　　　　　　　　　　　　　　23 400

2. 结算凭证已收到，材料未入库

在已经支付货款或开出、承兑商业汇票，但存货尚在运输途中或虽已运达但尚未验收入库的情况下，企业应于支付货款或开出、承兑商业汇票时，按发票账单等结算凭证确定的存货成本，借记"在途物资"科目，按增值税专用发票上注明的增值税进项税额，借记"应交税费——应交增值税（进项税额）"科目，按实际支付的款项或应付票据面值，贷记"银行存款""应付票据"等科目；待存货运达企业并验收入库后，再根据有关验货凭证，借记"原材料""周转材料""库存商品"等存货科目，贷记"在途物资"科目。

【例1-2】2×16年2月，A公司从B公司购入乙材料价格20 000元，专用发票注明增值税3 400元，货款未付，规定于材料入库后结转入库材料成本。

借：在途物资　　　　　　　　　　　　　　　　　　20 000
　　应交税费——应交增值税（进项税额）　　　　　　3 400
　　贷：银行存款　　　　　　　　　　　　　　　　　　　　23 400
借：原材料　　　　　　　　　　　　　　　　　　　20 000
　　贷：在途物资　　　　　　　　　　　　　　　　　　　　20 000

3. 结算凭证未收到，材料已到

在存货已运达企业并验收入库，但发票账单等结算凭证尚未到达、货款尚未结算的情况下，企业在收到存货时可先不进行会计处理。如果在本月内结算凭证能够到达企业，则应在支付货款或开出、承兑商业汇票后，按发票账单等结算凭证确定的存货成本，借记"原材料""周转材料""库存商品"等存货科目，按增值税专用发票上注明的增值税进项税额，借记"应交税费——应交增值税（进项税额）"科目，按实际支付的款项或应付票据面值，贷记"银行存款""应付票据"等科目。如果月末时结算凭证仍未到达，为全面反映资产及负债情况，应对收到的存货按暂估价值入账，借记"原材料""周转材料""库存商品"等存货科目，贷记"应付账款——暂估应付账款"科目，下月初，再编制相同的红字记账凭证予以冲回；待结算凭证到达，企业付款或开出、承兑商业汇票后，按发票账单等结算凭证确定的存货成本，借记"原材料""周转材料""库存商品"等存货科目，按增值税专用发票上注明的增值税进项税额，借记"应交税费——应交增值税（进项税额）"科目，按实际支付的款项或应付票据面值，贷记"银行存款""应付票据"等科目。

【例1-3】 2×16年3月，A公司经有关部门核定为一般纳税人，某日该企业购入丙材料一批，原材料价款为20 000元，材料已经运到，并已验收入库，但发票等结算凭证尚未收到，货款尚未支付。

（1）月末，按照暂估入账，设其暂估价为15 000元，编制如下会计分录。

借：原材料——丙材料 15 000
　贷：应付账款——暂估应付账款 15 000

（2）下月初用红字将上述分录原账冲回。

借：应付账款——暂估应付账款 15 000
　贷：原材料——丙材料 15 000

（3）收到有关结算凭证，并支付款项时，编制如下会计分录。

借：原材料——丙材料 20 000
　应交税费——应交增值税（进项税额） 3 400
　贷：银行存款 23 400

4. 采用预付货款方式购入存货

在采用预付款方式购入存货的情况下，企业应在预付货款时，按照实际预付的金额，借记"预付账款"科目，贷记"银行存款"科目；购入的存货验收入库时，按发票账单等结算凭证确定的存货成本，借记"原材料""周转材料""库存商品"等存货科目，按增值税专用发票上注明的增值税进项税额，借记"应交税费——应交增值税（进项税额）"科目，按存货成本与增值税进项税额之和，贷记"预付账款"科目。预付的货款不足，需补付货款时，按照补付的金额，借记"预付账款"科目，贷记"银行存款"科目；供货方退回多付的货款时，借记"银行存款"科目，贷记"预付账款"科目。

【例1-4】 2×16年4月，A公司向C公司预付货款10 000元，采购丁材料。C公司交付所购材料，增值税专用发票上注明的材料价款为20 000元，增值税税额为3 400元，应补付的货款通过银行转账支付。

（1）预付货款。

借：预付账款——C公司 10 000
　贷：银行存款 10 000

（2）材料验收入库。

借：原材料——丁材料 20 000
　应交税费——应交增值税（进项税额） 3 400
　贷：预付账款——C公司 23 400

（3）补付货款。

借：预付账款——C公司 13 400
　贷：银行存款 13 400

二、加工存货的成本

企业通过进一步加工取得的存货主要包括产成品、在产品、半成品、委托加工物资等，其成本由采购成本、加工成本构成。通过进一步加工取得的存货的成本中，采购成本是由所使用或消耗的原材料采购成本转移而来的，因此，计量加工取得的存货的成本，重点是要确定存货的加工成本。

存货加工成本由直接人工和制造费用构成。其中，直接人工是指企业在生产产品过程中直接从事产品生产的工人的职工薪酬；制造费用是指企业为生产产品和提供劳务而发生的各项间接费用，包括企业生产部门（如生产车间）管理人员的职工薪酬、折旧费、办公费、水电费、机物料消耗、劳动保护费、季节性和修理期间的停工损失等。

企业在加工存货过程中发生的直接人工和制造费用，如果能够直接计入有关的成本核算对象，则应直接计入该成本核算对象。否则，应按照合理方法分配计入有关成本核算对象。分配方法一经确定，不得随意变更。

如果存货需要经过相当长时间的构建或者生产活动才能达到可销售状态，其借款费用也可以在符合条件的情况下予以资本化处理，计入存货成本。

此外，非正常消耗的直接材料、直接人工及制造费用，以及存货在入库后发生的仓储费用，不应包括在存货成本中，而应直接计入当期损益。

【例1-5】2×16年5月，A公司的基本生产车间制造完成一批产成品，已验收入库。经计算，该批产成品的实际成本为60 000元。

借：库存商品   60 000
     贷：生产成本——基本生产成本   60 000

三、以其他方式取得存货的成本

存货的其他成本，是指除采购成本、加工成本以外的，使存货达到目前场所和状态所发生的其他支出，主要有以下内容。

（一）委托加工存货的成本

委托加工材料物资以实际成本作为入账价值，具体包括加工耗用的材料物资的实际成本、支付的加工费用和税费以及为加工材料物资支付的往返运杂费等。

企业拨付待加工的材料物资、委托其他单位加工存货时，按发出材料物资的实际成本，借记"委托加工物资"科目，贷记"原材料""库存商品"等科目；支付加工费和往返运杂费时，借记"委托加工物资"科目，贷记"银行存款"科目；应由受托加工方代收代缴的增值税，借记"应交税费——应交增值税（进项税额）"科目，贷记"银行存款""应付账款"等科目。需要交纳消费税的委托加工存货，由受托加工方代收代缴的消费税，应分别以下情况处理：

（1）收回后直接用于销售的，应将受托方代收代缴的消费税计入委托加工物资成本；

（2）收回后用于连续生产应税消费品，按规定准予抵扣的，受托方代收代缴的消费税记入"应交税费——应交消费税"科目的借方。

【例1-6】2×16年6月，A企业委托B企业加工应税材料一批。原材料成本为20 000元，支付不含增值税的加工费7 000元，消费税税率为10%，材料加工完成并验收入库，加工费用等已经支付。双方适用的增值税税率为17%。

A企业按实际成本核算原材料，有关账务处理如下。

（1）发出委托加工材料。

借：委托加工物资——B企业　　　　　　　　　　　　20 000

　　贷：原材料　　　　　　　　　　　　　　　　　　　　20 000

（2）支付加工费和税金。

消费税=消费税组成计税价格×消费税税率

消费税组成计税价格=材料实际成本+加工费+消费税

　　　　　　　　　　=（材料实际成本+加工费）/（1-消费税税率）

消费税组成计税价格=（20 000+7 000）/（1-10%）=30 000（元）

受托方代收代缴的消费税税额=30 000×10%=3 000（元）

应交增值税税额=7 000×17%=1 190（元）

① A企业收回加工后的材料用于连续生产应税消费品。

借：委托加工物资——B企业　　　　　　　　　　　　7 000

　　应交税费——应交增值税（进项税额）　　　　　　1 190

　　　　　　　——应交消费税　　　　　　　　　　　3 000

　　贷：银行存款　　　　　　　　　　　　　　　　　　11 190

② A企业收回加工后的材料直接用于出售。

借：委托加工物资——B企业　　　　　　　　　　　　10 000（7 000+3 000）

　　应交税费——应交增值税（进项税额）　　　　　　1 190

　　贷：银行存款　　　　　　　　　　　　　　　　　　11 190

（3）加工完成，收回委托加工材料。

① A企业收回加工后的材料用于连续生产应税消费品。

借：原材料　　　　　　　　　　　　　　　　　　　　27 000（20 000+7 000）

　　贷：委托加工物资——B企业　　　　　　　　　　　　27 000

② A企业收回加工后的材料直接用于出售。

借：库存商品　　　　　　　　　　　　　　　　　　　30 000（20 000+10 000）

　　贷：委托加工物资——B企业　　　　　　　　　　　　30 000

（二）投资者投入存货的成本

投资者投入存货的成本应当按照投资合同或协议约定的价值确定，但合同或协议约定价值不公允的除外。在投资合同或协议约定价值不公允的情况下，按照该项存货的公允价值作为其入账价值。

企业收到投资者投入的存货时，按照投资合同或协议约定的存货价值，借记"原材料""周转材料""库存商品"等科目，按增值税专用发票上注明的增值税进项税额，借记"应交税费——应交增值税（进项税额）"科目，按投资者在注册资本中应占有的份额，贷记"实收资本"或"股本"科目，按其差额，贷记"资本公积"科目。

【例1-7】2×16年7月，A公司收到甲股东作为资本金投入的一批原材料。增值税专用发票上注明的原材料价格为100 000元，进项税额为17 000元。经投资各方确认，甲股东的投入资本按原材料发票金额确定，可折换A公司每股面值1元的普通股股票70 000股。

借：原材料　　　　　　　　　　　　　　　　　　　　100 000

　　应交税费——应交增值税（进项税额）　　　　　　17 000

　　贷：股本——甲股东　　　　　　　　　　　　　　　70 000

　　　　资本公积——股本溢价　　　　　　　　　　　　47 000

（三）通过非货币性资产交换、债务重组、企业合并等方式取得的存货的成本

企业通过非货币性资产交换、债务重组、企业合并等方式取得的存货，其成本应当分别按照《企业会计准则第 7 号——非货币性资产交换》《企业会计准则第 12 号——债务重组》《企业会计准则第 20 号——企业合并》等的规定确定。但是，该项存货的后续计量和披露应当执行存货准则的规定。

第三节　发出存货的计量

一、发出存货的计价方法

在日常会计实践中，即使是同一种存货，由于取得的途径和时间不同，不同批次入库的存货单位成本也会有所差别。因此，产生了如何选择已发出存货所对应的单位成本的计算方法问题，这些方法将直接影响已发出存货总成本和期末存货成本的确定。企业应当根据各类存货的实物流转方式、企业管理的要求、存货的性质等实际情况，合理地选择发出存货成本的计算方法，以合理确定当期发出存货的实际成本。存货的计价方法一经确定，年度内不得随意变更。

（一）先进先出法

先进先出法是以先购入的存货应先发出（销售或耗用）这样一种存货实物流动假设为前提，对发出存货进行计价的方法。采用这种方法，先购入的存货成本在后购入存货成本之前转出，据此确定发出存货和期末存货的成本。

【例1-8】A公司2×16年5月份甲材料的收发结存资料如表1-1所示，要求采用先进先出法计算甲材料发出金额和结存金额。

表 1-1　　　　　　　　　　　甲材料收发结存情况表

日期	收入		发出数量（件）	结存数量（件）
	数量（件）	单位成本（元）		
5 月 1 日存货	200	20.00		200
5 月 5 日购入	400	22.00		600
5 月 12 日发出			300	300
5 月 18 日购入	600	24.00		900
5 月 21 日发出			600	300
5 月 31 日购入	800	26.00		1 100

根据表1-1的相关资料，计算甲材料的收入、发出和结存情况，如表1-2所示。

表 1-2　　　　　　　　存货明细账（先进先出法）　　　　　数量单位：件　　金额单位：元

日期	摘要	收入			发出			结存		
		数量	单位成本	总成本	数量	单位成本	总成本	数量	单位成本	总成本
5.1	期初余额							200	20.00	4 000
5.5	购货	400	22.00	8 800				200	20.00	4 000
								400	22.00	8 800

续表

日期	摘要	收入			发出			结存		
		数量	单位成本	总成本	数量	单位成本	总成本	数量	单位成本	总成本
5.12	销售				200	20.000	4 000	300	22.00	6 600
					100	22.00	2 200			
5.18	购货	600	24.00	14 400				300	22.00	6 600
								600	24.00	14 400
5.21	销售				300	22.00	6 600	300	24.00	7 200
					300	24.00	7 200			
5.31	购货	800	26.00	20 800				300	24.00	7 200
								800	26.00	20 800

采用先进先出法进行存货计价，可以随时确定发出存货的成本，从而保证了产品生产成本和销售成本计算的及时性，并且期末存货成本是按最近的购货成本确定的，比较接近现行的市场价值。但采用这一方法计价，有时对同一批发出存货要采用多个单位成本计价，计算比较烦琐，对于存货收发频繁的企业更是如此。从该方法对财务报表的影响来看，在物价上涨较快的期间，会低估发出存货的成本，高估当期利润；反之，在物价下跌较快的期间，会高估发出存货的成本，低估当期利润，这正符合谨慎性原则。

（二）移动加权平均法

移动加权平均法，是指以每次进货的成本加上原有库存存货的成本，除以每次进货数量与原有库存存货的数量之和，据以计算加权平均单位成本，作为在下次进货前计算各次发出存货成本的依据。移动加权平均单位成本以及本批发出存货成本和期末结存存货成本的计算公式如下：

$$移动加权平均单位成本 = \frac{原有存货成本 + 本批入库存货成本}{原有存货数量 + 本批入库存货数量}$$

本批发出存货成本＝最近移动加权平均单位成本×本批发出存货的数量

期末结存存货成本＝期末移动加权平均单位成本×本期结存存货的数量

【例1-9】根据表1-1的相关资料，计算甲材料的收入、发出和结存情况，如表1-3所示。

表1-3　　　　　　　　　　　　　　存货明细账（移动加权平均法）　　　　　　　数量单位：件　　金额单位：元

日期	摘要	收入			发出			结存		
		数量	单位成本	总成本	数量	单位成本	总成本	数量	单位成本	总成本
5.1	期初余额							200	20.00	4 000
5.5	购货	400	22.00	8 800				600	21.33	12 800
5.12	销售				300	21.33	6 400	300	21.33	6 400
5.18	购货	600	24.00	14 400				900	23.11	20 800
5.21	销售				600	23.11	13 866	300	23.11	6 934
5.31	购货	800	26.00	20 800				1 100	25.21	27 734

采用移动加权平均法可以随时掌握发出存货的成本和结存存货的成本，能为存货管理及时地提供所需信息。这一方法计算的平均单位成本以及发出和结存的存货成本比较客观，但采用这种方法，每次收货都要计算一次平均单位成本，计算工作量较大，不适合收发货比较频繁的企业。

（三）月末一次加权平均法

月末一次加权平均法，是指以当月全部进货数量加上月初存货数量作为权数，去除当月全部进货成本加上月初存货成本，计算出存货的加权平均单位成本，以此为基础计算当月发出存货的成本和期末存货的成本的一种方法。加权平均单位成本以及本月发出存货成本和月末结存存货成本的计算公式如下：

$$加权平均单位成本=\frac{月初结存存货成本+本月收入存货成本}{月初结存存货数量+本月收入存货数量}$$

本月发出存货成本=加权平均单位成本×本月发出存货的数量

月末结存存货成本=加权平均单位成本×本月结存存货的数量

【例1-10】根据表1-1的有关资料，用月末一次加权平均法计算存货成本。

$$加权平均单位成本=\frac{4\,000+8\,800+14\,400+20\,800}{200+400+600+800}=24（元/件）$$

本月发出存货成本=24×900=21 600（元）

月末结存存货成本=24×1 100=26 400（元）

采用这一方法，平时不对发出存货计价，只在月末一次计算加权平均单价，因而日常核算工作量较小，简便易行，并且对存货成本的分摊较为折中，适用于存货收发比较频繁的企业。但发出存货的单价要在月末才能确定，因此平时账上无法提供存货结存和发出金额，不利于存货的管理和控制。

（四）个别计价法

个别计价法，亦称个别认定法、具体辨认法、分批实际法，其特征是注重所发出存货具体项目的实物流转与成本流转之间的联系，逐一辨认各批发出存货和期末存货所属的购进批别或生产批别，分别按其购入或生产时所确定的单位成本计算各批发出存货和期末存货的成本。即把每一种存货的实际成本作为计算发出存货成本和期末存货成本的基础。

个别计价法的特点是成本流转与实物流转完全一致，因而能准确地反映本期发出存货和期末结存存货的成本。但采用该方法必须具备详细的存货收、发、存记录，日常核算非常烦琐，存货实物流转的操作程序也很复杂。所以，个别计价法一般适用于不能替代使用的存货、为特定项目专门购入或制造的存货以及品种数量不多、单位价值较高或体积较大、容易辨认的存货的计价。在实际工作中，越来越多的企业采用计算机信息系统进行会计处理，个别计价法可以广泛应用于发出存货的计价。

二、发出存货的会计处理

（一）原材料发出的处理

原材料在生产经营过程中领用后，其原有实物形态会发生改变乃至消失，其成本也随之形成产品成本或直接转化为费用。根据原材料的消耗特点，企业应按发出原材料的用途，将其成本直接计入产品成本或当期费用。领用原材料时，按计算确定的实际成本，借记"生产成本""制造费用""管理费用""销售费用""委托加工物资"等科目，贷记"原材料"科目。

【例1-11】2×16年3月，A公司领用原材料的实际成本为20 000元。其中，基本生产领用10 000元，辅助生产领用5 000元，生产车间一般耗用3 000元，管理部门领用2 000元。

借：生产成本——基本生产成本　　　　　　　　　10 000
　　　　　　——辅助生产成本　　　　　　　　　5 000
　　制造费用　　　　　　　　　　　　　　　　　3 000
　　管理费用　　　　　　　　　　　　　　　　　2 000
　　贷：原材料　　　　　　　　　　　　　　　　　　20 000

（二）周转材料发出的处理

企业应当采用一次转销法或者五五摊销法对包装物和低值易耗品进行摊销，计入相关资产的成本或者当期损益。如果对相关包装物或低值易耗品计提了存货跌价准备，还应结转已计提的存货跌价准备，冲减相关资产的成本或当期损益。

生产领用的包装物，应将其成本计入制造费用；随同商品出售但不单独计价的包装物，应将其成本计入当期销售费用；随同商品出售并单独计价的包装物，应将其成本计入当期其他业务成本。

出租或出借的包装物因不能使用而报废时回收的残料，应作为当月包装物摊销额的减少，冲减有关资产成本或当期损益。

1. 一次转销法

一次转销法，是指低值易耗品或包装物在领用时就将其全部账面价值计入相关资产成本或当期损益的方法。一次转销法通常适用于价值较低或极易损坏的管理用具和小型工具、卡具以及在单件小批生产方式下为制造某批订货所用的专用工具等低值易耗品，以及生产领用的包装物和随同商品出售的包装物；数量不多、金额较小，且业务不频繁的出租或出借包装物，也可以采用一次转销法结转包装物的成本，但在以后收回使用过的出租和出借包装物时，应加强实物管理，并在备查簿上进行登记。

采用这种方法，领用周转材料时，应按其账面价值，借记"生产成本""制造费用""其他业务成本""销售费用""管理费用"等科目，贷记"周转材料"科目；周转材料报废时，应按其残料价值冲减有关资产成本或当期损益，借记"原材料""银行存款"等科目，贷记"生产成本""制造费用""其他业务成本""销售费用""管理费用"等科目。

【例1-12】2×16年4月，A企业的管理部门领用一批低值易耗品，账面价值为2 000元，采用一次转销法。当月，报废一批管理用低值易耗品，残料作价100元，作为原材料入库。

（1）领用低值易耗品。

借：管理费用　　　　　　　　　　　　　　　　2 000
　　贷：周转材料　　　　　　　　　　　　　　　　　　2 000

（2）报废低值易耗品，残料作价入库。

借：原材料　　　　　　　　　　　　　　　　　　100
　　贷：管理费用　　　　　　　　　　　　　　　　　　　100

【例1-13】2×16年5月，A企业领用一批包装物，用于包装对外销售的产品，领用的包装物不单独计价收款。该批包装物的账面价值为1 500元。

借：销售费用　　　　　　　　　　　　　　　　1 500
　　贷：周转材料　　　　　　　　　　　　　　　　　　1 500

低值易耗品报废时回收的残料、出租或出借的包装物因不能使用而作报废处理所取得的残料，应作为当月低值易耗品或包装物摊销额的减少，冲减有关资产成本或当期损益。

2. 五五摊销法

五五摊销法，是指低值易耗品在领用时或出租、出借包装物时先摊销其成本的一半，在报废时再摊销其成本的另一半。即低值易耗品或包装物分两次各按50%进行摊销。

采用五五摊销法，周转材料应分别"在库""在用"和"摊销"进行明细核算。领用周转材料时，按其账面价值，借记"周转材料——在用"科目，贷记"周转材料——在库"科目，同时，摊销其账面价值的50%，借记"制造费用""其他业务成本""销售费用""管理费用"等科目，贷记"周转材料——摊销"科目；周转材料报废时，摊销其余50%的账面价值，借记"制造费用""其他业务成本""销售费用""管理费用"等科目，贷记"周转材料——摊销"科目，同时，转销周转材料全部已提摊销额，借记"周转材料——摊销"科目，贷记"周转材料——在用"科目；报废周转材料的残料价值应冲减有关成本费用，借记"原材料""银行存款"等科目，贷记"制造费用""其他业务成本""销售费用""管理费用"等科目。

【例1-14】2×16年6月，A企业领用了一批全新的包装箱，无偿提供给客户周转使用。包装箱价值70 000元，采用五五摊销法摊销。该批包装箱报废时，残料估价3 000元作为原材料入库。

（1）领用包装箱并摊销其账面价值的50%。

借：周转材料——在用   70 000
  贷：周转材料——在库   70 000
借：销售费用   35 000
  贷：周转材料——摊销   35 000

（2）包装箱报废，摊销其余50%的账面价值并转销全部已提摊销额。

借：销售费用   35 000
  贷：周转材料——摊销   35 000
借：周转材料——摊销   70 000
  贷：周转材料——在用   70 000

（3）报废包装箱的残料作价入库。

借：原材料   3 000
  贷：销售费用   3 000

3. 分次摊销法

分次摊销法，是指周转材料的成本应当按照使用次数分次摊入相关资产成本或当期损益的方法。各期周转材料摊销额的计算公式如下：

$$某期周转材料摊销额 = \frac{周转材料账面价值}{预计可使用次数} \times 该期实际使用次数$$

分次摊销法的核算原理与五五摊销法相同，只是周转材料的价值是分次计算摊销的，而不是在领用和报废时各摊销一半。

【例1-15】2×16年7月，D建造承包商领用一批定型模板，账面价值14 000元，预计可使用7次，采用分次摊销法摊销。领用当月，实际使用2次；领用第2个月，实际使用4次；领用第3个月，该批模板报废，将残料售出，收取价款1 000元存入银行。

（1）领用模板。

借：周转材料——在用   14 000
  贷：周转材料——在库   14 000

（2）领用当月，摊销模板账面价值。

$$领用当月模板摊销额 = \frac{14\ 000}{7} \times 2 = 4\ 000（元）$$

借：工程施工   4 000
  贷：周转材料——摊销   4 000

（3）领用第2个月，摊销模板账面价值。

$$第2个月模板摊销额 = \frac{14\ 000}{7} \times 4 = 8\ 000（元）$$

借：工程施工   8 000
  贷：周转材料——摊销   8 000

（4）领用第3个月，模板报废，将账面摊余价值一次摊销并转销全部已提摊销额。

账面摊余价值 = 14 000 − 4 000 − 8 000 = 2 000（元）

借：工程施工　　　　　　　　　　　　　　　　　　　2 000
　　贷：周转材料——摊销　　　　　　　　　　　　　　　　2 000
借：周转材料——摊销　　　　　　　　　　　　　　　14 000
　　贷：周转材料——在用　　　　　　　　　　　　　　　14 000

（5）将报废模板残料售出，收取价款存入银行。

借：银行存款　　　　　　　　　　　　　　　　　　　1 000
　　贷：工程施工　　　　　　　　　　　　　　　　　　　1 000

分次摊销法主要适用于建造承包商的钢模板、木模板、脚手架等周转材料的摊销。

（三）其他用途发出存货的处理

企业因非货币性资产交换、在建工程等领用的存货，应当分别按照相关的规定进行会计处理，借记相关科目，贷记"库存商品""原材料"等科目，在此并不详述。

第四节　按计划成本计价的材料核算

按计划成本核算是指企业存货的收入、发出和结余均按预先制定的计划成本计价，同时另设"材料成本差异"账户，登记实际成本与计划成本的差额，月末通过计算材料成本差异率，调整有关材料的成本差异。它适用于原材料品种较多的企业，优点是便于计算，原材料成本便于进行可比性分析。

一、科目设置

"材料采购"账户核算企业收入材料的实际成本以及实际成本与计划成本的差额，属于资产类账户。该账户的借方核算材料购进的实际成本；贷方核算原材料入库转出及原材料实际成本与计划成本差异转出数；余额一般在借方，反映在途原材料的实际成本。

"原材料"科目的结构、用途与材料按实际成本计价情况下设置的"原材料"科目相同，不同的是该科目的借方、贷方和余额均按计划成本记账。原材料按计划成本进行核算时，材料的收入、发出和结存均按材料的计划成本计价。

"材料成本差异"科目反映已经入库原材料的实际成本与计划成本之间的差异。借方反映实际成本大于计划成本数，即超支数，同时反映发出材料应负担的差异节约数；贷方反映实际成本小于计划成本数，即节约数，同时反映发出材料应负担的差异超支数；期末余额如为借方，表示库存材料的实际成本大于计划成本的差异，也就是超支数；期末余额如为贷方，表示库存材料的实际成本小于计划成本的差异，也就是节约数。

二、计划成本法下原材料增加的会计处理

（一）结算凭证已收到，材料已入库

在按计划成本计价核算采购材料时，对于货款已付，且材料也已经验收入库的情况，涉及购买过程的会计处理，以及材料验收入库的同时结转材料成本差异的会计处理。

【例1-16】2×16年8月，A公司购入甲材料一批，货款为20 000元，增值税税率为17%，采用商业汇票结算。该批材料的计划成本为15 000元，材料已验收入库。

（1）购买（实际成本）。

借：材料采购——原材料　　　　　　　　　20 000
　　应交税费——应交增值税（进项税额）　　3 400
　　　贷：应付票据　　　　　　　　　　　　　　　23 400

（2）入库（计划成本）。

借：原材料　　　　　　　　　　　　　　　15 000
　　　贷：材料采购　　　　　　　　　　　　　　　15 000

（3）确定材料成本超支差异5 000元。

借：材料成本差异　　　　　　　　　　　　5 000
　　　贷：材料采购　　　　　　　　　　　　　　　5 000

入库和确定材料成本差异可以合并为一笔会计分录，在实务中，入库和结转材料成本差异不一定在入库时就做会计分录，可以在月末与其他入库材料一并计算差异并编制会计分录。

（二）结算凭证已收到，材料未入库

【例1-17】2×16年9月，A公司月初购入乙材料500千克，每千克60元，货款30 000元和税款5 100元以银行存款支付，该批材料尚未运到。

（1）A公司付款时。

借：材料采购——原材料　　　　　　　　　30 000
　　应交税费——应交增值税（进项税额）　　5 100
　　　贷：银行存款　　　　　　　　　　　　　　　35 100

"材料采购"的期末余额为在途材料的实际成本。

假设5天后收到此批货，该批材料的计划成本为32 000元。

（2）入库（计划成本）。

借：原材料　　　　　　　　　　　　　　　32 000
　　　贷：材料采购　　　　　　　　　　　　　　　32 000

（3）确定材料成本节约差异2 000元。

借：材料采购　　　　　　　　　　　　　　2 000
　　　贷：材料成本差异　　　　　　　　　　　　　2 000

（三）结算凭证未收到，材料已到

【例1-18】2×16年10月，A公司从B公司赊购一批甲材料50吨，每吨5 000元，增值税税率为17%，收到发票，暂不付款，材料已验收入库。该批材料的计划成本为245 000元。

（1）A公司赊购时。

借：材料采购——原材料　　　　　　　　　250 000
　　应交税费——应交增值税（进项税额）　　42 500
　　　贷：应付账款　　　　　　　　　　　　　　　292 500

（2）入库（计划成本）。

借：原材料　　　　　　　　　　　　　　　245 000
　　　贷：材料采购　　　　　　　　　　　　　　　245 000

（3）确定材料成本超支差异5 000元。

借：材料成本差异　　　　　　　　　　　　5 000
　　　贷：材料采购　　　　　　　　　　　　　　　5 000

【例1-19】2×16年11月，A公司购入甲材料一批，材料到达并已验收入库，月末尚未收到发票账单，货款亦未支付。该批材料计划成本为150 000元。

（1）月末按合同价暂估入账。

借：原材料　　　　　　　　　　　　　　　　　150 000

　　贷：应付账款——暂估应付账款　　　　　　　　　　　150 000

（2）下月初用红字冲回。

借：原材料　　　　　　　　　　　　　　150 000（红字）

　　贷：应付账款——暂估应付账款　　　　　　　150 000（红字）

三、计划成本法下原材料减少的会计处理

采用计划成本进行材料日常核算的企业，日常领用、发出材料均按计划成本记账，月份终了，按照发出各种材料的计划成本，计算应负担的成本差异，将发出材料的计划成本调整为实际成本。

计划成本法下应于月末计算出材料成本差异分配率，用来分配发出材料应负担的材料成本差异。差异率的计算公式如下：

$$本月材料成本差异率=\frac{月初结存材料的成本的差异+本月收入材料的成本的差异}{月初结存材料的计划成本+本月收入材料的计划成本}\times100\%$$

在计算公式中，月初结存材料和本月收入材料的成本差异，都应按照差异的性质标明正负号。超支差异应是正数，节约差异为负数。分母中的月初结存材料计划成本与本月收入材料计划成本之和，应按科目记录的数据填列。

计算出材料成本差异分配率后，再据此计算本月发出材料应负担的成本差异，从而计算出本月发出材料的实际成本：

本月发出材料成本差异=本月发出材料计划成本×材料成本差异分配率

本月发出材料实际成本=本月发出材料计划成本±本月发出材料成本差异

发出材料应负担的成本差异，必须按月分摊，不得在季末或年末一次计算。

【例1-20】2×16年3月，假设甲材料计划单位成本为50元/千克，月初结存材料1 200千克，实际成本为54 000元，计划成本为60 000元，成本差异为节约6 000元。本期购入材料3 200千克，实际成本为159 800元，计划成本为160 000元，节约差异为200元。本期发出材料2 700千克。

$$材料成本差异率=\frac{-6\,000-200}{60\,000+160\,000}\times100\%=-2.82\%$$

本期发出存货计划成本=2 700×50=135 000（元）

本月发出材料成本差异=135 000×（-2.82%）=-3 807（元）

本月发出材料实际成本=135 000-3 807=131 193（元）

【例1-21】2×16年4月，A公司月初库存原材料计划成本为68 000元，材料成本差异为-1 360元；本月购入原材料的计划成本为132 000元，材料成本差异为5 360元。本月发出的原材料计划成本为80 000元，其中生产车间领用60 000元，车间管理及消耗材料为15 000元，厂部管理部门领用5 000元。

该企业应进行的会计处理如下。

（1）计算材料成本差异率：

$$材料成本差异率=\frac{-1\,360+5\,360}{68\,000+132\,000}\times100\%=2\%$$

（2）计算各用料单位及期末库存材料应负担的材料成本差异。

生产成本=60 000×2%=1 200（元）

制造费用=15 000×2%=300（元）

管理费用=5 000×2%=100（元）

期末库存材料负担的差异=（68 000+132 000-80 000）×2%=2 400（元）

（3）月末，按发出材料的计划成本编制会计分录如下。

借：生产成本　　　　　　　　　　　　　　　　　　　60 000

　　制造费用　　　　　　　　　　　　　　　　　　　15 000

　　管理费用　　　　　　　　　　　　　　　　　　　 5 000

　　贷：原材料　　　　　　　　　　　　　　　　　　　　　　80 000

（4）月末结转材料成本差异时，应编制的会计分录如下。

借：生产成本　　　　　　　　　　　　　　　　　　　 1 200

　　制造费用　　　　　　　　　　　　　　　　　　　　 300

　　管理费用　　　　　　　　　　　　　　　　　　　　 100

　　贷：材料成本差异　　　　　　　　　　　　　　　　　　　 1 600

第五节　存货的期末计量

一、存货期末计量原则

如果存货长期不能被耗用和销售，就有可能变为积压物资或被降价销售。为此，企业应在期末对存货进行全面清查，如发生存货遭受毁损，全部或部分陈旧、过时或销售价格低于成本等情况，导致存货成本高于可变现净值，则应确认存货跌价的损失。存货的期末计量对企业而言十分重要。

资产负债表日，存货应当按照成本与可变现净值孰低计量。存货成本低于其可变现净值的，存货仍然按成本计价；当存货的可变现净值低于成本时，存货按可变现净值计价，同时按成本高于可变现净值的差额计提存货跌价准备，计入当期损益。

二、存货的可变现净值

存货的可变现净值，是指在日常活动中，存货的估计售价减去至完工时估计将要发生的成本、估计的销售费用以及相关税费后的金额。

（一）可变现净值的基本特征

1. 确定存货可变现净值的前提是企业在进行日常活动

如果企业不是在进行正常的生产经营活动，比如企业处于清算过程，那么不能按照存货准则的规定确定存货的可变现净值。

2. 可变现净值为存货的预计未来现金流量，而不是存货的售价或合同价

企业预计的销售存货现金流量，并不完全等于存货的可变现净值。存货在销售过程中可能发生的销售费用和相关税费，以及为达到预定可销售状态还可能发生的加工成本等相关支出，构成现金流入的抵减项目。企业预计的销售存货现金流量，扣除这些抵减项目后，才能确定存货的可变现净值。

3. 不同存货可变现净值的构成不同

（1）产成品、商品和用于出售的材料等直接用于出售的商品存货，其可变现净值为在正常生产经营过程中，该存货的估计售价减去估计的销售费用和相关税费后的金额。

（2）需要经过加工的材料存货，其可变现净值为在正常生产经营过程中，以该存货所生产的产

成品的估计售价减去至完工时估计将要发生的成本、销售费用和相关税费后的金额。

（二）确定存货的可变现净值应考虑的因素

企业确定存货的可变现净值，应当以取得的确凿证据为基础，并且考虑持有存货的目的、资产负债表日后事项的影响等因素。

1. **确定存货的可变现净值应当以取得确凿证据为基础**

确定存货的可变现净值必须建立在取得的确凿证据的基础上。这里所讲的"确凿证据"是指对确定存货的可变现净值和成本有直接影响的客观证明。

（1）存货成本的确凿证据。存货的采购成本、加工成本和其他成本及以其他方式取得的存货的成本，应当以取得外来原始凭证、生产成本账簿记录等作为确凿证据。

（2）存货可变现净值的确凿证据。存货可变现净值的确凿证据，是指对确定存货的可变现净值有直接影响的确凿证明，如产成品或商品的市场销售价格、与产成品或商品相同或类似商品的市场销售价格、销货方提供的有关资料和生产成本资料等。

2. **确定存货的可变现净值应当考虑持有存货的目的**

由于企业持有存货的目的不同，确定存货可变现净值的计算方法也不同。如用于出售的存货和用于继续加工的存货，其可变现净值的计算就不相同。因此，企业在确定存货的可变现净值时，应考虑持有存货的目的。企业持有存货的目的通常可以分为以下几种。

（1）持有以备出售，如商品、产成品，其中又分为有合同约定的存货和没有合同约定的存货；

（2）将在生产过程或提供劳务过程中耗用，如材料等。

3. **确定存货的可变现净值应当考虑资产负债表日后事项等的影响**

资产负债表日后事项应当能够确定资产负债表日存货的存在状况。即在确定资产负债表日存货的可变现净值时，不仅要考虑资产负债表日与该存货相关的价格与成本波动，而且还应考虑未来的相关事项。也就是说，不仅限于财务报告批准报出日之前发生的相关价格与成本波动，还应考虑以后期间发生的相关事项。

三、存货跌价准备的核算

（一）存货减值迹象的判断

存货存在下列情况之一的，表明存货的可变现净值低于成本。

（1）该存货的市场价格持续下跌，并且在可预见的未来无回升的希望。

（2）企业使用该项原材料生产的产品的成本大于产品的销售价格。

（3）企业因产品更新换代，原有库存原材料已不适应新产品的需要，而该原材料的市场价格又低于其账面成本。

（4）因企业所提供的商品或劳务过时或消费者偏好改变而使市场的需求发生变化，导致市场价格逐渐下跌。

（5）其他足以证明该项存货实质上已经发生减值的情形。

存货存在下列情形之一的，表明存货的可变现净值为零：①已霉烂变质的存货；②已过期且无转让价值的存货；③生产中已不再需要，并且已无使用价值和转让价值的存货；④其他足以证明已无使用价值和转让价值的存货。

（二）存货期末计量的具体方法

1. **企业持有的各类存货**

在确定其可变现净值时，最关键的问题是确定估计售价。企业应当区别以下情况确定存货的估计售价。

（1）为执行销售合同或者劳务合同而持有的存货，通常应当以产成品或商品的合同价格作为其可变现净值的计算基础。

如果企业与购买方签订了销售合同（或劳务合同，下同），并且销售合同订购的数量等于企业持有存货的数量，在这种情况下，在确定与该项销售合同直接相关存货的可变现净值时，应当以销售合同价格作为其可变现净值的计算基础。也就是说，如果企业就其产成品或商品签订了销售合同，则该批产成品或商品的可变现净值应当以合同价格作为计算基础；如果企业销售合同所规定的标的物还没有生产出来，但持有专门用于该标的物生产的原材料，其可变现净值也应当以合同价格作为计算基础。

【例1-22】2×16年4月15日，A公司与B公司签订了一份不可撤销的销售合同，双方约定，2×17年1月31日，A公司按每台125万元的价格（不包括增值税）向B公司提供新型设备50台。2×16年12月31日，公司库存新型设备40台，每台单位成本98万元，总成本为3 920万元；库存用于生产新型设备的甲材料2 000千克，每千克单位成本0.25万元，总成本为500万元，可以生产10台新型设备。公司将甲材料生产成新型设备，每台估计尚需投入人工及制造费用48万元；销售新型设备，估计每台会发生销售费用以及相关税费5万元。2×16年12月31日，新型设备的市场销售价格为每台120万元。

新型设备可变现净值=125×40-5×40=4 800（万元）

甲材料可变现净值=125×10-48×10-5×10=720（万元）

（2）如果企业持有存货的数量多于销售合同订购数量，超出部分的存货可变现净值应当以产成品或商品的一般销售价格作为计算基础。

【例1-23】接【例1-22】资料。现假定A公司与B公司签订的销售合同约定的新型设备销售数量为30台，其他条件不变。

新型设备可变现净值=（125×30-5×30）+（120×10-5×10）=4 750（万元）

甲材料可变现净值=120×10-48×10-5×10=670（万元）

（3）如果企业持有存货的数量少于销售合同订购数量，实际持有与该销售合同相关的存货应以销售合同所规定的价格作为可变现净值的计算基础。如果该合同为亏损合同，还应同时按照《企业会计准则第13号——或有事项》的规定确认预计负债。

（4）没有销售合同约定的存货（不包括用于出售的材料），其可变现净值应当以产成品或商品的一般销售价格（即市场销售价格）作为计算基础。

【例1-24】接【例1-22】资料。现假定A公司没有签订有关新型设备的销售合同，其他条件不变。

A型设备可变现净值=120×40-5×40=4 600（万元）

甲材料可变现净值=120×10-48×10-5×10=670（万元）

（5）用于出售的材料等通常以市场价格作为其可变现净值的计算基础。这里的市场价格是指材料等的市场销售价格。如果用于出售的材料存在销售合同约定，应按合同价格作为其可变现净值的计算基础。

【例1-25】A公司根据市场需求的变化，决定自2×17年1月1日起，全面停止K型设备的生产，并决定将库存原材料中专门用于生产K型设备的外购乙材料予以出售。2×16年12月31日，乙材料的账面成本为200万元，市场销售价格为160万元，销售乙材料估计会发生销售费用及相关税费共计3万元。

乙材料可变现净值=160-3=157（万元）

需要注意的是，资产负债表日同一项存货中一部分有合同价格约定、另一部分不存在合同价格的，应当分别确定其可变现净值，并与其相对应的成本进行比较，分别确定存货跌价准备的计提或转回的金额，由此计提的存货跌价准备不得相互抵消。

2. 材料存货

应当区分以下两种情况确定其期末价值。

（1）对于为生产而持有的材料等，如果用其生产的产成品的可变现净值预计高于成本，则该材料仍然应当按照成本计量。这里的"材料"指原材料、在产品、委托加工材料等。"可变现净值高于成本"中的成本是指产成品的生产成本。

【例1-26】2×16年12月31日，A公司库存原材料——甲材料的账面成本为3 000万元，市场销售价格总额为2 800万元，假定不发生其他销售费用。用甲材料生产的产成品——W型机器的可变现净值高于成本。

甲材料按3 000万元列示在2015年12月31日的资产负债表的存货项目之中。

（2）如果材料价格的下降表明产成品的可变现净值低于成本，则该材料应当按可变现净值计量。

【例1-27】2×16年12月31日，某企业乙材料成本为120 000元，市价为110 000元，用乙材料生产甲产品还需投入160 000元。生产出的甲产品售价总额为300 000元，估计销售税费为10 000元。

甲产品可变现净值=300 000-10 000=290 000（元）

甲产品成本120 000+160 000=280 000（元）

甲产品可变现净值大于成本，因此乙材料用成本计价120 000元。

假设甲产品售价为270 000元，则可变现净值为270 000-10 000=260 000（元）小于成本，故乙材料应用可变现净值计价。

乙材料可变现净值=270 000-10 000-160 000=100 000（元）

（三）存货跌价准备的计提和转回

存货跌价准备通常应当按单个存货项目计提。但是，对于数量繁多、单价较低的存货，可以按照存货类别计提存货跌价准备。与在同一地区生产和销售的产品系列相关、具有相同或类似最终用途或目的，且难以与其他项目分开计量的存货，可以合并计提存货跌价准备。

期末对存货进行计量时，如果同一类存货，其中一部分有合同价格约定，另一部分不存在合同价格，在这种情况下，企业应区分有合同价格约定的和没有合同价格约定的存货，分别确定其期末可变现净值，并与其相对应的成本进行比较，从而分别确定是否需计提存货跌价准备。

企业应在每一资产负债表日，比较存货成本与可变现净值，计算出应计提的存货跌价准备，再与已提数进行比较，若应提数大于已提数，应予补提。企业计提的存货跌价准备，应计入当期损益。借记"资产减值损失"科目，贷记"存货跌价准备"科目。当以前减记存货价值的影响因素已经消失，减记的金额应当予以恢复，并在原已计提的存货跌价准备金额内转回，转回的金额计入当期损益。借记"存货跌价准备"科目，贷记"资产减值损失"科目。

【例1-28】A企业按"成本与可变现净值孰低法"对期末存货进行计价。2×15年末某材料的账面成本为100 000元，由于市场价格下跌，预计可变现净值为80 000元。2×16年6月30日，由于市场价格有所上升，使得该材料的预计可变现净值为95 000元。2×16年12月31日，预计可变现净值为110 000元。

借：资产减值损失	20 000
贷：存货跌价准备	20 000
借：存货跌价准备	15 000
贷：资产减值损失	15 000
借：存货跌价准备	5 000
贷：资产减值损失	5 000

（四）存货跌价准备的结转

对已售存货计提了存货跌价准备的，还应结转已计提的存货跌价准备，冲减当期主营业务成本或其他业务成本，实际上是按已售产成品或商品的账面价值结转至主营业务成本或其他业务成本。企业按存货类别计提存货跌价准备的，也应按比例结转相应的存货跌价准备。借记"存货跌价准备"科目，贷记"主营业务成本""其他业务成本"等科目。

【例1-29】2×16年3月，A企业甲库存商品成本为20 000元，已计提存货跌价准备2 000元。现对外销售一半，售价为10 000元，增值税税率为17%，货已发出，款已收。

```
借：银行存款                              11 700
    贷：主营业务收入                              10 000
        应交税费——应交增值税（进项税额）            1 700
借：主营业务成本                            9 000
    存货跌价准备                            1 000
    贷：库存商品                                  10 000
```

企业因非货币性资产交换、债务重组等转出的存货，应当分别按照《企业会计准则第 7 号——非货币性资产交换》和《企业会计准则第 12 号——债务重组》规定进行会计处理。

第六节 存货的清查

一、存货数量的盘存方法

为了加强对存货的控制，企业往往要对存货进行定期或者不定期的清查。这样一来既能够反映企业物资的实有数额，保证存货核算的真实性，又能监督物资的安全完整性，进一步发掘企业内部资源。

（一）实地盘存制

"实地盘存制"又称"定期盘存制"，是指企业平时只在账簿中登记存货的增加数，不记减少数，期末根据清点所得的实存数，计算本期存货的减少数。使用这种方法平时的核算工作比较简便，但不能随时反映各种物资的收发结存情况，不能随时结转成本，并把物资的自然和人为短缺数隐含在发出数量之内；同时由于缺乏经常性资料，不便于对存货进行计划和控制。所以实地盘存制的实用性较差，通常仅适用于一些单位价值较低、自然损耗大、数量不稳定、进出频繁的特定货物。

（二）永续盘存制

"永续盘存制"又称"账面盘存制"，是指企业设置各种数量金额的存货明细账，根据有关凭证，逐日逐笔登记材料、产品、商品等的收发领退的数量和金额，随时结出账面结存数量和金额。采用永续盘存制，可随时掌握各种存货的收发、结存情况，有利于存货管理。

为了核对存货账面记录，永续盘存制同时要求进行存货的实物盘点。会计年度终了，应进行一次全面的盘点清查，并编制盘点表，保证账实相符，如有不符应查明原因及时处理。

小企业会计实务中，存货的数量核算一般采用永续盘存制。但不论采用何种方法，前后各期应保持一致。存货盘点应由仓库管理人员及独立的会计记账人员和科室存货保管人员共同进行。存货盘点清查一方面要核对实物的数量，看其是否与相关记录相符、是否账实相符；另一方面也要关注实物的质量，看其是否有明显的损坏。

二、存货清查的核算

存货清查采用实地盘点、账实核对的方法。在每次进行清查盘点前，应将已经收发的存货数量全部登记入账，并准备盘点清册，抄列各种存货的编号、名称、规格和存放地点。盘点时，应该在盘点清册上逐一登记各种存货的账面结存数量和实存数量，并进行核对。对于账实不符的存货，应查明原因，分清责任，并根据清查结果编制"存货盘存报告单"，作为存货清查的原始凭证。

在进行存货清查盘点时，如果发现存货盘盈或盘亏，应于期末前查明原因，并根据企业的管理权限，报经股东大会或董事会，或经理（厂长）会议或类似机构批准后，在期末结账前处理完毕。

（一）存货盘盈的核算

存货盘盈，是指账面存货小于实际存货的数量差额。存货发生盘盈，应按其重置成本作为入账价值，及时予以登记入账，借记"原材料""周转材料""库存商品"等存货科目，贷记"待处理财产损溢——待处理流动资产损溢"科目；待查明原因，按管理权限报经批准处理后，冲减当期管理费用。

【例1-30】2×16年5月，A公司在存货清查中发现盘盈一批甲材料，重置成本为5 000元。

（1）发现盘盈，原因待查。

借：原材料——甲材料　　　　　　　　　　　　　5 000
　　贷：待处理财产损溢——待处理流动资产损溢　　　　　5 000

（2）查明原因，报经批准处理。

借：待处理财产损溢——待处理流动资产损溢　　　5 000
　　贷：管理费用　　　　　　　　　　　　　　　　　　5 000

（二）存货盘亏的核算

存货盘亏，是指账面存货大于实际存货的数量差额。存货发生盘亏，应将其账面价值及时转销，借记"待处理财产损溢——待处理流动资产损溢"科目，贷记"原材料""周转材料""库存商品"等存货科目；存货盘亏涉及增值税的，还应进行相应处理。待查明原因，按管理权限报经批准后，根据造成存货盘亏的原因，分别以下情况进行处理。

（1）属于定额内自然损耗造成的短缺，计入管理费用。

（2）属于收发计量差错或管理不善等原因造成的存货短缺，应先扣除残料价值、可以收回的保险赔偿和过失人赔偿，将净损失计入管理费用。

（3）属于自然灾害等非常原因造成的存货毁损，应先扣除处置收入（如残料价值）、可以收回的保险赔偿和过失人赔偿，将净损失计入营业外支出。

因非正常原因导致的存货盘亏或毁损，按规定不能抵扣的增值税进项税额，应当予以转出。但自然灾害造成外购存货的毁损，其进项税额可以抵扣，不需要转出。

【例1-31】2×16年12月，A公司财产清查中发现下列情况。

（1）盘亏甲材料1 000千克，单位实际成本为40元（增值税税率为17%）。

（2）盘盈丙材料10千克，单位重置成本50元。

（3）对上述清查结果，经有关部门批准，处理如下：甲材料中300千克属仓库管理人员失职造成，应由其赔偿，另外700千克属管理制度不健全造成，列入管理费用处理；丙材料盘盈是由于计量不准造成，做冲减管理费用处理。

要求：根据以上经济业务编制会计分录。

借：待处理财产损溢——待处理流动资产损溢　　　46 800
　　贷：原材料——甲材料　　　　　　　　　　　　　　40 000
　　　　应交税费——应交增值税（进项税额）　　　　　6 800

借：其他应收款　　　　　　　　　　　　　　14 040

　　管理费用　　　　　　　　　　　　　　　　32 760

　　　贷：待处理财产损溢——待处理流动资产损溢　　　46 800

借：原材料——丙材料　　　　　　　　　　　　500

　　　贷：待处理财产损溢——待处理流动资产损溢　　　500

借：待处理财产损溢——待处理流动资产损溢　　500

　　　贷：管理费用　　　　　　　　　　　　　　　500

若盘盈或盘亏的存货在期末结账前尚未经批准，在对外提供财务会计报告时，应先按上述方法进行会计处理，并在会计报表附注中做出说明。若其后批准处理的金额与已处理的金额不一致，应当调整当期会计报表的相关项目的年初数。

知识链接

思 考 题

1. 简述存货的概念和种类。
2. 存货的确认条件是什么？
3. 存货的成本包括哪些内容？不同方式取得的存货，其成本如何确定？
4. 发出存货成本有几种计价方法，不同的方法对会计信息有怎样的影响？
5. 什么是可变现净值，确定可变现净值应考虑哪些主要因素？
6. 如何确定本期应计提的存货跌价准备金额？
7. 转回存货跌价准备的条件是什么，转回的余额范围是怎样规定的？
8. 存货的清查会出现哪些结果，如何进行会计处理？

关键术语

存货	inventory
库存商品	merchandise inventory
先进先出法	first-in first-out method
加权平均法	weighted averages method
个别计价法	specific identification
可变现净值	net realizable value
成本与可变现净值孰低法	lower of cost or net realizable value method

长期股权投资 | 第二章

【引例】

深圳市大富科技股份有限公司（股票代码300134）2011年8月对深圳市华阳微电子有限公司（以下简称"华阳微电子"）52%股权的初始投资为3 111万元，两年半之后的2014年2月，大富科技出售华阳微电子2.5%股权，转让价格为1 350万元，转让前按照原股东持股比例获得的现金股利为1 827.80万元，两项收入合计已达3 177.80万元，而新增的投资收益竟然高达2.77亿元，这种会计处理方法的缘由何在？华阳微电子由大富科技的控股子公司变为参股公司为何使得大富科技的财务报表业绩出现如此巨幅的"变脸"？"卖子"真的能换来公司的生存吗？

大富科技对于该股权转让的会计处理主要依据《企业会计准则解释第4号》的规定：当企业因处置部分股权投资或其他原因丧失了对原有子公司控制权的，在合并财务报表中，对于剩余股权应当按照其在丧失控制权日的公允价值进行重新计量。处置股权取得的对价与剩余股权公允价值之和，减去按原持股比例计算应享有原有子公司自购买日开始持续计算的净资产的份额之间的差额，计入丧失控制权当期的投资收益。华阳微电子2013年6月末为基准日100%股权的资产预估值为54 100万元，以此作为丧失控制权日的公允价值，转让的2.5%股权的公允价值为1 352.5万元，剩余49.5%股权按此公允价值重新计量而得的价值为26 779.5万元，处置股权取得的对价与剩余股权公允价值之和为28 129.5万元。以2011年7月华阳微电子净资产总额733.02万元为基准计算的原持股比例所占净资产账面价值381.17万元，计算得出因丧失控制权当期的投资收益为27 748.33万元，即约2.77亿元。大富科技处置华阳微电子的会计处理符合会计准则的要求。

通过分析大富科技对华阳微电子长期股权投资的转让与处置实例，可以得出以下结论。长期股权投资会计准则中对于因处置部分股权投资或其他原因丧失对原有子公司的控制权的合并财务报表处理，要求对剩余股权按照在丧失控制权日的公允价值进行重新计量。这种会计规定使企业通过处置部分长期股权投资获得了高额的投资收益，使企业存在通过操纵对子公司的持股份额而达到粉饰报表的机会主义动机。更进一步而言，公司可以通过将控股子公司变为参股公司，将长期股权投资的成本法核算转为权益法核算，从而达到扮靓公司财务报表业绩的目的。但是，这种"卖子求生"的做法并不具有可持续性，也并没有改善上市公司的实际盈利能力，如果不加以监管和遏制，会损害会计信息的真实性和可靠性，对广大投资者造成误导和不利影响。

第一节 | 长期股权投资概述

长期股权投资是指投资企业对被投资单位实施控制、重大影响的权益性投资，以及对其合营企业的权益性投资。除此之外，其他权益性投资不作为长期股权投资进行核算，而应当按照《企业会计准则第22号——金融工具确认和计量》的规定进行会计核算。

明确界定长期股权投资的范围是对长期股权投资进行正确确认、计量和报告的前提。根据长期股权投资准则规定，长期股权投资包括以下几个方面。

（1）投资企业能够对被投资单位实施控制的权益性投资，即对子公司投资。控制是指投资方拥有决定被投资方的财务和经营政策的权力，通过参与被投资方的相关活动而享受可变回报，并且有能力运用对被投资方的权力影响其回报金额。

（2）投资企业与其他合营方一同对被投资单位实施共同控制的权益性投资，即对合营企业投资。共同控制是指按照相关约定对某项安排所共有的控制，并且该安排的相关活动必须经过分享控制权的参与方一致同意后才能决策。合营企业的特点是，合营各方均受到合营合同的限制和约束。一般在合营企业设立时，合营各方在投资合同或协议中约定在所设立合营企业的重要财务和生产经营决策制定过程中，必须由合营各方均同意才能通过。该约定可能体现为不同的形式，例如可以通过在合营企业的章程中规定，也可以通过制定单独的合同做出约定。共同控制的实质是通过合同约定建立起来的、合营各方对合营企业共有的控制。实务中，在确定是否构成共同控制时，一般可以考虑以下情况作为确定基础。

① 任何一个合营方均不能单独控制合营企业的生产经营活动。

② 涉及合营企业基本经营活动的决策需要各合营方一致同意。

③ 各合营方可能通过合同或协议的形式任命其中的一个合营方对合营企业的日常活动进行管理，但该合营方必须在各合营方已经一致同意的财务和经营政策范围内行使管理权。当被投资单位处于法定重组或破产中，或者在向投资方转移资金的能力受到严格的长期限制情况下经营时，通常投资方对被投资单位可能无法实施共同控制。但如果能够证明存在共同控制，合营各方仍应当按照长期股权投资准则的规定采用权益法核算。

（3）投资企业对被投资单位具有重大影响的权益性投资，即对联营企业投资。重大影响是指对一个企业的财务和经营政策有参与决策的权力，但并不能够控制或者与其他方一起共同控制这些政策的制定。实务中，较为常见的重大影响体现为在被投资单位的董事会或类似权力机构中派有代表，通过在被投资单位生产经营决策制定过程中的发言权实施重大影响。投资企业直接或通过子公司间接拥有被投资单位 20%以上但低于 50%的表决权股份时，一般认为对被投资单位具有重大影响，除非有明确的证据表明该种情况下不能参与被投资单位的生产经营决策，不形成重大影响。在确定能否对被投资单位施加重大影响时，一方面应考虑投资企业直接或间接持有被投资单位的表决权股份，另一方面要考虑企业及其他方持有的现行可执行潜在表决权在假定转换为对被投资单位的股权后产生的影响，如被投资单位发行的现行可转换的认股权证、股份期权及可转换公司债券等的影响。

企业通常可以通过以下一种或几种情形来判断是否对被投资单位具有重大影响。

① 在被投资单位的董事会或类似权力机构中派有代表。这种情况下，由于在被投资单位的董事会或类似权力机构中派有代表，并享有相应的实质性的参与决策权，投资企业可以通过该代表参与被投资单位经营政策的制定，达到对被投资单位施加重大影响。

② 参与被投资单位的政策制定过程，包括股利分配政策等的制定。这种情况下，因可以参与被投资单位的政策制定过程，在制定政策过程中可以为其自身利益提出建议和意见，从而可以对被投资单位施加重大影响。

③ 与被投资单位之间发生重要交易。有关的交易因对被投资单位的日常经营具有重要性，进而一定程度上可以影响到被投资单位的生产经营决策。

④ 向被投资单位派出管理人员。这种情况下，通过投资企业对被投资单位派出管理人员，管理人员有权力负责被投资单位的财务和经营活动，从而能够对被投资单位施加重大影响。

⑤ 向被投资单位提供关键技术资料。因被投资单位的生产经营需要依赖投资企业的技术或技术资料，表明投资企业对被投资单位具有重大影响。

本章全面论述长期股权投资的计量、转换、处置及合营安排等的会计处理。

第二节 长期股权投资的初始计量

一、形成控股合并的长期股权投资

对于形成控股合并的长期股权投资，应分别形成同一控制下控股合并与非同一控制下控股合并两种情况确定长期股权投资的初始投资成本。

（一）同一控制下企业合并形成的长期股权投资

对于同一控制下的企业合并，从能够对参与合并各方在合并前及合并后均实施最终控制的一方来看，最终控制方在企业合并前及合并后能够控制的资产并没有发生变化。合并方对被合并方的长期股权投资，其成本代表的是在被合并方账面所有者权益中享有的份额。

（1）合并方以支付现金、转让非现金资产或承担债务方式作为合并对价的，应当在合并日按照取得被合并方所有者权益账面价值的份额作为长期股权投资的初始投资成本。长期股权投资的初始投资成本与支付的现金、转让的非现金资产及所承担债务账面价值之间的差额，应当调整资本公积（资本溢价或股本溢价）；资本公积（资本溢价或股本溢价）的余额不足冲减的，调整留存收益。

（2）合并方以发行权益性证券作为合并对价的，应按发行股份的面值总额作为股本，长期股权投资的初始投资成本与所发行股份面值总额之间的差额，应当调整资本公积（资本溢价或股本溢价）；资本公积（资本溢价或股本溢价）不足冲减的，调整留存收益。

（3）合并方发生的审计、法律服务、评估咨询等中介费用以及其他相关管理费用，于发生时计入当期损益。

上述在按照合并日应享有被合并方账面所有者权益的份额确定长期股权投资的初始投资成本时，前提是合并前合并方与被合并方采用的会计政策应当一致。如企业合并前合并方与被合并方采用的会计政策不同，应基于重要性原则，统一合并方与被合并方的会计政策。在按照合并方的会计政策对被合并方资产、负债的账面价值进行调整的基础上，计算确定形成长期股权投资的初始投资成本。如果被合并方存在合并财务报表，则应当以合并日被合并方合并财务报表所有者权益为基础确认长期股权投资的初始投资成本。

【例2-1】2×16年9月30日，A公司向同一集团内B公司的原股东定向增发2 000万股普通股（每股面值为1元，市价为6.86元），取得B公司100%的股权，并于当日起能够对B公司实施控制，合并后B公司仍维持其独立法人资格继续经营。两公司在企业合并前采用的会计政策相同。合并日，B公司所有者权益的总额为4 404万元。

B公司在合并后维持其法人资格继续经营，合并日A公司应确认对B公司的长期股权投资，其成本为合并日享有B公司账面所有者权益的份额，账务处理如下。

借：长期股权投资   44 040 000
    贷：股本   20 000 000
      资本公积——股本溢价   24 040 000

同一控制下企业合并形成的长期股权投资，子公司按照改制时的资产、负债评估价值调整账面价值的，母公司应当按照取得子公司经评估确认净资产的份额作为长期股权投资的成本，该成本与支付对价的差额调整所有者权益。

（二）非同一控制下企业合并形成的长期股权投资

（1）非同一控制下的控股合并中，购买方应当按照确定的企业合并成本作为长期股权投资的初始投资成本。企业合并成本包括购买方付出的资产、发生或承担的负债、发行的权益性证券的公允价值之和。

（2）购买方为企业合并发生的审计、法律服务、评估咨询等中介费用以及其他相关管理费用，应于发生时计入当期损益；购买方作为合并对价发行的权益性证券或债务性证券的交易费用，应当计入权益性证券或债务性证券的初始确认金额。

【例2-2】 A公司于2×16年3月31日取得B公司70%的股权，取得该部分股权后能够控制B公司的生产经营决策。为核实B公司的资产价值，A公司聘请资产评估机构对B公司的资产进行评估，支付评估费用300万元。合并中，A公司支付的有关资产在购买日的账面价值与公允价值如表2-1所示。本例中假定合并前A公司与B公司不存在任何关联方关系。

表2-1　　　　　　　　　　资产在购买日的账面价值与公允价值　　　　　　　　　　单位：万元

项目	账面价值	公允价值
土地使用权（自用）	6 000	9 600
专利技术	2 400	3 000
银行存款	2 400	2 400
合计	10 800	15 000

注：A公司用作合并对价的土地使用权和专利技术原价为9 600万元，至企业合并发生时已累计摊销1 200万元。

本例中因A公司与B公司在合并前不存在任何关联方关系，应作为非同一控制下的企业合并处理。A公司对于合并形成的对B公司的长期股权投资，应进行的账务处理如下。

借：长期股权投资　　　　　　　　　　　　150 000 000
　　管理费用　　　　　　　　　　　　　　　3 000 000
　　累计摊销　　　　　　　　　　　　　　12 000 000
　　贷：无形资产　　　　　　　　　　　　96 000 000
　　　　银行存款　　　　　　　　　　　　27 000 000
　　　　营业外收入　　　　　　　　　　　42 000 000

（3）企业通过多次交易分步实现非同一控制下企业合并的，应当区分个别财务报表和合并财务报表进行相关会计处理。

① 在个别财务报表中，应当以购买日之前所持被购买方的股权投资的账面价值与购买日新增投资成本之和，作为该项投资的初始投资成本；购买日之前持有的被购买方的股权涉及其他综合收益的，应当在处置该项投资时将与其相关的其他综合收益（例如，可供出售金融资产公允价值变动计入资本公积的部分，下同）转入当期投资收益。

② 在合并财务报表中，对于购买日之前持有的被购买方的股权，应当按照该股权在购买日的公允价值进行重新计量，公允价值与其账面价值的差额计入当期投资收益；购买日之前持有的被购买方的股权涉及其他综合收益的，与其相关的其他综合收益应当转为购买日所属当期投资收益。购买方应当在附注中披露其在购买日之前持有的被购买方的股权在购买日的公允价值、按照公允价值重新计量产生的相关利得或损失的金额。

二、不形成控股合并的长期股权投资

除控股合并形成的长期股权投资应遵循特定的会计处理原则外，其他方式取得的长期股权投资，取得时初始投资成本的确定应遵循以下规定。

（1）以支付现金取得的长期股权投资，应当按照实际支付的购买价款作为初始投资成本，包括购买过程中支付的手续费等必要支出，但所支付价款中包含的被投资单位已宣告但尚未发放的现金股利或利润应作为应收项目核算，不构成取得长期股权投资的成本。

【例2-3】甲公司于2×16年3月21日自公开市场中买入乙公司20%的股份，实际支付价款18 000万元。另外，在购买过程中支付手续费等相关费用600万元。甲公司取得该部分股权后能够对乙公司的生产经营决策施加重大影响。

甲公司应当按照实际支付的购买价款作为取得长期股权投资的成本，其账务处理如下。

借：长期股权投资　　　　　　　　　　　　　186 000 000
　　贷：银行存款　　　　　　　　　　　　　　　　186 000 000

（2）以发行权益性证券方式取得的长期股权投资，其成本为所发行权益性证券的公允价值，但不包括应自被投资单位收取的已宣告但尚未发放的现金股利或利润。

为发行权益性证券支付给有关证券承销机构等的手续费、佣金等与权益性证券发行直接相关的费用，不构成取得长期股权投资的成本。按照《企业会计准则第37号——金融工具列报》的规定，该部分费用应自权益性证券的溢价发行收入中扣除，权益性证券的溢价收入不足冲减的，应冲减盈余公积和未分配利润。

【例2-4】2×16年3月，A公司通过增发9 000万股本公司普通股股份（每股面值1元）取得B公司20%的股权，按照增发前后的平均股价计算，该9 000万股股份的公允价值为15 600万元。为增发该部分股份，A公司向证券承销机构等支付了600万元的佣金和手续费。假定A公司取得该部分股权后能够对B公司的生产经营决策施加重大影响。

本例中A公司应当以所发行股份的公允价值作为取得长期股权投资的成本。

借：长期股权投资　　　　　　　　　　　　　156 000 000
　　贷：股本　　　　　　　　　　　　　　　　　90 000 000
　　　　资本公积——股本溢价　　　　　　　　　66 000 000

发行权益性证券过程中支付的佣金和手续费，应冲减权益性证券的溢价发行收入，账务处理如下。

借：资本公积——股本溢价　　　　　　　　　　6 000 000
　　贷：银行存款　　　　　　　　　　　　　　　　6 000 000

（3）投资者投入的长期股权投资，应当按照投资合同或协议约定的价值作为初始投资成本，但合同或协议约定的价值不公允的除外。

投资者投入的长期股权投资，是指投资者以其持有的对第三方的投资作为出资投入企业，接受投资的企业原则上应当按照投资各方在投资合同或协议中约定的价值作为取得投资的初始投资成本，但有明确证据表明合同或协议中约定的价值不公允的除外。

在确定投资者投入的长期股权投资的公允价值时，有关权益性投资存在活跃市场的，应当参照活跃市场中的市价确定其公允价值；不存在活跃市场，无法按照市场信息确定其公允价值的情况下，应当将按照一定的估值技术等合理的方法确定的价值作为其公允价值。

【例2-5】A公司设立时，其主要出资方之一甲公司以其持有的对B公司的长期股权投资作为出资投入A公司。投资各方在投资合同中约定，作为出资的该项长期股权投资作价6 000万元。该作价是按照B公司股票的市价经考虑相关调整因素后确定的。A公司注册资本为16 000万元。甲公司出资占A公司注册资本的20%。取得该项投资后，A公司根据其持股比例，能够派人参与B公司的财务和生产经营决策。

本例中，A公司对于投资者投入的该项长期股权投资，应进行的账务处理如下。

借：长期股权投资   60 000 000
 贷：实收资本   32 000 000
  资本公积——资本溢价   28 000 000

（4）以债务重组、非货币性资产交换等方式取得的长期股权投资，其初始投资成本应按照《企业会计准则第 12 号——债务重组》和《企业会计准则第 7 号——非货币性资产交换》的原则确定。

三、投资成本中包含的已宣告尚未发放现金股利或利润的处理

企业无论是以何种方式取得长期股权投资，取得投资时，对于支付的对价中包含的应享有被投资单位已经宣告但尚未发放的现金股利或利润应确认为应收项目，不构成取得长期股权投资的初始投资成本。

【例2-6】沿用【例2-3】资料。假定甲公司取得该项投资时，乙公司已经宣告但尚未发放现金股利，甲公司按其持股比例计算确定可分得80万元。则甲公司在确认该长期股权投资时，应将包含的现金股利部分单独核算。

借：长期股权投资   185 200 000
  应收股利   800 000
 贷：银行存款   186 000 000

第三节 长期股权投资的后续计量

长期股权投资在持有期间，根据投资企业对被投资单位的影响程度及是否存在活跃市场、公允价值能否可靠取得等情况，分别采用成本法及权益法进行核算。在个别财务报表中，对子公司、合营企业、联营企业投资按成本法或权益法核算，不允许企业选择按照《企业会计准则第 22 号——金融工具确认和计量》核算。

一、长期股权投资的成本法

（一）成本法的适用范围

按照长期股权投资准则核算的权益性投资中，应当采用成本法核算的是企业持有的对子公司投资。

准则中要求企业对子公司的长期股权投资在日常核算及母公司个别财务报表中采用成本法核算，主要是为了避免在子公司实际宣告发放现金股利或利润之前，母公司垫付资金发放现金股利或利润等情况，解决了原来权益法下投资收益不能足额收回导致超分配问题。

（二）成本法核算下长期股权投资账面价值的调整及投资损益的确认

采用成本法核算的长期股权投资，初始投资或追加投资时，按照初始投资或追加投资的成本增加长期股权投资的账面价值。被投资单位宣告分派的现金股利或利润中，投资企业按应享有的部分确认为当期投资收益。

【例2-7】甲公司2×15年1月，取得对乙公司5%的股权，成本为600万元。2×16年2月，甲公司又以1 500万元取得对乙公司6%的股权。假定甲公司对乙公司的生产经营决策不具有重大影响或共同控制，且该投资不存在活跃的交易市场，公允价值无法取得。2×16年3月，乙公司宣告分派现金股利，甲公司按其持股比例可取得12万元。

甲公司应进行的账务处理如下。

借：长期股权投资   6 000 000
  贷：银行存款   6 000 000
借：长期股权投资   15 000 000
  贷：银行存款   15 000 000
借：应收股利   120 000
  贷：投资收益   120 000

企业按照上述规定确认自被投资单位应分得的现金股利或利润后，应当考虑长期股权投资是否发生减值。在判断该类长期股权投资是否存在减值迹象时，应当关注长期股权投资的账面价值是否大于享有被投资单位净资产（包括相关商誉）账面价值的份额等类似情况。出现类似情况时，企业应当按照《企业会计准则第 8 号——资产减值》对长期股权投资进行减值测试，可收回金额低于长期股权投资账面价值的，应当计提减值准备。

二、长期股权投资的权益法

长期股权投资准则规定，应当采用权益法核算的长期股权投资包括两类：①共同投资的合营企业；②重大影响地联营企业。

按照权益法核算的长期股权投资，一般的核算程序如下。

（1）初始投资或追加投资时，按照初始投资成本或追加投资的投资成本，增加长期股权投资的账面价值。

（2）比较初始投资成本与投资时应享有被投资单位可辨认净资产公允价值的份额，对于初始投资成本小于应享有被投资单位可辨认净资产公允价值份额的，应对长期股权投资的账面价值进行调整，计入取得投资当期的损益。

（3）持有投资期间，随着被投资单位所有者权益的变动相应调整增加或减少长期股权投资的账面价值，并分别情况处理：对属于因被投资单位实现净损益产生的所有者权益的变动，投资企业按照持股比例计算应享有的份额，增加或减少长期股权投资的账面价值，同时确认为当期投资损益；对被投资单位除净损益以外其他因素导致的所有者权益变动，在持股比例不变的情况下，按照持股比例计算应享有或应分担的份额，增加或减少长期股权投资的账面价值，同时确认为资本公积（其他资本公积）。在持有投资期间，被投资单位能够提供合并财务报表的，应当以合并财务报表、净利润和其他投资变动为基础进行核算。

（4）被投资单位宣告分派利润或现金股利时，投资企业按持股比例计算应分得的部分，一般应冲减长期股权投资的账面价值。

（一）初始投资成本的调整

投资企业取得对联营企业或合营企业的投资以后，对于取得投资时初始投资成本与应享有被投资单位可辨认净资产公允价值份额之间的差额，应区别情况处理。

（1）初始投资成本大于取得投资时应享有被投资单位可辨认净资产公允价值份额的，该部分差额是投资企业在取得投资过程中通过作价体现出的与所取得股权份额相对应的商誉及被投资单位不符合确认条件的资产价值,这种情况下不要求对长期股权投资的成本进行调整。

(2)初始投资成本小于取得投资时应享有被投资单位可辨认净资产公允价值份额的,两者之间的差额体现为双方在交易作价过程中转让方的让步,该部分经济利益流入应作为收益处理,计入取得投资当期的营业外收入,同时调整增加长期股权投资的账面价值。

【例2-8】A企业于2×15年1月取得B公司30%的股权,支付价款9 000万元。取得投资时被投资单位净资产账面价值为22 500万元(假定被投资单位各项可辨认资产、负债的公允价值与其账面价值相同)。

A企业在取得B公司的股权后,能够对B公司施加重大影响,对该投资采用权益法核算。取得投资时,A企业应进行以下账务处理。

借:长期股权投资——投资成本　　　　　　　　　　　　90 000 000
　　贷:银行存款　　　　　　　　　　　　　　　　　　　　90 000 000

长期股权投资的初始投资成本9 000万元大于取得投资时应享有被投资单位可辨认净资产公允价值的份额6 750万元(22 500×30%),该差额不调整长期股权投资的账面价值。

假定本例中取得投资时被投资单位可辨认净资产的公允价值为36 000万元,A企业按持股比例30%计算确定应享有10 800万元,则初始投资成本与应享有被投资单位可辨认净资产公允价值份额之间的差额1 800万元应计入取得投资当期的营业外收入。有关账务处理如下。

借:长期股权投资——投资成本　　　　　　　　　　　　90 000 000
　　贷:银行存款　　　　　　　　　　　　　　　　　　　　90 000 000
借:长期股权投资——投资成本　　　　　　　　　　　　18 000 000
　　贷:营业外收入　　　　　　　　　　　　　　　　　　　18 000 000

(二)投资损益的确认

1. 投资损益调整原则

采用权益法核算的长期股权投资,在确认应享有或应分担被投资单位的净利润或净亏损时,在被投资单位账面净利润的基础上,应考虑以下因素的影响进行适当调整。

(1)被投资单位采用的会计政策及会计期间与投资企业不一致的,应按投资企业的会计政策及会计期间对被投资单位的财务报表进行调整,在此基础上确定被投资单位的损益。

权益法下,是将投资企业与被投资单位作为一个整体对待,作为一个整体其所产生的损益,应当在一致的会计政策基础上确定。被投资企业采用的会计政策与投资企业不同的,投资企业应当基于重要性原则,按照本企业的会计政策对被投资单位的损益进行调整。

(2)以取得投资时被投资单位固定资产、无形资产的公允价值为基础计提的折旧额或摊销额,以及有关资产减值准备金额等对被投资单位净利润的影响。

被投资单位个别利润表中的净利润是以其持有的资产、负债账面价值为基础持续计算的,而投资企业在取得投资时,是以被投资单位有关资产、负债的公允价值确定投资成本,取得投资后应确认的投资收益代表的是被投资单位资产、负债在公允价值计量的情况下在未来期间通过经营产生的损益中归属于投资企业的部分。投资企业取得投资时被投资单位有关资产、负债的公允价值与其账面价值不同的,未来期间,在计算归属于投资企业应享有的净利润或应承担的净亏损时,应考虑对被投资单位计提的折旧额、摊销额以及资产减值准备金额等进行调整。

2. 不需要调整投资损益的情形

投资企业在对被投资单位的净利润进行调整时,应考虑重要性原则,不具有重要性的项目可不予调整。符合下列条件之一的,投资企业可以被投资单位的账面净利润为基础,经调整未实现内部交易损益后,计算确认投资损益,同时应在附注中说明因下列情况不能调整的事实及其原因。

（1）投资企业无法合理确定取得投资时被投资单位各项可辨认资产等的公允价值。某些情况下，投资的作价可能因为受到一些因素的影响，不是完全以被投资单位可辨认净资产的公允价值为基础，或者因为被投资单位持有的可辨认资产相对比较特殊，无法取得其公允价值。这种情况下，因被投资单位可辨认资产的公允价值无法取得，则无法以公允价值为基础对被投资单位的净损益进行调整。

（2）投资时被投资单位可辨认资产的公允价值与其账面价值相比，两者之间的差额不具重要性的。该种情况下，因为被投资单位可辨认资产的公允价值与其账面价值差额不大，要求进行调整不符合重要性原则及成本效益原则。

（3）其他原因导致无法取得被投资单位的有关资料，不能按照准则中规定的原则对被投资单位的净损益进行调整的。例如，要对被投资单位的净利润按照准则中规定进行调整，需要了解被投资单位的会计政策以及对有关资产价值量的判断等信息，在无法获得被投资单位相关信息的情况下，则无法对净利润进行调整。

【例2-9】甲公司于2×16年1月10日购入乙公司30%的股份，购买价款为3 300万元，并自取得投资之日起派人参与乙公司的生产经营决策。取得投资当日，乙公司可辨认净资产公允价值为9 000万元，除表2-2所列项目外，乙公司其他资产、负债的公允价值与账面价值相同。

表2-2 　　　　　　　　　　　　　　账面价值与公允价值不同的资产 　　　　　　　　　　　　　　单位：万元

项目	账面原价	已提折旧或摊销	公允价值	乙公司预计使用年限	甲公司取得投资后剩余使用年限
存货	750		1 050		
固定资产	1 800	360	2 400	20	16
无形资产	1 050	210	1 200	10	8
小计	3 600	570	4 650		

假定乙公司于2×16年实现净利润900万元，其中在甲公司取得投资时的账面存货有80%对外出售。甲公司与乙公司的会计年度及采用的会计政策相同。固定资产、无形资产均按直线法提取折旧或摊销，预计净残值均为0。假定甲、乙公司间未发生任何内部交易。

甲公司在确定其应享有的投资收益时，应在乙公司实现净利润的基础上，根据取得投资时乙公司有关资产的账面价值与其公允价值差额的影响进行调整（假定不考虑所得税影响）。

存货账面价值与公允价值的差额应调减的利润=（1 050−750）×80%=240（万元）

固定资产公允价值与账面价值差额应调整增加的折旧额=2 400÷16−1 800÷20=60（万元）

无形资产公允价值与账面价值差额应调整增加的摊销额=1 200÷8−1 050÷10=45（万元）

调整后的净利润=900−240−60−45=555（万元）

甲公司应享有份额=555×30%=166.50（万元）；确认投资收益的账务处理如下。

借：长期股权投资——损益调整 　　　　　　　　　　　　　1 665 000

　　贷：投资收益 　　　　　　　　　　　　　　　　　　　　　　1 665 000

（三）取得现金股利或利润的处理

按照权益法核算的长期股权投资，投资企业自被投资单位取得的现金股利或利润，应抵减长期股权投资的账面价值。在被投资单位宣告分派现金股利或利润时，借记"应收股利"科目，贷记"长期股权投资——损益调整"科目。

（四）超额亏损的确认

长期股权投资准则规定，投资企业确认应分担被投资单位发生的损失，原则上应以长期股权投资及其他实质上构成对被投资单位净投资的长期权益减记至零为限，投资企业负有承担额外损失义务的除外。

这里所讲"其他实质上构成对被投资单位净投资的长期权益"通常是指长期应收项目，比如，企业对被投资单位的长期债权，该债权没有明确的清收计划，且在可预见的未来期间不准备收回的，实质上构成对被投资单位的净投资。应予说明的是，该类长期权益不包括投资企业与被投资单位之间因销售商品、提供劳务等日常活动所产生的长期债权。

按照长期股权投资准则规定，投资企业在确认应分担被投资单位发生的亏损时，应将长期股权投资及其他实质上构成对被投资单位净投资的长期权益项目的账面价值综合起来考虑。在长期股权投资的账面价值减记至零的情况下，如果仍有未确认的投资损失，应以其他长期权益的账面价值为基础继续确认。另外，投资企业在确认应分担被投资单位的净损失时，除应考虑长期股权投资及其他长期权益的账面价值以外，如果在投资合同或协议中约定将履行其他额外的损失补偿义务，还应按《企业会计准则第13号——或有事项》的规定确认预计将承担的损失金额。

企业在实务操作过程中，在发生投资损失时，应借记"投资收益"科目，贷记"长期股权投资——损益调整"科目。在长期股权投资的账面价值减记至零以后，考虑其他实质上构成对被投资单位净投资的长期权益，继续确认的投资损失应借记"投资收益"科目，贷记"长期应收款"科目；因投资合同或协议约定导致投资企业需要承担额外义务的，按照或有事项准则的规定，对于符合确认条件的义务，应确认为当期损失，同时确认预计负债，借记"投资收益"科目，贷记"预计负债"科目。除上述情况仍未确认的应分担被投资单位的损失，应在账外备查登记。值得注意的是，在合并财务报表中，子公司发生超额亏损的，子公司少数股东应当按照持股比例分担超额亏损。即在合并报表中，子公司少数股东分担的当期亏损超过了少数股东在该子公司期初所有者权益中所享有的份额的，其余额应当冲减少数股东权益。

在确认了有关的投资损失以后，被投资单位于以后期间实现盈利的，应按以上相反顺序分别减记已确认的预计负债、恢复其他长期权益及长期股权投资的账面价值，同时确认投资收益。即应当按顺序分别借记"预计负债""长期应收款""长期股权投资"科目，贷记"投资收益"科目。

【例2-10】甲企业持有乙企业40%的股权，能够对乙企业施加重大影响。2×14年12月31日该项长期股权投资的账面价值为4 000万元。乙企业2×15年由于一项主要经营业务市场条件发生变化，当年度亏损6 000万元。假定甲企业在取得该投资时，乙企业各项可辨认资产、负债的公允价值与其账面价值相等，双方所采用的会计政策及会计期间也相同。则甲企业当年度应确认的投资损失为2 400万元。确认上述投资损失后，长期股权投资的账面价值变为1 600万元。

如果乙企业2×15年的亏损额为12 000万元，甲企业按其持股比例确认应分担的损失为4 800万元，但长期股权投资的账面价值仅为4 000万元，如果没有其他实质上构成对被投资单位净投资的长期权益项目，则甲企业应确认的投资损失仅为4 000万元，超额损失在账外进行备查登记；在确认了4 000万元的投资损失，长期股权投资的账面价值减记至0以后，如果甲企业账上仍有应收乙企业的长期应收款1 600万元，该款项从目前情况看，没有明确的清偿计划（并非产生于商品购销等日常活动），则甲企业应进行以下账务处理。

借：投资收益   40 000 000

    贷：长期股权投资——损益调整   40 000 000

借：投资收益   8 000 000

    贷：长期应收款   8 000 000

（五）其他综合收益的处理

在权益法核算下，被投资单位确认的其他综合收益及其变动，也会影响被投资单位所有者权益总额，进而影响投资企业应享有被投资单位所有者权益的份额。因此，当被投资单位其他综合收益发生变动时，投资企业应当按照归属于本企业的部分，相应调整长期股权投资的账面价值，同时增加或减少其他综合收益。

【例2-11】甲公司持有乙公司25%的股份，能够对乙公司施加重大影响。当期乙公司将作为存货的房地产转换为以公允价值模式计量的投资性房地产，转换日公允价值大于账面价值1 500万元，计入了其他综合收益。不考虑其他因素，甲公司当期按照权益法核算应确认的其他综合收益的会计处理如下。

按权益法核算甲公司应确认的其他综合收益=1 500×25%=375（万元）

借：长期股权投资——其他综合收益　　　　　　　　3 750 000

　　贷：其他综合收益　　　　　　　　　　　　　　　　3 750 000

（六）被投资单位所有者权益的其他变动的处理

采用权益法核算时，投资企业对于被投资单位除净损益以外所有者权益的其他变动，在持股比例不变的情况下，应按照持股比例与被投资单位除净损益以外所有者权益的其他变动中归属于本企业的部分，相应调整长期股权投资的账面价值，同时增加或减少资本公积。

【例2-12】A企业持有B企业30%的股份，能够对B企业施加重大影响。B企业为上市公司，当期B企业的母公司给予B企业捐赠1 000万元，该捐赠实质上属于资本性投入，B公司将其计入资本公积（股本溢价）。不考虑其他因素，A企业按权益法做如下会计处理。

借：长期股权投资——其他权益变动　　　　　　　　3 000 000

　　贷：资本公积——其他资本公积　　　　　　　　　　3 000 000

（七）股票股利的处理

被投资单位分派的股票股利，投资企业不做账务处理，但应于除权日注明所增加的股数，以反映股份的变化情况。

三、长期股权投资的减值

长期股权投资在按照规定进行核算确定其账面价值的基础上，存在减值迹象的，应当按照相关准则的规定计提减值准备。其中对子公司、联营企业及合营企业的投资，应当按照《企业会计准则第8号——资产减值》的规定确定其可回收金额及应予计提的减值准备，长期股权投资的减值准备在提取以后，不允许转回。

第四节
长期股权投资核算方法的转换及处置

一、长期股权投资核算方法的转换

长期股权投资在持有期间，因各方面情况的变化，可能导致其核算需要由一种方法转换为另一种方法。

（一）成本法转换为权益法

因处置投资导致对被投资单位的影响能力由控制转为具有重大影响或者与其他投资方一起实施共同控制的情况下，首先应按处置或收回投资的比例结转应终止确认的长期股权投资成本。

在此基础上，应当比较剩余的长期股权投资成本与按照剩余持股比例计算原投资时应享有被投资单位可辨认净资产公允价值的份额。属于投资作价中体现的商誉部分，不调整长期股权投资的账面价值；属于投资成本小于原投资时应享有被投资单位可辨认净资产公允价值份额的，在调整长期股权投资成本的同时，应调整留存收益。

对于原取得投资后至因处置投资导致转变为权益法核算之间被投资单位实现净损益中应享有的份额，一方面应当调整长期股权投资的账面价值，同时对于原取得投资时至处置投资当期期初被投资单位实现的净损益（扣除已发放及已宣告发放的现金股利和利润）中应享有的份额，调整留存收益，对于处置投资当期期初至处置投资之日被投资单位实现的净损益中享有的份额，调整当期损益；其他原因导致被投资单位所有者权益变动中应享有的份额，在调整长期股权投资账面价值的同时，应当记入"资本公积——其他资本公积"。

长期股权投资自成本法转为权益法后，未来期间应当按照准则规定计算确认应享有被投资单位实现的净损益及所有者权益其他变动的份额。

【例2-13】A公司原持有B公司60%的股权，其账面余额为6 000万元，未计提减值准备。2×15年1月6日，A公司将其持有的对B公司长期股权投资中的1/3出售给某企业，出售取得价款3 600万元，当日被投资单位可辨认净资产公允价值总额为14 000万元。A公司原取得B公司60%股权时，B公司可辨认净资产公允价值总额为9 000万元（假定公允价值与账面价值相同）。自A公司取得对B公司长期股权投资后至部分处置投资前，B公司实现净利润5 000万元。B公司本年实现净利润4 000万元。假定B公司一直未进行利润分配。除所实现净损益外，B公司未发生其他计入资本公积的交易或事项。本例中A公司按净利润的10%提取盈余公积。

在出售20%的股权后，A公司对B公司的持股比例为40%，在被投资单位董事会中派有代表，但不能对B公司生产经营决策实施控制。对B公司长期股权投资应由成本法改为权益法核算。

（1）确认长期股权投资处置损益。

借：银行存款　　　　　　　　　　　　　　　36 000 000
　　贷：长期股权投资　　　　　　　　　　　　20 000 000
　　　　投资收益　　　　　　　　　　　　　　16 000 000

（2）调整长期股权投资账面价值。

剩余长期股权投资的账面价值为4 000万元，与原投资时应享有被投资单位可辨认净资产公允价值份额之间的差额400（4 000-9 000×40%）万元为商誉，该部分商誉的价值不需要对长期股权投资的成本进行调整。

处置投资以后按照持股比例计算享有被投资单位自购买日至处置投资日期间实现的净损益为2 000（5 000×40%）万元，应调整增加长期股权投资的账面价值，同时调整留存收益。企业应进行以下账务处理。

借：长期股权投资　　　　　　　　　　　　　　36 000 000
　　贷：盈余公积　　　　　　　　　　　　　　 2 000 000
　　　　利润分配——未分配利润　　　　　　　 18 000 000
　　　　投资收益　　　　　　　　　　　　　　16 000 000

（二）权益法转换为成本法

因追加投资原因导致原持有的对联营企业或合营企业的投资转变为对子公司投资的，长期股权投资账面价值的调整应当按照本章第二节的有关规定处理。追加投资日长期股权投资初始投资成本=原投资账面价值+新增投资成本。

【例2-14】甲公司持有乙公司40%的有表决权股份，因能够对乙公司的生产经营决策施加重大影响，采用权益法核算。2×15年10月，甲公司用银行存款1 000万元再一次购买乙公司20%的有表决权股份，对乙公司形成控制，采用成本法核算。原该项长期股权投资的账面价值为1 600万元，其中投资成本1 100万元，损益调整为500万元。甲公司确认相关的会计分录如下。

借：长期股权投资　　　　　　　　　　　　　26 000 000
　　贷：长期股权投资——投资成本　　　　　　11 000 000
　　　　长期股权投资——损益调整　　　　　　 5 000 000
　　　　银行存款　　　　　　　　　　　　　 10 000 000

二、长期股权投资的处置

企业持有长期股权投资的过程中，由于各方面的考虑，决定将所持有的对被投资单位的股权全部或部分对外出售时，应相应结转与所售股权相对应的长期股权投资的账面价值，出售所得价款与处置长期股权投资账面价值之间的差额，应确认为处置损益。

采用权益法核算的长期股权投资，原记入资本公积中的金额，在处置时亦应进行结转，将与所出售股权相对应的部分在处置时自资本公积转入当期损益。

【例2-15】A企业原持有B企业40%的股权，2×15年12月20日，A企业决定出售其持有的B企业股权的10%。出售时A企业账面上对B企业长期股权投资的账面价值构成为，投资成本1 800万元，损益调整480万元，可转入损益的其他综合收益100万元，其他权益变动200万元。出售取得价款705万元。

A企业应确认的处置损益如下。

借：银行存款　　　　　　　　　7 050 000
　　贷：长期股权投资　　　　　　6 450 000[（1 800万+480万+100万+200万）÷40%×10%]
　　　　投资收益　　　　　　　　 600 000

同时，除应将实际取得价款与出售长期股权投资的账面价值进行结转，确认出售损益以外，还应将原计入其他综合收益或资本公积的部分按比例转入当期损益。

借：资本公积——其他资本公积　　　　　　　500 000
　　其他综合收益　　　　　　　　　　　　　250 000
　　贷：投资收益　　　　　　　　　　　　　　　750 000

企业处置对子公司的投资，处置价款与处置投资对应的账面价值的差额，在母公司个别财务报表中应当确认为当期投资收益；处置价款与处置投资对应的享有该子公司净资产份额的差额，在合并财务报表中应当确认为当期投资收益。

企业部分处置对子公司的长期股权投资，但不丧失控制权的情况下，财务报表中，应当将处置价款与处置投资对应的账面价值的差额确认为当期投资收益；在合并财务报表中处置价款与处置长期股权投资相对应享有子公司净资产的差额应当计入资本公积（资本溢价），资本溢价不足冲减的，应当调整留存收益。

企业因处置部分股权投资或其他原因丧失了对原有子公司控制权的，应当区分个别财务报表和合并财务报表进行相关会计处理。

（1）在个别财务报表中，对于处置的股权，应当按照上述规定，结转与所售股权相对应的长期股权投资的账面价值，出售所得价款与处置长期股权投资账面价值之间的差额，确认为投资收益（损失）；同时，对于剩余股权，应当按其账面价值确认为长期股权投资或其他相关金融资产。处置后的剩余股权能够对原有子公司实施共同控制或重大影响的，按本节中有关成本法转为权益法的相关规定进行会计处理。

【例2-16】2×12年4月30日，A公司支付现金9 300万元，取得B公司60%的股权；当日，B公司可辨认净资产账面价值为9 700万元，公允价值为10 200万元。

2×15年6月30日，A公司处置了持有的B公司的部分股权（占B公司股份的40%），取得处置价款8 200万元。处置后A公司对B公司的持股比例降为20%，丧失了对B公司的控制权，这20%股权的公允价值为4 200万元。当日，B公司可辨认净资产账面价值为10 400万元，公允价值为10 900万元。B公司在2×12年5月1日至2×15年6月30日之间实现的净利润为800万元，其他综合收益为300万元。

A公司在丧失对B公司控制权当期的个别财务报表中，首先，对于处置股权，应当将处置价款8 200万元与其账面价值（9 300万元×40%÷60%＝6 200万元）之间的差额计入当期投资收益。

借：银行存款　　　　　　　　　　　　　　　82 000 000
　　贷：长期股权投资　　　　　　　　　　　　　62 000 000
　　　　投资收益　　　　　　　　　　　　　　　20 000 000

其次，对于处置后剩余股权（即A公司持有的B公司20%股权投资），就A公司而言，可能存在以下两种情形。

① 对B公司不具有控制、共同控制和重大影响，并且在活跃市场中有报价、公允价值能够可靠计量的，应当按其账面价值确认为可供出售金融资产或交易性金融资产，并按照《企业会计准则第22号——金融工具确认和计量》的规定进行后续计量。

此种情形下，A公司应当按照账面价值3 100万元转为可供出售金融资产或交易性金融资产，并按照《企业会计准则第22号——金融工具确认和计量》的规定进行后续计量。

② 能够对B公司实施共同控制或重大影响，属于因处置投资导致对被投资单位的影响能力由控制转为具有重大影响或者共同控制的情形，应当先按成本法转为权益法的相关规定调整长期股权投资账面价值，再用权益法核算。

此种情形下，A公司应当按照以下三个步骤进行会计处理。

第一步，将剩余股权投资账面价值3 100万元与原投资时应享有B公司可辨认净资产公允价值份额之间的差额（3 100万元-10 200万元×20%＝1 060万元）作为商誉，该部分商誉的价值不需要对长期股权投资的成本进行调整。

第二步，按照处置投资后持股比例计算享有B公司2×12年5月1日至2×15年6月30日之间实现的净利润和其他综合收益的金额为220万元（1 100万元×20%），应当调整增加长期股权投资的账面价值。

第三步，在以后期间采用权益法核算。

（2）在合并财务报表中，对于剩余股权，应当按照其在丧失控制权日的公允价值进行重新计量。处置股权取得的对价与剩余股权公允价值之和，减去按持股比例计算应享有原有子公司自购买日开始持续计算的净资产的份额之间的差额，计入丧失控制权当期的投资收益。与原有子公司股权投资相关的其他综合收益，应当在丧失控制权时转为当期投资收益。企业应当在附注中披露处置后的剩余股权在丧失控制权日的公允价值、按照公允价值重新计量产生的相关利得或损失的金额。

【例2-17】沿用【例2-16】资料，并假定A公司还存在其他子公司。

则A公司在编制对B公司丧失控制权当期的合并财务报表时，应当按照以下四个步骤进行会计处理。

第一步，应当对剩余的对B公司20%股权投资按照丧失控制权之日的公允价值进行重新计量（4 200万元）。

第二步，处置股权取得的对价（8 200万元）与剩余股权公允价值（4 200万元）之和（12 400万元），减去按原持股比例（60%）计算应享有B公司自购买日开始持续计算的净资产的份额（10 900万元×60%＝6 540万元）之间的差额（12 400万元-6 540万元＝5 860万元），计入丧失控制权当期的投资收益。

第三步，B公司其他综合收益中与A公司持有股权（60%）相关的部分（300万元×60%＝180万元），也应当转为当期投资收益。

第四步，在丧失对B公司控制权当期的合并财务报表附注中，A公司还应当披露其处置后剩余的B公司20%股权在丧失控制权日的公允价值（4 200万元）、按照公允价值重新计量产生的相关利得金额（4 200万元-10 900万元×20%＝2 020万元）。

第五节 共同控制资产及共同控制经营的核算

某些情况下，企业可能与其他方约定，各自投入一定的资产进行某项经营活动，而不是通过出资设立一个被投资单位的方式来实现，即为共同控制经营；或者是不同的企业按照合同或协议约定对若干项资产实施共同控制，构成共同控制资产。

共同控制经营及共同控制资产与合营企业的共同点是两个或多个合营方通过合同或协议的方式建立起的共同控制关系，区别在于合营企业是通过设立一个企业，有一个独立的会计主体存在，而共同控制经营及共同控制资产并不是控制经营一个独立的会计主体。

一、共同控制经营

共同控制经营，是指企业使用本企业的资产或其他经济资源与其他合营方共同进行某项经济活动（该经济活动不构成独立的会计主体），并且按照合同或协议约定对该经济活动实施共同控制。通过共同控制经营获取收益是共同控制经营的显著特征，每一合营者负担合营活动中本企业发生的费用，并按照合同约定确认本企业在合营产品销售收入中享有的份额。

共同控制经营的情况下，并不单独成立一个区别于各合营方的企业、合伙组织等（即不构成一个独立的会计主体），为了共同生产一项产品，各合营方分别运用自己的资产并且相应发生自身的费用。例如飞机的生产过程中，一个合营方可能负责生产机身，另外一个合营方负责安装发动机，其他的合营方可能分别负责组装飞机的某一组成部分，作为参与飞机生产的每一个合营方，其责任仅限于完成整个经济活动中的某一个组成部分，之后各合营方按照合同或协议的规定分享飞机销售所产生的收入。

在共同控制经营的情况下，合营方应做如下处理。

（1）确认其所控制的用于共同控制经营的资产及发生的负债。

共同控制经营的情况下，合营方通常是通过运用本企业的资产及其他经济资源为共同控制经营提供必要的生产条件。按照合营合同或协议约定，合营方将本企业资产用于共同经营，合营期结束后合营方将收回该资产不再用于共同控制，则合营方应将该资产作为本企业的资产确认。

（2）确认与共同控制经营有关的成本费用及共同控制经营产生的收入中本企业享有的份额。

合营方运用本企业的资产及其他经济资源进行合营活动，视共同控制经营的情况，应当对发生的与共同控制经营有关的支出进行归集。例如，在各合营方一起进行飞机制造的情况下，合营方应在生产成本中归集合营中发生的费用支出，借记"生产成本——共同控制经营"科目，贷记"库存现金"或"银行存款"等，对于合营中发生的某些支出需要各合营方共同负担的，合营方应将本企业应承担的份额计入生产成本。共同控制经营生产的产品对外出售时，所产生的收入中应由本企业享有的部分，应借记"库存现金"或"银行存款"等，贷记"主营业务收入""其他业务收入"等，同时应结转售出产品的成本，借记"主营业务成本""其他业务成本"等科目，贷记"库存商品"等科目。

二、共同控制资产

共同控制资产，是指企业与其他合营方共同投入或出资购买一项或多项资产，按照合同或协议约定对有关的资产实施共同控制的情况。通过控制资产获取收益是共同控制资产的显著特征，每一合营者按照合同约定享有共同控制资产中的一定份额并据此确认本企业的资产，享有该部分资产带来的未来经济利益。

各合营方共同使用一项或若干项资产，分享资产为企业带来的经济利益，如各合营方共同使用一条输油管线、一个通信网络或是在一个特定的时期内或特定的时间段内共同使用有关的资产。共同控制资产不需要单独设立区别于各合营方的企业或其他组织，仅仅是有关各方共同分享一项或多项资产的情况。

存在共同控制资产的情况下，作为合营方，企业应在自身的账簿及报表中确认共同控制的资产中本企业享有的份额，同时确认发生的负债、费用或与有关合营方共同承担的负债、费用中应由本企业负担的份额。

（1）根据共同控制资产的性质，如固定资产、无形资产等，按合同或协议中约定的份额将本企业享有的部分确认为固定资产或无形资产等，而不是归为一项投资。该部分资产由实施共同控制的各方共同使用的情况下，并不改变相关资产的使用状态，不构成投资，合营方不应将其作为投资处理。

（2）确认与其他合营方共同承担的负债中应由本企业负担的部分以及本企业直接承担的与共同控制资产相关的负债。本企业为共同控制资产发生的负债或共同控制资产在经营、使用过程中发生的负债，按照合同或协议约定应由本企业承担的部分，应作为本企业负债确认。

（3）确认共同控制资产产生的收入中应由本企业享有的部分。因各合营方共同拥有有关的资产，按照合营合同或协议的规定应分享有关资产产生的收益。如两个企业共同控制一栋出租的房屋，每一合营方均享有该房屋出租收入的一定份额，则各合营方在利润表中应确认本企业享有的收入份额。

（4）确认与其他合营方共同发生的费用中应由本企业负担的部分以及本企业直接发生的与共同控制资产相关的费用。

对于共同控制资产在经营、使用过程中发生的费用，包括有关直接费用以及应由本企业承担的共同控制资产发生的折旧费用、借款利息费用等，合营各方应当按照合同或协议的约定确定应由本企业承担的部分，作为本企业的费用确认。

知识链接

思 考 题

1. 企业持有的哪些权益性投资应划分为长期股权投资?
2. 什么是同一控制下的企业合并，如何确定其初始投资成本?
3. 什么是非同一控制下的企业合并，如何确定其初始投资成本?
4. 什么是成本法，其适用范围是什么?
5. 成本法的核算要点有哪些?
6. 成本法下如何确认投资收益?
7. 在什么情况下成本法应转换为权益法核算?
8. 如何确认长期股权投资的处置损益?

关键术语

长期股权投资	long-term investment on stocks
股票投资	investment on stocks
其他股权投资	other investment on stocks
债券投资	investment on bonds
成本法	cost method
权益法	equity method

第三章 固定资产

【引例】

甲、乙、丙、丁四家企业截至2016年6月30日有关固定资产的报表数据如表3-1所示。

表3-1　　　　　　　　　　甲、乙、丙、丁四企业固定资产报表　　　　　　　　　　单位：千元

企业	固定资产	资产总计	固定资产比重/%
甲企业	6 827 981	874 009 111	0.78
乙企业	2 615 537	16 165 904	16.18
丙企业	487 495	1 421 738	34.29
丁企业	12 598 048	19 793 625	63.65

甲企业属于金融类企业，盈利模式为吸收放贷，主要的盈利资产是贷款、债券投资，固定资产是非生息性资产，所以，对于金融类企业固定资产所占比重应当尽量降低。乙企业是制造业企业，制造业企业的固定资产通常为厂房、机器设备、运输工具等，在总资产中所占比重适中。丙企业是高科技企业、主要生产财务软件，从根本上说，软件企业的核心盈利能力来源于其智力资源，固定资产是从属于智力资源的，但是，这些智力资源（如人力）并不能完全反映到财务报表中去，所以，报表中反映出的固定资产占总资产的比重并不太低。丁企业属于电力企业，主要盈利性资产是电厂机组，固定资产所占比重较高。

通过分析甲、乙、丙、丁四家企业固定资产的报表数据可知，不同行业的企业其固定资产占总资产的结构是不同的，其折旧年限和折旧政策的差异会对企业的利润产生不同的影响。

请思考

作为一名财务人员，如何对固定资产进行分类并核算？如何提高企业管理资产的水平，并降低生产成本，实现资产保值增值？

第一节 固定资产概述

一、固定资产的概念

固定资产是企业赖以生存的物质基础，是企业产生效益的源泉，关系到企业的运营与发展。企业科学管理和正确核算固定资产，有利于促进企业正确评估固资产的整体情况，提高资产使用效率，降低生产成本，保护固定资产的安全完整，实现资产的保值增值，增强企业的综合竞争实力。《企业会计准则第4号——固定资产》（以下简称"固定资产准则"）规范了固定资产的确认、计量和相关信息的披露。

二、固定资产的特征

固定资产准则规定，固定资产是指同时具有下列特征的有形资产：①为生产商品、提供劳务、出租或经营管理而持有的；②使用寿命超过一个会计年度。从固定资产的定义看，固定资产具有以下三个特征。

1. 固定资产是为生产商品、提供劳务、出租或经营管理而持有的

企业持有固定资产的目的是为了生产商品、提供劳务、出租或经营管理，这意味着，企业持有的固定资产是企业的劳动工具或手段，而不是直接用于出售的产品。其中，"出租"的固定资产是指用以出租的机器设备类固定资产，不包括以经营租赁方式出租的建筑物，后者属于企业的投资性房地产，不属于固定资产。

2. 固定资产使用寿命超过一个会计年度

固定资产的使用寿命，是指企业使用固定资产的预计期间，或者该固定资产所能生产产品或提供劳务的数量。通常情况下固定资产的使用寿命是指使用固定资产的预计期间，如自用房屋建筑物的使用寿命或使用年限。某些机器设备或运输设备等固定资产，其使用寿命往往以该固定资产所能生产产品或提供劳务的数量来表示。例如，发电设备按其预计发电量估计使用寿命，汽车或飞机等按其预计行驶里程估计使用寿命。固定资产使用寿命超过一个会计年度，意味着固定资产属于长期资产，随着使用和磨损，通过计提折旧方式逐渐减少账面价值。对固定资产计提折旧，是对固定资产进行后续计量的重要内容。固定资产计提减值准备也属于后续计量，相关会计处理在《企业会计准则第8号——资产减值》准则中予以规范。

3. 固定资产为有形资产

固定资产具有实物特征，这一特征将固定资产与无形资产区别开来。有些无形资产可能同时符合固定资产的其他特征，如无形资产也是为生产商品、提供劳务而持有，其使用寿命也超过一个会计年度，但是，由于其没有实物形态，所以不属于固定资产。工业企业所持有的工具、用具、备品备件、维修设备等资产，施工企业所持有的模板、挡板、架料等周转材料，以及地质勘探企业所持有的管材等资产，尽管该类资产具有固定资产的某些特征，如使用期限超过一年，也能够带来经济利益，但由于数量多，单价低，考虑到成本效益原则，在实务中，通常确认为存货。但符合固定资产定义和确认条件的，比如企业（民用航空运输）的高价周转件等，应当确认为固定资产。对于构成固定资产的各组成部分，如果各自具有不同使用寿命或者以不同方式为企业提供经济利益，适用不同折旧率或折旧方法的，该各组成部分实际上是以独立的方式为企业提供经济利益，因此，企业应当分别将各组成部分确认为单项固定资产。例如，飞机的引擎，如果其与飞机机身具有不同的使用寿命，适用不同折旧率或折旧方法，则企业应当将其确认为单项固定资产。

企业由于安全或环保的要求购入设备等，虽然不能直接给企业带来未来经济利益，但有助于企业从其他相关资产的使用获得未来经济利益，也应确认为固定资产。

第二节 | 固定资产的确认

一、固定资产的确认条件

固定资产的确认是指企业何时以何种币值金额将固定资产作为企业所拥有或控制的资源进行反映。一般来讲，固定资产只有在同时满足以下两个条件时，才能加以确认。

（1）该固定资产包含的经济利益很可能流入企业。这一条件要求企业必须有一定的证据对所确认固定资产未来经济利益流入企业的确定程度做出可靠的估计。只有在企业确认通过该项资产很可能获得报酬时才将其确认为企业的固定资产。

这个条件实质上是涉及固定资产的所有权问题。如果一个企业对某项固定资产拥有所有权，说明与该项资产所有权相关的风险和报酬已经转归企业，该项资产在未来所能带来的经济利益也是应该流入企业的。但在实务上，有时即使企业对该项固定资产没有所有权，如果企业能够控制资产带来的经济利益，

使之能够流入企业，则该项固定资产也应作为企业的固定资产予以确认，如融资租入的固定资产。

（2）该固定资产的成本能够可靠地计量。这是资产确认的一个基本条件，也关系到确定资产价值量的问题。如果企业对固定资产能够拥有和控制，那么其价值量在大多数情况下的确定并不是一件很困难的事情。如外购固定资产，在交易时就确定了它的大部分价值；自建的资产，可以根据企业购买的材料、发生的人工费和建造过程中的其他投入对其成本进行可靠地计量等。

企业在对固定资产进行确认时，应当按照固定资产定义和确认条件，考虑企业的具体情形加以判断。例如，企业的环保设备和安全设备等资产，虽然不符合固定资产定义的要求，即不能直接为企业带来经济利益，但这类资产有助于企业从其他相关资产上获得经济利益，因此也应当确认为固定资产。另外，一项资产是否应单独作为一项固定资产予以确认也是值得考虑的问题。例如，在某些情况下，将某项资产的总支出分配给各组成部分并对每个组成部分单独进行核算也是必要的，而且由于资产的各组成部分具有不同的使用寿命或以不同的方式为企业提供经济利益，因而采用的折旧率和折旧方法也有所不同。这种情况下就需要将它们各自作为单独的固定资产来确认。

二、固定资产核算的会计科目

为了核算固定资产，企业一般需要设置"固定资产""累计折旧""在建工程""工程物资""固定资产清理"等科目，核算固定资产取得、计提折旧、处置等情况。

"固定资产"科目核算企业固定资产的原价，借方登记企业增加的固定资产原价，贷方登记企业减少的固定资产原价，期末借方余额，反映企业期末固定资产的账面原价。企业应当设置"固定资产登记簿"和"固定资产卡片"，按固定资产类别、使用部门和每项固定资产进行明细核算。

"累计折旧"科目属于"固定资产"的调整科目，核算企业固定资产的累计折旧，贷方登记企业计提的固定资产折旧，借方登记处置固定资产转出的累计折旧，期末贷方余额，反映企业固定资产的累计折旧额。

"在建工程"科目核算企业基建、更新改造等在建工程发生的支出，借方登记企业各项在建工程的实际支出，贷方登记完工工程转出的成本，期末借方余额反映企业尚未达到预定可使用状态的在建工程的成本。

"工程物资"科目核算企业为在建工程而准备的各种物资的实际成本。该科目借方登记企业购入工程物资的成本，贷方登记领用工程物资的成本，期末借方余额，反映企业为在建工程准备的各种物资的成本。

"固定资产清理"科目核算企业因出售、报废、毁损、对外投资、非货币性资产交换、债务重组等原因转出的固定资产价值以及在清理过程中发生的费用等，借方登记转出的固定资产价值、清理过程中应支付的相关税费及其他费用，贷方登记固定资产清理收入，期末借方余额，反映企业尚未清理完毕的固定资产清理净损失。该科目应按被清理的固定资产项目设置明细账，进行明细核算。

此外，企业固定资产、在建工程、工程物资发生减值的，还应当设置"固定资产减值准备""在建工程减值准备""工程物资减值准备"等科目进行核算。

<h1 style="text-align:center">第三节 | 固定资产的计量</h1>

一、固定资产的初始计量

固定资产的初始计量是指企业最初取得固定资产时对其入账价值的确定。固定资产取得方式的不同决定了其入账价值所包含的经济内容不同，其账务处理程序也体现了不同的特点。下面分别按不同的固定资产取得方式来说明固定资产入账价值的确定方法和其账务处理程序。

（一）外购的固定资产

外购方式是企业取得固定资产的重要和主要方式。企业外购固定资产的成本，包括购买价款、相关税费、使固定资产达到预定可使用状态前所发生的可归属于该项资产的运输费、装卸费、安装费和专业人员服务费等。企业收到税务机关退还的与所购买固定资产相关的增值税款，应当冲减固定资产的成本。

外购固定资产是否达到预定可使用状态，需要根据具体情况进行分析判断。如果购入不需安装的固定资产，购入后即可发挥作用，因此，购入后即可达到预定可使用状态。如果购入需安装的固定资产，只有安装调试后达到设计要求或合同规定的标准，该项固定资产才可发挥作用，才意味着达到预定可使用状态。

由于我国自2009年1月1日起对增值税的管理实行了生产型向消费型的转变，即在征收增值税时，将外购固定资产所包含的增值税进项税额一次性全部扣除，所以企业外购固定资产增值税专用发票所列应交增值税不能计入固定资产价值，而作为进项税额单独核算。纳税人允许抵扣的固定资产进项税额，是指纳税人2009年1月1日以后实际发生，并取得2009年1月1日以后开具的增值税扣税凭证上注明的或者依据增值税扣税凭证计算的增值税税额。房屋建筑物等不动产，不允许纳入增值税抵扣范围，小汽车、摩托车和游艇也不纳入增值税改革范围，即企业购入以上固定资产，不允许抵扣其所含的增值税。财税[2009]113号进一步明确，以建筑物或者构筑物为载体的附属设备和配套设施，无论在会计处理上是否单独记账与核算，均应作为建筑物或者构筑物的组成部分，其进项税额不得在销项税额中抵扣。附属设备和配套设施是指：给排水、采暖、卫生、通风、照明、通信、煤气、消防、中央空调、电梯、电气、智能化楼宇设备和配套设施。

企业购入不需要安装的固定资产，应按实际支付的购买价款、相关税费以及使固定资产达到预定可使用状态前所发生的可归属于该项资产的运输费、装卸费和专业人员服务费等，作为固定资产成本，借记"固定资产"科目，贷记"银行存款"等科目。

【例3-1】 华联实业股份有限公司购入一台不需要安装的设备，发票上注明设备价款30 000元，应交增值税5 100元，支付的场地管理费、运输费、装卸费等合计1 200元。上述款项企业已用银行存款支付。其账务处理如下。

借：固定资产　　　　　　　　　　　　　　　　　　　　　31 200
　　应交税费——应交增值税（进项税额）　　　　　　　　 5 100
　　贷：银行存款　　　　　　　　　　　　　　　　　　　　　　 36 300

购入需要安装的固定资产，应在购入的固定资产取得成本的基础上加上安装调试成本等，作为购入固定资产的成本。先通过"在建工程"科目核算，待安装完毕达到预定可使用状态时，再由"在建工程"科目转入"固定资产"科目。

【例3-2】 华联实业股份有限公司购入一台需要安装的设备，发票上注明设备价款30 000元，应交增值税 5 100元，支付的场地管理费、运输费、装卸费等合计1 200元。支付安装费用800元。上述款项企业已用银行存款支付。其账务处理如下。

（1）设备运抵企业。

借：工程物资　　　　　　　　　　　　　　　　　　　　　31 200
　　应交税费——应交增值税（进项税额）　　　　　　　　 5 100
　　贷：银行存款　　　　　　　　　　　　　　　　　　　　　　 36 300

（2）设备投入安装，并支付安装成本。

借：在建工程　　　　　　　　　　　　　　32 000
　　贷：工程物资　　　　　　　　　　　　　31 200
　　　　银行存款　　　　　　　　　　　　　　800

（3）设备安装完毕。

借：固定资产　　　　　　　　　　　　　　32 000
　　贷：在建工程　　　　　　　　　　　　　32 000

（二）自行建造的固定资产

企业自行建造的固定资产，应按建造该项资产达到预定可使用状态前所发生的必要支出，作为固定资产的成本。

自建固定资产应先通过"在建工程"科目核算，工程达到预定可使用状态时，再从"在建工程"科目转入"固定资产"科目。自行建造的固定资产，从发生第一笔购置支出到固定资产完工交付使用，通常需要经历一段较长的建造期间。为了便于归集和计算固定资产的实际建造成本，企业应设置"在建工程"科目。本科目核算企业基建、更新改造等在建工程发生的支出。本科目应当按照"建筑工程""安装工程""在安装设备""待摊支出"以及单项工程进行明细核算。

企业自建固定资产，主要有自营和出包两种方式，由于采用的建设方式不同，其会计处理也不同。

1. 自营工程

自营工程是指企业自行组织工程物资采购、自行组织施工人员施工的建筑工程和安装工程。购入工程物资时，借记"工程物资"科目，贷记"银行存款"等科目。领用工程物资时，借记"在建工程"科目，贷记"工程物资"科目。在建工程领用本企业原材料时，借记"在建工程"科目，贷记"原材料""应交税费——应交增值税（进项税额转出）"等科目。在建工程领用本企业生产的商品时，借记"在建工程"科目，贷记"库存商品""应交税费——应交增值税（销项税额）"等科目。

自营工程发生的其他费用（如分配工程人员工资等），借记"在建工程"科目，贷记"银行存款""应付职工薪酬"等科目。自营工程达到预定可使用状态时，按其成本，借记"固定资产"科目，贷记"在建工程"科目。

【例3-3】某企业自建厂房一幢，购入为工程准备的各种物资500 000元，支付的增值税税额为85 000元，全部用于工程建设。领用本企业生产的水泥一批，实际成本为80 000元，税务部门确定的计税价格为100 000元，增值税税率为17%；工程人员应计工资100 000元，支付其他费用30 000元。工程完工并达到预定可使用状态。该企业应作如下账务处理。

（1）购入工程物资时。

借：工程物资　　　　　　　　　　　　　　　500 000
　　应交税费——应交增值税（进项税额）　　 85 000
　　贷：银行存款　　　　　　　　　　　　　585 000

（2）工程领用工程物资时。

借：在建工程　　　　　　　　　　　　　　　585 000
　　贷：工程物资　　　　　　　　　　　　　500 000
　　　　应交税费——应交增值税（进项税额转出）　85 000

（3）工程领用本企业生产的水泥，确定应计入在建工程成本的金额为：
80 000+100 000×17%=97 000（元）。

借：在建工程　　　　　　　　　　　　　　　　　　97 000
　　贷：库存商品　　　　　　　　　　　　　　　　　80 000
　　　　应交税费——应交增值税（销项税额）　　　17 000
（4）分配工程人员工资时。
借：在建工程　　　　　　　　　　　　　　　　　　100 000
　　贷：应付职工薪酬　　　　　　　　　　　　　　　100 000
（5）支付工程发生的其他费用时。
借：在建工程　　　　　　　　　　　　　　　　　　30 000
　　贷：银行存款　　　　　　　　　　　　　　　　　30 000
（6）工程完工转入固定资产成本为：585 000+97 000+100 000+30 000=812 000（元）。
借：固定资产　　　　　　　　　　　　　　　　　　812 000
　　贷：在建工程　　　　　　　　　　　　　　　　　812 000

2. 出包工程

出包工程是指企业通过招标等方式将工程项目发包给建造承包商，由建造承包商组织施工的建筑工程和安装工程。企业采用出包方式进行的固定资产工程，其工程的具体支出主要由建造承包商核算。在这种方式下，"在建工程"科目主要是企业与建造承包商办理工程价款的结算科目，企业支付给建造承包商的工程价款作为工程成本，通过"在建工程"科目核算。企业按合理估计的发包工程进度和合同规定向建造承包商结算的进度款，借记"在建工程"科目，贷记"银行存款"等科目；工程完成时按合同规定补付的工程款，借记"在建工程"科目，贷记"银行存款"等科目；工程达到预定可使用状态时，按其成本，借记"固定资产"科目，贷记"在建工程"科目。

【例3-4】某企业将一幢厂房的建造工程出包给丙公司承建，按合理估计的发包工程进度和合同规定向丙公司结算进度款600 000元，工程完工后，收到丙公司有关工程结算单据，补付工程款400 000元。工程完工并达到预定可使用状态。该企业应做如下账务处理。
（1）按合理估计的发包工程进度和合同规定向丙公司结算进度款时。
借：在建工程　　　　　　　　　　　　　　　　　　600 000
　　贷：银行存款　　　　　　　　　　　　　　　　　600 000
（2）补付工程款时。
借：在建工程　　　　　　　　　　　　　　　　　　400 000
　　贷：银行存款　　　　　　　　　　　　　　　　　400 000
（3）工程完工并达到预定可使用状态时。
借：固定资产　　　　　　　　　　　　　　　　　　1 000 000
　　贷：在建工程　　　　　　　　　　　　　　　　　1 000 000

二、固定资产的后续计量

经过初始计量的固定资产，在其后期存续的过程中由于受到自然力的作用、正常的使用以及其所面临的外部环境问题因素的影响，其价值也在发生变化。固定资产的后续计量是指固定资产在其后期存续过程中变化的价值金额以及最终价值额的确定。固定资产后续计量一般包括固定资产的折旧、减值损失以及后续支出等会计处理，减值损失在这里不做详述，后文介绍。

（一）固定资产的折旧

1. 固定资产折旧概述

企业应当在固定资产的使用寿命内，按照确定的方法对应计折旧额进行系统分摊，根据固定资产的性质和使用情况，合理确定固定资产的使用寿命和预计净残值。固定资产的使用寿命、预计净残值一经确定，不得随意变更，但是，符合《企业会计准则第 4 号——固定资产》第十九条规定的除外。上述事项在报经股东大会或董事会、经理会议或类似机构批准后，作为计提折旧的依据，并按照法律、行政法规等的规定报送有关各方备案。

（1）影响折旧的因素主要有以下几个方面。

① 固定资产原价，是指固定资产的成本。

② 预计净残值，是指假定固定资产预计使用寿命已满并处于使用寿命终了时的预期状态，企业目前从该项资产处置中获得的扣除预计处置费用后的金额。

③ 固定资产减值准备，是指固定资产已计提的固定资产减值准备累计金额。

④ 固定资产的使用寿命，是指企业使用固定资产的预计期间，或者该固定资产所能生产产品或提供劳务的数量。企业确定固定资产使用寿命时，应当考虑下列因素：

该项资产预计生产能力或实物产量；

该项资产预计有形损耗，如设备使用中发生磨损，房屋建筑物受到自然侵蚀等；

该项资产预计无形损耗，如因新技术的出现而使现有的资产技术水平相对陈旧，市场需求变化使产品过时等；

法律或者类似规定对该项资产使用的限制。

（2）除以下情况外，企业应当对所有固定资产计提折旧：

① 已提足折旧仍继续使用的固定资产；

② 单独计价入账的土地。

（3）在确定计提折旧的范围时，还应注意以下几点：

① 固定资产应当按月计提折旧。当月增加的固定资产，当月不计提折旧，从下月起计提折旧；当月减少的固定资产，当月仍计提折旧，从下月起不计提折旧；

② 固定资产提足折旧后，不论能否继续使用，均不再计提折旧；提前报废的固定资产，也不再补提折旧。所谓提足折旧，是指已经提足该项固定资产的应计折旧额；

③ 已达到预定可使用状态但尚未办理竣工决算的固定资产，应当按照估计价值确定其成本，并计提折旧；待办理竣工决算后，再按实际成本调整原来的暂估价值，但不需要调整原已计提的折旧额。

企业至少应当于每年年度终了，对固定资产的使用寿命、预计净残值和折旧方法进行复核。使用寿命预计数与原先估计数有差异的，应当调整固定资产使用寿命。预计净残值预计数与原先估计数有差异的，应当调整预计净残值。与固定资产有关的经济利益预期实现方式有重大改变的，应当改变固定资产折旧方法。固定资产使用寿命、预计净残值和折旧方法的改变应当作为会计估计变更。

2. 固定资产的折旧方法

企业应当根据与固定资产有关的经济利益的预期实现方式，合理选择固定资产折旧方法。可选用的折旧方法包括年限平均法、工作量法、双倍余额递减法和年数总和法等。

（1）年限平均法

年限平均法的计算公式如下：

$$年折旧率 = \frac{1 - 预计净残值率}{预计使用寿命（年）} \times 100\%$$

月折旧率＝年折旧率÷12

月折旧额＝固定资产原价×月折旧率

【例3-5】甲公司有一幢厂房，原价为5 000 000元，预计可使用20年，预计报废时的净残值率为2%。该厂房的折旧率和折旧额的计算如下：

$$年折旧率=\frac{1-2\%}{20}=4.9\%$$

月折旧率=4.9%÷12=0.41%

月折旧额=5 000 000×0.41%=20 500（元）

本例采用的是年限平均法计提固定资产折旧，其特点是将固定资产的应计折旧额均衡地分摊到固定资产预计使用寿命内。采用这种方法计算的每期折旧额是相等的。

（2）工作量法

工作量法的基本计算公式如下：

单位工作量折旧额=固定资产原价×（1-预计净残值率）/预计总工作量

某项固定资产月折旧额=该项固定资产当月工作量×单位工作量折旧额

【例3-6】某企业的一辆运货卡车的原价为600 000元，预计总行驶里程为500 000千米，预计报废时的净残值率为5%。本月行驶4 000千米。该辆汽车的月折旧额计算如下：

单位里程折旧额=600 000×（1-5%）/500 000=1.14（元/千米）

本月折旧额=4 000×1.14=4 560（元）

本例采用工作量法计提固定资产折旧。工作量法是指根据实际工作量计算每期应提折旧额的一种方法。

（3）双倍余额递减法

双倍余额递减法的计算公式如下：

$$年折旧率=\frac{2}{预计使用寿命（年）}×100\%$$

月折旧率=年折旧率÷12

月折旧额=每月月初固定资产账面净值×月折旧率

【例3-7】某企业一项固定资产的原价为1 000 000元，预计使用年限为5年，预计净残值为4 000元。按双倍余额递减法计提折旧，每年的折旧额计算如下：

$$年折旧率=\frac{2}{5}×100\%=40\%$$

第1年应提的折旧额=1 000 000×40%=400 000（元）

第2年应提的折旧额=（1 000 000-400 000）×40%=240 000（元）

第3年应提的折旧额=（600 000-240 000）×40%=144 000（元）

从第4年起改用年限平均法（直线法）计提折旧。

第4年、第5年的年折旧=[（360 000-144 000）-4 000]÷2=10 600（元）

每年各月折旧额根据年折旧额除以12来计算。

本例采用了双倍余额递减法计提固定资产折旧。双倍余额递减法是指在不考虑固定资产预计净残值的情况下，根据每期期初固定资产原价减去累计折旧后的金额和双倍的直线法折旧率计算固定资产折旧的一种方法。采用双倍余额递减法计提固定资产折旧，一般应在固定资产使用寿命到期前两年内，将固定资产账面净值扣除预计净残值后的净值平均摊销。

（4）年数总和法

年数总和法计算公式如下：

$$年折旧率=\frac{（预计使用寿命-已使用年限）}{[预计使用寿命×（预计使用寿命+1）]÷2}×100\%$$

或者

年折旧率=尚可使用年限÷预计使用寿命的年数总和×100%

月折旧率=年折旧率÷12

月折旧额=（固定资产原值-预计净残值）×月折旧率

【例3-8】承【例3-7】，假如采用年数总和法，计算各年折旧额如表3-2所示。

表3-2　　　　　　　　　　　　　　　　折旧额计算表　　　　　　　　　　　　　　　单位：元

年份	尚可使用年限	原价-净残值	年折旧率	年折旧额	累计折旧额
1	5	996 000	5／15	332 000	332 000
2	4	996 000	4／15	265 600	597 600
3	3	996 000	3／15	199 200	796 800
4	2	996 000	2／15	132 800	929 600
5	1	996 000	1／15	66 400	996 000

本例采用了年数总和法计提固定资产折旧。年数总和法又称年限合计法，是指固定资产的原价减去预计净残值后的余额，乘以一个逐年递减的分数计算每年的折旧额，这个分数的分子代表固定资产尚可使用寿命，分母代表预计使用寿命逐年数字之和。

3. 固定资产折旧的核算

固定资产应当按月计提折旧，计提的折旧应当记入"累计折旧"科目，并根据固定资产用途计入相关资产、成本或者当期损益。企业自行建造固定资产过程中使用的固定资产，其计提的折旧应计入在建工程成本；基本生产车间所使用的固定资产，其计提的折旧应计入制造费用；管理部门所使用的固定资产，其计提的折旧应计入管理费用；销售部门所使用的固定资产，其计提的折旧应计入销售费用；经营租出的固定资产，其应提的折旧额应计入其他业务成本。企业计提固定资产折旧时，借记"制造费用""销售费用""管理费用"等科目，贷记"累计折旧"科目。

【例3-9】某企业采用年限平均法对固定资产计提折旧。2×16年1月份根据"固定资产折旧计算表"，确定的各车间及厂部管理部门应分配的折旧额为，一车间1 500 000元，二车间2 400 000元，三车间3 000 000元，厂管理部门600 000元。该企业应做如下账务处理。

借：制造费用——一车间　　　　　　　　　　　　1 500 000
　　　　　　——二车间　　　　　　　　　　　　2 400 000
　　　　　　——三车间　　　　　　　　　　　　3 000 000
　　管理费用　　　　　　　　　　　　　　　　　600 000
　　贷：累计折旧　　　　　　　　　　　　　　　7 500 000

【例3-10】乙公司2×16年6月份固定资产计提折旧情况如下：车间厂房计提折旧3 800 000元，机器设备计提折旧4 500 000元；管理部门房屋建筑物计提折旧6 500 000元，运输工具计提折旧2 400 000元；销售部门房屋建筑物计提折旧3 200 000元，运输工具计提折旧2 630 000元。当月新购置机器设备一台，价值为5 400 000元，预计使用寿命为10年，该企业同类设备计提折旧采用年限平均法。

本例中，新购置的机器设备本月不计提折旧。本月计提的折旧费用中，车间使用的固定资产计提的折旧费用计入制造费用，管理部门使用的固定资产计提的折旧费用计入管理费用，销售部门使用的固定资产计提的折旧费用计入销售费用。乙公司应做如下账务处理。

借：制造费用——车间　　　　　　　　　　　　8 300 000
　　管理费用　　　　　　　　　　　　　　　　　8 900 000
　　销售费用　　　　　　　　　　　　　　　　　5 830 000
　　贷：累计折旧　　　　　　　　　　　　　　　23 030 000

（二）固定资产的后续支出

固定资产的后续支出是指固定资产在使用过程中发生的更新改造支出、修理费用等。企业的固定资产投入使用后，由于各个组成部分耐用程度不同或者使用的条件不同，因而往往发生固定资产的局部损坏。为了保持固定资产的正常运转和使用，充分发挥其使用效能，就必须对其进行必要的后续支出。

固定资产的更新改造等后续支出，满足固定资产确认条件的，应当计入固定资产成本，如有被替换的部分，应同时将被替换部分的账面价值从该固定资产原账面价值中扣除；不满足固定资产确认条件的固定资产修理费用等，应当在发生时计入当期损益。

在对固定资产发生可资本化的后续支出后，企业应将该固定资产的原价、已计提的累计折旧和减值准备转销，将固定资产的账面价值转入在建工程。固定资产发生的可资本化的后续支出，通过"在建工程"科目核算。在固定资产发生的后续支出完工并达到预定可使用状态时，从"在建工程"科目转入"固定资产"科目。

不满足固定资产确认条件的固定资产修理费用，应当在发生时计入当期损益。

1. 增置

增置是指固定资产总体数量的增加，包括添置全新的资产项目和对原有资产项目进行改建、扩建、延伸、添加、补充等，主要表现在对原有固定资产进行实物的添加。增置不同于重置。重置是用新固定资产替换原有相同的旧固定资产，是对旧固定资产已收回投资的再利用，它不增加企业对固定资产的投资，从而不增加固定资产的总体数量。增置是在原有固定资产规模的基础上，通过追加固定资产投资而添置的全新固定资产，它增加了固定资产的总体规模，从而扩大了企业的生产经营规模。由于增置需要追加固定资产投资，因此，在会计概念上就将这项追加的投资看作固定资产使用中增加的一项资本性支出。

新增固定资产在会计处理上和重置固定资产并无区别，因而不构成新的会计问题。但扩建固定资产则存在扩建后的固定资产如何计价的问题。一般来说，扩建固定资产都需要拆除一部分原有的结构或装置，以便添加新的结构或装置。扩建固定资产的主要会计问题就是如何确定和处置拆除部分的价值。

从理论上说，既然拆除的结构或装置实物形态已不存在，其账面价值自然也就应从固定资产价值中减除。但是，拆除的结构或装置可能根本无法确定账面价值，因为要把固定资产的价值分解为各部分结构或装置的价值几乎是不可能的。因此，在会计实务中采取了一种变通的做法，即将拆除部分残料的实际变价收入视同拆除部分的账面价值，从固定资产价值中减除。这样，扩建后固定资产的价值是按照在原有固定资产账面价值的基础上，加上由于扩建而发生的支出，减去扩建过程中发生的变价收入的方法加以确定的。

【例3-11】金陵科技实业股份有限公司因生产产品的需要，将一栋厂房交付扩建，以增加使用面积。该厂房原价为235 000元，累计折旧85 000元。在扩建过程中，共发生扩建支出43 000元，均通过银行支付，厂房拆除部分的残料作价2 000元。其账务处理如下。

（1）厂房转入扩建，注销固定资产原价、累计折旧。

借：在建工程   150 000

    累计折旧   85 000

    贷：固定资产   235 000

（2）支付扩建支出，增加扩建工程成本。

借：在建工程   43 000

    贷：银行存款   43 000

（3）残料作价入库，冲减扩建工程成本。

借：原材料   2 000

    贷：在建工程   2 000

（4）扩建工程完工，固定资产已达到使用状态。

借：固定资产　　　　　　　　　　　　　　　　191 000
　　贷：在建工程　　　　　　　　　　　　　　　　　　191 000

通过上面的例子，我们可以看出，厂房经过扩建后，由于对扩建净支出的资本化，厂房的原始价值发生了变化，达到191 000元。这就产生了扩建后固定资产折旧的计算问题，很显然不能只按原来的原价来计算折旧了。

2. 改良与改善

改良与改善是对现有固定资产质量的改进，目的是提高固定资产的适用性或使用效能。例如，零售商店为吸引客户而重新装修门面，工厂为提高资产的技术性能和使用效率而改造设备装置等。

改良与改善在性质上并无区别，只是对资产质量的提高程度不同而已。改良是对资产质量有较大改进或显著提高，所需支出也比较大，因而应将改良支出作为资本性支出，增加有关固定资产的价值。改善是对资产质量有一定的改进，但改进不明显，质量提高程度有限，所需支出也比较小，因而应将改善支出作为收益性支出直接计入当期损益。

3. 修理

企业生产车间（部门）和行政管理部门等发生的固定资产修理费用等后续支出，借记"管理费用"等科目，贷记"银行存款"等科目；企业发生的与专设销售机构相关的固定资产修理费用等后续支出，借记"销售费用"科目，贷记"银行存款"等科目。

【例3-12】20×6年6月1日，甲公司对现有的一台管理用设备进行日常修理，修理过程中发生材料费100 000元，应支付的维修人员工资为20 000元。

借：管理费用　　　　　　　　　　　　　　　　120 000
　　贷：原材料　　　　　　　　　　　　　　　　　　100 000
　　　　应付职工薪酬　　　　　　　　　　　　　　　　20 000

4. 重安装

为了创造新的生产环境和提高流水作业的合理性，以改善生产组织、提高生产效率、充分发挥资产潜力、降低产品成本，企业有时会对机器设备等固定资产按更合理的布局重新安装。由于重新安装的固定资产原始价值中已经包含了一笔初始安装成本，为了避免重复计价，应先将初始安装成本的账面净值从有关资产价值中减除，并作为该项资产的废弃损失，计入营业外支出，然后代之以重安装成本。重安装成本一般包括拆除地基、搬运机器以及新建地基等支出。如果固定资产的有关记录不能提供初始安装成本的数额，可按一定的方法加以合理估计，以防止重复计算其安装成本。

第四节　固定资产的处置

一、固定资产处置的含义及业务内容

1. 固定资产处置原则

企业在生产经营过程中，可能将不适用或不需用的固定资产对外出售转让，或因磨损、技术进步等原因对固定资产提前报废，或因遭受自然灾害而对毁损的固定资产进行处理。对于上述事项在进行会计核算时，应按规定程序办理有关手续，结转固定资产的账面价值，计算有关的清理收入、清理费用及残料价值等。固定资产满足下列条件应当予以终止确认。

（1）该固定资产处于处置状态。这是指固定资产不再用于生产商品、提供劳务、出租或经营管理。

（2）该固定资产预期通过使用或处置不能产生经济利益，此时其已经不符合固定资产的定义。

2. 固定资产处置程序

固定资产处置包括固定资产的出售、报废、毁损、对外投资、非货币性资产交换、债务重组等。处置固定资产应通过"固定资产清理"科目核算。具体包括以下几个环节。

（1）固定资产转入清理。企业因出售、报废、毁损、对外投资、非货币性资产交换、债务重组等转出的固定资产，按该项固定资产的账面价值，借记"固定资产清理"科目，按已计提的累计折旧，借记"累计折旧"科目，按已计提的减值准备，借记"固定资产减值准备"科目，按其账面原价，贷记"固定资产"科目。

（2）发生的清理费用等。固定资产清理过程中应支付的相关税费及其他费用，借记"固定资产清理"科目，贷记"银行存款""应交税费——应交营业税"等科目。

（3）收回出售固定资产的价款、残料价值和变价收入等，借记"银行存款""原材料"等科目，贷记"固定资产清理"科目。

（4）保险赔偿等的处理。应由保险公司或过失人赔偿的损失，借记"其他应收款"等科目，贷记"固定资产清理"科目。

（5）清理净损益的处理。固定资产清理完成后，属于生产经营期间正常的处理损失，借记"营业外支出——处置非流动资产损失"科目，贷记"固定资产清理"科目；属于自然灾害等非正常原因造成的损失，借记"营业外支出——非常损失"科目，贷记"固定资产清理"科目。如为贷方余额，借记"固定资产清理"科目，贷记"营业外收入"科目。

【例3-13】2×16年6月1日，甲公司出售一幢2×12年自建的建筑物，原价为2 000 000元，已计提折旧1 000 000元，未计提减值准备。实际出售价格为1 200 000元，已通过银行收回价款。甲公司应做如下账务处理。

（1）将出售固定资产转入清理时。

借：固定资产清理　　　　　　　　　　　　　　1 000 000
　　累计折旧　　　　　　　　　　　　　　　　1 000 000
　　　贷：固定资产　　　　　　　　　　　　　　　　2 000 000

（2）收回出售固定资产的价款时。

借：银行存款　　　　　　　　　　　　　　　　1 200 000
　　　贷：固定资产清理　　　　　　　　　　　　　　1 200 000

（3）计算销售该固定资产应交纳的增值税。按规定适用的增值税征收率为5%，应纳税为60 000（1 200 000×5%）元。

借：固定资产清理　　　　　　　　　　　　　　60 000
　　　贷：应交税费——应交增值税　　　　　　　　　60 000

（4）结转出售固定资产实现的利得。

借：固定资产清理　　　　　　　　　　　　　　140 000
　　　贷：营业外收入——非流动资产处置利得　　　　140 000

【例3-14】乙公司现有一台设备由于性能等原因决定提前报废，原价为500 000元，已计提折旧450 000元，未计提减值准备。报废时的残值变价收入为20 000元，报废清理过程中发生清理费用3 500元。有关收入、支出均通过银行办理结算。乙公司应做如下账务处理。

（1）将报废固定资产转入清理时。

借：固定资产清理　　　　　　　　　　　　　　50 000
　　累计折旧　　　　　　　　　　　　　　　　450 000
　　　贷：固定资产　　　　　　　　　　　　　　　　500 000

（2）收回残料变价收入时。

| 借：银行存款 | 20 000 | |
| 贷：固定资产清理 | | 20 000 |

（3）支付清理费用时。

| 借：固定资产清理 | 3 500 | |
| 贷：银行存款 | | 3 500 |

（4）结转报废固定资产发生的净损失时。

| 借：营业外支出——非流动资产处置损失 | 33 500 | |
| 贷：固定资产清理 | | 33 500 |

【例3-15】丙公司因遭受水灾而毁损一座仓库。该仓库原价4 000 000元，已计提折旧1 000 000元，未计提减值准备。其残料估计价值50 000元，残料已办理入库。发生清理费用20 000元，以现金支付。经保险公司核定应赔偿损失1 500 000元，尚未收到赔款。丙公司应做如下账务处理。

（1）将毁损的仓库转入清理时。

借：固定资产清理	3 000 000	
累计折旧	1 000 000	
贷：固定资产		4 000 000

（2）残料入库时。

| 借：原材料 | 50 000 | |
| 贷：固定资产清理 | | 50 000 |

（3）支付清理费用时。

| 借：固定资产清理 | 20 000 | |
| 贷：库存现金 | | 20 000 |

（4）确定应由保险公司理赔的损失时。

| 借：其他应收款 | 1 500 000 | |
| 贷：固定资产清理 | | 1 500 000 |

（5）结转毁损固定资产发生的损失时。

| 借：营业外支出——非常损失 | 1 470 000 | |
| 贷：固定资产清理 | | 1 470 000 |

二、固定资产清查

企业应定期或者至少于每年年末对固定资产进行清查盘点，以保证固定资产核算的真实性，充分挖掘企业现有固定资产的潜力。在固定资产清查过程中，如果发现盘盈、盘亏的固定资产，应填制固定资产盘盈盘亏报告表。清查固定资产的损溢，应及时查明原因，并按照规定程序报批处理。

（一）固定资产盘盈

企业在财产清查中盘盈的固定资产，作为前期差错处理。企业在财产清查中盘盈的固定资产，在按管理权限报经批准处理前应先通过"以前年度损益调整"科目核算。盘盈的固定资产，应按重置成本确定其入账价值，借记"固定资产"科目，贷记"以前年度损益调整"科目。

【例3-16】丁公司在财产清查过程中，发现一台未入账的设备，重置成本为30 000元（假定与其计税基础不存在差异）。根据《企业会计准则第28号——会计政策、会计估计变更和差错更正》规定,该盘盈固定资产作为前期差错进行处理。假定丁公司适用的所得税税率为25%,按净利润的10%计提法定盈余公积。丁公司应做如下账务处理。

（1）盘盈固定资产时。

借：固定资产   30 000

      贷：以前年度损益调整   30 000

（2）确定应交纳的所得税时。

借：以前年度损益调整   7 500

      贷：应交税费——应交所得税   7 500

（3）结转为留存收益时。

借：以前年度损益调整   22 500

      贷：盈余公积——法定盈余公积   2 250

         利润分配——未分配利润   20 250

（二）固定资产盘亏

企业在财产清查中盘亏的固定资产,按盘亏固定资产的账面价值,借记"待处理财产损溢"科目,按已计提的累计折旧,借记"累计折旧"科目,按已计提的减值准备,借记"固定资产减值准备"科目,按固定资产的原价,贷记"固定资产"科目。按管理权限报经批准后处理时,按可收回的保险赔偿或过失人赔偿,借记"其他应收款"科目,按应计入营业外支出的金额,借记"营业外支出——盘亏损失"科目,贷记"待处理财产损溢"科目。

【例3-17】乙公司进行财产清查时发现短缺一台笔记本电脑,原价为10 000元,已计提折旧7 000元。乙公司应做如下账务处理。

（1）盘亏固定资产时。

借：待处理财产损溢   3 000

     累计折旧   7 000

      贷：固定资产   10 000

（2）报经批准转销时。

借：营业外支出——盘亏损失   3 000

      贷：待处理财产损溢   3 000

三、固定资产减值

固定资产在资产负债表日存在可能发生减值的迹象时,其可收回金额低于账面价值的,企业应当将该固定资产的账面价值减记至可收回金额,减记的金额确认为减值损失,计入当期损益,同时计提相应的资产减值准备,借记"资产减值损失——计提的固定资产减值准备"科目,贷记"固定资产减值准备"科目。固定资产减值损失一经确认,在以后会计期间不得转回。

【例3-18】2×15年12月31日,丁公司的某生产线存在可能发生减值的迹象。经计算,该机器的可收回金额合计为1 230 000元,账面价值为1 400 000元,以前年度未对该生产线计提过减值准备。

由于该生产线的可收回金额为1 230 000元,账面价值为1 400 000元,可收回金额低于账面价值,应按两者之间的差额170 000（1 400 000-1 230 000）元计提固定资产减值准备。丁公司应做如下账务处理。

借：资产减值损失——计提的固定资产减值准备   170 000

      贷：固定资产减值准备   170 000

知识链接

思 考 题

1. 固定资产确认应满足哪些条件？
2. 固定资产有哪些特征？
3. 固定资产核算涉及哪些会计科目？
4. 固定资产为什么计提折旧，有哪些固定资产折旧方法？
5. 固定资产处置盘盈与盘亏与其他资产盘盈盘亏有哪些区别？

关键术语

固定资产	fixed assets
累计折旧	accumulated depreciation
固定资产清理	liquidation of fixed assets
在建工程	construction in process

无形资产 | 第四章

【引例】

　　袁隆平农业高科技股份有限公司（隆平高科）是由湖南农业科学院为主要发起人，联合湖南杂交水稻研究中心、湖南东方农业产业公司、袁隆平先生等共同发起设立，主要从事以杂交水稻、杂交辣椒、西甜瓜为主的高科技农作物种子、种苗的培育繁殖和推广销售业务。该公司的特别之处在于其有一项无形资产，这就是我国著名科学家袁隆平先生的名字。根据公司和袁隆平先生签订的协议，袁隆平先生同意在股份公司存续期间将其姓名用于股份公司的名称和公司股票上市时的股票简称，公司则向袁隆平先生支付姓名权使用费580万元。袁隆平是中国工程院院士，"世界杂交水稻之父"。据有关资产评估事务所评估，"袁隆平"三个字的品牌价值高达1 008.9亿元。

　　一个优秀的品牌对企业的重要性不言而喻。在市场经济高度发达和国内外竞争日趋激烈的今天，品牌、专利权、专利技术等已逐步取代有形资产成为企业不可或缺的资源。这些资源与企业的研发、管理模式、竞争战略的联系日益紧密，并共同成为企业核心竞争力的重要组成部分。那么究竟企业的哪些资源可以作为无形资产，出现在企业的资产负债表中？有关无形资产的会计处理又是怎样的呢？本章主要讲解无形资产的定义和特征、确认和计量以及处置，除了学习本章的内容外，还应当认真阅读《企业会计准则第6号——无形资产》及相关指南和解释。

第一节
无形资产概述

一、无形资产的定义及特征

（一）无形资产的定义

　　无形资产是指企业拥有或者控制的没有实物形态的可辨认非货币性资产。无形资产通常包括专利权、非专利技术、商标权、著作权、特许权、土地使用权等。特别指出的是，商誉不属于无形资产。

（二）无形资产的特征

　　一般来说，无形资产应具有以下特征。

　　1. 无形资产具有可辨认性

　　要作为无形资产进行核算，该资产必须是能够区别于其他资产可单独辨认的，如企业持有的专利权、非专利技术、商标权、土地使用权、特许权等。从可辨认性角度考虑，商誉是与企业整体价值联系在一起的，而无形资产的定义要求无形资产是可辨认的，这就使得无形资产与商誉清楚地区分开来。企业合并中取得的商誉代表了购买方为从不能单独辨认并独立确认的资产中获得预期未来经济利益而付出的代价。这些未来经济利益可能产生于取得的可辨认资产之间的协同作用，也可能产生于购买者在企业合并中准备支付的、但不符合在财务报表上确认条件的资产。从计量上来讲，商誉是企业合并成本大于合并中取得的各项可辨认资产、负债公允价值份额的差额，代表的是企业未来现金流量大于每一项资产未来现金流量的合计金额，其存在无法与企业自身区分开来。由于不具有可辨认性，虽然商誉也是没有实物形态的非货币性资产，但不构成无形资产。符合以下条件之一的，则认为其具有可辨认性。

（1）能够从企业中分离或者划分出来，并能单独用于出售、转让等，而不需要同时处置在同一获利活动中的其他资产，则说明无形资产可以辨认。某些情况下无形资产肯定需要与有关的合同一起用于出售、转让等，这种情况下也视为可辨认无形资产。

（2）产生于合同性权利或其他法定权利，无论这些权利是否可以从企业或其他权利和义务中转移或者分离，如一方通过与另一方签订特许权合同而获得的特许使用权，通过法律程序申请获得的商标权、专利权等。

如果企业有权获得一项无形资产产生的未来经济利益，并能约束其他方获取这些利益，则表明企业控制了该项无形资产。例如，对于会产生经济利益的技术知识，若其受到版权、贸易协议约束（如果允许）等法定权利或雇员保密法定职责的保护，那么说明该企业控制了相关利益。客户关系、人力资源等，由于企业无法控制其带来的未来经济利益，不符合无形资产的定义，不应将其确认为无形资产。内部产生的品牌、报刊名、刊头、客户名单和实质上类似项目的支出不能与整个业务开发成本区分开来。因此，这类项目也不应确认为无形资产。

2. 无形资产不具有实物形态

无形资产通常表现为某种权利、技术或获取超额利润的综合能力，比如土地使用权、专利技术、商标权等。与固定资产不同的是，它没有实物形态，却能够为企业带来经济利益，或使企业获取超额收益。看不见、摸不着，不具有实物形态，是无形资产区别于其他资产的特征之一。需要指出的是，某些无形资产的存在有赖于实物载体，比如，计算机软件需要存储在磁盘中，但这并没有改变无形资产本身不具有实物形态的特征。

3. 无形资产属于非货币性长期资产

属于非货币性资产，而且不是流动资产，是无形资产的又一特征。无形资产没有实物形态，货币性资产也没有实物形态，比如应收款项、银行存款等没有实物形态。因此，仅仅以有无实物形态将无形资产与其他资产加以区分是不够的。无形资产属于长期资产，主要是因为其能超过企业的一个经营周期为企业创造经济利益。那些虽然具有无形资产的其他特性却不能超过一个经营周期为企业服务的资产，不能作为企业的无形资产核算。

4. 无形资产是为企业使用而非出售的资产

企业持有无形资产的目的不是为了出售而是为了生产经营，即利用无形资产来生产商品、提供劳务、出租给他人或为企业的经营管理服务。比如，软件公司开发的、用于对外销售的计算机软件，对于购买方而言属于无形资产，而对于开发商而言却是存货。

无形资产为企业创造经济利益的方式，具体表现为销售产品或提供劳务取得的收入、让渡无形资产的使用权给他人取得的租金收入，也可能表现为因使用无形资产而改进了生产工艺，节约了生产成本等。

5. 由企业拥有或者控制并能为其带来未来经济利益的资源

预计能为企业带来未来经济利益是作为一项资产的本质特征，无形资产也不例外。通常情况下，企业拥有或者控制的无形资产，是指企业拥有该项无形资产的所有权，且该项无形资产能够为企业带来未来经济利益。但在某些情况下并不需要企业拥有其所有权，如果企业有权获得某项无形资产产生的经济利益，同时又能约束其他人获得这些经济利益，则说明企业控制了该无形资产，或者说控制了该无形资产产生的经济利益，并受法律的保护。比如，企业自行研制的技术通过申请依法取得专利权后，在一定期限内拥有了该专利技术的法定所有权；又比如，企业与其他企业签订合约转让商标权，由于合约的签订，商标使用权转让方的相关权利受到法律的保护。

二、无形资产的内容

无形资产通常包括专利权、非专利技术、商标权、著作权、特许权、土地使用权等。

（一）专利权

专利权，是指国家专利主管机关依法授予发明创造专利申请人，对其发明创造在法定期限内所享有的专有权利，包括发明专利权、实用新型专利权和外观设计专利权。

（二）非专利技术

非专利技术，也称专有技术。它是指不为外界所知、在生产经营活动中已采用了的、不享有法律保护的、可以带来经济效益的各种技术和诀窍。非专利技术一般包括工业专有技术、商业贸易专有技术、管理专有技术等。

（三）商标权

商标是用来辨认特定的商品或劳务的标记。商标权指专门在某类指定的商品或产品上使用特定的名称或图案的权利。

（四）著作权

著作权又称版权，指作者对其创作的文学、科学和艺术作品依法享有的某些特殊权利。著作权包括作品署名权、发表权、修改权和保护作品完整权，还包括复制权、发行权、出租权、展览权、表演权、放映权、广播权、信息网络传播权、摄制权、改编权、翻译权、汇编权以及应当由著作权人享有的其他权利。

（五）特许权

特许权，又称经营特许权、专营权，指企业在某一地区经营或销售某种特定商品的权利，或是一家企业接受另一家企业使用其商标、商号、技术秘密等的权利。特许权通常有两种形式，一种是由政府机构授权，准许企业使用或在一定地区享有经营某种业务的特权，如水、电、邮电通信等专营权、烟草专卖权等等；另一种指企业间依照签订的合同，有限期或无限期使用另一家企业的某些权利，如连锁店分店使用总店的名称等。

（六）土地使用权

土地使用权，指国家准许某企业在一定期间内对国有土地享有开发、利用、经营的权利。根据我国《土地管理法》的规定，我国土地实行公有制，任何单位和个人不得侵占、买卖或者以其他形式非法转让。企业取得土地使用权的方式大致有以下几种：行政划拨取得、外购取得及投资者投资取得。

三、不属于无形资产准则规范的其他无形资产

无形资产准则规定，作为投资性房地产的土地使用权，适用《企业会计准则第 3 号——投资性房地产》；企业合并中形成的商誉，适用《企业会计准则第 8 号——资产减值》和《企业会计准则第 20 号——企业合并》；石油天然气矿区权益，适用《企业会计准则第 27 号——石油天然气开采》。无形资产准则着重解决无形资产的确认和计量问题，尤其是企业内部研究开发项目支出的费用化和资本化的确认和计量问题，同时对无形资产持有期间的后续计量进行规定。

第二节 无形资产的确认与计量

一、无形资产的确认

无形资产在同时满足以下两个条件时可以确认。

（一）与该无形资产有关的经济利益很可能流入企业

作为无形资产确认的项目，必须具备产生的经济利益很可能流入企业这一条件。通常情况下，无形资产产生的未来经济利益可能包括在销售商品、提供劳务的收入中，或者存在于企业使用该项无形资产而节约的成本中，又或者体现在获得的其他利益中。例如，生产加工企业在生产工序中使用了某种知识产权，使其降低了未来生产成本，而不是增加未来收入。在实施这种判断时，需要对无形资产在预计使用寿命内可能存在的各种经济因素做出合理估计，并且应当有明确的证据支持。比如，企业是否有足够的人力资源、高素质的管理队伍、相关的硬件设备、相关的原材料等来配合无形资产为企业创造经济利益。同时，更为重要的是关注一些外界因素的影响，比如是否存在相关的新技术、新产品冲击与无形资产相关的技术或据其生产的产品的市场等。在做出判断时，企业的管理当局应对无形资产的预计使用寿命内存在的各种因素做出最稳健的估计。

（二）该无形资产的成本能够可靠计量

成本能够可靠地计量是资产确认的一项基本条件。比如，企业内部产生的品牌、报刊名等，因其成本无法可靠计量，不能作为无形资产确认。又比如，一些高新科技企业的科技人才，假定其与企业签订了服务合同，且合同规定其在一定期限内不能为其他企业提供服务。在这种情况下，这些科技人才的知识难以辨认，且形成这些知识所发生的支出难以计量，因而不能作为无形资产确认。

二、无形资产的计量

无形资产计量包括初始计量和后续计量，无形资产应当按照成本进行初始计量，后续计量包括无形资产摊销和计提减值。

（一）无形资产取得的核算（初始计量）

无形资产通常是按实际成本计量，即以取得无形资产并使之达到预定用途而发生的全部支出，作为无形资产的成本。对于不同来源取得的无形资产，其初始成本的构成也不尽相同。企业应当按照取得无形资产的不同来源分别对无形资产进行计量，确定入账价值。

1. 外购的无形资产

外购的无形资产，其成本包括购买价款、相关税费以及直接归属于使该项资产达到预定用途所发生的其他支出。其中，直接归属于使该项资产达到预定用途所发生的其他支出，包括使无形资产达到预定用途所发生的专业服务费用、测试无形资产是否能够正常发挥作用的费用等。下列各项不包括在无形资产初始成本中：

（1）为引入新产品进行宣传发生的广告费、管理费用及其他间接费用；

（2）无形资产已经达到预定用途以后发生的费用。

【例4-1】A公司从外单位购得一项商标权。取得该商标权后，A公司预计其销售利润率会增长10%。按照协议约定以现金支付，实际支付的价款为500万元，并支付相关税费1万元和有关专业服务费用5万元，款项已通过银行转账支付。

分析：①A公司购入的商标权符合无形资产的定义，即A公司能够拥有或者控制该项专利技术，符合可辨认的条件，同时是不具有实物形态的非货币性资产。②A公司购入的商标权符合无形资产的确认条件。首先A公司拥有了该项商标权，预计销售利润率增长10%，即经济利益很可能流入；其次，A公司购买该商标权的成本为500万元，另外支付相关税费和有关专业服务费用共6万元，即成本能够可靠计量。由此，该商标权符合无形资产的确认条件。

无形资产初始计量的成本 = 500 + 1 + 5 = 506（万元）

A公司的账务处理如下。

借：无形资产——专利权 5 060 000

　　贷：银行存款 5 060 000

2. 自行开发的无形资产

内部开发活动形成的无形资产，其成本由可直接归属于该资产的创造、生产过程并使该资产能够以管理层预定的方式运作的所有必要支出组成。可直接归属于该资产的成本包括，开发该无形资产时耗费的材料、劳务成本、注册费，在开发该无形资产过程中使用的其他专利权和特许权的摊销，按照《企业会计准则第 17 号——借款费用》规定的资本化的利息支出，以及为使该无形资产达到预定用途前所发生的其他费用。

应该注意的是，内部开发无形资产的成本仅包括在满足资本化条件的时点至无形资产达到预定用途前发生的支出总额。对于同一项无形资产在开发过程中达到资本化条件之前已经费用化计入当期损益的支出不再进行调整。在开发无形资产过程中发生的除上述可直接归属于无形资产开发活动的其他销售费用、管理费用等间接费用，无形资产达到预定用途前发生的可辨认的无效和初始运作损失，为运行该无形资产发生的培训支出等，不构成无形资产的开发成本。

为评价内部产生的无形资产是否满足确认标准，企业应当将资产的形成过程分为研究阶段与开发阶段两部分，并分别进行核算。其中，对于无法区分研究阶段和开发阶段的支出，应当在发生时全部计入当期管理费用。对于开发过程中发生的费用，在符合资本化条件的情况下，才可确认为无形资产。在核算时应注意以下几点。

（1）恰当划分研究阶段和开发阶段

研究阶段，是指为获取并理解新的科学或技术知识而进行独创性的有计划的调查。研究阶段发生的支出全部费用化，计入管理费用。开发阶段，是指企业在进行商业性生产或使用前，将研究成果或其他知识应用于某项计划或设计，以生产出新的或具有实质性改进的材料、装置、产品等。

（2）开发阶段支出资本化的条件

开发阶段的支出在同时满足以下 5 个条件时，可以资本化，在开发完成后转入无形资产成本中。这 5 个条件是：

① 完成该无形资产以使其能够使用或出售在技术上具有可行性；

② 具有完成该无形资产并使用或出售的意图；

③ 无形资产产生经济利益的方式，包括能够证明该无形资产生产的产品存在市场或无形资产自身存在市场；

④ 有足够的技术、财务资源和其他资源支持，以完成该无形资产的开发，并有能力使用或出售该无形资产；

⑤ 归属于该无形资产开发阶段的支出能够可靠地计量。

（3）研究开发支出的账务处理

企业内部研究和开发无形资产，其在研究阶段的支出要全部费用化，计入当期损益（"管理费用"科目）。开发阶段的支出符合条件的资本化，不符合资本化条件的计入当期损益。如果确实无法区分研究阶段的支出和开发阶段的支出，应将其所发生的研发支出全部费用化，计入当期损益。具体而言，企业自行开发无形资产发生的研发支出，不满足资本化条件的，借记"研发支出——费用化支出"科目，满足资本化条件的，借记"研发支出——资本化支出"科目，贷记"原材料""银行存款""应付职工薪酬"等科目。研究开发项目达到预定可使用用途时，应按"研发支出——资本化支出"科目的余额，借记"无形资产"，贷记"研发支出——资本化支出"科目。

内部研究开发支出的会计处理如图 4-1、图 4-2 所示。

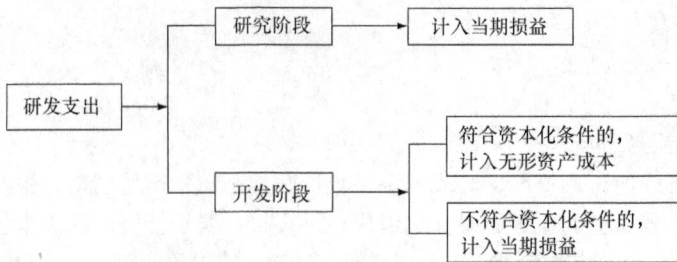

图 4-1　无形资产研发支出的划分

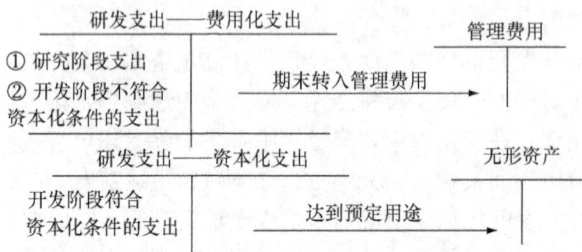

图 4-2　无形资产研发支出的账务处理

　　【例4-2】甲公司自行研究开发一项新产品专利技术，在研究开发过程中发生材料费5 000万元、人工工资2 000万元，以及其他费用2 000万元，总计9 000万元。其中，符合资本化条件的支出为7 000万元，费用化支出2 000万元。期末，该专利技术已经达到预定用途。则甲公司账务处理如下。

　　（1）发生研发支出时。

借：研发支出——费用化支出　　　　　　　　　　　　20 000 000
　　　　　　　——资本化支出　　　　　　　　　　　　70 000 000
　　贷：原材料　　　　　　　　　　　　　　　　　　　50 000 000
　　　　应付职工薪酬　　　　　　　　　　　　　　　　20 000 000
　　　　银行存款　　　　　　　　　　　　　　　　　　20 000 000

　　（2）达到预定用途时。

借：管理费用　　　　　　　　　　　　　　　　　　　　20 000 000
　　贷：研发支出——费用化支出　　　　　　　　　　　20 000 000
借：无形资产　　　　　　　　　　　　　　　　　　　　70 000 000
　　贷：研发支出——资本化支出　　　　　　　　　　　70 000 000

　　3. 投资者投入的无形资产

　　投资者投入的无形资产的成本，应当按照投资合同或协议约定的价值确定，但合同或协议约定价值不公允的除外，即无形资产应按公允价值入账。

　　【例4-3】甲股份有限公司接受乙公司以其所拥有的专利权作为出资，双方协议约定的价值为400万元，按照市场情况估计其公允价值为550万元，已办妥相关手续。

借：无形资产——专利权　　　　　　　　　　5 500 000（公允价值）
　　贷：实收资本　　　　　　　　　　　　　　4 000 000（约定价值）
　　　　资本公积——资本溢价　　　　　　　　1 500 000

　　4. 其他方式取得的无形资产

　　其他方式取得的无形资产，主要有通过非货币性资产交换、债务重组、政府补助和企业合并取得的无形资产。企业通过非货币性资产交换取得的无形资产，包括以投资、存货、固定资产或无形资产换入的无形资产等。非货币性资产交换具有商业实质且公允价值能够可靠计量的，在发生补价的情况下，支付补价方应当以换出资产的公允价值加上支付的补价（即换入无形资产的公允价值）和应支付的相关税费，作为换入无形资产的成本；收到补价方，应当以换入无形资产的公允价值（或换出资产的公允价值减去补价）和应支付的相关税费，作为换入无形资产的成本。

通过债务重组取得的无形资产，是指企业作为债权人取得的债务人用于偿还债务的非现金资产，且企业作为无形资产管理的资产。通过债务重组取得的无形资产成本，应当以其公允价值入账。

通过政府补助取得的无形资产的成本，应当按照公允价值计量；公允价值不能可靠取得的，按照名义金额计量。

（二）无形资产摊销的核算（后续计量）

无形资产初始确认和计量后，在以后使用该项无形资产期间内应以成本减去累计摊销额和累计减值损失后的余额对其进行计量。需要强调的是，确定无形资产在使用过程中的累计摊销额，基础是估计其使用寿命，只有使用寿命有限的无形资产才需要在估计的使用寿命内采用系统合理的方法进行摊销，对于使用寿命不确定的无形资产，不需要摊销，但每年应进行减值测试。

1. 无形资产使用寿命的估计

企业应当在取得无形资产时分析判断其使用寿命。无形资产的使用寿命如为有限的，应当估计该使用寿命的年限或者构成使用寿命的产量等类似计量单位的数量。无法预见无形资产为企业带来未来经济利益期限的，应当视为使用寿命不确定的无形资产。

估计无形资产使用寿命应考虑的主要因素包括：该资产通常的产品寿命周期以及可获得的类似资产使用寿命的信息；技术、工艺等方面的现实情况及对未来发展的估计；该资产在该行业运用的稳定性和生产的产品或服务的市场需求情况；为维持该资产产生未来经济利益的能力所需要的维护支出，以及企业预计支付有关支出的能力；对该资产的控制期限，以及对该资产使用的法律或类似限制，如特许使用期间、租赁期间等。具体而言，会计实务中需要把握以下两点：

（1）源自合同性权利或其他法定权利取得的无形资产，其使用寿命不应超过合同性权利或其他法定权利的期限。如果合同性权利或其他法定权利能够在到期时因续约等延续，当有证据表明企业续约不需要付出重大成本时，续约期才能够包括在使用寿命的估计中。例如，企业取得一项专利技术，法律保护期限为 15 年。企业预计运用该专利生产的产品在未来 10 年内会为企业带来经济利益。就该项专利技术，第三方企业承诺在 5 年内以其取得之日公允价值的 70% 购买该专利权。从目前企业管理的持有计划来看，准备在 5 年内将其出售给第三方。这种情况下，该项专利权的实际使用寿命为 5 年。

（2）没有明确的合同或法律规定的无形资产，企业应当综合各方面情况，如聘请相关专家进行论证或与同行业的情况进行比较以及参考企业的历史经验等，以确定无形资产为企业带来未来经济利益的期限。如果经过这些努力确实无法合理确定无形资产为企业带来经济利益的期限，再将其作为使用寿命不确定的无形资产。

2. 无形资产使用寿命的复核

企业至少应当于每年年度终了，对无形资产的使用寿命及摊销方法进行复核。如果有证据表明无形资产的使用寿命及摊销方法不同于以前的估计，如由于合同的续约或无形资产应用条件的改善，延长了无形资产的使用寿命，则对于使用寿命有限的无形资产，应改变其摊销年限及摊销方法，并按照会计估计变更进行处理。比如某项无形资产计提了减值准备，这可能表明企业原估计的摊销期限需要做出变更。

3. 使用寿命不确定的无形资产

对于使用寿命不确定的无形资产不摊销，但每年都应进行减值测试。企业应当在每个会计期间对使用寿命不确定的无形资产的使用寿命进行复核。如果有证据表明无形资产的使用寿命是有限的，视为会计估计变更，应当估计其使用寿命，按使用寿命有限的无形资产的有关规定处理。特别注意的是，使用寿命不确定的无形资产改为使用寿命有限的无形资产属于会计估计变更。

4. 使用寿命有限的无形资产

对于使用寿命有限的无形资产应进行摊销。使用寿命有限的无形资产摊销时应注意以下几点。

（1）无形资产的应摊销金额为其成本扣除预计残值后的金额。已计提减值准备的无形资产，还应扣除已计提的无形资产减值准备累计金额。无形资产账面价值=无形资产原价-累计摊销-无形资产减值准备。

（2）无形资产的残值一般为零，但下列情况除外：①有第三方承诺在无形资产使用寿命结束时购买该无形资产；②可以根据活跃市场得到预计残值信息，并且该市场在无形资产使用寿命结束时很可能存在。

（3）企业摊销无形资产，应当自无形资产可供使用时起，至不再作为无形资产确认时止。即本月增加的无形资产应摊销，本月处置的无形资产不摊销。

（4）企业选择的无形资产摊销方法，应当根据与该项无形资产有关的经济利益的预期实现方式来选择采用直线法、生产总量法等。无法可靠确定预期实现方式的，应当采用直线法摊销。

（5）无形资产的摊销金额一般应当计入当期损益（管理费用、其他业务成本等科目）。某项无形资产包含的经济利益通过所生产的产品或其他资产实现的，其摊销金额应当计入相关资产的成本。譬如，某专利专门为某种产品所购入，则其摊销额计入产品成本。

（6）企业至少应当于每年年度终了，对使用寿命有限的无形资产的使用寿命及摊销方法进行复核。如果无形资产的使用寿命及摊销方法与以前估计不同，应当改变摊销期限和摊销方法。

【例4-4】甲股份有限公司从外单位购得一项商标权，支付价款5 000万元，款项已支付。该商标权的使用寿命为10年，假设每年按直线法进行摊销，不考虑残值的因素。

借：无形资产——商标权　　　　　　　　　　　50 000 000
　　贷：银行存款　　　　　　　　　　　　　　　　50 000 000
借：管理费用　　　　　　　　　　　　　　　5 000 000（50 000 000÷10）
　　贷：累计摊销　　　　　　　　　　　　　　　　5 000 000

【例4-5】2×17年1月1日，甲公司购入一项畅销产品的商标，购入成本为7 000万元。该商标按照法律规定还有5年的使用寿命，但是在保护期届满时，甲公司可每10年以较低的手续费申请延期，同时甲公司有充分的证据表明其有能力申请延期。此外，有关的调查表明，根据产品生命周期、市场竞争等方面情况综合判断，该商标将在不确定的期间内为企业带来现金流量。因此，根据上述情况，该商标可视为使用寿命不确定的无形资产，在持有期间内不需要对其进行摊销。

2×17年年底，甲公司对该商标按照资产减值的原则进行减值测试，经测试表明该商标已发生减值。2×17年年底，该商标的公允价值为5 000万元。

则甲公司的账务处理如下。

（1）2×17年1月1日购入商标时。

借：无形资产——商标权　　　　　　　　　　　70 000 000
　　贷：银行存款　　　　　　　　　　　　　　　　70 000 000

（2）2×17年年底发生减值时。

借：资产减值损失　　　　　　　　　　　　　20 000 000
　　贷：无形资产减值准备——商标权　　　　　　　20 000 000

5. 关于土地使用权的特殊规定

（1）企业取得的土地使用权通常应确认为无形资产，单独核算。比如，取得一块土地使用权后用于建造办公楼，该土地使用权不转入建筑物成本，而是单独摊销。

（2）房地产开发企业取得的土地使用权用于建造对外出售的商品房，相关的土地使用权应当计入所建造的房屋建筑物成本（存货）。

（3）企业外购房屋建筑物所支付的价款应当在地上建筑物与土地使用权之间进行分配，单独核算固定资产和无形资产；难以合理分配的，应当全部作为固定资产处理。

（4）企业改变土地使用权的用途，停止自用土地使用权用于赚取租金或资本增值时，应将其账面价值转为投资性房地产。

【例4-6】2×17年1月1日，A股份有限公司购入一块土地的使用权，以银行存款转账支付9 000万元，并在该土地上自行建造厂房等工程，发生材料支出18 000万元，工资费用12 000万元，其他相关费用5 000万元等。该工程已经完工并达到预定可使用状态。假定土地使用权的使用年限为40年，该厂房的使用年限为20年，两者都没有净残值，都采用直线法进行摊销和计提折旧。为简化核算，不考虑其他相关税费。

分析：A公司购入土地使用权，使用年限为40年，表明它属于使用寿命有限的无形资产。在该土地上自行建造厂房，应将土地使用权和地上建筑物分别作为无形资产和固定资产进行核算，并分别摊销和计提折旧。

A公司的账务处理如下。

（1）购入土地使用权。

借：无形资产——土地使用权　　　　　　　　　　90 000 000
　　贷：银行存款　　　　　　　　　　　　　　　　　　90 000 000

（2）在土地上自行建造厂房。

借：在建工程　　　　　　　　　　　　　　　　350 000 000
　　贷：工程物资　　　　　　　　　　　　　　　　　180 000 000
　　　　应付职工薪酬　　　　　　　　　　　　　　　120 000 000
　　　　银行存款　　　　　　　　　　　　　　　　　 50 000 000

（3）厂房达到预定可使用状态。

借：固定资产　　　　　　　　　　　　　　　　350 000 000
　　贷：在建工程　　　　　　　　　　　　　　　　　350 000 000

（4）每年分期摊销土地使用权和对厂房计提折旧。

借：管理费用　　　　　　　　　　　　　　　　　2 250 000
　　制造费用　　　　　　　　　　　　　　　　　17 500 000
　　贷：累计摊销　　　　　　　　　　　　　　　　　 2 250 000
　　　　累计折旧　　　　　　　　　　　　　　　　　17 500 000

第三节 无形资产的处置

无形资产的处置，主要是指无形资产出售、对外出租、对外捐赠，或者是无法为企业带来经济利益时，应终止确认并予以转销。处置无形资产所得的处置收入扣除其账面价值、相关税费后的净额，应当计入营业外收入或营业外支出。

一、无形资产的出售

企业出售某项无形资产，表明企业放弃无形资产的所有权，应将所取得的价款与无形资产账面价值的差额作为资产处置利得或损失（营业外收入或营业外支出）。但是，值得注意的是，企业出售无形资产确认其利得的时点，应按照收入确认中的有关原则进行确定。出售无形资产时，应按实际收到的金额，借记"银行存款"等科目，按已计提的累计摊销，借记"累计摊销"科目，原已计提减值准备的，借记"无形资产减值准备"科目，按应支付的相关税费，贷记"应交税费"等科目，按其账面余额，贷记"无形资产"科目，按其差额，贷记"营业外收入——处置非流动资产利得"科目或借记"营业外支出——处置非流动资产损失"科目。

【例4-7】甲公司将拥有的一项非专利技术出售，取得收入100万元。假定经甲公司申请，税务部门同意甲公司对该项技术转让免征增值税。该非专利技术的账面余额为200万元，累计摊销额为150万元，已计提的减值准备为10万元。

借：银行存款   1 000 000
  累计摊销   1 500 000
  无形资产减值准备   100 000
  贷：无形资产   2 000 000
    营业外收入——处置非流动资产利得 600 000

二、无形资产的出租

企业将所拥有的无形资产的使用权让渡给他人，并收取租金，属于与企业日常活动相关的其他经营活动取得的收入，在满足收入确认条件的情况下，应确认相关的收入及成本，并通过其他业务收支科目进行核算。让渡无形资产使用权而取得的租金收入，借记"银行存款"等科目，贷记"其他业务收入"等科目；摊销出租无形资产的成本并发生与转让有关的各种费用支出时，借记"其他业务成本"科目，贷记"累计摊销"科目。具体账务处理如下。

（1）应当按照有关收入确认原则确认所取得的转让使用权收入。
借：银行存款
  贷：其他业务收入
    应交税费——应交增值税（销项税额）（如果涉及）
（2）将发生的与该转让使用权有关的相关费用计入其他业务成本。
借：其他业务成本
  贷：累计摊销
    银行存款

【例4-8】甲公司将某商标权使用权出租给乙公司，合同规定出租期限为三年，每月租金收入200 000元，每月月末收取当月租金。2×17年7月31日收到当月的租金及增值税税额合计212 000元，已办理入账手续。该商标权每月的摊销额为80 000元。

甲公司账务处理如下。

借：银行存款   212 000
  贷：其他业务收入   200 000
    应交税费——应交增值税（销项税额） 12 000
借：其他业务成本   80 000
  贷：累计摊销   80 000

三、无形资产的报废

如果无形资产预期不能为企业带来经济利益，应当将该无形资产的账面价值予以转销，其账面价值转作当期损失（营业外支出）。比如企业的一项专利技术由于市场形势变化不能再为企业带来经济利益，不再符合无形资产的定义，所以应该将其报废并予以转销。转销时，按照已经计提的累计摊销，借记"累计摊销"科目；按照其账面余额，贷记"无形资产"科目；按照两者的差额，借记"营业外支出"科目。已经计提过减值准备的，还应同时结转减值准备。

【例4-9】甲企业的某项专利技术，其账面余额为6 000 000元，摊销期限为10年，采用直线法进行摊销，已摊销了5年。假定该项专利技术的残值为0，已经计提的减值准备为1 600 000元。因为使用该专利技术生产的产品没有市场，应予转销。假定不考虑其他相关因素，其账务处理如下。

借：累计摊销　　　　　　　　　　　　　　　　　3 000 000
　　无形资产减值准备　　　　　　　　　　　　　1 600 000
　　营业外支出——处置无形资产损失　　　　　　1 400 000
　　　贷：无形资产——专利权　　　　　　　　　6 000 000

知识链接

思 考 题

1. 无形资产包括什么？有哪些特点？商誉属于无形资产吗？
2. 对于企业内部研发形成的无形资产，开发支出应如何进行会计处理？
3. 对于企业内部研发形成的无形资产，无法区分属于研究阶段还是开发阶段的支出该如何处理？
4. 企业内部开发的无形资产成本满足资本化的条件有哪些？
5. 使用寿命有限的无形资产如何进行会计处理？
6. 使用寿命不确定的无形资产如何进行会计处理？

关键术语

无形资产　　　　intangible assets
商誉　　　　　　goodwill
研发支出　　　　research and development expenditures
摊销　　　　　　amortization
残值　　　　　　residual value
直线法　　　　　straight-line method

第五章 非货币性资产交换

【引例】

易货有着悠久的历史，在出现一般等价物之前，早期的人类就开始采用物与物直接交换的方法来满足各自的需求。到了现代社会，企业在日常经营中也会采取这样的做法达到自己的目的。大商股份有限公司是1992年5月经大连市体改委批准，由国有企业改组募捐设立的股份公司。2010年10月18日，大商股份有限公司的子公司百大宾馆、大庆百货大楼及关联方新百大与大庆市金银来有限公司签署资产置换协议，百大宾馆以其面积为6 731平方米主楼和面积为1 734平方米的招待所楼等固定资产，新百大以其246.88平方米仓库共同换入金银来公司位于庆莎商城面积为10 434平方米的房产。

问题：大商股份有限公司为什么要进行非货币性资产交换呢？这样做对公司有什么好处呢？

答案：在企业的生产经营过程中，经常会遇到这种情况，即甲企业需要乙企业拥有的某项设备，乙企业需要甲企业的某项固定资产，因此，双方可能交换上述设备与固定资产达成交易，这就是一种非货币性资产交换行为。通过这种交换，企业一方面满足了各自生产经营的需要，另一方面一定程度上减少了货币性资产的流出。

本章全面论述非货币性资产交换的认定、计量以及相应的会计处理等问题。

第一节 非货币性资产交换的概念

一、非货币性资产交换的概念

非货币性资产交换是一种非经常性的特殊交易行为，是交易双方主要以存货、固定资产、无形资产和长期股权投资等非货币性资产进行的交换。这里的非货币性资产是相对于货币性资产而言的。所谓货币性资产，是指企业持有的货币性资金和将以固定或可确定的金额收取的资产，包括现金、银行存款、应收账款和应收票据以及准备持有至到期的债券投资等；所谓非货币性资产，是指货币性资产以外的资产，该类资产在将来将为企业带来的经济利益不固定或不可确定。例如，企业持有固定资产的主要目的是用于生产经营，通过折旧方式将其磨损价值转移到产品成本中，然后通过产品销售获利，固定资产在将来为企业带来的经济利益，即货币金额，是不固定的或不可确定的，因此，固定资产属于非货币性资产。非货币性资产包括存货（如原材料、库存商品等）、长期股权投资、投资性房地产、固定资产、在建工程、无形资产等。《企业会计准则第7号——非货币性资产交换》（以下简称非货币性资产交换准则）规范了非货币性资产交换的确认、计量和相关信息的披露。

二、非货币性资产交换的认定

从非货币性资产交换的概念中可以看出，非货币性资产交换的交易对象主要是非货币性资产，一般不涉及货币性资产，或只涉及少量货币性资产即补价。非货币性资产交换准则规定，认定涉及少量货币性资产的交换为非货币性资产交换，通常以补价占整个资产交换金额的比例是否低于25%作为参考比例。也就是说，支付的货币性资产占换入资产公允价值（或占换出资产公允价值与支付的货币性资产之和）的比例，或者收到的货币性资产占换出资产公允价值（或占换入资产公允价值和收到的货币性资产之和）的比例低于 25%的，视为非货币性资产交换；高于 25%（含 25%）的，视为货币性资产交换，适用《企业会计准则第 14 号——收入》等相关准则的规定。

三、非货币性资产交换准则不涉及的交易和事项

（一）与所有者或所有者以外方面的非货币性资产非互惠转让

所谓非互惠转让是指企业将其拥有的非货币性资产无代价地转让给其所有者或其他企业，或由其所有者或其他企业将非货币性资产无代价地转让给企业。非货币性资产交换准则所述的非货币性资产交换是企业之间主要以非货币性资产形式的互惠转让，即企业取得一项非货币性资产，必须以付出自己拥有的非货币性资产作为代价。与所有者的非互惠转让如以非货币性资产作为股利发放给股东等，属于资本性交易，适用《企业会计准则第 37 号——金融工具列报》。企业与所有者以外方面发生的非互惠转让，如政府无偿提供非货币性资产给企业建造固定资产，属于政府以非互惠方式提供非货币性资产，适用《企业会计准则第 16 号——政府补助》。

（二）在企业合并、债务重组中和发行股票取得的非货币性资产

在企业合并、债务重组中取得的非货币性资产，其成本确定分别适用《企业会计准则第 20 号——企业合并》和《企业会计准则第 12 号——债务重组》；企业以发行股票形式取得的非货币性资产，相当于以权益工具（如发行股票方式）换入非货币性资产，其成本确定适用《企业会计准则第 37 号——金融工具列报》。

第二节 非货币性资产交换的确认和计量

一、非货币性资产交换的确认和计量原则

在非货币性资产交换的情况下，不论是一项资产换入一项资产、一项资产换入多项资产、多项资产换入一项资产，还是多项资产换入多项资产，非货币性资产交换准则规定了确定换入资产成本的两种计量基础和交换所产生损益的确认原则。

（一）公允价值

非货币性资产交换同时满足下列两个条件的，应当以公允价值和应支付的相关税费作为换入资产的成本，公允价值与换出资产账面价值的差额计入当期损益。

（1）该项交换具有商业实质。

（2）换入资产或换出资产的公允价值能够可靠地计量。属于以下三种情形之一的，公允价值视为能够可靠计量。

① 换入资产或换出资产存在活跃市场。

② 换入资产或换出资产不存在活跃市场，但同类或类似资产存在活跃市场。

③ 换入资产或换出资产不存在同类或类似资产可比市场交易，采用估值技术确定公允价值。采用估值技术确定的公允价值必须符合以下条件之一，视为能够可靠计量。

第一，采用估值技术确定的公允价值估计数的变动区间很小。这种情况是指虽然企业通过估值技术确定的资产的公允价值不是一个单一的数据，但是介于一个变动范围很小的区间内，可以认为资产的公允价值能够可靠计量。

第二，在公允价值估计数变动区间内，各种用于确定公允价值估计数的概率能够合理确定。这种情况是指采用估值技术确定的资产公允价值在一个变动区间内，区间内出现各种情况的概率或可能性能够合理确定，企业可以采用类似《企业会计准则第 13 号——或有事项》计算最佳估计数的方法确定资产的公允价值，这种情况视为公允价值能够可靠计量。

换入资产和换出资产公允价值均能够可靠计量的，应当以换出资产公允价值作为确定换入资产成本的基础，一般来说，取得资产的成本应当按照所放弃资产的对价来确定，在非货币性资产交换中，换出资产就是放弃的对价，如果其公允价值能够可靠确定，应当优先考虑按照换出资产的公允价值作为确定换入资产成本的基础；有确凿证据表明换入资产的公允价值更加可靠的，应当以换入资产公允价值为基础确定换入资产的成本，这种情况多发生在非货币性资产交换存在补价的情况，因为存在补价表明换入资产和换出资产公允价值不相等，一般不能直接以换出资产的公允价值作为换入资产的成本。

（二）账面价值

不具有商业实质或交换涉及资产的公允价值均不能可靠计量的非货币性资产交换，应当按照换出资产的账面价值和应支付的相关税费作为换入资产的成本，无论是否支付补价，均不确认损益；收到或支付的补价作为确定换入资产成本的调整因素，其中，收到补价方应当以换出资产的账面价值减去补价加上应支付的相关税费作为换入资产的成本；支付补价方应当以换出资产的账面价值加上补价和应支付的相关税费作为换入资产的成本。

二、商业实质的判断

非货币性资产交换具有商业实质，是换入资产能够采用公允价值计量的重要条件之一，也是非货币性资产交换准则引入的重要概念。在确定资产交换是否具有商业实质时，企业应当重点考虑由于发生了该项资产交换预期使企业未来现金流量发生变动的程度，通过比较换出资产和换入资产预计产生的未来现金流量或其现值，确定非货币性资产交换是否具有商业实质。只有当换出资产和换入资产预计未来现金流量或其现值两者之间的差额较大时，才能表明交易的发生使企业经济状况发生了明显改变，非货币性资产交换因而具有商业实质。

（一）判断条件

根据非货币性资产交换准则的规定，符合下列条件之一的，视为具有商业实质。

1. 换入资产的未来现金流量在风险、时间和金额方面与换出资产显著不同

换入资产的未来现金流量在风险、时间和金额方面与换出资产显著不同，通常包括但不限于以下几种情况。

（1）未来现金流量的风险、金额相同，时间不同。比如，某企业以一批存货换入一项设备，因存货流动性强，能够在较短的时间内产生现金流量，设备作为固定资产要在较长的时间内为企业带来现金流量，假定两者产生的未来现金流量风险和总额均相同，但由于两者产生现金流量的时间跨度相差较大，则可以判断上述存货与固定资产的未来现金流量显著不同，因而该两项资产的交换具有商业实质。

（2）未来现金流量的时间、金额相同，风险不同。比如，A 企业以其用于经营出租的一幢公寓楼，与 B 企业同样用于经营出租的一幢公寓楼进行交换，两幢公寓楼的租期、每期租金总额均相同，但是 A 企业是租给一家财务及信用状况良好的企业（该企业租用该公寓是给其单身职工居住），B 企业的客户则都是单个租户。相比较而言，A 企业取得租金的风险较小，B 企业由于租给散户，租金的取得依赖于各单个租户的财务和信用状况；因此，两者现金流量流入的风险或不确定性程度存

在明显差异，则两幢公寓楼的未来现金流量显著不同，进而可判断该两项资产的交换具有商业实质。

（3）未来现金流量的风险、时间相同，金额不同。比如，某企业以一项商标权换入另一企业的一项专利技术，预计两项无形资产的使用寿命相同，在使用寿命内预计为企业带来的现金流量总额相同，但是换入的专利技术是新开发的，预计开始阶段产生的现金流量明显少于后期，而该企业拥有的商标每年产生的现金流量比较均衡，两者各年产生的现金流量金额差异明显。则上述商标权与专利技术的未来现金流量显著不同，因而该两项资产的交换具有商业实质。

2. 换入资产与换出资产的预计未来现金流量现值不同，且其差额与换入资产和换出资产的公允价值相比是重大的

企业如按照上述第一项条件难以判断某项非货币性资产交换是否具有商业实质，再根据第二项条件，通过计算换入资产和换出资产的预计未来现金流量现值，进行比较后判断。资产预计未来现金流量的现值，应当按照资产在持续使用过程中和最终处置时所产生的预计未来现金流量，选择恰当的折现率对其进行折现后的金额加以确定。非货币性资产交换准则所指资产的预计未来现金流量现值，应当按照资产在持续使用过程和最终处置时预计产生的税后未来现金流量，根据企业自身而不是市场参与者对资产特定风险的评价，选择恰当的折现率对预计未来现金流量折现后的金额加以确定，即国际财务报告准则所称的"主体特定价值"。

从市场参与者的角度分析，换入资产和换出资产预计未来现金流量在风险、时间和金额方面可能相同或相似，但是就企业自身而言，鉴于换入资产的性质和换入企业经营活动的特征等因素，换入资产与换入企业其他现有资产相结合，能够比换出资产产生更大的作用，使换入企业受该换入资产影响的经营活动部分产生的现金流量与换出资产明显不同，即换入资产对换入企业的使用价值与换出资产对该企业的使用价值明显不同，使换入资产的预计未来现金流量现值与换出资产产生明显差异，因而表明该两项资产的交换具有商业实质。例如，某企业以一项专利权换入另一企业拥有的长期股权投资，假定从市场参与者来看，该项专利权与该项长期股权投资的公允价值相同，两项资产未来现金流量的风险、时间和金额亦相同，但是对换入企业来讲，换入该项长期股权投资使该企业对被投资方由重大影响变为控制关系，从而对换入企业产生的预计未来现金流量现值与换出的专利权有较大差异；另一企业换入的专利权能够解决生产中的技术难题，从而对换入企业产生的预计未来现金流量现值与换出的长期股权投资有明显差异，因而该两项资产的交换具有商业实质。

（二）交换涉及的资产类别与商业实质的关系

企业在判断非货币性资产交换是否具有商业实质时，还可以从资产是否属于同一类别进行分析，因为不同类非货币性资产因其产生经济利益的方式不同，一般来说其产生的未来现金流量风险、时间和金额也不相同，因而不同类非货币性资产之间的交换是否具有商业实质，通常较易判断。不同类非货币性资产是指在资产负债表中列示的不同大类的非货币性资产，比如存货、固定资产、投资性房地产、生物资产、长期股权投资、无形资产等都是不同类别的资产。同类非货币性资产交换是否具有商业实质，通常较难判断。同类非货币性资产是指在资产负债表中列示的同一大类的非货币性资产，如存货之间、固定资产之间、长期股权投资之间发生的交换等。

例如，企业以一项用于出租的投资性房地产交换一项固定资产自用，属于不同类非货币性资产交换，在这种情况下，企业就将未来现金流量由每期产生的租金流，转化为该项资产独立产生或包括该项资产的资产组协同产生的现金流。通常情况下，由定期租金带来的现金流量与用于生产经营用的固定资产产生的现金流量在风险、时间和金额方面有所差异，因此，该两项资产的交换应当视为具有商业实质。

企业应当重点关注的是换入资产和换出资产为同类资产的情况，同类资产产生的未来现金流量既可能相同，也可能显著不同，它们之间的交换因而可能具有商业实质，也可能不具有商业实质。例如，某企业将自己拥有的一幢建筑物，与另一企业拥有的在同一地点的另一幢建筑物相交换，两

幢建筑物的建造时间、建造成本等均相同，但两者未来现金流量的风险、时间和金额可能不同。比如，其中一项资产立即可供出售且企业管理层也打算将其立即出售，另一项难以出售或只能在一段较长的时间内出售，从而至少表明两项资产未来现金流量流入的时间明显不同，在这种情况下，该两项资产的交换视为具有商业实质。

通常情况下，商品用于交换具有类似性质和相等价值的商品，这种非货币性资产交换不产生损益，这种情况通常发生在某些特定商品上，比如石油或牛奶，供应商为满足特定地区对这类商品的即时需要，在不同的地区交换各自的商品（存货）。比如 A 石油销售公司有部分客户在 B 石油销售公司的所在地，B 公司有部分客户在 A 公司所在地，为了满足两地客户的即时需求，A 公司将其相同型号、容量和价值的石油供应给 B 公司在 A 公司所在地的客户，同样，B 公司也将相同型号、容量和价值的石油供应给 A 公司在 B 公司所在地的客户，这样的非货币性资产交换不具有商业实质，因此不能确认损益。

（三）关联方之间交换资产与商业实质的关系

在确定非货币性资产交换是否具有商业实质时，企业应当关注交易各方之间是否存在关联方关系。关联方关系的存在可能导致发生的非货币性资产交换不具有商业实质。

第三节 非货币性资产交换的会计处理

一、以公允价值计量的处理

非货币性资产交换准则规定，非货币性资产交换具有商业实质且公允价值能够可靠计量的，应当以换出资产的公允价值和应支付的相关税费作为换入资产的成本，除非有确凿证据表明换入资产的公允价值比换出资产公允价值更加可靠。

在以公允价值计量的情况下，不论是否涉及补价，只要换出资产的公允价值与其账面价值不相同，就一定会涉及损益的确认，因为非货币性资产交换损益通常是换出资产公允价值与换出资产账面价值的差额，通过非货币性资产交换予以实现。

非货币性资产交换的会计处理，视换出资产的类别不同而有所区别。

（1）换出资产为存货的，应当视同销售处理，根据《企业会计准则第 14 号——收入》按照公允价值确认销售收入，同时结转销售成本。相当于按照公允价值确认的收入和按账面价值结转的成本之间的差额，也即换出资产公允价值和换出资产账面价值的差额，在利润表中作为营业利润的构成部分予以列示。

（2）换出资产为固定资产、无形资产的，换出资产公允价值和换出资产账面价值的差额计入营业外收入或营业外支出。

（3）换出资产为长期股权投资、可供出售金融资产的，换出资产公允价值和换出资产账面价值的差额计入投资收益。

换入资产与换出资产涉及相关税费的，如换出存货视同销售计算的销项税额、换入资产作为存货应当确认的可抵扣增值税进项税额，以及换出固定资产、无形资产视同转让应交纳的增值税等，按照相关税收规定计算确定。

（一）不涉及补价的情况

【例5-1】2×16年8月，甲公司以生产经营过程中使用的一台设备交换乙家具公司生产的一批办公家具，换入的办公家具作为固定资产管理。甲乙均为增值税一般纳税人，适用的增值税税率均为17%。设备的账面原价为200 000元，在交换日的累计折旧为70 000元，公允价值为150 000元。办公家具的账面价值为160 000元，在交换日的公允价值为150 000元。假定计税价格等于公允价值。乙公司换入甲公司的设备是生产家具过程中需要使用的设备。

假设甲公司此前没有为该项设备计提资产减值准备，整个交易过程中，除支付清理费3 000元外没有发生其他相关税费。假设乙公司此前也没有为库存商品计提存货跌价准备，其在整个交易过程中没有发生除增值税以外的其他税费。根据税法规定，甲公司换入固定资产支付的增值税不能抵扣。

分析：整个资产交换过程没有涉及收付货币性资产，因此，该项交换属于非货币性资产交换。本例是以存货换入固定资产，对甲公司来讲，换入的办公家具是经营过程必须需的资产，对乙公司来讲，换入的设备是生产家具过程中所必须使用的机器，两项资产交换后对换入企业的特定价值显著不同，两项资产的交换具有商业实质；同时，两项资产的公允价值都能够可靠地计量，符合非货币性资产交换准则规定以公允价值计量的两个条件。因此，甲公司和乙公司均应当以换出资产的公允价值为基础确定换入资产的成本，并确认产生的损益。

（1）甲公司的账务处理如下。

借：固定资产清理	130 000	
累计折旧	70 000	
贷：固定资产——设备		200 000
借：固定资产清理	3 000	
贷：银行存款		3 000
借：固定资产——办公家具	150 000	
应交税费——应交增值税（进项税额）	25 500	
贷：固定资产清理		133 000
营业外收入		17 000
应交税费——应交增值税（销项税额）		25 500

（2）乙公司的账务处理如下。

根据增值税的有关规定，企业以库存商品换入其他资产，视同销售行为发生，应计算增值税销项税额，缴纳增值税。

借：固定资产——设备	150 000	
应交税费——应交增值税（进项税额）	25 500	
贷：主营业务收入		150 000
应交税费——应交增值税（销项税额）		25 500
借：主营业务成本	160 000	
贷：库存商品——办公家具		160 000

（二）涉及补价的情况

非货币性资产交换准则规定，在以公允价值确定换入资产成本的情况下，发生补价的，支付补价方和收到补价方应当分别情况处理。

（1）支付补价方：应当以换出资产的公允价值加上支付的补价（即换入资产的公允价值）和应支付的相关税费作为换入资产的成本；换入资产成本与换出资产账面价值加支付的补价、应支付的相关税费之和的差额应当计入当期损益。

（2）收到补价方：应当以换入资产的公允价值（或换出资产的公允价值减去补价）和应支付的相关税费作为换入资产的成本；换入资产成本加收到的补价之和与换出资产账面价值加应支付的相关税费之和的差额应当计入当期损益。

在涉及补价的情况下，对于支付补价方而言，作为补价的货币性资产构成换入资产所放弃对价的一部分，对于收到补价方而言，作为补价的货币性资产构成换入资产的一部分。

【例5-2】2×16年6月，甲公司与乙公司经协商，甲公司以其拥有的全部用于经营出租目的的一幢公寓楼与乙公司拥有的一项专利权交换。甲公司的公寓楼建于三年前，符合投资性房地产定义，公司未采用公允价值模式计量。在交换日，该幢公寓楼的账面原价为800万元，已提折旧160万元，未计提减值准备，在交换日的公允价值为900万元，增值税税额为45万元；乙公司专利权的账面原价为1 000万元，累计已摊销金额为140万元，在交换日的公允价值为800万元，增值税税额为48万元，乙公司没有为该项专利权计提减值准备。交换日乙公司以银行存款支付了交换差价给甲公司。乙公司换入公寓楼后仍然继续用于经营出租目的，并拟采用公允价值计量模式，甲公司换入专利权后用于生产经营。假定除增值税外，该项交易过程中不涉及其他相关税费。

分析：本例属于以投资性房地产换入专利权。投资性房地产带来的未来现金流量在时间、风险方面与专利权带来的未来现金流有显著区别，因而可判断两项资产的交换具有商业实质。同时，投资性房地产和专利权的公允价值均能够可靠地计量，因此，甲、乙公司均应当以公允价值为基础确定换入资产的成本，并确认产生的损益。

（1）甲公司的账务处理如下。

```
借：其他业务成本                          6 400 000
    投资性房地产累计折旧                  1 600 000
    贷：投资性房地产                              8 000 000
借：无形资产                              8 000 000
    应交税费——应交增值税（进项税额）      480 000
    银行存款                              970 000
    贷：其他业务收入                              9 000 000
        应交税费——应交增值税（销项税额）        450 000
```

（2）乙公司的账务处理如下。

```
借：投资性房地产                          9 000 000
    应交税费——应交增值税（进项税额）      450 000
    累计摊销                              1 400 000
    营业外支出                            600 000
    贷：无形资产                                  10 000 000
        银行存款                                    970 000
        应交税费——应交增值税（销项税额）          480 000
```

二、以换出资产账面价值计量的处理

非货币性资产交换准则规定，非货币性资产交换不具有商业实质，或者虽然具有商业实质但换入资产和换出资产的公允价值均不能可靠计量的，应当以换出资产账面价值为基础确定换入资产成本，无论是否支付补价，均不确认损益。

一般来讲，如果换入资产和换出资产的公允价值都不能可靠计量，则该项非货币性资产交换通常不具有商业实质。因为在这种情况下，很难比较两项资产产生的未来现金流量在时间、风险和金额方面的差异，很难判断两项资产交换后对企业经济状况改变所起的不同效用，因而此类资产交换通常不具有商业实质。

【例5-3】甲公司拥有一台专有设备，该设备账面原价600万元，已计提折旧440万元，乙公司拥有一幢古建筑物，账面价值为400万元，已计提折旧280万元，两项资产均未计提减值准备。甲公司决定以其专有设备交换乙公司该幢古建筑物拟改造为办公室使用。甲公司拥有的专有设备是生产某种产品必需的设备，由于专有设备系当时专门制造、性质特殊，其公允价值不能可靠计量；乙公司拥有的建筑物因建筑年代久远，性质比较特殊，其公允价值也不能可靠计量。双方商定，乙公司以两项资产账面价值的差额为基础，支付甲公司20万元补价，以换取甲公司的专有设备。假定交易中没有涉及相关税费。

分析：该项资产交换涉及收付货币性资产，即补价20万元。对甲公司而言，收到的补价20万元÷换出资产账面价值160万元＝12.5%＜25%，因此，该项交换属于非货币性资产交换；乙公司的情况也类似。由于两项资产的公允价值不能可靠计量，因此，甲、乙公司换入资产的成本均应当按照换出资产的账面价值确定。

（1）甲公司的账务处理如下。

借：固定资产清理	1 600 000	
累计折旧	4 400 000	
贷：固定资产——专有设备		6 000 000
借：固定资产——建筑物	1 400 000	
银行存款	200 000	
贷：固定资产清理		1 600 000

（2）乙公司的账务处理如下。

借：固定资产清理	1 200 000	
累计折旧	2 800 000	
贷：固定资产——建筑物		4 000 000
借：固定资产——专有设备	1 400 000	
贷：固定资产清理		1 200 000
银行存款		200 000

三、涉及多项非货币性资产交换的处理

涉及多项非货币性资产的交换，是指企业以一项非货币性资产同时换入另一企业的多项非货币性资产，或同时以多项非货币性资产换入另一企业的一项非货币性资产，或以多项非货币性资产同时换入多项非货币性资产，也可能涉及补价。在涉及多项非货币性资产的交换中，企业无法将换出的某一资产与换入的某一特定资产相对应。与单项非货币性资产之间的交换一样，涉及多项非货币性资产交换的计量，企业也应当首先判断是否符合非货币性资产交换准则以公允价值计量的两个条件，再分别情况确定各项换入资产的成本。

涉及多项非货币性资产的交换一般可以分为以下几种情况。

（1）资产交换具有商业实质，且各项换出资产和各项换入资产的公允价值均能够可靠计量。在这种情况下，换入资产的总成本应当按照换出资产的公允价值总额为基础确定，除非有确凿证据证明入资产的公允价值总额更可靠。各项换入资产的成本，应当按照各项换入资产的公允价值占换入资产公允价值总额的比例，对换入资产总成本进行分配，确定各项换入资产的成本。

（2）资产交换具有商业实质，且换入资产的公允价值能够可靠计量，换出资产的公允价值不能可靠计量。在这种情况下，换入资产的总成本应当按照换入资产的公允价值总额为基础确定，各项换入资产的成本，应当按照各项换入资产的公允价值占换入资产公允价值总额的比例，对换入资产总成本进行分配，确定各项换入资产的成本。

（3）资产交换具有商业实质，换出资产的公允价值能够可靠计量，但换入资产的公允价值不能可靠计量。在这种情况下，换入资产的总成本应当按照换出资产的公允价值总额为基础确定，各项换入资产的成本，应当按照各项换入资产的原账面价值占换入资产原账面价值总额的比例，对按照换出资产公允价值总额确定的换入资产总成本进行分配，确定各项换入资产的成本。

（4）资产交换不具有商业实质，或换入资产和换出资产的公允价值均不能可靠计量。在这种情况下，换入资产的总成本应当按照换出资产原账面价值总额为基础确定，各项换入资产的成本，应当按照各项换入资产的原账面价值占换入资产原账面价值总额的比例，对按照换出资产账面价值总额为基础确定的换入资产总成本进行分配，确定各项换入资产的成本。

实际上，上述第1、2、3种情况，换入资产总成本都是按照公允价值计量，但各单项换入资产成本的确定，视各单项换入资产的公允价值能否可靠计量而分别情况处理；第4种情况属于不符合公允价值计量的条件，换入资产总成本按照换出资产账面价值总额确定，各单项换入资产成本的确定，按照各单项换入资产的原账面价值占换入资产原账面价值总额的比例确定。

（一）以公允价值计量的情况

【例5-4】甲公司和乙公司均为增值税一般纳税人，适用的增值税税率均为17%。2×16年8月，为适应业务发展的需要，经协商，甲公司决定以生产经营过程中使用的发电设备、车床以及库存商品换入乙公司生产经营过程中使用的货运车、轿车、客运汽车。甲公司发电设备的账面原价为300万元，在交换日的累计折旧为60万元，公允价值为200万元；车床的账面原价为240万元，在交换日的累计折旧为120万元，公允价值为160万元；库存商品的账面余额为600万元，公允价值为700万元，公允价值等于计税价格。乙公司货运车的账面原价为300万元，在交换日的累计折旧为100万元，公允价值为300万元；轿车的账面原价为500万元，在交换日的累计折旧为180万元，公允价值为300万元；客运汽车的账面原价为600万元，在交换日的累计折旧为160万元，公允价值为380万元。乙公司另外以银行存款向甲公司支付补价93.6万元，其中包括由于换入和换出资产公允价值不同而支付的补价80万元，以及换出资产销项税额与换入资产进项税额的差额13.6万元。

假定甲公司和乙公司都没有为换出资产计提减值准备；整个交易过程中没有发生除增值税以外的其他相关税费；甲公司换入乙公司的货运车、轿车、客运汽车均作为固定资产使用和管理；乙公司换入甲公司的发电设备、车床作为固定资产使用和管理，换入的库存商品作为原材料使用和管理。甲公司开具了增值税专用发票。

分析：本例涉及收付货币性资产，应当计算甲公司收到的货币性资产占甲公司换出资产公允价值总额的比例（等于支付的货币性资产占乙公司换出资产公允价值与支付的补价之和的比例），即80万元÷（200+160+700）万元＝7.55%<25%。可以认定这一涉及多项资产的交换行为属于非货币性资产交换，适用非货币性资产交换准则进行会计处理。对于甲公司而言，为了拓展运输业务，需要客运汽车、轿车等，乙公司为了扩大产品生产，需要发电设备、车床等设备，换入资产对换入企业均能发挥更大的作用，因此，该项涉及多项资产的非货币性资产交换具有商业实质；同时，各单项换入资产和换出资产的公允价值均能可靠计量，因此，甲、乙公司均应当以公允价值为基础确定换入资产的总成本，确认产生的相关损益。同时，按照各单项换入资产的公允价值占换入资产公允价值总额的比例，确定各单项换入资产的成本。

（1）甲公司的账务处理如下。

① 根据税法有关规定，计算增值税各项税额。

换入货运车的增值税进项税额=300×17%=51（万元）

换入轿车的增值税进项税额=300×17%=51（万元）

换入客运汽车的增值税进项税额=380×17%=64.6（万元）

换出发电设备的增值税销项税额=200×17%=34（万元）

换出车床的增值税销项税额=160×17%＝27.2（万元）

换出库存商品的增值税销项税额=700×17%＝119（万元）

② 计算换入资产、换出资产公允价值总额。

换出资产公允价值总额＝200+160+700＝1 060（万元）

换入资产公允价值总额＝300+300+380＝980（万元）

③ 计算换入资产总成本。

换入资产总成本＝换出资产公允价值-补价+应支付的相关税费

＝（200+160+700）-80+0＝980（万元）

④ 计算确定换入各项资产的公允价值占换入资产公允价值总额的比例。

货运车公允价值占换入资产公允价值总额的比例为

300÷（300+300+380）＝30.61%

轿车公允价值占换入资产公允价值总额的比例为

300÷（300+300+380）＝30.61%

客运汽车公允价值占换入资产公允价值总额的比例为

380÷（300+300+380）＝38.78%

⑤ 计算确定换入各项资产的成本。

货运车的成本=980×30.61%＝299.978（万元）

轿车的成本=980×30.61%＝299.978（万元）

客运汽车的成本=980×38.78%＝380.044（万元）

⑥ 会计分录。

借：固定资产清理	3 600 000	
累计折旧	1 800 000	
贷：固定资产——发电设备		3 000 000
——车床		2 400 000
借：固定资产——货运车	2 999 780	
——轿车	2 999 780	
——客运汽车	3 800 440	
应交税费——应交增值税（进项税额）	1 666 000	
银行存款	800 000	
营业外支出	136 000	
贷：固定资产清理		3 600 000
主营业务收入		7 000 000
应交税费——应交增值税（销项税额）		1 802 000
借：主营业务成本	6 000 000	
贷：库存商品		6 000 000

（2）乙公司的账务处理如下。

① 根据税法有关规定，计算增值税各项税额。

换入发电设备的增值税进项税额=200×17%＝34（万元）

换入车床的增值税进项税额=160×17%＝27.2（万元）

换入原材料的增值税进项税额：700×17%＝119（万元）

换出货运车的增值税销项税额=300×17%＝51（万元）

换出轿车的增值税销项税额=300×17%＝51（万元）

换出客运汽车的增值税销项税额=380×17%=64.6（万元）

② 计算换入资产、换出资产公允价值总额

换出资产公允价值总额=300+300+380=980（万元）

换入资产公允价值总额=200+160+700=1 060（万元）

③ 确定换入资产总成本。

换入资产总成本=换出资产公允价值+支付的补价

=980+80=1 060（万元）

④ 计算确定换入各项资产的公允价值占换入资产公允价值总额的比例。

发电设备公允价值占换入资产公允价值总额的比例为

200÷（200+160+700）=18.87%

车床公允价值占换入资产公允价值总额的比例为

160÷（200+160+700）=15.09%

原材料公允价值占换入资产公允价值总额的比例为

700÷（200+160+700）=66.04%

⑤ 计算确定换入各项资产的成本。

发电设备的成本=1 060×18.87%=200.022（万元）

车床的成本=1 060×15.09%=159.954（万元）

原材料的成本=1 060×66.04%=700.024（万元）

⑥ 会计公录。

借：固定资产清理	9 600 000	
累计折旧	4 400 000	
贷：固定资产——货运车		3 000 000
——轿车		5 000 000
——客运汽车		6 000 000
借：固定资产——发电设备	2 000 220	
——车床	1 599 540	
原材料	7 000 240	
应交税费——应交增值税（进项税额）	1 802 000	
贷：固定资产清理		9 600 000
银行存款		800 000
应交税费——应交增值税（销项税额）		1 666 000
营业外收入		336 000

（二）以账面价值计量的情况

【例5-5】2×16年6月，甲公司因经营战略发生较大转变，产品结构发生较大调整，原生产其产品的专有设备、专利技术等已不符合生产新产品的需要，经与乙公司协商，将其专用设备连同专利技术与乙公司正在建造过程中的一幢建筑物、乙公司对丙公司的长期股权投资进行交换。甲公司换出专有设备的账面原价为1 600万元，已提折旧1 000万元；专利技术账面原价为600万元，已摊销金额为300万元。乙公司在建工程截止到交换日的成本为700万元，对丙公司的长期股权投资账面价值为200万元。由于甲公司持有的专有设备和专利技术市场上已不多见，因此，公允价值不能可靠计量。乙公司的在建工程因完工程度难以合理确定，其公允价值不能可靠计量；由于丙公司不是上市公司，乙公司对丙公司长期股权投资的公允价值也不能可靠计量。假定交易中没有涉及相关税费，甲、乙公司均未对上述资产计提减值准备。

分析：本例不涉及收付货币性资产，属于非货币性资产交换。由于换入资产、换出资产的公允价值均不能可靠计量，甲、乙公司均应当以换出资产账面价值总额作为换入资产的总成本，各项换入资产的成本，应当按各项换入资产的账面价值占换入资产账面价值总额的比例分配后确定。

（1）甲公司的账务处理如下。

① 计算换入资产、换出资产账面价值总额。

换入资产账面价值总额=700+200=900（万元）

换出资产账面价值总额=（1 600-1 000）+（600-300）=900（万元）

② 确定换入资产总成本。

换入资产总成本=900（万元）

③ 计算各项换入资产账面价值占换入资产账面价值总额的比例。

在建工程占换入资产账面价值总额的比例=700÷（700+200）=77.8%

长期股权投资占换入资产账面价值总额的比例=200÷（700+200）=22.2%

④ 确定各项换入资产成本。

在建工程成本=900×77.8%=700.2（万元）

长期股权投资成本=900×22.2%=199.8（万元）

⑤ 会计分录。

借：固定资产清理	6 000 000	
累计折旧	10 000 000	
贷：固定资产——专有设备		16 000 000
借：在建工程	7 002 000	
长期股权投资	1 998 000	
累计摊销	3 000 000	
贷：固定资产清理		6 000 000
无形资产——专利技术		6 000 000

（2）乙公司的账务处理如下。

① 计算换入资产、换出资产账面价值总额。

换入资产账面价值总额=600+300=900（万元）

换出资产账面价值总额=700+200=900（万元）

② 确定换入资产总成本。

换入资产总成本=900（万元）

③ 计算各项换入资产账面价值占换入资产账面价值总额的比例。

专有设备占换入资产账面价值总额的比例=600÷（600+300）=66.7%

专利技术占换入资产账面价值总额的比例=300÷（600+300）=33.3%

④ 确定各项换入资产成本。

专有设备成本=900×66.7%=600.3（万元）

专利技术成本=900×33.3%=299.7（万元）

⑤ 会计分录。

借：固定资产——专有设备	6 003 000	
无形资产——专利技术	2 997 000	
贷：在建工程		7 000 000
长期股权投资		2 000 000

知识链接

思 考 题

1. 什么是货币性资产？
2. 什么是非货币性资产？
3. 非货币性资产交换的认定条件是什么？
4. 判断是否具有商业实质的条件是什么？
5. 哪几种情形下公允价值视为能够可靠计量？

关键术语

货币性资产	monetary assets
非货币性资产	non-monetary assets
公允价值	fair value
货币性资产交换	exchange of monetary assets
非货币性资产交换	exchange of non-monetary assets

资产减值 | 第六章

【引例】

江苏宏达新材料股份有限公司（以下简称"公司"）于2013年7月9日召开了第三届董事会第三十九次会议，会议审议通过了《关于计提资产减值准备的议案》。议案中指出，公司决定按照中介机构对"7.5万吨有机硅单体设备资产组"资产评估结果计提资产减值准备，计提金额为8 375.60万元，计入2013年上半年度会计报表。本次计提资产减值准备将减少公司2013年度上半年净利润8 375.60万元，合并报表归属于母公司所有者权益减少8 375.60万元。资产减值金额是如何确定的？资产减值的会计处理对企业财务状况和经营成果到底会产生怎样的影响？

本章将主要阐述资产减值的含义与确认、资产可收回金额的计量、资产减值损失的确认与计量及其会计处理、商誉减值测试与处理等问题。

第一节 资产减值概述

一、资产减值的含义

资产减值，是指由于内外部因素发生变化而给企业资产造成的不利影响。它的本质是资产的现实经济利益预期低于原记账时对未来经济利益的确认值。当企业资产的可收回金额低于其账面价值时，即表明资产发生了减值，企业应当确认资产减值损失，并把资产的账面价值减记至可收回金额。

资产是指企业过去的交易或者事项形成的、由企业拥有或者控制的、预期会给企业带来经济利益的资源。资产的主要特征之一是它必须能够为企业带来经济利益的流入，如果资产不能够为企业带来经济利益或者带来的经济利益低于其账面价值，那么该资产就不能再予确认，或者不能再以原账面价值予以确认，否则将不符合资产的定义，也无法反映资产的实际价值。其结果会导致企业资产虚增和利润虚增。

企业所有的资产在发生减值时，原则上都应当及时加以确认和计量。但是由于有关资产特性不同，其减值会计处理也有所差别，因而所适用的具体准则不尽相同。例如，存货、消耗性生物资产的减值分别适用于《企业会计准则第 1 号——存货》《企业会计准则第 5 号——生物资产》，这些资产减值准备的处理由相关章节阐述，本章不涉及有关内容。本章参照《企业会计准则第 8 号——资产减值》（以下简称"资产减值准则"）规定的资产范围，涉及企业非流动资产的减值会计问题，具体包括以下资产的减值：①对子公司、联营企业和合营企业的长期股权投资；②采用成本模式进行后续计量的投资性房地产；③固定资产；④生产性生物资产；⑤无形资产；⑥商誉；⑦探明石油天然气矿区权益和井及相关设施等。

二、资产减值的确认

资产减值会计对于资产价值的确认是在资产的持有过程中进行的。不同于只对实际发生的交易进行确认的传统惯例，只要造成资产价值减少的情况已经存在且资产价值的下降可以相对可靠地计量，就应该加以确认资产减值损失。

企业在资产负债表日应当判断资产是否存在可能发生减值的迹象。一般可从外部信息来源和内部信息来源两方面加以判断资产是否发生减值。

从企业外部信息来源来看，如果出现了资产的市价在当期大幅度下跌，其跌幅明显高于因时间的推移或者正常使用而预计的下跌；企业经营所处的经济、技术或者法律等环境以及资产所处的市场在当期或者将在近期发生重大变化，从而对企业产生不利影响；市场利率或者其他市场投资报酬率在当期已经提高，从而影响企业计算资产预计未来现金流量现值的折现率，导致资产可收回金额大幅度降低等，均属于资产可能发生减值的迹象，企业需要据此估计资产的可收回金额，决定是否需要确认减值损失。

从企业内部信息来源来看，如果有证据表明资产已经陈旧过时或者其实体已经损坏；资产已经或者将被闲置、终止使用或者计划提前处置；企业内部报告的证据表明资产的经济绩效已经低于或者将低于预期，如资产所创造的净现金流量或者实现的营业利润远远低于原来的预算或者预计金额，资产发生的营业损失远远高于原来的预算或者预计金额，资产在建造或者收购时所需的现金支出远远高于最初的预算，资产在经营或者维护中所需的现金支出远远高于最初的预算等，均属于资产可能发生减值的迹象。

上述列举的资产减值迹象并不能穷尽所有的减值迹象，企业应当根据实际情况来认定资产可能发生减值的迹象。有确凿证据表明资产存在减值迹象的，应当在资产负债表日进行减值测试，估计资产的可收回金额。资产存在减值迹象是资产是否需要进行减值测试的必要前提，但是有两项资产除外，即因企业合并形成的商誉和使用寿命不确定的无形资产。根据《企业会计准则第 20 号——企业合并》和《企业会计准则第 6 号——无形资产》的规定，因企业合并所形成的商誉和使用寿命不确定的无形资产在后续计量中不再进行摊销。但是，考虑到这两类资产的价值和产生的未来经济利益有较大的不确定性，为了避免资产价值高估，企业应当及时确认商誉和使用寿命不确定的无形资产的减值损失，如实反映企业财务状况和经营成果。对于这两类资产，企业至少应当于每年年度终了进行减值测试。

第二节 资产可收回金额的计量

一、估计资产可收回金额的基本方法

根据资产减值准则的规定，资产存在减值迹象的，应当估计其可收回金额，然后将所估计的资产可收回金额与其账面价值相比较，以确定资产是否发生了减值，以及是否需要计提资产减值准备并确认相应的减值损失。在估计资产可收回金额时，原则上应当以单项资产为基础，如果企业难以对单项资产的可收回金额进行估计，则应当以该资产所属的资产组为基础确定资产组的可收回金额。有关资产组的认定及其减值处理将在本章第四节中阐述。

资产可收回金额的估计，应当根据其公允价值减去处置费用后的净额与资产预计未来现金流量的现值两者之间较高者确定。因此，要估计资产的可收回金额，通常需要同时估计该资产的公允价值减去处置费用后的净额和资产预计未来现金流量的现值。但是在下列情况下，可以有例外或者做特殊考虑。

第一，资产的公允价值减去处置费用后的净额与资产预计未来现金流量的现值，只要有一项超过了资产的账面价值，就表明资产没有发生减值，不需再估计另一项金额。

第二，没有确凿证据或者理由表明，资产预计未来现金流量现值显著高于其公允价值减去处置费用后的净额的，可以将资产的公允价值减去处置费用后的净额视为资产的可收回金额。企业持有待售的资产往往属于这种情况，即该资产在持有期间（处置之前）所产生的现金流量可能很少，其最终取得的未来现金流量往往就是资产的处置净收入。在这种情况下，以资产公允价值减去处置费用后的净额作为其可收回金额是适宜的，因为资产的未来现金流量现值不大会显著高于其公允价值减去处置费用后的净额。

第三，资产的公允价值减去处置费用后的净额无法可靠估计的，应当以该资产预计未来现金流量的现值作为其可收回金额。

二、资产的公允价值减去处置费用后的净额的估计

资产的公允价值减去处置费用后的净额，通常反映的是资产如果被出售或者处置时可以收回的净现金收入。其中，资产的公允价值是指在公平交易中，熟悉情况的交易双方自愿进行资产交换的金额；处置费用是指可以直接归属于资产处置的增量成本，包括与资产处置有关的法律费用、相关税费、搬运费以及为使资产达到可销售状态所发生的直接费用等，但是财务费用和所得税费用等不包括在内。企业在估计资产的公允价值减去处置费用后的净额时，应当按照下列顺序进行。

（1）应当根据公平交易中资产的销售协议价格减去可直接归属于该资产处置费用的金额确定资产的公允价值减去处置费用后的净额。这是估计资产的公允价值减去处置费用后的净额的最佳方法，企业应当优先采用这一方法。但是在实务中，企业的资产往往都是内部持续使用的，取得资产的销售协议价格并不容易，为此，需要采用其他方法估计资产的公允价值减去处置费用后的净额。

（2）在资产不存在销售协议但存在活跃市场的情况下，应当根据该资产的市场价格减去处置费用后的金额确定。资产的市场价格通常应当按照资产的买方出价确定。但是如果难以获得资产在估计日的买方出价的，企业可以以资产最近的交易价格作为其公允价值减去处置费用后的净额的估计基础，其前提是资产的交易日和估计日之间，有关经济、市场环境等没有发生重大变化。

（3）在既不存在资产销售协议又不存在资产活跃市场的情况下，企业应当以可获取的最佳信息为基础，根据在资产负债表日如果处置资产的话，熟悉情况的交易双方自愿进行公平交易愿意提供的交易价格减去资产处置费用后的金额，估计资产的公允价值减去处置费用后的净额。在实务中，该金额可以参考同行业类似资产的最近交易价格或者结果进行估计。

如果企业按照上述要求仍然无法可靠估计资产的公允价值减去处置费用后的净额，则应当以该资产预计未来现金流量的现值作为其可收回金额。

三、资产预计未来现金流量的现值的估计

资产预计未来现金流量的现值，应当按照资产在持续使用过程中和最终处置时所产生的预计未来现金流量，选择恰当的折现率对其进行折现后的金额加以确定。因此，预计资产未来现金流量的现值，主要应当综合考虑以下因素：①资产的预计未来现金流量；②资产的使用寿命；③折现率。其中，资产使用寿命的预计与《企业会计准则第4号——固定资产》《企业会计准则第6号——无形资产》等规定的使用寿命预计方法相同。以下重点阐述资产未来现金流量和折现率的预计方法。

（一）资产未来现金流量的预计

1. 预计资产未来现金流量的基础

为了估计资产未来现金流量的现值，需要首先预计资产的未来现金流量。为此，企业管理层应当在合理和有依据的基础上对资产剩余使用寿命内整个经济状况进行最佳估计，并将资产未来现金

流量的预计，建立在经企业管理层批准的最近财务预算或者预测数据之上。但是出于数据可靠性和便于操作等方面的考虑，建立在该预算或者预测基础上的预计未来现金流量最多涵盖 5 年，企业管理层如能证明更长的期间是合理的，可以涵盖更长的期间。

如果资产未来现金流量的预计还包括最近财务预算或者预测期之后的现金流量，企业应当以该预算或者预测期之后年份稳定的或者递减的增长率为基础进行估计。但是，企业管理层如能证明递增的增长率是合理的，可以以递增的增长率为基础进行估计。同时，所使用的增长率除了企业能够证明更高的增长率是合理的之外，不应当超过企业经营的产品、市场、所处的行业或者所在国家或者地区的长期平均增长率，或者该资产所处市场的长期平均增长率。在恰当、合理的情况下，该增长率可以是零或者负数。

由于经济环境随时都在变化，资产的实际现金流量往往会与预计数有出入，而且预计资产未来现金流量时的假设也有可能发生变化，因此，企业管理层在每次预计资产未来现金流量时，应当首先分析以前期间现金流量预计数与现金流量实际数出现差异的情况，以评判当期现金流量预计所依据的假设的合理性。通常情况下，企业管理层应当确保当期现金流量预计所依据的假设与前期实际结果相一致。

2. 预计资产未来现金流量应当包括的内容

（1）资产持续使用过程中预计产生的现金流入。

（2）为实现资产持续使用过程中产生的现金流入所必需的预计现金流出（包括为使资产达到预定可使用状态所发生的现金流出）。该现金流出应当是可直接归属于或者可通过合理和一致的基础分配到资产中的现金流出，后者通常是指那些与资产直接相关的间接费用。

对于在建工程以及开发过程中的无形资产等，企业在预计其未来现金流量时，就应当包括预期为使该类资产达到预定可使用（或者可销售状态）而发生的全部现金流出数。

（3）资产使用寿命结束时，处置资产所收到或者支付的净现金流量。该现金流量应当是在公平交易中，熟悉情况的交易双方自愿进行交易时，企业预期可从资产的处置中获取或者支付的减去预计处置费用后的金额。

3. 预计资产未来现金流量应当考虑的因素

（1）以资产的当前状况为基础预计资产未来现金流量。企业资产在使用过程中有时会因为改良、重组等原因而发生变化，因此，在预计资产未来现金流量时，企业应当以资产的当前状况为基础，不应当包括与将来可能会发生的、尚未做出承诺的重组事项或者与资产改良有关的预计未来现金流量。具体包括以下几层意思。

① 企业已经承诺重组的，在确定资产的未来现金流量的现值时，预计的未来现金流入和流出数，应当反映重组所能节约的费用和由重组所带来的其他利益，以及因重组所导致的估计未来现金流出数。其中重组所能节约的费用和由重组所带来的其他利益，通常应当根据企业管理层批准的最近财务预算或者预测数据进行估计；因重组所导致的估计未来现金流出数应当根据《企业会计准则第 13 号——或有事项》所确认的因重组所发生的预计负债金额进行估计。

② 企业在发生与资产改良（包括提高资产的营运绩效）有关的现金流出之前，预计的资产未来现金流量仍然应当以资产的当前状况为基础，不应当包括因与该现金流出相关的未来经济利益增加而导致的预计未来现金流入金额。

③ 企业未来发生的现金流出如果是为了维持资产正常运转或者资产正常产出水平而必要的支出或者属于资产维护支出，应当在预计资产未来现金流量时将其考虑在内。

（2）预计资产未来现金流量不应当包括筹资活动和所得税收付产生的现金流量。企业预计的资产未来现金流量，不应当包括筹资活动产生的现金流入或者流出以及与所得税收付有关的现金流量。其原因：一是所筹集资金的货币时间价值已经通过折现因素予以考虑；二是折现率要求是以税前基础计算确定的，因此，现金流量的预计也必须建立在税前基础之上。这样可以有效避免在资产未来现金流量现值的计算过程中可能出现的重复计算等问题，以保证现值计算的正确性。

（3）对通货膨胀因素的考虑应当和折现率相一致。企业在预计资产未来现金流量和折现率时，考虑因一般通货膨胀而导致物价上涨的因素，应当采用一致的基础。如果折现率考虑了因一般通货膨胀而导致的物价上涨影响因素，资产预计未来现金流量也应予以考虑；反之，如果折现率没有考虑因一般通货膨胀而导致的物价上涨影响因素，资产预计未来现金流量也应当剔除这一影响因素。总之，在考虑通货膨胀因素的问题上，资产未来现金流量的预计和折现率的预计，应当保持一致。

（4）内部转移价格应当予以调整。在一些企业集团里，出于集团整体战略发展的考虑，某些资产生产的产品或者其他产出可能是供其集团内部其他企业使用的，所确定的交易价格或者结算价格基于内部转移价格，而内部转移价格很可能与市场交易价格不同。在这种情况下，为了如实测算企业资产的价值，就不应当简单地以内部转移价格为基础预计资产未来现金流量，而应当采用在公平交易中企业管理层能够达成的最佳的未来价格估计数进行预计。

4. 预计资产未来现金流量的方法

预计资产未来现金流量，通常应当根据资产未来每期最有可能产生的现金流量进行预测。这种方法通常叫作传统法，它使用单一的未来每期预计现金流量和单一的折现率计算资产未来现金流量的现值。

【例6-1】A企业拥有甲固定资产，该固定资产剩余使用年限为三年。企业预计未来三年内，该资产每年可为企业产生的净现金流量分别为第1年300万元、第2年150万元、第3年30万元。该现金流量通常即为最有可能产生的现金流量，企业应以该现金流量的预计数为基础计算资产的现值。

在实务中，有时影响资产未来现金流量的因素较多，情况较为复杂，带有很大的不确定性，为此，使用单一的现金流量可能并不会如实地反映资产创造现金流量的实际情况。这样，企业应当采用期望现金流量法预计资产未来现金流量。

【例6-2】沿用【例6-1】资料。假定利用甲固定资产生产的产品受市场行情波动影响大，企业预计未来三年每年的现金流量情况如表6-1所示。

表6-1　　　　　　　　　　　预计未来三年的现金流量　　　　　　　　　　　单位：万元

	产品行情好（30%的可能性）	产品行情一般（60%的可能性）	产品行情差（10%的可能性）
第1年	450	300	150
第2年	240	150	60
第3年	60	30	0

在本例中，采用期望现金流量法比传统法更为合理。在期望现金流量法下，资产未来现金流量应当根据每期现金流量期望值进行预计，每期现金流量期望值按照各种可能情况下的现金流量与其发生概率加权计算。按照表6-1提供的情况，企业应当计算资产每年的预计未来现金流量如下：

第1年的预计现金流量（期望现金流量）=450×30%+300×60%+150×10%=330（万元）

第2年的预计现金流量（期望现金流量）=240×30%+150×60%+60×10%=168（万元）

第3年的预计现金流量（期望现金流量）=60×30%+30×60%+0×10%=36（万元）

企业在预计资产未来现金流量的现值时，如果资产未来现金流量的发生时间不确定，企业应当根据资产在每一种可能情况下的现值及其发生概率直接加权计算资产未来现金流量的现值。

（二）折现率的预计

为了资产减值测试的目的，计算资产未来现金流量现值时所使用的折现率应当是反映当前市场货币时间价值和资产特定风险的税前利率。该折现率是企业在购置或者投资资产时所要求的必要报酬率。需要说明的是，如果在预计资产的未来现金流量时已经对资产特定风险的影响做了调整，折现率的估计就不需要再考虑这些特定风险。如果用于估计折现率的基础是税后的，应当将其调整为税前的折现率，以便于与资产未来现金流量的估计基础相一致。

企业在确定折现率时，应当首先以该资产的市场利率为依据。如果该资产的利率无法从市场获得，可以使用替代利率估计。在估计替代利率时，企业应当充分考虑资产剩余寿命期间的货币时间价值和其他相关因素，比如资产未来现金流量金额及其时间的预计离散程度、资产内在不确定性的定价等。如果资产预计未来现金流量已经对这些因素做了有关调整的，应当予以剔除。

替代利率在估计时，可以根据企业加权平均资金成本、增量借款利率或者其他相关市场借款利率做适当调整后确定。调整时，应当考虑与资产预计现金流量有关的特定风险以及其他有关政治风险、货币风险和价格风险等。

企业在估计资产未来现金流量现值时，通常应当使用单一的折现率。但是，如果资产未来现金流量的现值对未来不同期间的风险差异或者利率的期间结构反应敏感，企业应当在未来各不同期间采用不同的折现率。

（三）资产未来现金流量现值的预计

在预计资产未来现金流量和折现率的基础之上，资产未来现金流量的现值只需将该资产的预计未来现金流量按照预计的折现率在预计期限内加以折现即可确定。其计算公式如下：

资产未来现金流量的现值 $PV=\Sigma[$第 t 年预计资产未来现金流量 $NCF_t \div (1+$折现率 $R)\hat{\ }t]$

【例6-3】某航运公司于2×15年年末对一艘远洋运输船只进行减值测试。该船舶原价为3亿元，累计折旧1.4亿元，现账面价值为1.6亿元，预计尚可使用年限为8年。假设该船舶的公允价值减去处置费用后的净额难以确定，企业拟通过计算其未来现金流量的现值确定资产的可收回金额。

公司管理层根据相关材料，估计2×16年至2×23年该船舶预计未来现金流量分别为2 500万元、2 460万元、2 380万元、2 360万元、2 390万元、2 470万元、2 500万元和2 510万元。同时，公司在考虑资产所面临的相关风险后，确定以15%作为计算未来现金流量现值的折现率。具体计算结果如6-2所示。

由于在2×15年年末，船舶的账面价值（尚未确认减值损失）为16 000万元，而其可收回金额为10 965万元，账面价值高于其可收回金额。因此，应当确认减值损失，并计提相应的资产减值准备。

企业应确认的减值损失=16 000-10 965=5 035（万元）

表6-2   预计未来现金流量的现值计算表   单位：万元

年份	预计未来现金流量	以15%为折现率的折现系数	预计未来现金流量的现值
2×16	2 500	0.869 6	2 174
2×17	2 460	0.756 1	1 860
2×18	2 380	0.657 5	1 565
2×19	2 360	0.571 8	1 349
2×20	2 390	0.497 2	1 188
2×21	2 470	0.432 3	1 068
2×22	2 500	0.375 9	940
2×23	2 510	0.326 9	821
合计	19 570		10 965

（四）外币未来现金流量及其现值的预计

随着我国企业日益融入世界经济体系和国际贸易的大幅度增加，企业使用资产所收到的未来现金流量有可能为外币。在这种情况下，企业应当按照以下顺序确定资产未来现金流量的现值。

首先应当以该资产所产生的未来现金流量的结算货币为基础预计其未来现金流量，并按照该货币适用的折现率计算资产的现值。

然后将该外币现值按照计算资产未来现金流量现值当日的即期汇率进行折算,从而折现成按照记账本位币表示的资产未来现金流量的现值。

最后在该现值基础上,将其与资产公允价值减去处置费用后的净额相比较,确定其可收回金额,根据可收回金额与资产账面价值相比较,确定是否需要确认减值损失以及确认多少减值损失。

第三节 资产减值损失的确认与计量

一、资产减值损失确认与计量的一般原则

企业在对资产进行减值测试并计算了资产可收回金额后,如果资产的可收回金额低于其账面价值,应当将资产的账面价值减记至可收回金额,减记的金额确认为资产减值损失,计入当期损益,同时计提相应的资产减值准备。这样,企业当期确认的减值损失应当反映在其利润表中,而计提的资产减值准备应当作为相关资产的备抵项目,反映于资产负债表中,从而夯实企业资产价值,避免利润虚增,如实反映企业的财务状况和经营成果。

资产减值损失确认后,减值资产的折旧或者摊销费用应当在未来期间做相应调整,以使该资产在剩余使用寿命内,系统地分摊调整后的资产账面价值(扣除预计净残值)。比如,固定资产计提了减值准备后,固定资产账面价值将根据计提的减值准备相应抵减,因此,固定资产在未来计提折旧时,应当按照新的固定资产账面价值为基础计提每期折旧。

考虑到固定资产、无形资产、商誉等资产发生减值后,一方面价值回升的可能性比较小,通常属于永久性减值;另一方面从会计信息谨慎性要求考虑,为了避免确认资产重估增值和操纵利润,资产减值准则规定,资产减值损失一经确认,在以后会计期间不得转回。以前期间计提的资产减值准备,在资产处置、出售、对外投资、以非货币性资产交换方式换出、在债务重组中抵偿债务等时,才可予以转出。

二、资产减值损失的账务处理

为了正确核算企业确认的资产减值损失和计提的资产减值准备,企业应当设置"资产减值损失"科目,按照资产类别进行明细核算,反映各类资产在当期确认的资产减值损失金额;同时,应当根据不同的资产类别,分别设置"固定资产减值准备""在建工程减值准备""投资性房地产减值准备""无形资产减值准备""商誉减值准备""长期股权投资减值准备""生产性生物资产减值准备"等科目。

当企业根据资产减值准则规定确定资产发生了减值的,应当根据所确认的资产减值金额,借记"资产减值损失"科目,贷记"固定资产减值准备""在建工程减值准备""投资性房地产减值准备""无形资产减值准备""商誉减值准备""长期股权投资减值准备""生产性生物资产减值准备"等科目。在期末,企业应当将"资产减值损失"科目余额转入"本年利润"科目,结转后该科目应当没有余额。各资产减值准备科目累积每期计提的资产减值准备,直至相关资产被处置等时才予以转出。

【例6-4】沿用【例6-3】资料。根据测试和计算结果,该航运公司应确认的船舶减值损失为5 035万元,账务处理如下。

借:资产减值损失——固定资产减值损失　　　　　50 350 000
　　贷:固定资产减值准备　　　　　　　　　　　　　　50 350 000

计提资产减值准备后,船舶的账面价值变为10 965万元。在该船舶剩余使用寿命内,公司应当

以此为基础计提折旧。如果发生进一步减值，再做进一步的减值测试。

【例6-5】2×15年1月20日，甲公司自行研发的某项非专利技术已经达到预定可使用状态，累计研究支出为80万元，累计开发支出为230万元（其中符合资本化条件的支出为200万元），但其使用寿命不能合理确定。2×15年12月31日，该项非专利技术的公允价值减去处置费用后的净额为180万元，未来现金流量的现值为178万元。

根据相关条件，无形资产的入账价值为200万元，无形资产的可收回金额为180万元，计提的减值准备为20万元，账务处理如下。

借：资产减值损失——无形资产减值损失 　　　　　　　　　200 000
　　贷：无形资产减值准备 　　　　　　　　　　　　　　　　　　200 000

第四节　资产组的认定及减值处理

一、资产组的认定

资产减值准则规定，如果有迹象表明一项资产可能发生减值，企业应当以单项资产为基础估计其可收回金额。但是在企业难以对单项资产的可收回金额进行估计的情况下，应当以该资产所属的资产组为基础确定资产组的可收回金额。因此，资产组的认定十分重要。

（一）资产组的概念

资产组是企业可以认定的最小资产组合，其产生的现金流入应当基本上独立于其他资产或者资产组。资产组应当由创造现金流入相关的资产组成。

（二）认定资产组应当考虑的因素

（1）资产组的认定，应当以资产组产生的主要现金流入是否独立于其他资产或者资产组的现金流入为依据。因此，资产组能否独立产生现金流入是认定资产组的最关键因素。比如，企业的某一生产线、营业网点、业务部门等，如果能够独立于其他部门或者单位等创造收入、产生现金流，或者其创造的收入和现金流入绝大部分独立于其他部门或者单位，并且属于可认定的最小的资产组合，通常应将该生产线、营业网点、业务部门等认定为一个资产组。

【例6-6】某矿业公司拥有一个煤矿，与煤矿的生产和运输相配套，建有一条专用铁路。该铁路除非报废出售，其在持续使用中，难以脱离煤矿相关的其他资产而产生单独的现金流入。因此，企业难以对专用铁路的可收回金额进行单独估计，专用铁路和煤矿其他相关资产必须结合在一起，成为一个资产组，以估计该资产组的可收回金额。

【例6-7】某公司有一条流水线，生产真空包装食品，该生产线由A、B、C、D四部机器构成，均无法单独产生现金流量。所生产的食品由包装机包装后对外销售。包装机由独立核算的包装车间使用。该公司生产的产品进行包装时需按市场价格向包装车间内部结算包装费。除用于本公司产品的包装外，该公司还用该包装机承接其他企业产品的包装，收取包装费。

该公司应将A、B、C、D四部机器认定为一个资产组，包装机单独计提减值。因为A、B、C、D四部机器组成的资产组必须结合在一起，才能产生独立的现金流量，而包装机单独产生现金流量。

在资产组的认定中，企业几项资产的组合生产的产品（或者其他产出）存在活跃市场的，无论这些产品或者其他产出是用于对外出售还是仅供企业内部使用，均表明这几项资产的组合能够独立创造现金流入，在符合其他相关条件的情况下，应当将这些资产的组合认定为资产组。

【例6-8】甲企业生产某单一产品，并且只拥有A、B、C三家工厂。三家工厂分别位于三个不同的国家，而三个国家又位于三个不同的洲。工厂A生产一种组件，由工厂B或者C进行组装，最终产品由B或者C销往世界各地，工厂B的产品可以在本地销售，也可以在C所在洲销售（如果将产品从B运到C所在洲更加方便的话）。

B和C的生产能力合在一起尚有剩余，并没有被完全利用。B和C生产能力的利用程度依赖于甲企业对于销售产品在两地之间的分配。以下分别认定与A、B、C有关的资产组。

假定A生产的产品（即组件）存在活跃市场，则A很可能可以认定为一个单独的资产组。原因是它生产的产品尽管主要用于B或者C，但是由于该产品存在活跃市场，可以带来独立的现金流量，因此通常应当认定为一个单独的资产组。在确定其未来现金流量的现值时，公司应当调整其财务预算或预测，将未来现金流量的预计建立在公平交易的前提下A生产产品的未来价格最佳估计数，而不是其内部转移价格。

对于B和C而言，即使B和C组装的产品存在活跃市场，B和C的现金流入依赖于产品在两地之间的分配。B和C的未来现金流入不可能单独地确定。因此，B和C组合在一起是可以认定的、可产生基本上独立于其他资产或者资产组的现金流入的资产组合。B和C应当认定为一个资产组。在确定该资产组未来现金流量的现值时，公司也应当调整其财务预算或预测，将未来现金流量的预计建立在公平交易的前提下，从A所购入产品的未来价格的最佳估计数，而不是内部转移价格。

【例6-9】沿用【例6-8】资料。假定A生产的产品不存在活跃市场。

在这种情况下，由于A生产的产品不存在活跃市场，它的现金流入依赖于B或者C生产的最终产品的销售，因此，A很可能难以单独产生现金流入，其可收回金额很可能难以单独估计。

而对于B和C而言，其生产的产品虽然存在活跃市场，但是B和C的现金流入依赖于产品在两个工厂之间的分配，B和C在产能和销售上的管理是统一的，因此，B和C也难以单独产生现金流量，因而也难以单独估计其可收回金额。

因此，只有A、B、C三个工厂组合在一起（即将甲企业作为一个整体）才很可能是一个可以认定的、能够基本上独立产生现金流入的最小的资产组合，从而将A、B、C的组合认定为一个资产组。

（2）资产组的认定，应当考虑企业管理层对生产经营活动的管理或者监控方式（如是按照生产线、业务种类还是按照地区或者区域等）和对资产的持续使用或者处置的决策方式等。比如企业各生产线都是独立生产、管理和监控的，那么各生产线很可能应当认定为单独的资产组；如果某些机器设备是相互关联、互相依存的，其使用和处置是一体化决策的，那么这些机器设备很可能应当认定为一个资产组。

（三）资产组认定后不得随意变更

资产组一经确定后，在各个会计期间应当保持一致，不得随意变更。即资产组的各项资产构成通常不能随意变更。比如，甲设备在2×15年归属于A资产组，在无特殊情况下，该设备在2×16年仍然应当归属于A资产组，而不能随意将其变更至其他资产组。但是，如果由于企业重组、变更资产用途等原因，导致资产组构成确需变更的，企业可以进行变更，但企业管理层应当证明该变更是合理的，并应当在附注中做相应说明。

二、资产组减值测试

资产组减值测试的原理和单项资产是一致的，即企业需要预计资产组的可收回金额和计算资产组的账面价值，并将两者进行比较。如果资产组的可收回金额低于其账面价值，表明资产组发生了减值损失，应当予以确认。

（一）资产组账面价值和可收回金额的确定基础

资产组账面价值的确定基础应当与其可收回金额的确定方式相一致。因为这样的比较才有意义，否则如果两者在不同的基础上进行估计和比较，就难以正确估算资产组的减值损失。

资产组的可收回金额在确定时，应当按照该资产组的公允价值减去处置费用后的净额与其预计未来现金流量的现值两者之间较高者确定。

资产组的账面价值则应当包括可直接归属于资产组并可以合理和一致地分摊至资产组的资产账面价值，通常不应当包括已确认负债的账面价值，但如不考虑该负债金额就无法确定资产组可收回金额的除外。这是因为在预计资产组的可收回金额时，既不包括与该资产组的资产无关的现金流量，也不包括与已在财务报表中确认的负债有关的现金流量。因此，为了与资产组可收回金额的确定基础相一致，资产组的账面价值也不应当包括这些项目。

资产组在处置时如要求购买者承担一项负债（如环境恢复负债等），该负债金额已经确认并计入相关资产账面价值，而且企业只能取得包括上述资产和负债在内的单一公允价值减去处置费用后的净额的，为了比较资产组的账面价值和可收回金额，在确定资产组的账面价值及其预计未来现金流量的现值时，应当将已确认的负债金额从中扣除。

【例6-10】A公司在某山区经营一座某有色金属矿山，根据规定公司在矿山完成开采后应当将该地区恢复原貌。恢复费用主要为山体表层复原费用（如恢复植被等），因为山体表层必须在矿山开发前挖走。因此，企业在山体表层挖走后，确认了一项预计负债，并计入矿山成本，假定其金额为2 500万元。

2×15年12月31日，随着开采进展，公司发现矿山中的有色金属储量远低于预期，因此，公司对该矿山进行了减值测试。考虑到矿山的现金流量状况，整座矿山被认定为一个资产组。该资产组在2×15年末的账面价值为4 000万元（包括确认的恢复山体原貌的预计负债）。

矿山（资产组）如于2×15年12月31日对外出售，买方愿意出价3 460万元（包括恢复山体原貌成本，即已经扣减这一成本因素），预计处置费用为60万元，因此该矿山的公允价值减去处置费用后的净额为3 400万元。

矿山的预计未来现金流量的现值为4 600万元，不包括恢复费用。

根据资产减值准则的要求，为了比较资产组的账面价值和可收回金额，在确定资产组的账面价值及其预计未来现金流量的现值时，应当将已确认的负债金额从中扣除。

在本例中，资产组的公允价值减去处置费用后的净额为3 400万元，该金额已经考虑了恢复费用。该资产组预计未来现金流量的现值在考虑了恢复费用后为2 100（4 600-2 500）万元。因此，该资产组的可收回金额为3 400万元。资产组的账面价值在扣除了已确认的恢复原貌预计负债后的金额为1 500（4 000-2 500）万元。这样，资产组的可收回金额大于其账面价值，所以，资产组没有发生减值，不必确认减值损失。

（二）资产组减值的会计处理

根据减值测试的结果，资产组（包括资产组组合，在后述有关总部资产或者商誉的减值测试时涉及）的可收回金额低于其账面价值的，应当确认相应的减值损失。减值损失金额应当按照以下顺序进行分摊。

首先抵减分摊至资产组中商誉的账面价值。

然后根据资产组中除商誉之外的其他各项资产的账面价值所占比重，按比例抵减其他各项资产的账面价值。以上资产账面价值的抵减，应当作为各单项资产（包括商誉）的减值损失处理，计入当期损益。

抵减后的各资产的账面价值不得低于以下三者之中最高者：该资产的公允价值减去处置费用后的净额（如可确定的）、该资产预计未来现金流量的现值（如可确定的）和零。因此而导致的未能分摊的减值损失金额，应当按照相关资产组中其他各项资产的账面价值所占比重进行分摊。

【例6-11】 X公司有一条甲生产线，该生产线生产某精密仪器，由A、B、C三部机器构成，成本分别为400 000元、600 000元和1 000 000元。使用年限为10年，净残值为零，以年限平均法计提折旧。各机器均无法单独产生现金流量，但整条生产线构成完整的产销单位，属于一个资产组。2×15年甲生产线所生产的精密仪器有替代产品上市，到年底，导致公司精密仪器的销量锐减40%，因此，对甲生产线进行减值测试。

2×15年12月31日，A、B、C三部机器的账面价值分别为200 000元、300 000元和500 000元。估计A机器的公允价值减去处置费用后的净额为150 000元，B、C机器都无法合理估计其公允价值减去处置费用后的净额以及未来现金流量的现值。

整条生产线预计尚可使用五年。经估计其未来五年的现金流量及其恰当的折现率后，得到该生产线预计未来现金流量的现值为600 000元。由于公司无法合理估计生产线的公允价值减去处置费用后的净额，公司以该生产线预计未来现金流量的现值作为其可收回金额。

鉴于在2×15年12月31日，该生产线的账面价值为1 000 000元，而其可收回金额为600 000元，生产线的账面价值高于其可收回金额，因此该生产线已经发生了减值，公司应当确认减值损失400 000元，并将该减值损失分摊到构成生产线的三部机器中。由于A机器的公允价值减去处置费用后的净额为150 000元，因此，A机器分摊了减值损失后的账面价值不应低于150 000元。具体分摊过程如表6-3所示。

表6-3 减值损失分摊计算表 单位：元

	机器A	机器B	机器C	整个生产线（资产组）
账面价值	200 000	300 000	500 000	1 000 000
可收回金额				600 000
减值损失				400 000
减值损失分摊比例	20%	30%	50%	
分摊减值损失	50 000*	120 000	200 000	370 000
分摊后账面价值	150 000	180 000	300 000	
尚未分摊的减值损失				30 000
二次分摊比例		37.50%	62.50%	
二次分摊减值损失		11 250	18 750	30 000
二次分摊后应确认减值损失总额		131 250	218 750	
二次分摊后账面价值	150 000	168 750	281 250	600 000

注：按照分摊比例，机器A应当分摊减值损失80 000元（400 000×20%），但由于机器A的公允价值减去处置费用后的净额为150 000元，因此机器A最多只能确认减值损失50 000（200 000-150 000）元，未能分摊的减值损失30 000（80 000-50 000）元，应当在机器B和机器C之间进行再分摊。

根据上述计算和分摊结果，构成甲生产线的机器A、机器B和机器C应当分别确认减值损失50 000元、131 250元和218 750元，账务处理如下。

借：资产减值损失——机器A   50 000

              ——机器B   131 250

              ——机器C   218 750

   贷：固定资产减值准备——机器A   50 000

              ——机器B   131 250

              ——机器C   218 750

【例6-12】甲公司系生产医疗设备的公司，将由A、B、C三部机器组成的生产线确认为一个资产组。至2×15年末，A、B、C机器的账面价值分别为2 000万元、5 000万元和3 000万元，预计剩余使用年限均为四年。由于出现了减值迹象，经对该资产组未来四年的现金流量进行预测并按适当的折现率折现后，甲公司预计该资产组未来现金流量现值9 000万元。甲公司无法合理预计该资产组公允价值减去处置费用后的净额。

甲公司A、B、C机器均无法单独产生现金流量，因此也无法预计A、B、C机器各自的预计未来现金流量现值。甲公司估计A机器公允价值减去处置费用后净额为1 900万元，无法估计B、C机器公允价值减去处置费用后的净额。

根据相关材料，资产组账面价值为10 000（2 000+5 000+3 000）万元。由于资产组不存在公允价值减去处置费用后的净额，因此其可收回金额等于其预计未来现金流量的现值9 000万元，相应的资产组减值损失为1 000万元。

A机器计提减值准备200（$1\,000 \times \dfrac{2\,000}{2\,000+5\,000+3\,000}$）万元；在此情况下A机器计提减值后的账面价值为1 800万元，小于其公允价值减去处置费用后的净额1 900万元。因此，A机器应计提减值准备100（2 000-1 900）万元。同样的B机器分摊减值损失为562.5[（$1\,000-100$）$\times \dfrac{5\,000}{5\,000+3\,000}$]万元，C机器分摊减值损失为337.5[（$1\,000-100$）$\times \dfrac{3\,000}{5\,000+3\,000}$]万元。具体分摊过程如表6-4所示。

表6-4　　　　　　　　　　　　减值损失分摊计算表　　　　　　　　　　　　单位：万元

	A 机器	B 机器	C 机器	整个生产线（资产组）
账面价值	2 000	5 000	3 000	10 000
可收回金额				9 000
减值损失				1 000
减值损失分摊比例	20%	50%	30%	
分摊减值损失	100*	500	300	900
分摊后账面价值	1 900	4 500	2 700	
尚未分摊的减值损失				100
二次分摊比例		62.50%	37.50%	
二次分摊减值损失		62.5	37.5	100
二次分摊后账面价值	1 900	4 437.5	2 662.5	9 000

注：按照分摊比例，A机器应当分摊减值损失为200万元，但是A机器计提减值后的账面价值为1 800万元，小于其公允价值减去处置费用后的净额1 900万元。因此，A机器应计提减值准备100（2 000-1 900）万元，未能分摊的减值损失100（200-100）万元，应当在B机器和C机器之间进行再分摊。

三、总部资产的减值测试

企业总部资产包括企业集团或其事业部的办公楼、电子数据处理设备、研发中心等资产。总部资产的显著特征是难以脱离其他资产或者资产组产生独立的现金流入，而且其账面价值难以完全归属于某一资产组。因此，总部资产通常难以单独进行减值测试，需要结合其他相关资产组或者资产组组合进行。资产组组合，是指由若干个资产组组成的最小资产组组合，包括资产组或者资产组组合，以及按合理方法分摊的总部资产部分。

在资产负债表日，如果有迹象表明某项总部资产可能发生减值，企业应当计算确定该总部资产所归属的资产组或者资产组组合的可收回金额，然后将其与相应的账面价值相比较，据以判断是否需要确认减值损失。

企业对某一资产组进行减值测试时，应当先认定所有与该资产组相关的总部资产，再根据相关总部资产能否按照合理和一致的基础分摊至该资产组分别按下列情况处理。

（1）对于相关总部资产能够按照合理和一致的基础分摊至该资产组的部分，应当将该部分总部资产的账面价值分摊至该资产组，再据以比较该资产组的账面价值（包括已分摊的总部资产的账面价值部分）和可收回金额，并按照前述有关资产组减值测试的顺序和方法处理。

（2）对于相关总部资产中有部分资产难以按照合理和一致的基础分摊至该资产组的，应当按照下列步骤处理。

首先，在不考虑相关总部资产的情况下，估计和比较资产组的账面价值和可收回金额，并按照前述有关资产组减值测试的顺序和方法处理。

其次，认定由若干个资产组组成的最小的资产组组合，该资产组组合应当包括所测试的资产组与可以按照合理和一致的基础将相关总部资产的账面价值分摊其上的部分。

最后，比较所认定的资产组组合的账面价值（包括已分摊的总部资产的账面价值部分）和可收回金额，并按照前述有关资产组减值测试的顺序和方法处理。

【例6-13】甲公司系高科技企业，拥有A、B和C三个资产组。在2×15年末，这三个资产组的账面价值分别为200万元、300万元和400万元，没有商誉。这三个资产组为三条生产线，预计剩余使用寿命分别为10年、20年和20年，采用直线法计提折旧。由于甲公司的竞争对手通过技术创新推出了更高技术含量的产品，并且受到市场欢迎，从而对甲公司产品产生了重大不利影响，为此，甲公司于2×15年末对各资产组进行了减值测试。

在对资产组进行减值测试时，首先应当认定与其相关的总部资产。甲公司的经营管理活动由总部负责，总部资产包括一栋办公大楼和一个研发中心，其中办公大楼的账面价值为300万元，研发中心的账面价值为100万元。办公大楼的账面价值可以在合理和一致的基础上分摊至各资产组，但是研发中心的账面价值难以在合理和一致的基础上分摊至各相关资产组。对于办公大楼的账面价值，企业根据各资产组的账面价值和剩余使用寿命加权平均计算的账面价值分摊比例进行分摊，具体如表6-5所示。

表6-5　　　　　　　　　　　　办公大楼账面价值的分摊计算　　　　　　　　　　　单位：万元

	资产组 A	资产组 B	资产组 C	合计
各资产组账面价值	200	300	400	900
各资产组剩余使用寿命	10	20	20	
按使用寿命计算的权重	1	2	2	
加权计算后的账面价值	200	600	800	1 600
办公大楼分摊比例（各资产组加权计算后的账面价值/各资产组加权计算后的账面价值合计）	12.5%	37.5%	50%	100%
办公大楼账面价值分摊到各资产组的金额	37.5	112.5	150	300
包括分摊的办公大楼账面价值部分的各资产组账面价值	237.5	412.5	550	1 200

企业随后应当确定各资产组的可收回金额，并将其与账面价值（包括已分摊的办公大楼的账面价值部分）相比较，以确定相应的减值损失。考虑到研发中心的账面价值难以按照合理和一致的基础分摊至资产组，因此确定由A、B、C三个资产组组成最小资产组组合（即为甲公司整个企业），通过计算该资产组组合的可收回金额，并将其与账面价值（包括已分摊的办公大楼账面价值和研发中心的账面价值）相比较，以确定相应的减值损失。假定各资产组和资产组组合的公允价值减去处置费用后的净额难以确定，企业根据它们的预计未来现金流量的现值来计算其可收回金额，计算现值所用的折现率为15%，计算过程如表6-6所示。

表6-6　　　　　　　　　　　　　　　预计未来现金流量现值计算　　　　　　　　　　　　　　　单位：万元

年份	资产组 A		资产组 B		资产组 C		包括研发中心在内的最小资产组组合（A、B、C资产组）	
	未来现金流量	现值	未来现金流量	现值	未来现金流量	现值	未来现金流量	现值
1	36	32	18	16	20	18	78	68
2	62	46	32	24	40	30	144	108
3	74	48	48	32	68	44	210	138
4	84	48	58	34	88	50	256	146
5	94	48	64	32	102	50	286	142
6	104	44	66	28	112	48	310	134
7	110	42	68	26	120	44	324	122
8	110	36	70	22	126	42	332	108
9	106	30	70	20	130	36	334	96
10	96	24	70	18	132	32	338	84
11			72	16	132	28	264	56
12			70	14	132	24	262	50
13			70	12	132	22	262	42
14			66	10	130	18	256	36
15			60	8	124	16	244	30
16			52	6	120	12	230	24
17			44	4	114	10	216	20
18			36	2	102	8	194	16
19			28	2	86	6	170	12
20			20	2	70	4	142	8
现值合计		398		328		542		1 440

　　根据上述资料，资产组A、B、C的可收回金额分别为398万元、328万元和542万元，相应的账面价值（包括分摊的办公大楼账面价值）分别为237.5万元、412.5万元和550万元，资产组B和C的可收回金额均低于其账面价值，应当分别确认84.5万元和8万元减值损失，并将该减值损失在办公大楼和资产组之间进行分摊。根据分摊结果，因资产组B发生减值损失84.5万元而导致办公大楼减值23.05（84.5×112.5/412.5）万元，导致资产组B中所包括资产发生减值61.45（84.5×300/412.5）万元；因资产组C发生减值损失8万元而导致办公大楼减值2（8×150/550）万元，导致资产组C中所包括资产发生减值6（8×400/550）万元。

　　经过上述减值测试后，资产组A、B、C和办公大楼的账面价值分别为200万元、238.55万元、394万元和274.95万元，研发中心的账面价值仍为100万元，由此包括研发中心在内的最小资产组组合（即甲公司）的账面价值总额为1 207.50（200+238.55+394+274.95+100）万元，但其可收回金额为1 440万元，高于其账面价值，因此，企业不必再进一步确认减值损失。

第五节　商誉减值测试与处理

一、商誉减值测试的基本要求

　　企业合并所形成的商誉，至少应当在每年年度终了进行减值测试。由于商誉难以独立产生现金流量，因此，商誉应当结合与其相关的资产组或者资产组组合进行减值测试。

　　这些相关的资产组或者资产组组合应当是能够从企业合并的协同效应中受益的资产组或者资产

组组合，但不应当大于按照《企业会计准则第35号——分部报告》所确定的报告分部。

为了资产减值测试的目的，对于因企业合并形成的商誉的账面价值，应当自购买日起按照合理的方法分摊至相关的资产组；难以分摊至相关的资产组的，应当将其分摊至相关的资产组组合。

企业因重组等原因改变了其报告结构，从而影响到已分摊商誉的一个或者若干个资产组或者资产组组合的，应当按照合理的方法，将商誉重新分摊至受影响的资产组或者资产组组合。

二、商誉减值测试的方法与会计处理

企业在对包含商誉的相关资产组或者资产组组合进行减值测试时，与商誉相关的资产组或者资产组组合存在减值迹象的，应当首先对不包含商誉的资产组或者资产组组合进行减值测试，计算可收回金额，并与相关账面价值相比较，确认相应的减值损失。然后再对包含商誉的资产组或者资产组组合进行减值测试，比较这些相关资产组或者资产组组合的账面价值（包括所分摊的商誉的账面价值部分）与其可收回金额。相关资产组或者资产组组合的可收回金额低于其账面价值的，应当就其差额确认减值损失。减值损失金额应当首先抵减分摊至资产组或者资产组组合中商誉的账面价值，再根据资产组或者资产组组合中除商誉之外的其他各项资产的账面价值所占比重，按比例抵减其他各项资产的账面价值。和资产减值测试的处理一样，以上资产账面价值的抵减，也都应当作为各单项资产（包括商誉）的减值损失处理，计入当期损益。抵减后的各资产的账面价值不得低于以下三者之中最高者：该资产的公允价值减去处置费用后的净额（如可确定的）、该资产预计未来现金流量的现值（如可确定的）和零。因此而导致的未能分摊的减值损失金额，应当按照相关资产组或者资产组组合中其他各项资产的账面价值所占比重进行分摊。

由于按照《企业会计准则第20号——企业合并》的规定，因企业合并所形成的商誉是母公司根据其在子公司所拥有的权益而确认的商誉，子公司中归属于少数股东的商誉并没有在合并财务报表中予以确认。因此，在对与商誉相关的资产组或者资产组组合进行减值测试时，由于其可收回金额的预计包括归属于少数股东的商誉价值部分，为了使减值测试建立在一致的基础上，企业应当调整资产组的账面价值，将归属于少数股东权益的商誉包括在内，然后根据调整后的资产组账面价值与其可收回金额进行比较，以确定资产组（包括商誉）是否发生了减值。

上述资产组如发生减值的，应当首先抵减商誉的账面价值，但由于根据上述方法计算的商誉减值损失包括了应由少数股东权益承担的部分，而少数股东权益拥有的商誉价值及其减值损失都不在合并财务报表中反映，合并财务报表只反映归属于母公司的商誉减值损失，因此应当将商誉减值损失在可归属于母公司和少数股东权益部分之间按比例进行分摊，以确认归属于母公司的商誉减值损失。

【例6-14】甲企业在2×15年1月1日以2 400万元的价格收购了乙企业80%股权。在购买日，乙企业可辨认资产的公允价值为2 000万元，没有负债和或有负债。因此，甲企业在购买日编制的合并资产负债表中确认商誉800（2 400-2 000×80%）万元、乙企业可辨认净资产2 000万元和少数股东权益400（2 000×20%）万元。

假定乙企业的所有资产被认定为一个资产组。由于该资产组包括商誉，因此，它至少应当于每年年度终了进行减值测试。

在2×15年末，甲企业确定该资产组的可收回金额为1 500万元，可辨认净资产的账面价值为1 850万元。由于乙企业作为一个单独的资产组的可收回金额1 500万元中，包括归属于少数股东权益在商誉价值中享有的部分。因此，出于减值测试的目的，在与资产组的可收回金额进行比较之前，必须对资产组的账面值进行调整，使其包括归属于少数股东权益的商誉价值200[（2 400/80%-2 000）×20%]万元。然后再据以比较该资产组的账面价值和可收回金额，确定是否发生了减值损失。其测试过程如表6-7所示。

表 6-7　　　　　　　　　　　　　　　　减值测试计算　　　　　　　　　　　　　　　　单位：万元

2×15 年末	商誉	可辨认资产	合计
账面价值	800	1 850	2 650
未确认归属于少数股东权益的商誉价值	200	—	200
调整后账面价值	1 000	1 850	2 850
可收回金额			1 500
减值损失			1 350

根据上述计算结果，资产组发生减值损失1 350万元，应当首先冲减商誉的账面价值，然后再将剩余部分分摊至资产组中的其他资产。在本例中，1 350万元减值损失中有1 000万元应当属于商誉减值损失，其中由于在合并财务报表中确认的商誉仅限于甲企业持有乙企业80%股权部分，因此，甲企业只需要在合并报表中确认归属于甲企业的商誉减值损失，即1 000万元商誉减值损失的80%，为800万元。剩余的200（1 000-800）万元减值损失应当冲减乙企业的可辨认资产的账面价值，作为乙企业可辨认资产的减值损失。

知识链接

思　考　题

1. 什么是资产减值？
2. 资产减值的外部迹象有哪些？
3. 资产减值的内部迹象有哪些？
4. 如何确定可收回金额？
5. 企业在估计资产的公允价值减去处置费用后的净额时，应当按照何种顺序进行？
6. 企业在预计资产未来现金流量的现值时应当考虑哪些因素？
7. 什么是资产组，资产组减值的顺序是什么？
8. 如何确认商誉的减值？

关键术语

资产减值准备	provision for impairment of entrusted loan
可收回金额	recoverable amount
公允价值	fair value
资产组	asset group
总部资产	headquarter assets
商誉	goodwill

职工薪酬 | 第七章

【引例】

"如果你把我们的资金、厂房及品牌留下，把我们的人带走，我们的公司会垮掉；相反，如果你拿走我们的资金、厂房和品牌，而留下我们的人，十年内我们将重建一切。"宝洁董事长如是说。宝洁公司重视吸引和留住人才，每年都会请国际的知名咨询公司做市场调查，保证其薪酬具备足够的竞争力。独具魅力的校园奖学金策略、宝洁奖励股项目、股票选择计划等众多薪酬政策，以及比其他同类公司更高的薪酬，宝洁让员工的宝贵经历和智慧用于实现最好的结果。这也使得宝洁公司每年都吸引众多品学兼优、富有才干的优秀大学生进入公司。

由此我们可以看出，薪酬福利是企业和员工关注的核心问题，对人才的选用育留及整体业绩有着直接的影响。中国市场经济体制逐步规范，对企业薪酬体系的完善和薪酬福利的科学核算提出了更高的要求。老板关注的是如何在保持企业薪酬竞争力的同时而不增加成本；人力资源经理的目标是降低成本的同时而不发生人才流失等风险；员工则关注满意的薪金和良好的发展平台，实现自身价值。科学、规范、公平的薪酬体系达到了多方共赢的局面，而这背后，离不开精确的人力成本核算方法作为支撑。

本章介绍对各类薪酬的详细计算，是薪酬体系的最终实现的关键步骤。

第一节 | 职工薪酬概述

企业利用财务与非财务资源谋求生存、发展、获利。在此过程中需要雇佣各类人员，并支付相应的薪酬。企业作为市场竞争的主体，其所生产产品的成本高低，质量好坏，在市场上是否有竞争力，是企业能否生存和发展的关键。而人工成本是企业在生产经营过程中发生的各种耗费支出的主要组成部分，直接关系到产品成本和产品价格的高低，直接影响企业生产经营的成果。明确企业使用各种人力资源所付出的全部代价，以及产品成本中人工成本所占比重，有利于有效监督和控制生产经营过程中的人工费用支出，改善费用支出结构，节约成本，降低产品价格，提高企业的市场竞争力。

从本质上看，人工成本是企业在生产产品或提供劳务活动中所发生的各种直接和间接人工费用的总和，主要由劳动报酬、社会保险、福利、教育、劳动保护、住房和其他人工费用等组成。长期以来，我国没有建立起比较广义的人工成本概念，人工成本核算中职工的范围和薪酬的内涵都比较狭窄，使得我国企业人工成本从会计核算上看偏低，没有真正反映出企业实际承担的人工耗费水平，容易使企业在国际贸易中处于不利地位。

《企业会计准则第 9 号——职工薪酬》（以下简称职工薪酬准则）从广义的角度，根据构成完整人工成本的各类薪酬，从人工成本的理念出发，将职工薪酬界定为"企业为获得职工提供的服务而给予各种形式的报酬以及其他相关支出"。也就是说，从性质上凡是企业为获得职工提供的服务给予或付出的各种形式的对价，都构成职工薪酬，应当作为一种耗费构成人工成本，与这些服务产生的经济利益相匹配。与此同时，企业与职工之间因职工提供服务形成的关系，大多数构成企业的现时义务，将导致企业未来经济利益的流出，从而形成企业的一项负债。本章着重讲解职工薪酬的确认、计量、披露等问题。

第二节 | 职工及职工薪酬的范围及分类

一、职工的概念

职工，是指与企业订立劳动合同的所有人员，含全职、兼职和临时职工；也包括虽未与企业订立劳动合同但由企业正式任命的人员。具体包括以下三类人员。

（1）与企业订立劳动合同的所有人员，含全职、兼职和临时职工。按照《劳动法》的规定，企业作为用人单位与劳动者应当订立劳动合同，职工薪酬准则中的职工首先包括这部分人员，即与企业订立了固定期限、无固定期限和以完成一定的工作为期限的劳动合同的所有人员。

（2）未与企业订立劳动合同、但由企业正式任命的人员，如董事会成员、监事会成员等。根据《公司法》相关规定，公司应当设立董事会和监事会，董事会、监事会成员为企业的战略发展提出建议，进行相关监督等，从而提高企业整体经营管理水平，所以，对其支付的津贴、补贴等报酬从性质上属于职工薪酬。因而，尽管董事会、监事会成员不是《劳动法》中所称的劳动者，未与企业订立劳动合同，但是属于职工薪酬准则所称的职工。

（3）在企业的计划和控制下，虽未与企业订立劳动合同或未由其正式任命，但为其提供与职工类似服务的人员，也属于职工薪酬准则所称的职工。比如，企业与有关中介机构签订劳务用工合同，虽然企业并不直接与合同下雇佣的人员订立单项劳动合同，也不任命这些人员，但通过劳务用工合同，这些人员在企业相关人员的领导下，按照企业的工作计划和安排，为企业提供与本企业职工类似的服务；换句话说，如果企业不使用这些劳务用工人员，也需要雇佣职工订立劳动合同提供类似服务。因而，这些劳务用工人员属于职工薪酬准则所称的职工。

二、职工薪酬的概念及分类

职工薪酬，是指企业为获得职工提供的服务或解除劳动关系而给予的各种形式的报酬。企业提供给职工配偶、子女、受赡养人、已故员工遗属及其他受益人等的福利，也属于职工薪酬。职工薪酬主要包括短期薪酬、离职后福利、辞退福利和其他长期职工福利。

（一）短期薪酬

短期薪酬，是指企业在职工提供相关服务的年度报告期间结束后十二个月内需要全部予以支付的职工薪酬，因解除与职工的劳动关系给予的补偿除外。因解除与职工的劳动关系给予的补偿属于辞退福利的范畴。短期薪酬主要包括以下内容。

（1）职工工资、奖金、津贴和补贴，是指按照构成工资总额的计时工资、计件工资、支付给职工的超额劳动报酬等的劳动报酬、为了补偿职工特殊或额外的劳动消耗和因其他特殊原因支付给职工的津贴，以及为了保证职工工资水平不受物价影响支付给职工的物价补贴等。企业的短期奖金计划属于短期薪酬，长期奖金计划属于其他长期职工福利。

（2）职工福利费，是指企业为职工提供的除职工工资、奖金、津贴和补贴、职工教育经费、社会保险费以及住房公积金等以外的福利待遇支出，包括发放给职工或为职工支付的以下各项现金补贴和非货币性集体福利：①为职工卫生保健、生活等发放或支付的各项现金补贴和非货币性福利，包括职工因公外地就医费用、职工疗养费用、防暑降温费等；②企业尚未分离的内设集体福利部门所发生的设备、设施和人员费用；③发放给在职职工的生活困难补助以及按规定发生的其他职工福利支出，如丧葬补助费、抚恤费、职工异地安家费等。

（3）医疗保险费、工伤保险费和生育保险费等社会保险费，是指企业按照国家规定的基准和比例计算，向社会保险经办机构缴纳的医疗保险费、工伤保险费和生育保险费。

（4）住房公积金，是指企业按照国家规定的基准和比例计算，向住房公积金管理机构缴存的住房公积金。

（5）工会经费和职工教育经费，是指企业为了改善职工文化生活、为职工学习先进技术和提高文化水平和业务素质，用于开展工会活动和职工教育以及职业技能培训等相关支出。

（6）职工带薪缺勤，是指企业支付工资或提供补偿的职工缺勤，包括年休假、病假、短期伤残、婚假、产假、丧假、探亲假等。

（7）短期利润分享计划，是指因职工提供服务而与职工达成的基于利润或其他经营成果提供薪酬的协议。长期利润分享计划属于其他长期职工福利。

（8）非货币性福利，是指企业以自己的产品或外购商品发放给职工作为福利，将自己拥有的资产或租赁资产提供给职工无偿使用等。

（9）其他短期薪酬，是指除上述薪酬以外的其他为获得职工提供的服务而给予的短期薪酬。

（二）离职后福利

离职后福利，是指企业为获得职工提供的服务而在职工退休或与企业解除劳动关系后，提供的各种形式的报酬和福利，属于短期薪酬和辞退福利的除外。

离职后福利计划，是指企业与职工就离职后福利达成的协议，或者企业为向职工提供离职后福利制定的规章或办法等。离职后福利计划按其特征可以分为设定提存计划和设定受益计划。其中，设定提存计划，是指向独立的基金缴存固定费用后，企业不再承担进一步支付的离职后福利计划；设定受益计划，是指除设定提存计划以外的离职职工福利计划。

（三）辞退福利

辞退福利，是指企业在职工劳动合同到期之前解除与职工的劳务合同关系，或者为鼓励职工自愿接受裁减而给予职工的补偿。

辞退福利主要包括以下内容。

（1）在职工劳动关系合同尚未到期前，不论职工本人是否愿意，企业决定解除与职工的劳动关系而给予的补偿。

（2）在职工劳动合同尚未到期前，为鼓励职工自愿接受裁减而给予的补偿，职工有权利选择继续在职或接受补偿离职。

根据辞退福利的定义和包括的内容，企业应当区分辞退福利与正常退休养老金。辞退福利是在职工与企业签订的劳动合同到期前，企业根据法律与职工本人或职工代表（工会）签订的协议，或者基于商业惯例，承诺当其提前终止对职工的雇佣关系时支付的补偿。因此，企业应当在辞退时进行确认和计量；职工在正常退休时获得的养老金，是其与企业签订的劳动合同到期时，或者职工达到了国家规定退休年龄时获得的退休后生活补偿金额。此种情况下给予补偿的事项是职工在职时提供的服务而不是退休本身。因此，企业应当在职工提供服务的会计期间确认和计量。

另外，职工虽然没有与企业解除劳动合同，但未来不再为企业提供服务，不能为企业带来经济利益，企业承诺提供实质上具有辞退福利性质的经济补偿的，如发生"内退"的情况，在其正式退休日期之前应当比照辞退福利处理；在其正式退休日期之后，应当按照离职后福利处理。

（四）其他长期职工福利

其他长期职工福利，是指除短期薪酬、离职后福利、辞退福利之外所有的职工薪酬，包括长期带薪缺勤、长期残疾福利、长期利润分享计划等。

第三节 | 职工薪酬的确认与计量

一、职工薪酬的确认

为了总括地反映企业职工薪酬的发生和结算情况，应当设置负债类的"应付职工薪酬"科目，贷方登记应付职工薪酬，借方登记发放的职工薪酬和结转的各种代垫、代扣款项，包括转出的待领工资。期末贷方余额为未付的职工薪酬，若为借方余额则为多付的职工薪酬。企业当月的应付职工薪酬不论是否在当月支付，均应通过"应付职工薪酬"科目核算。

职工薪酬准则规定，企业应当在职工为其提供服务的会计期间，将应付的职工薪酬确认为负债，除因解除与职工的劳动关系给予的补偿外，应当根据职工提供服务的受益对象，分别下列情况处理。

（1）应由生产产品、提供劳务负担的职工薪酬，计入产品成本或劳务成本。生产产品、提供劳务中的直接生产人员和直接提供劳务人员发生的职工薪酬，根据《企业会计准则第 1 号——存货》的规定，计入存货成本，但非正常消耗的直接生产人员和直接提供劳务人员的职工薪酬，应当在发生时确认为当期损益。

（2）应由在建工程、无形资产负担的职工薪酬，计入固定资产或无形资产成本。自行建造固定资产和自行研究开发无形资产过程中发生的职工薪酬，能否计入固定资产或无形资产成本的原则，根据《企业会计准则第 4 号——固定资产》和《企业会计准则第 6 号——无形资产》确定。比如企业在研究阶段发生的职工薪酬在发生时确认为当期损益，不能计入自行开发无形资产的成本；但是，在开发阶段发生的职工薪酬，如果符合《企业会计准则第 6 号——无形资产》规定的资本化条件，应当计入自行开发无形资产的成本。

（3）上述两项之外的其他职工薪酬，计入当期损益。除直接生产人员、直接提供劳务人员、建造固定资产人员、开发无形资产人员以外的职工，包括公司总部管理人员、董事会成员、监事会成员等人员相关的职工薪酬，因难以确定直接对应的受益对象，均应当在发生时计入当期损益。

二、短期薪酬的确认与计量

（一）货币性短期薪酬

货币性短期薪酬一般包括以下内容：职工工资、奖金、津贴和补贴，职工福利费（大部分），社会保险费用（包括医疗保险费、工伤保险费、生育保险费等），住房公积金，工会经费，职工教育经费等。

（1）对于国务院有关部门、省、自治区、直辖市人民政府或经批准的企业年金计划规定了计提基础和计提比例的职工薪酬项目，企业应当按照规定的计提标准，计量企业承担的职工薪酬义务和计入成本费用的职工薪酬。其中：

① 医疗保险费、工伤保险费、生育保险费和住房公积金，企业应当按照国务院、所在地政府或企业年金计划规定的标准计量应付职工薪酬义务金额和相应计入成本费用的薪酬金额；

② 工会经费和职工教育经费，企业应当按照财务规则等相关规定，分别按照职工工资总额的 2% 和 1.5% 的计提标准，计量应付职工薪酬（工会经费、职工教育经费）义务金额和应相应计入成本费用的薪酬金额。从业人员技术要求高、培训任务重、经济效益好的企业，可根据国家相关规定，按照职工工资总额的 2.5% 计量应计入成本费用的职工教育经费。

（2）对于国家（包括省、市、自治区政府）相关法律、法规没有明确规定计提基础和计提比例的职工福利费，企业应当根据历史经验数据和自身实际情况，预计应付职工薪酬金额和应计入成本费用的薪酬金额。每个资产负债表日，企业应当对实际发生的福利费金额和预计金额进行调整。

企业在确认和计量时，应根据职工提供的服务情况和工资标准计算应计入职工薪酬的工资总额，按照受益对象计入相关资产成本或当期损益，借记"生产成本""制造费用""管理费用"等科目，贷记"应付职工薪酬"科目。实际发放时，借记"应付职工薪酬"科目，贷记"银行存款"等科目。

企业发生的职工福利费，应当在实际发生时根据实际发生额计入当期损益或相关资产成本。

【例7-1】2×16年6月，甲公司当月应发工资1 000万元。其中：生产部门直接生产人员工资500万元；生产部门管理人员工资100万元；公司管理部门人员工资180万元；公司专设产品销售机构人员工资50万元；建造厂房人员工资110万元；内部开发存货管理系统人员工资60万元。

根据所在地政府规定，公司分别按照职工工资总额的10%、2%和10.5%计提医疗保险费、失业保险费和住房公积金，缴纳给当地社会保险经办机构和住房公积金管理机构。公司分别按照职工工资总额的2%和1.5%计提工会经费和职工教育经费。假定公司存货管理系统已处于开发阶段，并符合《企业会计准则第6号——无形资产》资本化为无形资产的条件。不考虑所得税影响。

应计入生产成本的职工薪酬金额

=500+500×（10%+2%+10.5%+2%+1.5%）=630（万元）

应计入制造费用的职工薪酬金额

=100+100×（10%+2%+10.5%+2%+1.5%）=126（万元）

应计入管理费用的职工薪酬金额

=180+180×（10%+2%+10.5%+2%+1.5%）=226.8（万元）

应计入销售费用的职工薪酬金额

=50+50×（10%+2%+10.5%+2%+1.5%）=63（万元）

应计入在建工程成本的职工薪酬金额

=110+110×（10%+2%+10.5%+2%+1.5%）=138.6（万元）

应计入无形资产成本的职工薪酬金额

=60+60×（10%+2%+10.5%+2%+1.5%）=75.6（万元）

公司在分配工资、职工福利费、各种社会保险费、住房公积金、工会经费和职工教育经费等职工薪酬时，应做如下账务处理。

```
借：生产成本                         6 300 000
    制造费用                         1 260 000
    管理费用                         2 268 000
    销售费用                           630 000
    在建工程                         1 386 000
    研发支出——资本化支出               756 000
    贷：应付职工薪酬——工资            10 000 000
              ——社会保险费            1 200 000
              ——住房公积金            1 050 000
              ——工会经费               200 000
              ——职工教育经费           150 000
```

（二）带薪缺勤

带薪缺勤主要是指企业对各种原因产生的缺勤进行补偿，主要包括休年假、病假、婚假、产假、丧假、探亲假、短期伤残假等。带薪缺勤主要可分为累积带薪缺勤和非累积带薪缺勤两类。

累积带薪缺勤是指权利可以结转下期的带薪缺勤，如果本期的权利没有用完，可以在未来期间使用。

当职工提供了服务从而增加了其享有的未来带薪缺勤的权利时，企业就产生了一项义务，应当予以确认和计量，并按照带薪缺勤计划予以支付。

有些累积带薪缺勤在职工离开企业时，对未行使的权利有权获得现金支付。如果职工在离开企业时能够获得现金支付，企业就应当确认企业必须支付的、职工全部累积未使用权利的金额。如果职工在离开企业时不能获得现金支付，则企业应当根据资产负债表日因累积未使用权利而导致的预期支付追加金额，作为累积带薪缺勤费用进行预计。

非累积带薪缺勤是指权利不能结转下期的带薪缺勤，即如果当期权利没有行使完，就予以取消，并且职工在离开企业时对未使用的权利无权获得现金支付。

企业在职工未缺勤时不应当计提相关费用和负债；企业应在职工缺勤时确认职工享有的带薪权利，即视同职工出勤确认的相关资产成本或当期费用，并在职工实际发生缺勤的会计期间确认相关非累积带薪缺勤职工薪酬。

【例7-2】丙公司实行累积带薪缺勤制度。该制度规定，每个职工每年可享受五个工作日带薪年休假，未使用的年休假只能结转一个日历年度，超过一年未使用的权利作废，职工在离开公司时不能获得现金支付。职工休年休假是以后进先出为基础，即首先从当年可享受的权利中扣除，再从上年结转的带薪年休假余额中扣除。职工离开公司时，公司对职工未使用的累积带薪年休假不支付现金。

2×16年12月31日，丙公司共有1 000个职工。每个职工当年平均未使用带薪年休假为两天。根据过去的经验并预期该经验将继续使用。丙公司预计2×17年有950名职工将享受不超过五天的带薪年休假，剩余50名职工每人将平均享受六天半年休假。假定这50名职工全部为总部各部门经理，该公司平均每名职工每个工作日工资为300元。

分析：丙公司在2×16年12月31日应当预计由于职工累积未使用的带薪年休假权利而导致预期将支付的工资负债，即相当于75天（50×1.5天）的年休假工资22 500（75×300）元，并做如下账务处理。

借：管理费用　　　　　　　　　　　　　　　　　　　　　22 500
　　贷：应付职工薪酬——累积带薪缺勤　　　　　　　　　　22 500

2×17年，如果这50名职工均未享受累积未使用的带薪年休假，则冲回上年度确认的费用。

借：应付职工薪酬——累积带薪缺勤　　　　　　　　　　　22 500
　　贷：管理费用　　　　　　　　　　　　　　　　　　　　22 500

2×17年，如果这50名职工均享受了累积未使用的带薪年休假，则2×17年确认的工资费用应扣除上年度已确认的累积带薪费用。

（三）短期利润分享计划

利润分享计划同时满足下列条件的，企业应当确认相关的应付职工薪酬。

（1）企业因过去事项导致现在具有支付职工薪酬的法定义务或推定义务。

（2）因利润分享计划所产生的应付职工薪酬义务金额能够可靠估计。属于下列三种情形之一的，视为义务金额能够可靠估计：

① 在财务报告批准报出之前企业已确定应支付的薪酬金额；

② 该短期利润分享计划的正式条款中包括确定薪酬金额的方式；

③ 过去的惯例为企业确定推定义务金额提供了明显证据。

职工只有在企业工作了特定期限后才能分享利润的，企业在计量利润分享计划产生的应付职工薪酬时，应当反映职工因离职而无法享受利润分享计划福利的可能性。

如果企业在职工为其提供相关服务的年度报告期间结束后12个月内，不需要全部支付利润分享计划产生的应付职工薪酬，该利润分享计划应当适用本准则其他长期职工福利的有关规定。

【例7-3】乙公司实行按照净利润的一定比例向总部高级管理人员发放奖金制度。该制度规定，在实行利润分享型奖金制度的年度，管理人员只要在公司工作满一整年即可获得奖金。如果2×16年没有管理人员离开公司，企业应支付的奖金总额为当年净利润的5%，公司根据管理人员当年的流动率，预计奖金总额将减少到净利润的4%，公司当年净利润为1 500万元。

分析：2×16年12月31日，公司应当将60（1 500×4%）万元奖金计入当年损益，并做如下账务处理。

借：管理费用   600 000

 贷：应付职工薪酬——利润分享计划   600 000

（四）非货币性福利

企业向职工提供非货币性福利的，应当按照公允价值计量。公允价值不能可靠取得的，可以采用成本计量。企业向职工提供的非货币性福利，应当根据不同非货币性福利发放方式进行相应处理。

1. 以自产产品或外购商品发放给职工作为福利

企业以其生产的产品作为非货币性福利提供给职工的，应当按照该产品的公允价值和相关税费，计量应计入成本费用的职工薪酬金额。相关收入的确认、销售成本的结转和相关税费的处理，与正常商品销售相同。以外购商品作为非货币性福利提供给职工的，应当按照该商品的公允价值和相关税费，计量应计入成本费用的职工薪酬金额。

需要注意的是，在以自产产品或外购商品发放给职工作为福利的情况下，企业在进行账务处理时，应当先通过"应付职工薪酬"科目归集当期应计入成本费用的非货币性薪酬金额，以确定完整准确的企业成本金额。为了反映非货币性福利的支付与分配情况，应在"应付职工薪酬"账户下设置"非货币性福利"明细账户。

【例7-4】2×16年12月份，丙公司以其生产的成本为3 000元/台的洗衣机作为福利发放给200名职工，每台洗衣机的市场售价为6 000元/台；假定200名职工中120名为企业生产人员，30名为销售精英，50名为总部管理人员。丙企业适用的增值税税率为17%。编制会计分录如下。

借：生产成本   842 400（120×6 000×1.17）

  销售费用   210 600（30×6 000×1.17）

  管理费用   351 000（50×6 000×1.17）

 贷：应付职工薪酬——非货币性福利 1 404 000（200×6 000×1.17）

借：应付职工薪酬——非货币性福利 1 404 000（200×6 000×1.17）

 贷：主营业务收入   1 200 000（200×6 000）

   应交税费——应交增值税（销项税额） 204 000（200×6 000×0.17）

借：主营业务成本   600 000（200×3 000）

 贷：库存商品   600 000（200×3 000）

2. 将拥有的房屋等资产无偿提供给职工使用或租赁住房等资产供职工无偿使用

企业将拥有的房屋等资产无偿提供给职工使用的，应当根据受益对象，将住房每期应计提的折旧计入相关资产成本或当期损益，同时确认应付职工薪酬。租赁住房等资产供职工无偿使用的，应当根据受益对象，将每期应付的租金计入相关资产成本或当期损益，并确认应付职工薪酬。难以认定受益对象的，直接计入当期损益，并确认应付职工薪酬。

【例7-5】甲公司为厂部各部门经理20人提供汽车免费使用，假定每辆汽车每月计提折旧1 000元，同时为副总裁以上高级管理人员6人每人租赁一套住房。每套住房月租金为5 000元。

公司每月应编制会计分录如下。

借：管理费用   50 000

 贷：应付职工薪酬——非货币性福利 50 000

```
借：应付职工薪酬——非货币性福利          50 000
    贷：累计折旧                            20 000
        其他应付款                          30 000
```

3. 向职工提供企业支付了补贴的商品或服务

企业有时以低于企业取得资产或服务成本的价格向职工提供资产或服务，比如以低于成本的价格向职工出售住房，以低于企业支付的价格向职工提供医疗保健服务。以提供包含补贴的住房为例，企业在出售住房等资产时，应当将出售价款与成本的差额（即相当于企业补贴的金额）分别情况处理。

（1）如果出售住房的合同或协议中规定了职工在购得住房后至少应当提供服务的年限，企业应当将该项差额作为长期待摊费用处理，并在合同或协议规定的服务年限内平均摊销，根据受益对象分别计入相关资产成本或当期损益。

（2）如果出售住房的合同或协议中未规定职工在购得住房后必须服务的年限，企业应当将该项差额直接计入出售住房当期损益。因为在这种情况下，该项差额相当于对职工过去提供服务成本的一种补偿，不以职工的未来服务为前提，因此，应当立即确认为当期损益。

企业应当注意将以补贴后价格向职工提供商品或服务的非货币性福利，与企业直接向职工提供购房补贴、购车补贴等区分开来。后者属于货币性补贴，与其他货币性薪酬如工资一样，应当在职工提供服务的会计期间，按照企业各期预计补贴金额，确认企业应承担的薪酬义务，并根据受益对象计入相关资产的成本或当期损益。

【例7-6】2×16年7月份，乙公司购买了100套全新的公寓拟以优惠价格向职工出售。该公司共有100名职工，其中80名为直接生产人员，20名为公司总部管理人员。乙公司拟向职工出售的住房平均每套购买价为100万元，但向职工出售的价格为每套80万元。假定该100名职工均在2×16年度中陆续购买了公司出售的住房。售房协议规定，职工在取得住房后必须在公司服务10年。不考虑相关税费。

乙公司出售住房时应做如下账务处理。

```
借：银行存款                              80 000 000
    长期待摊费用                          20 000 000
    贷：固定资产                                      100 000 000
```

出售住房后的每年，乙公司应当按照直线法在10年内摊销长期待摊费用，并做如下账务处理。

```
借：生产成本                              1 600 000
    管理费用                                400 000
    贷：应付职工薪酬——非货币性福利                      2 000 000
借：应付职工薪酬——非货币性福利            2 000 000
    贷：长期待摊费用                                    2 000 000
```

三、离职后福利的确认与计量

离职后福利，是指企业为获得职工提供的服务而在职工退休或与企业解除劳动关系后，提供的各种形式的报酬和福利，属于短期薪酬和辞退福利的除外。

离职后福利，包括退休福利（如养老金和一次性的退休支付）及其他离职后福利（如离职后人寿保险和离职后医疗保障）。企业向职工提供了离职后福利的，无论是否设立了单独主体接受提存金并支付福利，均应当适用准则的相关要求对离职后福利进行会计处理。

离职后福利计划，是指企业与职工就离职后福利达成的协议，或者企业为向职工提供离职后福利制定的规章或办法等。企业应当按照企业承担的风险和义务情况，将离职后福利计划分类为设定提存计划和设定受益计划两种类型。

（一）设定提存计划的确认和计量

设定提存计划，是指企业向单独主体（如基金等）缴存固定费用后，不再承担进一步支付义务的离职后福利计划（如为职工缴纳的养老、失业保险）。

设定提存计划的会计处理比较简单，因为企业在每一期间的义务取决于该期间将要提存的金额。因此，在计量义务或费用时不需要精算假设，通常也不存在精算利得或损失。

对于设定提存计划，企业应当根据在资产负债表日为换取职工在会计期间提供的服务而应向单独主体缴存的提存金，确认为职工薪酬负债，并计入当期损益或相关资产成本。

【例7-7】甲公司根据所在地政府规定，按照职工工资总额的12%计提基本养老保险费，缴存当地社会保险经办机构。2×16年7月，甲公司缴存的基本养老保险费，应计入生产成本的金额为120万元，应计入制造费用的金额为24万元，应计入管理费用的金额为43.2万元。

```
借：生成成本                          1 200 000
    制造费用                            240 000
    管理费用                            432 000
    贷：应付职工薪酬——设定提存计划              1 872 000
```

【例7-8】甲企业为管理人员设立了一项企业年金。每月该企业按照每个管理人员工资的5%向独立于甲企业的年金基金缴存企业年金，年金基金将其计入该管理人员个人账户并负责资金的运作。该管理人员退休时可以一次性获得其个人账户的累积额，包括公司历年来的缴存额以及相应的投资收益。公司除了按照约定向年金基金缴存之外不再负有其他义务，既不享有缴存资金产生的收益，也不承担投资风险。因此，该福利计划为设定提存计划。2×16年，按照计划安排，该企业向年金基金缴存的金额为1 000万元。账务处理如下。

```
借：管理费用                        10 000 000
    贷：应付职工薪酬——设定提存计划              10 000 000
借：应付职工薪酬                     10 000 000
    贷：银行存款                           10 000 000
```

（二）设定受益计划的确认和计量

设定受益计划，是指除设定提存计划以外的离职后福利计划。设定受益计划是新会计准则修订后增加的内容。二者区分的主要依据是企业义务、支付方式和风险承担主体。

（1）在设定提存计划下，企业向独立基金缴费金额固定，不负进一步支付义务，不承担与基金资产有关的风险，职工未来所能取得的离职后福利金额取决于向独立主体支付的提存金金额，以及提存金所产生的投资回报，从而精算风险和投资风险实质上要由职工来承担；

（2）在设定受益计划下，企业与职工达成协议，在职工退休时一次或分期支付一定的养老金，企业的义务是为现在及以前的职工提供约定的福利，并且精算风险和投资风险实质上由企业来承担。

设定受益计划核算涉及四个步骤。

步骤一，根据预期累计福利单位法，采用无偏且相互一致的精算假设对有关人口统计变量和财务变量等做出估计，计量设定受益计划所产生的义务，并确定相关义务的归属期间。企业应当按照规定的折现率将设定受益计划所产生的义务予以折现，以确定设定受益计划义务的现值和当期服务成本。

企业应当对所有设定受益计划义务予以折现，包括预期在职工提供服务的年度报告期间结束后的12个月内支付的义务。折现时所采用的折现率应当根据资产负债表日与设定受益计划义务期限和币种相匹配的国债或活跃市场上的高质量公司债券的市场收益率确定。

其中，精算假设是指企业对影响离职后福利最终义务的各种变量的最佳估计。精算假设应当是客观公正和相互可比的，无偏且相互一致的。精算假设包括人口统计假设和财务假设。人口统计假设包括死亡率、职工的离职率、伤残率、提前退休率等。财务假设包括折现率、福利水平和未来薪酬等。其中，折现率应当根据资产负债表日与设定受益计划义务期限和币种相匹配的国债或活跃市场上的高质量公司债券的市场收益率确定。

步骤二，设定受益计划存在资产的，企业应当将设定受益计划义务现值减去设定受益计划资产公允价值所形成的赤字或盈余确认为一项设定受益计划净负债或净资产。

设定受益计划存在盈余的，企业应当以设定受益计划的盈余和资产上限两项的孰低者计量设定受益计划净资产。

步骤三，根据设定受益计划产生的职工薪酬成本，确定应当计入当期损益的金额。

步骤四，根据设定受益计划产生的职工薪酬成本以及重新计量设定受益计划净负债或资产所产生的变动，确定应当计入其他综合收益的金额。

【例7-9】2×16年1月1日，甲公司制定了一项设定受益计划，并于当日开始实施，计划内容如下。

（1）向公司部分员工提供额外退休金（统筹外退休金或额外福利补贴），这些员工在退休后每年可以额外获得10万元退休金。

（2）员工获得该额外退休金基于其自计划开始日起为公司提供的服务，而且必须为公司服务到退休。

假定符合计划的员工为10人，上述员工均为企业管理人员，当前平均年龄为51岁，退休年龄为60岁，可以为公司服务10年。假定在退休前无人离职，退休后平均计划寿命为10年。不考虑离职因素。折现时所采用的折现率应当根据资产负债表日与设定受益计划义务期限和币种相匹配的国债或活跃市场上的高质量公司债券的市场收益率确定，假定适用的折现率为10%；不考虑未来通货膨胀影响因素。

（3）企业根据每期确认的设定受益计划义务提存资金，成立基金，并进行投资。假定该基金每年的投资报酬率为10%。

（4）假定第4年年末资产负债表日重新计量设定受益计划，由于预期寿命精算假设和经验调整导致设定受益计划义务的现值增加，形成精算损失10万元。

设定受益计划义务及其现值如表7-1所示。

表7-1 受益计划义务及其现值 单位：万元

	退休后第1年	退休后第2年	退休后第3年	退休后第4年	退休后第5年	退休后第6年	退休后第7年	退休后第8年	退休后第9年	退休后第10年
① 当年支付	10×10=100	100	100	100	100	100	100	100	100	100
② 折现率	10%	10%	10%	10%	10%	10%	10%	10%	10%	10%
③ 复利现值系数	0.909 1	0.826 4	0.751 3	0.683 0	0.620 9	0.564 5	0.513 2	0.466 5	0.424 1	0.385 5
④ 退休时点现值=①×③	100/(1+10%)^1 或 100×0.909 1 =90.91	100/(1+10%)^2 或 100×0.826 4 =82.64	100×0.751 3 =75.13	100×0.683 0 =68.30	100×0.620 9 =62.09	100×0.564 5 =56.45	100×0.513 2 =51.32	100×0.466 5 46.65	100×0.424 1 =42.41	100×0.385 5 =38.55
⑤ 退休时点现值合计	614.45									

服务期间（第1年、第2年、第3年）每期服务成本、受益计划义务如表7-2所示。

表7-2 受益计划义务及每期服务成本 单位：万元

服务年份	服务第1年	服务第2年	服务第3年
福利归属以前年度	0	61.45	122.90
福利归属当年	614.45/10=61.45	61.45	61.45

续表

服务年份	服务第 1 年	服务第 2 年	服务第 3 年
以前年度+当年	61.45	122.90	184.35
期初义务	0	26.06	57.33
利息	0	26.06×10%=2.61	57.33×10%=5.73
当期服务成本	61.45÷（1+10%）^{9} 或 61.45×0.424 1=26.06	61.45÷（1+10%）^{8} 或 61.45×0.466 5=28.67	61.45÷（1+10%）^{7} 或 61.45×0.513 2=31.54
期末义务	26.06	26.06+2.61+28.67=57.34	57.34+5.73+31.54=94.60

服务第1年，账务处理如下。

借：管理费用　　　　　　　　　　　　　　　　　　　　260 600
　　贷：应付职工薪酬——设定受益计划义务　　　　　　　　　260 600

服务第2年，账务处理如下。

借：管理费用　　　　　　　　　　　　　　　　　　　　286 700
　　贷：应付职工薪酬——设定受益计划义务　　　　　　　　　286 700
借：财务费用　　　　　　　　　　　　　　　　　　　　 26 100
　　贷：应付职工薪酬——设定受益计划义务　　　　　　　　　 26 100

第3～10年，依次类推处理。

借：其他综合收益——设定受益计划净负债或净资产重新计量（精算损失）　100 000
　　贷：应付职工薪酬——设定受益计划义务　　　　　　　　　100 000

四、辞退福利的确认与计量

辞退福利，是指企业在职工劳动合同到期之前解除与职工的劳动关系，或者为鼓励职工自愿接受裁减而给予职工的补偿。由于导致义务产生的事项是终止雇佣而不是为获得职工的服务，企业应当将辞退福利作为单独一类职工薪酬进行会计处理。

对于职工虽然没有与企业解除劳动合同，但未来不再为企业提供服务，不能为企业带来经济利益，企业承诺提供实质上具有辞退福利性质的经济补偿的，如发生"内退"的情况，应当按照离职后福利处理。

企业向职工提供辞退福利的，应当在企业不能单方面撤回因解除劳动关系计划或裁减建议所提供的辞退福利时、企业确认涉及支付辞退福利的重组相关的成本或费用时两者孰早日，确认辞退福利产生的职工薪酬负债，并计入当期损益。

企业有详细、正式的重组计划并且该重组计划已对外公告时，表明已经承担了重组义务。重组计划包括重组涉及的业务、主要地点、需要补偿的职工人数及其岗位性质、预计重组支出、计划实施时间等。

实施职工内部退休计划的，企业应当比照辞退福利处理。在内退计划符合本准则规定的确认条件时，企业应当按照内退计划规定，将自职工停止提供服务日至正常退休日期间，企业拟支付的内退职工工资和缴纳的社会保险费等，确认为应付职工薪酬，一次性计入当期损益，不能在职工内退后各期分期确认因支付内退职工工资和为其缴纳社会保险费等产生的义务。

企业应当按照辞退计划条款的规定，合理预计并确认辞退福利产生的职工薪酬负债，并具体考虑下列情况。

（1）对于职工没有选择权的辞退计划，企业应当根据计划条款规定拟解除劳动关系的职工数量、每一职位的辞退补偿等确认职工薪酬负债，借记"管理费用"账户，贷记"应付职工薪酬——辞退福利"账户。

（2）对于自愿接受裁减建议的辞退计划，由于接受裁减的职工数量不确定，企业应当根据《企业会计准则第13号——或有事项》规定，预计将会接受裁减建议的职工数量，根据预计的职工数量和每一职位的辞退补偿等确认职工薪酬负债，借记"管理费用"账户，贷记"应付职工薪酬——辞退福利"账户。

（3）对于辞退福利预期在其确认的年度报告期间结束后十二个月内完全支付的辞退福利，企业应当适用短期薪酬的相关规定。

（4）对于辞退福利预期在年度报告期间结束后十二个月内不能完全支付的辞退福利，企业应当适用本准则关于其他长期职工福利的相关规定，即实质性辞退工作在一年内实施完毕但补偿款项超过一年支付的辞退计划，选择恰当的折现率，以折现后的金额计量应计入当期损益的辞退福利金额。该项金额与实际应支付的辞退福利款项作为未确认融资费用，在以后各期实际支付辞退福利款项时，分期摊销计入财务费用。

【例7-10】天海公司经决定，每月按照应付工资的20%计提职工辞退福利，本月发生应付工资2 000 000元。假定本月辞退两名职工，按照劳动合同规定应支付60 000元的辞退费用。编制会计分录如下。

（1）计提辞退福利时，

借：管理费用 400 000

　　贷：应付职工薪酬——辞退福利 400 000

（2）支付辞退福利时，

借：应付职工薪酬——辞退福利 60 000

　　贷：银行存款 60 000

五、其他长期职工福利的确认与计量

（一）其他长期职工福利定义

其他长期职工福利，是指除短期薪酬、离职后福利和辞退福利以外的其他所有职工福利。其他长期职工福利包括长期带薪缺勤、其他长期服务福利、长期残疾福利、长期利润分享计划和长期奖金计划等。

（二）其他长期职工福利的确认与计量

1. 符合设定提存计划或设定受益计划

企业向职工提供的其他长期职工福利，符合设定提存计划条件的，应当按照设定提存计划的有关规定进行会计处理。企业向职工提供的其他长期职工福利，符合设定受益计划条件的，企业应当按照设定受益计划的有关规定，确认和计量其他长期职工福利净负债或净资产。在报告期末，企业应当将其他长期职工福利产生的职工薪酬成本确认为下列组成部分：

（1）服务成本。

（2）其他长期职工福利净负债或净资产的利息净额。

（3）重新计量其他长期职工福利净负债或净资产所产生的变动。

为了简化相关会计处理，上述项目的总净额应计入当期损益或相关资产成本。

2. 长期残疾福利

长期残疾福利水平取决于职工提供服务期间长短的，企业应在职工提供服务的期间确认应付长期残疾福利义务,计量时应当考虑长期残疾福利支付的可能性和预期支付的期限;与职工提供服务期间长短无关的,企业应当在导致职工长期残疾的事件发生的当期确认应付长期残疾福利义务。

3. 递延酬劳

递延酬劳包括按比例分期支付或者经常性定额支付的递延奖金等。这类福利应当按照奖金计划的福利公式来对费用进行确认,或者按照直线法在相应的服务期间分摊确认。如果一个企业内部为其长期奖金计划或者递延酬劳设立一个账户,则这类其他长期职工福利不符合设定提存计划的条件。

【例7-11】2×16年初甲企业为其管理人员设立了一项递延奖金计划。将当年利润的5%提成作为奖金,但是两年后即2×17年末才向仍然在职的员工分发。假定2×16年当年利润为10 000万元,且该计划条款中明确规定,员工必须在这两年内持续为公司服务,如果提前离开将拿不到奖金。具体会计处理如下。

步骤一,根据预期累计福利单位法,采用无偏且相互一致的精算假设对有关人口统计变量和财务变量等做出估计,计量设定受益计划所产生的义务,并按照同期同币种的国债收益率将设定受益计划所产生的义务予以折现,以确定设定受益计划的现值和当期服务成本。

假定不考虑死亡率和离职率等因素,2×16年初预计两年后企业为此计划的现金流支出为500万元,按照预期累计福利单位法归属于2×16年的福利为500÷2=250(万元)。选择同期同币种的国债收益率作为折现率(5%)进行折现,则2×16年的当期服务成本为2 500 000÷(1+5%)=2 380 952(元)。假定2×16年末折现率变为3%,则2×16年末的设定受益计划义务现值即设定受益负债为2 500 000÷(1+3%)=2 427 184(元)。

步骤二,核实设定受益计划有无计划资产。假设在本例中,该项设定受益计划没有计划资产,2×16年末的设定受益计划净负债即设定受益计划负债为2 427 184元。

步骤三,确定应当计入当期损益的金额,如步骤一所示,本例中发生利润从而导致负债的当年,即2×16年当期服务成本为2 380 952元。由于期初负债为0,2×15年末,设定受益计划净负债的利息费用为0。

步骤四,确定重新计量设定受益计划净负债或净资产所产生的变动,包括精算利得或损失、计划资产回报和资产上限影响的变动三个部分,计入当期损益。由于假设本例中没有计划资产,因此重新计量设定受益计划净负债或净资产所产生的变动仅包括精算利得或损失。

由步骤一可知,2×16年末,精算损失为46 232(2 380 952-2 427 184=-46 232)元。

2×16年末,递延奖金计划的账务处理如下。

借:管理费用——当期服务成本　　　　　　　　　　　2 380 952
　　　　　　——精算损失　　　　　　　　　　　　　　 46 232
　　贷:应付职工薪酬——递延奖金计划　　　　　　　　　　　2 427 184

同理,2×17年末,假设折现率仍为3%,甲企业当期服务成本为250万元,设定受益计划净负债的利息费用=2 427 184×3%=72 816(元)。

借:管理费用　　　　　　　　　　　　　　　　　　　2 500 000
　　财务费用　　　　　　　　　　　　　　　　　　　　 72 816
　　贷:应付职工薪酬——递延奖金计划　　　　　　　　　　　2 572 816

实际支付该项递延奖金时,

借:应付职工薪酬——递延奖金计划　　　　　　　　　5 000 000
　　贷:银行存款　　　　　　　　　　　　　　　　　　　　 5 000 000

第四节 职工薪酬的披露

一、表内披露

企业在资产负债表中，根据应支付的职工薪酬负债流动性，对职工薪酬负债按流动和非流动进行分类列报。

短期薪酬、离职后福利中的设定提存计划负债、其他长期职工福利中的符合设定提存计划条件的负债、辞退福利中将于资产负债表日后 12 个月内支付的部分应当在资产负债表的流动负债项下"应付职工薪酬"项目中列示。

离职后福利中的设定受益计划净负债、其他长期职工福利中的符合设定受益计划条件的净负债、辞退福利中将于资产负债表日后 12 个月之后支付的部分应当在资产负债表的非流动负债项下单独列示。

二、表外披露

（一）短期职工薪酬相关披露

企业应当在附注中披露与职工薪酬有关的下列信息：

（1）应当支付给职工的工资、奖金、津贴和补贴，及其期末应付未付金额；

（2）应当为职工缴纳的医疗保险费、工伤保险费和生育保险费等社会保险费，及其期末应付未付金额；

（3）应当为职工缴存的住房公积金，及其期末应付未付金额；

（4）为职工提供的非货币性福利，及其计算依据；

（5）依据短期利润分享计划提供的职工薪酬金额，及其计算依据；

（6）其他短期薪酬。

（二）设定提存计划相关披露

企业应当在财务报表附注中披露所设立或参与的设定提存计划的性质、计算缴费金额的公式或依据，当期缴费金额及其期末应付未付金额。

（三）设定受益计划相关披露

企业应当在附注中披露与设定受益计划有关的下列信息：

（1）设定受益计划的特征及与之相关的风险；

（2）设定受益计划在财务报表中确认的金额及其变动；

（3）设定受益计划对企业未来现金流量金额、时间和不确定性的影响；

（4）设定受益义务现值所依赖的重大精算假设及有关敏感性分析的结果。

（四）辞退福利相关披露

企业应当披露支付的因解除劳动关系所提供辞退福利及其期末应付未付金额。

（五）其他长期职工福利相关披露

企业应当披露提供的其他长期福利的性质、金额及其计算依据。

知识链接

思 考 题

1. 应付职工薪酬核算的内容包括哪些，确认原则是什么？
2. 短期薪酬的内容有哪些？
3. 带薪缺勤的分类标准以及相关的确认与计量原则是什么？
4. 利润分享计划满足哪些条件时，企业应当确认相关的应付职工薪酬？
5. 设定提存计划与设定受益计划的具体确认与计量原则是什么？
6. 辞退福利与正常退休养老金如何区分？

关 键 词

职工薪酬	employee compensation
带薪缺勤	compensated absence
精算损失	an actuarial loss
受益计划	benefit plan
现值	present value

第八章 | 债务重组

【引例】

广东华龙集团股份有限公司（简称ST华龙）于2000年12月在上交所上市。由于2004年和2005年连续两个会计年度的亏损，根据上交所有关规定，ST华龙于2006年5月8日停牌一天，次日起实行退市风险警示的特别处理，股票简称变更为"*ST华龙"。2006年继续亏损，公司股票自2007年5月25日起暂停上市交易。2007年年报披露公司2007年实现净利润720.32万元，扣除非经常性损益后的净利润为-3 646.42万元。据了解，该公司于2007年12月与重庆新渝巨鹰实业发展有限公司等五家债权人签订了债务重组协议，豁免公司债务共3 040.86万元。公司2007年财务报表附注中披露"债务重组利得：2007年度，公司与部分债权人签订债务和解协议，根据协议规定，公司向上述债权人支付160万元，债权人解除公司欠上述债权人账面价值3 200.86万元的债务，截至2007年12月31日债务和解协议已实施完毕"。通过以上债务重组，公司实现营业外收入3 040.86万元，使得当年报表扭亏为盈，为恢复上市创造了条件。

本章将详细论述债务重组的定义，并介绍几种常见债务重组方式的会计处理。

第一节 | 债务重组概述

一、债务重组的定义及特征

根据《企业会计准则第12号——债务重组》规定，债务重组是指在债务人发生财务困难的情况下，债权人按照其与债务人达成的协议或者法院的裁定做出让步的事项。债务重组涉及债权人与债务人，对债权人而言，为"债权重组"，对债务人而言，为"债务重组"。为便于表述，统称为"债务重组"。

债务重组有以下两个基本特征。

（1）债务人发生财务困难，指因债务人出现资金周转困难、经营陷入困境或者其他原因，导致其无法或者没有能力按原定条件偿还债务。

（2）债权人做出让步，指债权人同意发生财务困难的债务人现在或者将来以低于重组债务账面价值的金额或者价值偿还债务。债权人做出让步的情形包括债权人减免债务人部分债务本金或者利息、降低债务人应付债务的利率等。

债务重组的结果是，债权人产生了债务重组损失，而债务人因此产生了债务重组利得。

二、债务重组的主要形式

债务重组的方式主要包括以资产清偿债务、将债务转为资本、修改其他债务条件以及以上三种方式的组合等。

（一）以资产清偿债务

以资产清偿债务，是指债务人转让其资产给债权人以清偿债务的债务重组方式。债务人用于清偿债务的资产包括现金资产，以及非现金资产——主要包括存货、各种投资（包括股票投资、债券投资、基金投资、权证投资等）、固定资产、无形资产等。

（二）将债务转为资本

将债务转化为资本，是指债务人将债务转为资本，同时，债权人将债权转为股权的债务重组方式。债务转为资本时，对股份有限公司而言，是将债务转为股本，对其他企业而言，是将债务转为实收资本。其结果是，债务人因此而增加股本（或实收资本），债权人因此而增加长期股权投资。

债务人根据转换协议将应付可转换公司债券转为资本，属于正常情况下的转换，不能作为债务重组处理。

（三）修改其他债务条件

修改其他债务条件，是指不包括上述两种方式在内的修改其他债务条件进行的债务重组方式，如减少债务本金、降低利率、减少或免去债务利息等。

（四）以上三种方式的组合

三种方式的组合，是指采用以上三种方式共同清偿债务的债务重组方式。其组合偿债方式可能是：①债务的一部分以资产清偿，一部分转为资本；②债务的一部分以资产清偿，一部分则修改其他债务条件；③债务的一部分转为资本，一部分则修改其他债务条件；④以及债务的一部分以资产清偿，一部分转为资本，另一部分修改其他债务条件。

第二节 | 债务重组的会计处理

一、以资产清偿债务

（一）以现金清偿债务的会计处理

1. 债务人的会计处理

在债务重组协议下，债务人清偿的现金应低于债务的账面价值。以现金清偿债务的，债务人应当将重组债务的账面价值与实际支付现金之间的差额，确认为债务重组利得，计入营业外收入。重组债务的账面价值，一般为债务的面值或本金、原值，如应付账款；有利息的，还应加上应计未付利息，如长期借款等。债务人按照账面价值，借记"应付账款"等科目；按照实际支付的金额，贷记"银行存款"等科目；两者的差额确认为债务重组利得，贷记"营业外收入——债务重组利得"。

2. 债权人的会计处理

债权人应当将重组债权的账面余额与收到的现金之间的差额，确认为债务重组损失，计入营业外支出。债权人按照实际收到的现金，借记"银行存款"等科目；按照债权的账面余额，贷记"应收账款"等科目。债权人已对债权计提减值准备的，应当将两者的差额先冲减减值准备，借记"坏账准备"科目；冲减后尚有余额的，借记"营业外支出——债务重组损失"；冲减后减值准备仍有余额的，应予以转回并抵减当期的资产减值损失。

【例8-1】甲公司因购买商品应付乙公司货款30 000元。2×17年2月28日，由于财务困难，甲公司与乙公司达成一项债务重组协议。协议规定，乙公司同意减免甲公司10 000元的债务。甲公司当日通过银行转账支付了剩余款项。

（1）甲公司的账务处理如下。

借：应付账款——乙公司　　　　　　　　　　　　　　30 000
　　贷：银行存款　　　　　　　　　　　　　　　　　　20 000
　　　　营业外收入——债务重组利得　　　　　　　　　10 000

（2）乙公司的账务处理如下。

① 假如乙公司对该应收账款计提了8 000元的坏账准备。

借：银行存款　　　　　　　　　　　　　　　　　　20 000
　　坏账准备　　　　　　　　　　　　　　　　　　　8 000
　　营业外支出——债务重组损失　　　　　　　　　　2 000
　　　贷：应收账款——甲公司　　　　　　　　　　　　　　30 000

② 假如乙公司对该应收账款计提了12 000元的坏账准备。

借：银行存款　　　　　　　　　　　　　　　　　　20 000
　　坏账准备　　　　　　　　　　　　　　　　　　10 000
　　　贷：应收账款——甲公司　　　　　　　　　　　　　　30 000
借：坏账准备　　　　　　　　　　　　　　　　　　2 000
　　　贷：资产减值损失　　　　　　　　　　　　　　　　　2 000

（二）以非现金资产清偿债务的会计处理

债务人以非现金资产清偿债务时，应当按照该资产的公允价值作为清偿价值。公允价值应当按照下列顺序确定：

（1）如果非现金资产存在活跃市场，应当按照市场价格确认其公允价值；

（2）如果非现金资产本身不存在活跃市场但类似资产存在活跃市场，应当按照类似资产活跃市场的价格为基础确定其公允价值；

（3）如果非现金资产本身和类似资产均不存在活跃市场，应当采用估值技术确定其公允价值。

1．以存货清偿债务

（1）债务人的会计处理

债务人以库存材料、商品等抵偿债务的，应当视同销售。企业可将该业务分为两部分，一部分是视为将存货销售给债权人，取得货款，按正常的销售业务处理；另一部分则是将取得的货款用于清偿债务。该过程与正常业务处理区别在于实际没有发生相应的货币流入流出。

重组债务的账面价值与转让的非现金资产的公允价值之间的差额，确认为债务重组利得，计入营业外收入。同时，债务人需要确认资产转让损益。注意债务重组损益与资产转让损益的区别。资产转让损益，是指抵债的非现金资产的公允价值与其账面价值之间的差额。

（2）债权人的会计处理

债务人以非现金资产清偿债务时，债权人应当对受让的非现金资产按其公允价值入账，重组债权的账面余额与受让的非现金资产的公允价值之间的差额，确认为债务重组损失，计入营业外支出。债权人已对债权计提减值准备的，应当将两者的差额先冲减减值准备；冲减后尚有余额的，借记营业外支出——债务重组损失；冲减后减值准备仍有余额的，应予以转回并抵减当期的资产减值损失。

【例8-2】甲公司欠乙公司购货款250 000元，由于甲公司发生财务困难，短期内不能支付到期货款。2×17年7月1日，双方协议，乙公司同意甲公司支付现金50 000元，其余部分以其生产的产品偿还。该产品的公允价值为150 000元，实际成本为120 000元。甲公司为增值税一般纳税人。乙公司于2×17年8月1日收到甲公司抵债的产品，并作为库存商品入库。乙公司对该款项计提了20 000元的坏账准备。

（1）甲公司的账务处理如下。

① 确认销售收入和重组利得。

借：应付账款——乙公司　　　　　　　　　　　　250 000
　　　贷：银行存款　　　　　　　　　　　　　　　　　　50 000
　　　　　主营业务收入　　　　　　　　　　　　　　　150 000
　　　　　应交税费——应交增值税（销项税额）　　　　25 500
　　　　　营业外收入——债务重组利得　　　　　　　　24 500

② 结转产品成本。

借：主营业务成本 120 000
　　贷：库存商品 120 000

（2）乙公司的账务处理如下。

借：银行存款 50 000
　　库存商品 150 000
　　应交税费——应交增值税（进项税额） 25 500
　　坏账准备 20 000
　　营业外支出——债务重组损失 4 500
　　贷：应收账款——甲公司 250 000

2. 以固定资产、无形资产清偿债务

（1）债务人的会计处理

债务人以固定资产、无形资产抵偿债务时，应当视同处置固定资产、无形资产。固定资产、无形资产的公允价值与其账面价值和清理费用的差额作为转让损益处理。重组债务的账面价值与该固定资产、无形资产公允价值之间的差额，确认为债务重组利得，计入营业外收入。

（2）债权人的会计处理

债务人以固定资产、无形资产清偿债务时，债权人应当以收到的固定资产、无形资产的公允价值入账，重组债权的账面余额与固定资产、无形资产公允价值之间的差额，确认为债务重组损失，计入营业外支出。债权人已对债权计提减值准备的，应当将两者的差额先冲减减值准备；冲减后尚有余额的，计入营业外支出；冲减后减值准备仍有余额的，应予以转回并抵减当期的资产减值损失。

【例8-3】甲公司因购货原因于2×17年1月1日应付乙公司账款100万元，货款偿还期限为三个月。2×17年4月1日，甲公司发生财务困难，无法偿还到期债务。经与乙公司协商，决定进行债务重组。双方同意以甲公司的三辆小汽车清偿债务。小汽车的原值合计100万元，累计折旧为20万元，公允价值为50万元。乙公司对该应收账款计提了30万元的坏账准备。

分析：根据《国家税务总局关于纳税人资产重组有关增值税问题的公告》（国家税务总局公告2011年第13号，以下简称"13号公告"）规定，纳税人在资产重组过程中，通过合并、分立、出售、置换等方式，将全部或者部分实物资产以及与其相关联的债权、债务和劳动力一并转让给其他单位和个人，不属于增值税的征税范围，其中涉及的货物转让，不征收增值税。

（1）甲公司的账务处理如下。

① 将固定资产转入清理。

借：固定资产清理 800 000
　　累计折旧 200 000
　　贷：固定资产 1 000 000

② 进行债务重组，确认债务重组利得。

借：应付账款——乙公司 1 000 000
　　贷：固定资产清理 500 000
　　　　营业外收入——债务重组利得 500 000

③ 结转清理净损益。

借：营业外支出——处置非流动资产损失 300 000
　　贷：固定资产清理 300 000

（2）乙公司的账务处理如下。

借：固定资产   500 000

     坏账准备   300 000

     营业外支出——债务重组损失   200 000

  贷：应收账款——甲公司   1 000 000

3. 以股票、债券等金融资产清偿债务

（1）债务人的会计处理。

债务人以金融资产抵偿债务时，应按相关金融资产的公允价值与该金融资产账面价值的差额，作为转让金融资产的利得或损失。重组债务的账面价值与相关金融资产的公允价值之间的差额，确认为债务重组利得，计入营业外收入。

（2）债权人的会计处理。

债务人以金融资产清偿债务时，债权人应当以收到的相关金融资产的公允价值入账，重组债权的账面余额与金融资产公允价值之间的差额，确认为债务重组损失，计入营业外支出。债权人已对债权计提减值准备的，应当将两者的差额先冲减减值准备；冲减后尚有余额的，计入营业外支出；冲减后减值准备仍有余额的，应予以转回并抵减当期的资产减值损失。

二、将债务转化为资本

（一）债务人的会计处理

债务人在债权人将债务转化为资本时，应按债权人放弃债权而享有股份的面额总额或者股权份额确认为股本或实收资本。将股份的公允价值总额与股本（或实收资本）之间的差额确认为资本公积。然后将重组债务的账面价值超过股份或股权公允价值的部分确认为债务重组利得。

如果债务人是上市公司，其发行的股份有市价，则应以市价作为债权人取得股份的公允价值；如果债务人是其他企业，债权人因放弃债权而享有的股份或者股权可能没有市价，则应当采用恰当的估值技术确定其公允价值。

（二）债权人的会计处理

债权人在将债权转为资本时，应当将因放弃债权而享有股份的公允价值确认为对债务人的投资，计入长期股权投资等科目；将重组债权的账面余额与股份的公允价值之间的差额，确认为债务重组损失，计入营业外支出。债权人已对债权计提减值准备的，应当先将该差额冲减减值准备，减值准备不足以冲减的部分，确认为债务重组损失计入营业外支出；冲减后减值准备仍有余额的，应予以转回并抵减当期的资产减值损失。

【例8-4】2×17年2月10日，乙公司销售一批材料给甲公司，应收账款100 000元，合同约定一个月后结清款项。一个月后，由于甲公司发生财务困难，无法支付货款，与乙公司协商进行债务重组。经双方协议，乙公司同意甲公司以其股权抵偿该账款。乙公司对该项应收账款计提了坏账准备5 000元。假设债务转化为资本后甲公司注册资本为5 000 000元，净资产的公允价值为7 600 000元，抵债股权占甲公司注册资本的1%。相关手续已办理完毕。假定不考虑其他相关税费。

（1）甲公司的账务处理如下。

借：应付账款   100 000

  贷：实收资本   50 000

      资本公积——资本溢价   26 000

      营业外收入——债务重组利得   24 000

（2）乙公司的账务处理如下。

借：长期股权投资——甲公司   76 000
  营业外支出——债务重组损失   19 000
  坏账准备   5 000
  贷：应收账款   100 000

三、修改其他债务条件

在修改其他债务条件进行债务重组时，需要考虑重组协议是否涉及或有金额。或有金额，是指需要根据未来某种事项的出现而发生的应付（或者应收）金额，而且该未来事项的出现具有不确定性。比如债务重组协议规定，减少债务人应支付的本金，同时在债务人未来一年继续亏损的情况下减少债务的利息。此时，债务利息的减少就属于或有金额。它取决于债务人未来的盈利情况。

（一）债务人的会计处理

债务人在修改其他债务条件后，应将修改后的债务的公允价值作为重组后债务的入账价值，调整应付账款。将重组债务的账面价值与重组后债务的入账价值之间的差额，确认为债务重组利得。

涉及或有应付金额的，如符合预计负债的确认条件，应在重组日确认为预计负债。重组债务的账面价值与重组后债务的入账价值和预计负债金额之和的差额，作为债务重组利得，计入营业外收入。上述或有应付金额在随后的会计期间没有发生的，应冲销预计负债，确认为债务重组利得。需要说明的是，在附或有支出的债务重组方式下，债务人应当在每个会计期末，按照或有事项确认和计量要求，确定其最佳估计数，期末所确定的最佳估计数与原预计数的差额，计入当期损益。

（二）债权人的会计处理

债权人在修改其他债务条件后，应将修改后的债权的公允价值作为重组后债权的入账价值，调整应收账款。将重组债权的账面价值与重组后债权的入账价值之间的差额，确认为债务重组损失，计入营业外支出。债权人已对债权计提减值准备的，应当先将该差额冲减减值准备，减值准备不足以冲减的部分，确认为债务重组损失计入营业外支出；冲减后减值准备仍有余额的，应予以转回并抵减当期的资产减值损失。

涉及或有应收金额的，不应当确认或有应收金额，不得将其计入重组后的债权的账面价值。或有应收金额在债务重组日属于或有资产，或有资产不予确认。只有在或有应收金额实际发生时，才计入当期损益。

【例8-5】张三公司2×15年12月31日应收李四公司票据的账面余额为65 400元，其中，5 400元为累计未付的利息，票面年利率为4%。由于李四公司连年亏损，资金周转困难，不能偿还应于2×15年12月31日前支付的应付票据。经双方协商，于2×16年1月4日进行债务重组。张三公司同意将债务本金减至50 000元；免去债务人所欠的全部利息；将利率从4%降低到2%（等于实际利率），并将债务到期日延至2×17年12月31日，利息按年支付。该项债务重组协议从协议签订日起开始实施。张三公司、李四公司已将应收、应付票据转入应收、应付账款。张三公司已为该项应收账款计提了5 000元坏账准备。

（1）李四公司的账务处理如下。

① 债务重组时。

借：应付票据   65 400
  贷：应付账款——债务重组   50 000
    营业外收入——债务重组利得 15 400

② 2×16年12月31日支付利息时。

借：财务费用   1 000

    贷：银行存款   1 000

③ 2×17年12月31日偿还本金和最后一年利息。

借：应付账款——债务重组   50 000

    财务费用   1 000

    贷：银行存款   51 000

（2）张三公司的账务处理如下。

① 债务重组时。

借：应收账款——债务重组   50 000

    营业外支出——债务重组损失   10 400

    坏账准备   5 000

    贷：应收票据   65 400

② 2×16年12月31日收到利息时。

借：银行存款   1 000

    贷：财务费用   1 000

③ 2×17年12月31日收到本金和最后一年利息。

借：银行存款   51 000

    贷：财务费用   1 000

        应收账款——债务重组   50 000

【例8-6】甲公司由于财务困难，无法偿还应付乙公司的货款200 000元。2×17年1月1日，与乙公司协商，达成如下债务重组协议：

（1）乙公司同意将债务本金减至150 000元，并将债务到期日延至2×17年12月31日；

（2）如果甲公司2×17年盈利，还要支付债务利息，利息率为5%。假设利息于年末支付。

乙公司对上诉债权计提了10 000元的坏账准备。

（1）甲公司的账务处理如下。

① 确认债务重组利得。

借：应付账款——乙公司   200 000

    贷：应付账款——债务重组   150 000

        预计负债   7 500

        营业外收入——债务重组利得   42 500

② 假设2×17年甲公司盈利，甲公司偿还应付账款以及利息。

借：应付账款——债务重组   150 000

    预计负债   7 500

    贷：银行存款   157 500

③ 假设2×17年甲公司亏损，甲公司偿还应付账款，并冲减预计负债，确认债务重组利得。

借：应付账款——债务重组   150 000

    贷：银行存款   150 000

借：预计负债   7 500

    贷：营业外收入——债务重组利得   7 500

（2）乙公司的账务处理如下。

① 确认债务重组损失。

借：应收账款——债务重组	150 000	
坏账准备	10 000	
营业外支出——债务重组损失	40 000	
贷：应收账款		200 000

② 假设2×17年甲公司盈利，则乙公司应确认收到的应收账款以及利息。

借：银行存款	157 000	
贷：应收账款——债务重组		150 000
营业外支出——债务重组损失		7 500

③ 假设2×17年甲公司亏损，则乙公司应确认收到的应收账款。

借：银行存款	150 000	
贷：应收账款——债务重组		150 000

四、以组合方式清偿债务

以上述三种方式的组合方式进行债务重组，主要有以下几种情况。

（1）以现金、非现金资产两种方式的组合清偿某项债务的，重组债务的账面价值与支付的现金、转让的非现金资产的公允价值的差额作为债务重组利得。非现金资产的公允价值与其账面价值的差额作为转让资产损益。

债权人重组债权的账面价值与收到的现金、受让的非现金资产的公允价值以及已提减值准备的差额作为债务重组损失。

（2）以现金、债务转为资本两种方式的组合清偿某项债务的，重组债务的账面价值与支付的现金、债权人因放弃债权而享有的股权的公允价值的差额作为债务重组利得。股权的公允价值与股本（或实收资本）的差额作为资本公积。

债权人重组债权的账面价值与收到的现金、因放弃债权而享有的股权的公允价值以及已提减值准备的差额作为债务重组损失。

（3）以非现金资产、债务转为资本两种方式的组合清偿某项债务的，重组债务的账面价值与转让的非现金资产的公允价值、债权人因放弃债权而享有的股权的公允价值的差额为债务重组利得。非现金资产的公允价值与其账面价值的差额作为转让资产损益；股权的公允价值与股本（或实收资本）的差额作为资本公积。

债权人重组债权的账面价值与受让的非现金资产的公允价值、因放弃债权而享有的股权的公允价值以及已提减值准备的差额作为债务重组损失。

（4）以现金、非现金资产、债务转为资本三种方式的组合清偿某项债务的，重组债务的账面价值与支付的现金、转让的非现金资产的公允价值、债权人因放弃债权而享有的股权的公允价值的差额为债务重组利得。非现金资产的公允价值与其账面价值的差额作为转让资产损益；股权的公允价值与股本（或实收资本）的差额作为资本公积。

债权人重组债权的账面价值与收到的现金、受让的非现金资产的公允价值、因放弃债权而享有的股权的公允价值以及已提减值准备的差额作为债务重组损失。

（5）以资产、债务转为资本等方式清偿某项债务的一部分，并对该项债务的另一部分以修改其他债务条件进行债务重组。在这种方式下，债务人应先以支付的现金、转让的非现金资产的公允价值、债权人因放弃债权而享有的股权的公允价值冲减重组债务的账面价值，冲减后的余额与重组后债务的公允价值进行比较，据此计算债务重组利得。债权人因放弃债权而享有的股权的公允价值与股本（或实收资本）的差额作为资本公积；非现金资产的公允价值与其账面价值的差额作为转让资产损益，于当期确认。

债权人应先以收到的现金、受让非现金资产的公允价值、因放弃债权而享有的股权的公允价值冲减重组债权的账面价值，冲减后的余额与重组后债权的公允价值进行比较，据此计算债务重组损失。

【例8-7】甲公司由于财务困难，无法偿还应付乙公司的货款117 000元。2×17年3月1日，与乙公司协商，达成如下债务重组协议。

（1）甲公司以自产产品一批偿还部分债务。该产品的账面价值为20 000元，公允价值为30 000元，应交增值税5 100元。

（2）乙公司同意免除剩余债务的30%，并将债务延期至2×17年6月30日。

乙公司对上述应收账款计提了5%的坏账准备。

（1）甲公司的账务处理如下。

分析：债务重组以组合方式清偿债务时，债务人应当依次以支付的现金、转让的非现金资产的公允价值、债权人享有股份的公允价值冲减债务的账面价值。修改其他债务条件的，应当将修改其他债务条件后的债务的公允价值作为重组后债务的入账价值。然后，将重组债务的账面价值与重组后债务的入账价值之间的差额，确认为债务重组利得，计入营业外收入。同时确认债务重组过程中发生的资产处置损失。

借：应付账款——乙公司	117 000
贷：主营业务收入	30 000
应交税费——应交增值税（销项税额）	5 100
应付账款——债务重组	57 330
营业外收入——债务重组利得	24 570
借：主营业务成本	20 000
贷：库存商品	20 000

（2）乙公司的账务处理如下。

分析：债务重组以组合方式清偿债务时，债权人应当依次以收到的现金、受让的非现金资产的公允价值、因放弃债权而享有的股权的公允价值冲减重组债权的账面价值。修改其他债务条件的，应当将修改其他债务条件后的债权的公允价值作为重组后债权的入账价值。然后，将重组债权的账面价值与重组后债权的入账价值之间的差额，计入营业外支出。债权人已对债权计提减值准备的，应当先将该差额冲减减值准备，减值准备不足以冲减的部分，确认为债务重组损失计入营业外支出；冲减后减值准备仍有余额的，应予以转回并抵减当期的资产减值损失。

借：库存商品	30 000
应交税费——应交增值税（进项税额）	5 100
坏账准备	5 850
应收账款——债务重组	57 330
营业外支出——债务重组损失	18 720
贷：应收账款——甲公司	117 000

知识链接

思 考 题

1. 债务重组的定义及特征?
2. 债务重组的主要形式有哪些?
3. 以资产清偿债务,债权人、债务人如何进行会计处理?
4. 债务转为资本,债权人、债务人如何进行会计处理?
5. 修改其他债务条件,债权人、债务人如何进行会计处理?
6. 以上三种方式结合,债权人、债务人如何进行会计处理?

关键术语

债务重组	obligation reorganization
债务人	debtor
债权人	creditor
公允价值	fair value
或有负债	contingent liability

第九章 | 或有事项

【引例】

　　常旅客计划（frequent flyer program，FFP）最早出现在20世纪70年代，当时美国放松市场管制导致了激烈的市场竞争，各大航空公司为了在激烈的竞争中生存，纷纷寻求新的途径以吸引顾客。我国航空公司常旅客计划起步较晚，中国国际航空公司于1994年率先在国内推出了常旅客计划，为国内航空公司推行常旅客计划拉开了序幕。以中国东方航空公司为例，至2006年，该公司推出的"东方万里行"常旅客计划会员已突破559万人，乘机率超过50%，为东航带来了丰厚的收益。然而，与我国航空业常旅客计划蓬勃发展形成鲜明对比的是，航空公司常旅客计划的税会处理问题却普遍没有得到足够重视。在实务中，该项目发展的早期，有些航空公司把因常旅客计划中里程兑换而产生的负债看作或有负债。随着常旅客计划越来越为民众所接受，航空公司因为实施常旅客计划而可能负担的义务也越来越重，将里程兑换产生的负债看作或有负债而不进行表内确认，仅在报表附注中进行披露的处置方法可能使报表传递的信息出现偏差。美国注册会计师协会（AICPA）在20世纪80～90年代就航空公司常旅客计划提出了递延收益法和增量成本法两种会计处理方法。增量成本法，实质上是将常旅客奖励作为或有事项中的预计负债来看待。常旅客奖励毫无疑问是一项或有事项，它的发生和不发生取决于常旅客的里程积累是否能达到既定条件，以及达到既定条件后，是否向航空公司进行兑换。常旅客奖励计划带来的义务在常旅客购票积分的当下已经发生，是一项现时义务。而乘客之所以申请成为常旅客，其主要目的就是通过积累里程或其他方式获取常旅客奖励，从其出发点来讲，很可能行使常旅客的权利，也就是说，航空公司因常旅客计划承担的义务很可能导致经济利益流出。其金额的估计可以通过对历史数据的总结，即"免费旅客运输量占总运输量（以收入客公里或可用客公里表示）历史资料"得出。因此，常旅客计划符合预计负债的定义和确认条件。这表示常旅客计划的会计处理可以参照或有事项中预计负债的会计处理进行。增量成本法的使用适用我国《企业会计准则第13号——或有事项》的相关规定，要求我国航空公司在每一会计年度根据历史相关数据分析对增量成本进行合理估计，确认为"预计负债"，并同时确认相应成本。

　　本章将详细介绍会计中的不确定事项——或有事项的相关的会计处理，以研究或有事项对企业的运营及发展的影响。

第一节 | 或有事项概述

一、或有事项的概念和特征

（一）或有事项的概念

　　市场经济条件下，企业在经营活动中有时会面临诉讼、仲裁、重组等具有较大不确定性的经济事项，还有企业为其他单位提供债务担保，对消费者提供产品质量保证等，也是如此。这些不确定事项对企业的财务状况和经营成果可能会产生较大的影响，在会计上被称为或有事项。《企业会计准则第13号——或有事项》（以下简称或有事项准则），规范或有事项的确认、计量和相关信息的披露，及时反映或有事项对企业潜在的财务影响，以及企业可能因此承担的风险。

　　或有事项是指过去的交易或者事项形成的，其结果须由某些未来事项的发生或不发生才能决定的不确定事项。常见的或有事项主要包括，未决诉讼或未决仲裁、债务担保、产品质量保证（含产品安全保证）、亏损合同、重组义务、环境污染整治、承诺等。

（二）或有事项的特征

或有事项具有以下特征。

1. 或有事项是由过去的交易或者事项形成的

或有事项作为一种不确定事项，是由企业过去的交易或者事项形成的。由过去的交易或者事项形成，是指或有事项的现存状况是过去交易或者事项引起的客观存在。例如，未决诉讼虽然是正在进行中的诉讼，但该诉讼是企业因过去的经济行为导致起诉其他单位或被其他单位起诉，这是现存的一种状况，而不是未来将要发生的事项。

由于或有事项具有因过去的交易或者事项而形成这一特征，未来可能发生的自然灾害、交通事故、经营亏损等事项，不属于或有事项准则规范的或有事项。

2. 或有事项的结果具有不确定性

或有事项的结果具有不确定性，是指或有事项的结果是否发生具有不确定性或者或有事项的结果预计将会发生，但发生的具体时间或金额具有不确定性。例如有些未决诉讼，被告是否会败诉，在案件审理过程中有时是难以确定的，需要根据法院判决情况加以确定。再如，某企业因生产排污治理不力并对周围环境造成污染而被起诉，如无特殊情况，该企业很可能败诉。但是，在诉讼成立时，该企业因败诉将支出多少金额，或者何时将发生这些支出，可能是难以确定的。

3. 或有事项的结果须由未来事项决定

由未来事项决定，是指或有事项的结果只能由未来不确定事项的发生或不发生才能决定。或有事项对企业是有利影响还是不利影响，或已知是有利影响或不利影响但影响多大，在或有事项发生时是难以确定的，只能由未来不确定事项的发生或不发生才能证实。例如，企业为其他单位提供债务担保，该担保事项最终是否会要求企业履行偿还债务的连带责任，一般只能看被担保方的未来经营情况和偿债能力。如果被担保方经营情况和财务状况良好且有较好的信用，那么企业将不需要履行该连带责任。只有在被担保方到期无力还款时，企业（担保方）才承担偿还债务的连带责任。

二、或有负债和或有资产

（一）或有负债

或有负债，是指过去的交易或者事项形成的潜在义务，其存在须通过未来不确定事项的发生或不发生予以证实；或过去的交易或者事项形成的现时义务，履行该义务不是很可能导致经济利益流出企业或该义务的金额不能可靠计量。

或有负债涉及两类义务：一类是潜在义务；另一类是现时义务。

（1）潜在义务。潜在义务是指结果取决于不确定未来事项的可能义务。也就是说，潜在义务最终是否转变为现时义务，由某些未来不确定事项的发生或不发生才能决定。或有负债作为一项潜在义务，其结果如何只能由未来不确定事项的发生或不发生来证实。

（2）现时义务。现时义务是指企业在现行条件下已承担的义务。或有负债作为现时义务，其特征在于，该现时义务的履行不是很可能导致经济利益流出企业，或者该现时义务的金额不能可靠地计量。

履行或有事项相关义务导致经济利益流出的可能性，通常按照一定的概率区间加以判断。一般情况下，发生的概率分为以下几个层次：基本确定、很可能、可能、极小可能。其中，"基本确定"是指，发生的可能性大于95%但小于100%；"很可能"是指，发生的可能性大于50%但小于或等于95%；"可能"是指，发生的可能性大于5%但小于或等于50%；"极小可能"是指，发生的可能性大于0但小于或等于5%。现时义务特征中的"不是很可能导致经济利益流出企业"，是指该现时义务导致经济利益流出企业的可能性不超过50%（含50%）。例如，甲企业和乙企业签订担保合同，承诺为乙企业的某项贷款提供担保。由于担保合同的签订，甲企业承担了一项现时义务，但承担现时义务不意味着经济利益很可能因此流出企业。如果乙企业的财务状况良好，说明甲企业履行连带责任的可能性不大，这项担保合同不是很可能导致经济利益流出甲企业。该现时义务属于甲企业的或有负债。

"金额不能可靠计量"是指，该现时义务导致经济利益流出企业的"金额"难以合理估计，现时义务履行的结果具有较大的不确定性。例如，甲企业涉及一桩诉讼案，根据以往的审判案例推断，甲公司很可能要败诉。但人民法院尚未判决，甲公司无法根据经验判断未来要承担多少赔偿金额，因此该现时义务的金额不能可靠地计量，该诉讼案件即形成一项甲公司的或有负债。

或有负债不符合负债的定义和确认条件，企业不应当确认或有负债，而应当在财务报表附注中披露有关信息，关于或有负债的信息披露在第四节中有详细阐述。但是，影响或有负债的多种因素处于不断变化之中，企业应当持续地对这些因素予以关注。随着时间的推移和事态的进展，或有负债对应的潜在义务可能转化为现时义务，原本不是很可能导致经济利益流出的现时义务也可能被证实将很可能导致经济利益流出企业，并且现时义务的金额也能够可靠计量。这时或有负债就转化为企业的负债，应当予以确认。

（二）或有资产

或有资产，是指过去的交易或者事项形成的潜在资产，其存在须通过未来不确定事项的发生或不发生予以证实。

或有资产作为一种潜在资产，其结果具有较大的不确定性。只有随着经济情况的变化，通过某些未来不确定事项的发生或不发生，才能证实其是否会形成企业真正的资产。例如，甲企业向法院起诉乙企业侵犯了其专利权。法院尚未对该案件进行公开审理，甲企业是否胜诉尚难判断。对于甲企业而言，将来可能胜诉而获得的赔偿属于一项或有资产，但这项或有资产是否会转化为真正的资产，要由法院的判决结果确定。如果终审判决结果是甲企业胜诉，那么这项或有资产就转化为甲企业的一项资产。如果终审判决结果是甲企业败诉，那么或有资产就消失了，更不可能形成甲企业的资产。

或有资产不符合资产的定义和确认条件，企业不应当确认或有资产，而应当进行相应的披露。但是，影响或有资产的多种因素处于不断变化之中，企业也应当持续地对这些因素予以关注。随着时间的推移和事态的进展，或有资产对应的潜在资产最终是否能够流入企业会逐渐变得明确。如果某一时点企业基本确定能够收到这项潜在资产并且金额能够可靠计量，则应当将其确认为企业的资产。

第二节 | 或有事项的确认和计量

一、 或有事项的确认

或有事项的确认通常是指与或有事项相关义务的确认。或有事项形成的或有资产只有在企业基本确定能够收到的情况下，才能转变为真正的资产，从而应当予以确认。与或有事项相关的义务同时满足下列条件的，应当确认为预计负债：该义务是企业承担的现时义务；履行该义务很可能导致经济利益流出企业；该义务的金额能够可靠地计量。

（一）该义务是企业承担的现时义务

该义务是企业承担的现时义务，是指与或有事项相关的义务是在企业当前条件下已承担的义务，企业没有其他现实的选择，只能履行该现时义务。通常情况下，过去的事项是否导致现时义务是比较明确的，但也存在极少情况，如法律诉讼，特定事项是否已发生或这些事项是否已产生了一项现时义务可能难以确定，企业应当考虑包括资产负债表日后所有可获得的证据、专家意见等，以此确定资产负债表日是否存在现时义务。如果据此判断，资产负债表日很可能存在现时义务，且符合预计负债确认条件的，应当确认一项预计负债；如果资产负债表日现时义务很可能不存在的，企业应披露一项或有负债，除非含有经济利益的资源流出企业的可能性极小。

或有事项准则所指的义务包括法定义务和推定义务。其中，法定义务，是指因合同、法规或其他司法解释等产生的义务，通常是企业在经济管理和经济协调中，依照经济法律、法规的规定必须履行的责任。比如，企业与另外企业签订购货合同产生的义务，就属于法定义务。从事矿山开采、建筑施工、危险品生产以及道路交通运输等高危企业，按照国家有关规定提取的安全费，就属于法定义务。如果拟定中的新法律的具体条款还未最终确定，并且仅当该法律基本确定会按草拟的文本颁布时才形成义务，该义务应视为法定义务。

推定义务，是指因企业的特定行为而产生的义务。企业的特定行为，泛指企业以往的习惯做法、已公开的承诺或已公开宣布的经营政策。由于以往的习惯做法，或通过这些承诺或公开的声明，企业向外界表明了它将承担特定的责任，从而使受影响的各方形成了其将履行那些责任的合理预期。例如，甲公司是一家化工企业，因扩大经营规模，到 A 国创办了一家分公司。假定 A 国尚未针对甲公司这类企业的生产经营可能产生的环境污染制定相关法律，因而甲公司的分公司对在 A 国生产经营可能产生的环境污染不承担法定义务。但是，甲公司为在 A 国树立良好的形象，自行向社会公告，宣称将对生产经营可能产生的环境污染进行治理，甲公司的分公司为此承担的义务就属于推定义务。

义务通常涉及指向的另一方。没有必要知道义务指向的另一方的身份，实际上义务可能是对公众承担的。通常情况下，义务总是涉及对另一方的承诺，但是，管理层或董事会的决定在资产负债表日并不一定形成推定义务，除非该决定在资产负债表日之前已经以一种相当具体的方式传达给受影响的各方，使各方形成了企业将履行其责任的合理预期。

（二）履行该义务很可能导致经济利益流出企业

履行该义务很可能导致经济利益流出企业，是指履行与或有事项相关的现时义务时，导致经济利益流出企业的可能性超过50%但小于或等于95%。

企业因或有事项承担了现时义务，并不说明该现时义务很可能导致经济利益流出企业。例如，2×16 年 5 月 1 日，甲企业与乙企业签订协议，承诺为乙企业的两年期银行借款提供全额担保。对于甲企业而言，由于担保事项而承担了一项现时义务，但这项义务的履行是否很可能导致经济利益流出企业，需依据乙企业的经营情况和财务状况等因素加以确定。假定 2×16 年末，乙企业的财务状况恶化，且没有迹象表明可能发生好转。此种情况出现，表明乙企业很可能违约，从而甲企业履行承担的现时义务将很可能导致经济利益流出企业。

存在很多类似义务，如产品保证或类似合同，履行时要求的经济利益流出的可能性应通过总体考虑才能确定。对于某个项目而言，虽然经济利益流出的可能性较小，但包括该项目的该类义务很可能导致经济利益流出的，应当视同该项目的该类义务很可能导致经济利益流出企业。

（三）该义务的金额能够可靠地计量

该义务的金额能够可靠地计量，是指与或有事项相关的现时义务的金额能够合理地估计。由于或有事项具有不确定性，因此或有事项产生的现时义务的金额也具有不确定性，需要估计。对或有事项确认一项预计负债，相关现时义务的金额应当能够可靠估计。例如，甲企业（被告）涉及一桩诉讼案。根据以往的审判案例推断，甲企业很可能要败诉，相关的赔偿金额也可以估算出一个范围。这种情况下，可以认为甲企业因未决诉讼承担的现时义务的金额能够可靠地估计。

预计负债应当与应付账款、应计项目等其他负债严格区分。因为与预计负债相关的未来支出的时间或金额具有一定的不确定性。应付账款是为已收到或已提供的，并已开出发票或已与供应商达成正式协议的货物或劳务支付的负债；应计项目是为已收到或已提供的，但还未支付、未开出发票或未与供应商达成正式协议的货物或劳务支付的负债，尽管有时需要估计应计项目的金额或时间，但是其不确定性通常远小于预计负债。应计项目经常作为应付账款和其他应付账款的一部分进行列报，而预计负债则单独进行列报。

二、或有事项的计量

或有事项的计量通常是指与或有事项相关的义务形成的预计负债的计量。当与或有事项有关的义务符合确认为负债的条件时应当将其确认为预计负债，预计负债应当按照履行相关现时义务所需支付的最佳估计数进行初始计量。此外，企业清偿预计负债所需支出还可能从第三方或其他方获得补偿。因此，预计负债的计量主要涉及两个方面：一是最佳估计数的确定；二是预期可获得补偿的处理。

（一）最佳估计数的确定

预计负债应当按照履行相关现时义务所需支出的最佳估计数进行初始计量。最佳估计数的确定应当分别两种情况处理。

（1）所需支出存在一个连续范围，且该范围内各种结果发生的可能性相同，则最佳估计数应当按照该范围内的中间值，即上下限金额的平均数确定。

【例9-1】2×16年12月1日，甲公司因合同违约而被乙公司起诉。2×16年12月31日，甲公司尚未接到人民法院的判决。甲公司预计，最终的法律判决很可能对公司不利。假定预计将要支付的赔偿金额为1 000 000～1 600 000元的某一金额，而且这个区间内每个金额的可能性都大致相同。在这种情况下，甲公司应在2×16年12月31日的资产负债表中确认一项预计负债，金额为（1 000 000+1 600 000）÷2 = 1 300 000（元），并编制如下会计分录。

借：营业外支出——赔偿支出——乙公司　　　　　　1 300 000
　　贷：预计负债——未决诉讼——乙公司　　　　　　　　　1 300 000

（2）所需支出不存在一个连续范围，或者虽然存在一个连续范围，但该范围内各种结果发生的可能性不相同。在这种情况下，最佳估计数按照如下方法确定。

①　如果或有事项涉及单个项目，最佳估计数按照最可能发生金额确定。"涉及单个项目"指或有事项涉及的项目只有一个，如一项未决诉讼、一项未决仲裁或一项债务担保等。

【例9-2】2×16年10月2日，乙公司涉及一起诉讼案。2×16年12月31日，乙公司尚未接到人民法院的判决。在咨询了公司的法律顾问后，乙公司认为，胜诉的可能性为40%，败诉的可能性为60%；如果败诉，需要赔偿1 000 000元。在这种情况下，乙公司在2×16年12月31日资产负债表中应确认的预计负债金额为最可能发生的金额，即1 000 000元，并编制如下会计分录。

借：营业外支出——赔偿支出　　　　　　　　　　　1 000 000
　　贷：预计负债——未决诉讼　　　　　　　　　　　　　　1 000 000

②　如果或有事项涉及多个项目，最佳估计数按照各种可能结果及相关概率加权计算确定。"涉及多个项目"指或有事项涉及的项目不止一个，如产品质量保证。在产品质量保证中，提出产品保修要求的可能有许多客户，相应地，企业对这些客户负有保修义务。

【例9-3】丙公司是生产并销售A产品的企业，2×16年度第一季度共销售A产品30 000件，销售收入为180 000 000元。根据公司的产品质量保证条款，该产品售出后一年内，如发生正常质量问题，公司将负责免费维修。根据以前年度的维修记录，如果发生较小的质量问题，发生的维修费用为销售收入的1%；如果发生较大的质量问题，发生的维修费用为销售收入的2%。根据公司质量部门的预测，本季度销售的产品中，80%不会发生质量问题；15%可能发生较小质量问题；5%可能发生较大质量问题。根据上述资料，2×16年第一季度末丙公司应确认的预计负债金额为180 000 000×

（0×80%+1%×15%+2%×5%）=450 000（元），并编制如下会计分录。

借：销售费用——产品质量保证——A产品　　　　　450 000
　　贷：预计负债——产品质量保证——A产品　　　　　450 000

（二）预期可获得补偿的处理

如果企业清偿因或有事项而确认的负债所需支出全部或部分预期由第三方或其他方补偿，则此补偿金额只有在基本确定能收到时，才能作为资产单独确认，确认的补偿金额不能超过所确认负债的账面价值。预期可能获得补偿的情况通常有：发生交通事故等情况时，企业通常可从保险公司获得合理的赔偿；在某些索赔诉讼中，企业可对索赔人或第三方另行提出赔偿要求；在债务担保业务中，企业在履行担保义务的同时，通常可向被担保企业提出追偿要求。企业预期从第三方获得的补偿，是一种潜在资产，其最终是否会转化为企业真正的资产（即企业是否能够收到这项补偿）具有较大的不确定性，企业只有在基本确定能够收到补偿时才能对其进行确认。根据资产和负债不能随意抵销的原则，预期可获得的补偿在基本确定能够收到时应当确认为一项资产，而不能作为预计负债金额的扣减。补偿金额的确认涉及两个方面问题：一是确认时间，补偿只有在"基本确定"能够收到时才予以确认；二是确认金额，确认的金额是基本确定能够收到的金额，而且不能超过相关预计负债的账面价值。

【例9-4】2×16年12月31日，乙公司因或有事项而确认了一笔金额为500 000元的预计负债；同时，乙公司因该或有事项基本确定可从甲保险公司获得200 000元的赔偿。本例中，乙公司应分别确认一项金额为500 000元的预计负债和一项金额为200 000元的资产，而不能只确认一项金额为300 000（500 000-200 000）元的预计负债。同时，乙公司所确认的补偿金额200 000元未超过所确认的负债的账面价值500 000元。

（三）预计负债的计量需要考虑的其他因素

企业在确定最佳估计数时应当综合考虑与或有事项有关的风险、不确定性、货币时间价值和未来事项等因素。

1. 风险和不确定性

风险是对交易或事项结果的变化可能性的一种描述。风险的变动可能增加负债计量的金额。企业在不确定的情况下进行判断需要谨慎，使得收入或资产不会被高估，费用或负债不会被低估。但是，不确定性并不说明应当确认过多的预计负债和故意夸大支出或费用。

企业应当充分考虑与或有事项有关的风险和不确定性，既不能忽略风险和不确定性对或有事项计量的影响，也要避免对风险和不确定性进行重复调整，从而在低估和高估预计负债金额之间寻找平衡点。

2. 货币时间价值

预计负债的金额通常应当等于未来应支付的金额。但是，因货币时间价值的影响，资产负债表日后不久发生的现金流出，要比一段时间之后发生的同样金额的现金流出负有更大的义务。所以，如果预计负债的确认时点距离实际清偿有较长的时间跨度，货币时间价值的影响重大，那么在确定预计负债的确认金额时，应考虑采用现值计量，即通过对相关未来现金流出进行折现后确认最佳估计数。例如，油气井或核电站的弃置费用等，应按照未来应付金额的现值确定。确定预计负债的金额不应考虑预期处置相关资产形成的利得。将未来现金流出折算为现值时，需要注意以下三点：①用来计算现值的折现率应当是反映货币时间价值的当前市场估计和相关负债特有风险的税前利率。②风险和不确定性既可以在计量未来现金流出时作为调整因素，也可以在确定折现率时予以考虑，但不能重复反映。③随着时间的推移，即使在未来现金流出和折现率均不改变的情况下，预计负债的现值也将逐渐增长。企业应当在资产负债表日对预计负债的现值进行重新计量。

3. 未来事项

企业应当考虑可能影响履行现时义务所需金额的相关未来事项。也就是说，对于这些未来事项，如果有足够的客观证据表明它们将发生，如未来技术进步、相关法规出台等，则应当在预计负债计量中予以考虑，但不应考虑预期处置相关资产形成的利得。

预期的未来事项可能对预计负债的计量较为重要。例如，某核电企业预计在生产结束时处理核废料的费用将因未来技术的变化而显著降低，那么，该企业因此确认的预计负债金额应当反映有关专家对技术发展以及处理费用减少做出的合理预测。但是，这种预计需要取得确凿的客观证据予以支持。

（四）资产负债表日对预计负债账面价值的复核

企业应当在资产负债表日对预计负债的账面价值进行复核。有确凿证据表明该账面价值不能真实反映当前最佳估计数的，应当按照当前最佳估计数对该账面价值进行调整。例如，某化工企业对环境造成了污染，按照当时的法律规定，只需要对污染进行清理。随着国家对环境保护越来越重视，按照现在的法律规定，该企业不但需要对污染进行清理，还很可能要对居民进行赔偿。这种法律要求的变化，会对企业预计负债的计量产生影响。企业应当在资产负债表日对为此确认的预计负债金额进行复核，相关因素发生变化表明预计负债金额不再能反映真实情况时，需要按照当前情况下企业清理和赔偿支出的最佳估计数对预计负债的账面价值进行相应的调整。又如，企业对固定资产弃置费用形成的预计负债进行确认后，由于技术进步、法律要求或市场环境变化等原因，履行弃置义务可能发生的支出金额、预计弃置时点、折现率等变动的，需要对预计负债的账面价值进行调整。

企业对已经确认的预计负债在实际支出发生时，应当仅限于最初为之确定该预计负债的支出。也就是说，只有与该预计负债有关的支出才能冲减预计负债，否则将会混淆不同预计负债确认事项的影响。

第三节 或有事项会计的具体运用

一、未决诉讼或未决仲裁

诉讼，是指当事人不能通过协商解决争议，因而在人民法院起诉、应诉，请求人民法院通过审判程序解决纠纷的活动。诉讼尚未裁决之前，对于被告来说，可能形成一项或有负债或者预计负债；对于原告来说，则可能形成一项或有资产。

仲裁，是指经济法的各方当事人依照事先约定或事后达成的书面仲裁协议，共同选定仲裁机构并由其对争议依法做出具有约束力裁决的一种活动。作为当事人一方，仲裁的结果在仲裁决定公布以前是不确定的，会构成一项潜在义务或现时义务，或者潜在资产。

【例9-5】2×16年11月1日，乙股份有限公司因合同违约而被丁公司起诉。2×16年12月31日，公司尚未接到法院的判决。丁公司预计，如无特殊情况很可能在诉讼中获胜，假定丁公司估计将来很可能获得赔偿金额1 900 000元。在咨询了公司的法律顾问后，乙公司认为最终的法律判决很可能对公司不利。假定乙公司预计将要支付的赔偿金额、诉讼费等费用为1 600 000元至2 000 000元之间的某一金额，而且这个区间内每个金额的可能性都大致相同，其中诉讼费为30 000元。

此例中，丁公司不应当确认或有资产，而应当在2×16年12月31日的报表附注中披露或有资产1 900 000元。

乙股份有限公司应在资产负债表中确认一项预计负债，金额为

（1 600 000+2 000 000）÷2=1 800 000（元）

同时在2×16年12月31日的报表附注中进行披露。

乙公司的有关账务处理如下。

借：管理费用——诉讼费　　　　　　　　　　　　　　30 000

　　营业外支出　　　　　　　　　　　　　　　　　1 770 000

　　　贷：预计负债——未决诉讼　　　　　　　　　　　　　1 800 000

二、债务担保

债务担保在企业中是较为普遍的现象。作为提供担保的一方，在被担保方无法履行合同的情况下，常常承担连带责任。从保护投资者、债权人的利益出发，客观、充分地反映企业因担保义务而承担的潜在风险是十分必要的。企业对外提供债务担保常常会涉及未决诉讼，这时可以分别以下情况进行处理：①企业已被判决败诉，则应当按照人民法院判决的应承担的损失金额，确认为负债，并计入当期营业外支出；②已判决败诉，但企业正在上诉，或者经上一级人民法院裁定暂缓执行，或者由上一级人民法院发回重审等，企业应当在资产负债表日，根据已有判决结果合理估计可能产生的损失金额，确认为预计负债，并计入当期营业外支出；③人民法院尚未判决的，企业应向其律师或法律顾问等咨询，估计败诉的可能性，以及败诉后可能发生的损失金额，并取得有关书面意见。如果败诉的可能性大于胜诉的可能性，并且损失金额能够合理估计，应当在资产负债表日将预计担保损失金额确认为预计负债，并计入当期营业外支出。

【例9-6】甲股份有限公司是生产并销售A产品的企业，2×16年度第一季度，共销售A产品60 000件，销售收入为360 000 000元。根据公司的产品质量保证条款，该产品售出后一年内，如发生正常质量问题，公司将负责免费维修。根据以前年度的维修记录，如果发生较小的质量问题，发生的维修费用为销售收入的1%；如果发生较大的质量问题，发生的维修费用为销售收入的2%。根据公司技术部门的预测，本季度销售的产品中，80%不会发生质量问题；15%可能发生较小质量问题；5%可能发生较大质量问题。

据此，2×16年第一季度末，甲股份有限公司应在资产负债表中确认的负债金额=360 000 000×（0×80%+1%×15%+2%×5%）=900 000（元）。

甲公司2×16年度第一季度实际发生的维修费为850 000元，"预计负债——产品质量保证"科目2×15年年末余额为30 000元。

本例中，2×16年度第一季度，甲公司的账务处理如下。

（1）确认与产品质量保证有关的预计负债。

借：销售费用——产品质量保证　　　　　　　　　　900 000

　　　贷：预计负债——产品质量保证　　　　　　　　　　900 000

（2）发生产品质量保证费用（维修费）。

借：预计负债——产品质量保证　　　　　　　　　　850 000

　　　贷：银行存款或原材料等　　　　　　　　　　　　850 000

"预计负债——产品质量保证"科目2×16年第一季度末的余额为900 000-850 000+30 000=80 000（元）。

三、产品质量保证

产品质量保证，通常指销售商或制造商在销售产品或提供劳务后，对客户提供服务的一种承诺。在约定期内（或终身保修），若产品或劳务在正常使用过程中出现质量或与之相关的其他属于正常范围的问题，企业负有更换产品、免费或只收成本价进行修理等责任。按照权责发生制的要求，上述相关支出符合确认条件就应在收入实现时确认相关预计负债。

在对产品质量保证确认预计负债时，需要注意的是：

第一，如果发现保证费用的实际发生额与预计数相差较大，应及时对预计比例进行调整；

第二，如果企业针对特定批次产品确认预计负债，则在保修期结束时，应将"预计负债——产品质量保证"余额冲销，同时冲销销售费用；

第三，已对其确认预计负债的产品，如企业不再生产了，那么应在相应的产品质量保证期满后，将"预计负债——产品质量保证"余额冲销，同时冲销销售费用。

四、亏损合同

亏损合同，是指履行合同义务不可避免会发生的成本超过预期经济利益的合同。亏损合同产生的义务满足预计负债确认条件的，应当确认为预计负债。预计负债的计量应当反映退出该合同的最低净成本，即履行该合同的成本与未能履行该合同而发生的补偿或处罚两者之中的较低者。企业与其他企业签订的商品销售合同、劳务合同、租赁合同等，均可能变为亏损合同。

企业对亏损合同进行会计处理，需要遵循以下两点原则。

（1）如果与亏损合同相关的义务不需支付任何补偿即可撤销，企业通常就不存在现时义务，不应确认预计负债；如果与亏损合同相关的义务不可撤销，企业就存在现时义务，同时满足该义务很可能导致经济利益流出企业，且金额能够可靠地计量的，应当确认预计负债。

（2）亏损合同存在标的资产的，应当对标的资产进行减值测试并按规定确认减值损失，在这种情况下，企业通常不需确认预计负债，如果预计亏损超过该减值损失，应将超过部分确认为预计负债；合同不存在标的资产的，亏损合同相关义务满足预计负债确认条件时，应当确认预计负债。

【例9-7】乙企业2×16年1月1日与某外贸公司签订了一项产品销售合同，约定在2×16年2月15日以每件产品100元的价格向外贸公司提供10 000件A产品，若不能按期交货，乙企业需要交纳300 000元的违约金。这批产品在签订合同时尚未开始生产，但企业开始筹备原材料以生产这批产品时，原材料价格突然上涨，预计生产每件产品的成本升至125元。此例中，乙企业生产产品的成本为每件125元，而售价为每件100元，每销售1件产品亏损25元，共计损失250 000元。因此，这项销售合同是一项亏损合同。如果撤销合同，乙企业需要交纳300 000元的违约金。

分析：（1）由于该合同变为亏损合同时不存在标的资产，乙企业应当按照履行合同造成的损失与违约金两者中的较低者确认一项预计负债。

借：营业外支出　　　　　　　　　　　　　　250 000
　　贷：预计负债　　　　　　　　　　　　　　　　　250 000

（2）待相关产品生产完成后，将已确认的预计负债冲减产品成本。

借：预计负债　　　　　　　　　　　　　　　250 000
　　贷：库存商品　　　　　　　　　　　　　　　　　250 000

五、重组义务

重组，是指企业制定和控制的，将显著改变企业组织形式、经营范围或经营方式的计划实施行为。属于重组的事项主要包括：①出售或终止企业的部分业务；②对企业的组织结构进行较大调整；③关闭企业的部分营业场所，或将营业活动由一个国家或地区迁移到其他国家或地区。

企业应当将重组与企业合并、债务重组区别开。因为重组通常是企业内部资源的调整和组合，谋求现有资产效能的最大化；企业合并是在不同企业之间的资本重组和规模扩张；而债务重组是债权人对债务人做出让步，债务人减轻债务负担，债权人尽可能减少损失。

（一）重组义务的确认

企业因重组而承担了重组义务，并且同时满足预计负债确认条件时，才能确认预计负债。

首先，同时存在下列情况的，表明企业承担了重组义务：①有详细、正式的重组计划，包括重组涉及的业务、主要地点、需要补偿的职工人数、预计重组支出、计划实施时间等；②该重组计划已对外公告，重组计划已经开始实施，或已向受其影响的各方通告了该计划的主要内容，从而使各方形成了对该企业将实施重组的合理预期。

企业制订了详细、正式的重组计划，并已经对外公告，使那些受其影响的其他单位或个人可以合理预期企业将实施重组，这构成了企业的一项推定义务。而管理层或董事会在资产负债表日前做出的重组决定，在资产负债表日并不形成一项推定义务，除非企业在资产负债表日前已经对外进行了公告，将重组计划传达给受其影响的各方，使他们形成了对企业将实施重组的合理预期。其次，需要判断重组义务是否同时满足预计负债的三个确认条件，即判断其承担的重组义务是否是现时义务，履行重组义务是否很可能导致经济利益流出企业，重组义务的金额是否能够可靠计量。只有同时满足这三个确认条件，才能将重组义务确认为预计负债。

（二）重组义务的计量

企业应当按照与重组有关的直接支出确定预计负债金额，计入当期损益。其中，直接支出是企业重组必须承担的直接支出，并且与主体继续进行的活动无关的支出，不包括留用职工岗前培训、市场推广、新系统和营销网络投入等支出。因为这些支出与未来经营活动有关，在资产负债表日不是重组义务。由于企业在计量预计负债时不应当考虑预期处置相关资产的利得，在计量与重组义务相关的预计负债时，也不考虑处置相关资产（厂房、店面，有时是一个事业部整体）可能形成的利得或损失，即使资产的出售构成重组的一部分也是如此。这些利得或损失应当单独确认。

企业可以参照表 9-1 判断某项支出是否属于与重组有关的直接支出。

表 9-1 　　　　　　　　　　　与重组有关支出的判断表

支出项目	包括	不包括	不包括的原因
自愿遣散	√		
强制遣散（如果自愿遣散目标未满足）	√		
将不再使用的厂房的租赁撤销费	√		
将职工和设备从拟关闭的工厂转移到继续使用的工厂		√	支出与继续进行的活动相关
剩余职工的再培训		√	支出与继续进行的活动相关
新经理的招募成本		√	支出与继续进行的活动相关
推广公司新形象的营销成本		√	支出与继续进行的活动相关
对新分销网络的投资		√	支出与继续进行的活动相关
重组的未来可辨认经营损失（最新预计值）		√	支出与继续进行的活动相关
特定不动产、厂场和设备的减值损失		√	资产减值准备应当按照《企业会计准则第 8 号——资产减值》进行计提，并作为资产的抵减项

【例9-8】甲公司为一家家电生产企业，主要生产A、B、C三种家电产品。甲公司2×16年度有关事项如下。

（1）甲公司管理层于2×16年11月制定了一项业务重组计划。该业务重组计划的主要内容如下：自2×17年1月1日起关闭C产品生产线；从事C产品生产的员工共计250人，除部门主管及技术骨干等50人留用转入其他部门外，其他200人都将被辞退。

根据被辞退员工的职位、工作年限等因素，甲公司将一次性给予被辞退员工不同标准的补偿，补偿支出共计800万元；C产品生产线关闭之日，租用的厂房将被腾空，撤销租赁合同并将其移交给出租方，用于C产品生产的固定资产等将转移至甲公司自己的仓库。上述业务重组计划已于2×16年12月2日经甲公司董事会批准，并于12月3日对外公告。2×16年12月31日，上述业务重组计划尚未实际实施，员工补偿及相关支出尚未支付。

为了实施上述业务重组计划，甲公司预计发生以下支出或损失：因辞退员工将支付补偿款800万元；因撤销厂房租赁合同将支付违约金25万元；因将用于C产品生产的固定资产等转移至仓库将发生运输费3万元；因对留用员工进行培训将发生支出1万元；因推广新款B产品将发生广告费用2 500万元；因处置用于C产品生产的固定资产将发生减值损失150万元。

（2）2×16年12月15日，消费者因使用C产品造成财产损失向法院提起诉讼，要求甲公司赔偿损失560万元。12月31日，法院尚未对该案做出判决。在咨询法律顾问后，甲公司认为该案很可能败诉。根据专业人士的测算，甲公司的赔偿金额可能在450万元至550万元之间，而且上述区间内每个金额的可能性相同。

（3）2×16年12月25日，丙公司（为甲公司的子公司）向银行借款3 200万元，期限为3年。经董事会批准，甲公司为丙公司的上述银行借款提供全额担保。12月31日，丙公司经营状况良好，预计不存在还款困难。

分析：（1）根据资料（1），因辞退员工将支付补偿800万元和因撤销厂房租赁合同将支付违约金25万元属于与重组有关的直接支出。因重组义务应确认的预计负债金额=800+25=825（万元），并编制如下会计分录。

借：营业外支出　　　　　　　　　　　　　8 250 000
　　贷：预计负债　　　　　　　　　　　　　　8 250 000

（2）根据资料（2），未决诉讼的赔偿应确认预计负债。预计负债的最佳估计数=（450+550）÷2=500（万元），并编制如下会计分录。

借：营业外支出　　　　　　　　　　　　　5 000 000
　　贷：预计负债　　　　　　　　　　　　　　5 000 000

（3）资料（3）不应确认预计负债。因为此事项不是很可能导致经济利益流出企业，不符合或有事项确认预计负债的条件。

第四节　或有事项的列报

一、预计负债的列报

在资产负债表中，因或有事项而被确认的负债（预计负债）应与其他负债项目区别开来，单独反映。如果因多项或有事项确认了预计负债，在资产负债表上一般只需要通过"预计负债"项目进行总括反映。在将或有事项确认为负债的同时，应确认一项支出或费用。这项费用或支出在利润表中不应单列项目反映，而应与其他费用或支出项目（如"销售费用"、"管理费用"、"营业外支出"等）合并反映。比如，企业因产品质量保证确认负债时所确认的费用，在利润表中应作为"销售费用"的组成部分予以反映；又如，企业因对其他单位提供债务担保确认负债时所确认的费用，在利润表中应作为"营业外支出"的组成部分予以反映。

企业应在会计报表附注中披露以下内容：

（1）预计负债的种类、形成原因以及经济利益流出不确定性的说明。

（2）各类预计负债的期初、期末余额和本期变动情况。

（3）与预计负债有关的预期补偿金额和本期已确认的预期补偿金额。

二、或有负债的披露

或有负债，无论作为潜在义务还是现时义务，均不符合负债的确认条件，因而不予以确认。企业应当在附注中披露有关信息（不包括极小可能导致经济利益流出企业的或有负债）。

（1）或有负债的种类及其形成原因，包括已贴现商业承兑汇票、未决诉讼或未决仲裁、对外提供担保等形成的或有负债。

（2）经济利益流出不确定性的说明。

（3）或有负债预计产生的财务影响，以及获得补偿的可能性；无法预计的，应当说明原因。

需要注意的是，在涉及未决诉讼、未决仲裁的情况下，按相关规定披露全部或部分信息预期对企业造成重大不利影响的，企业无须披露这些信息，但应当披露该未决诉讼、未决仲裁的性质，以及没有披露这些信息的事实和原因。

三、或有资产的披露

或有资产作为一种潜在资产，不符合资产确认的条件，因而不予确认。企业通常不应当披露或有资产。但或有资产很可能会给企业带来经济利益的，应当披露其形成的原因、预计产生的财务影响等。

知识链接

思 考 题

1. 或有事项确认为预计负债的条件是什么？重组义务确认为预计负债需要满足哪些额外的条件？
2. 或有事项确认和披露的意义是什么？
3. 或有资产确认的条件是什么？
4. 或有事项确认为资产应通过何种科目核算，能不能冲减预计负债的账面价值？
5. 简述预计负债的计量应当考虑的因素。
6. 某公司的业务重组计划中，因处置用于原产品生产的固定资产发生的减值损失是否会影响利润总额？说明原因。
7. 简述合同存在标的资产和合同不存在标的资产在待执行合同变为亏损合同时的处理原则的差异。
8. 简述或有事项同其他不确定会计的区别。
9. 或有事项对传统会计理论的影响有哪些？

关键术语

预计负债	predicted liability
或有事项	contingency
或有负债	contingent liability
或有资产	contingent assets
债务重组	restructuring obligation

第十章 收入

【引例】

重庆百货公司在2013年3月9日发布了2012年度的第一版年报，对比其合并口径下和母公司的前五名客户信息，就不难发现母公司账面上第一和第二大客户对应销售金额分别为991.12万元和476.24万元，显著高于合并口径下第五大客户"长虹空调铜梁销售部"对应的432.12万元销售金额，然而却未被列入合并口径下前五名客户信息当中。在正常的财务逻辑下，合并销售收入中应当包含母公司实现的对外销售收入，针对合并范围之外的非关联方，合并口径下销售收入至少应当等同于母公司实现的销售收入。或许是这个矛盾实在太明显，于是该公司后来在4月12日发布了修正版的年报，其中包含针对这一问题的修改，同时还涉及其他九项内容的修正。这不得不让我们思考，何为收入，销售收入确认条件是什么？重庆百货公司销售收入金额前后矛盾的原因可能有哪些，是在确认销售收入时忽视了某些条件吗？

第一节 收入概述

一、收入的定义与特征

收入是指企业在日常活动中形成的、会导致所有者权益增加的、与所有者投入资本无关的经济利益的总流入。收入具有以下特征。

（一）收入是企业在日常活动中形成的经济利益的总流入

日常活动，是指企业为完成其经营目标所从事的经常性活动以及与之相关的活动。工业企业销售产品、商业企业销售商品、咨询公司提供咨询服务、软件开发企业为客户开发软件、安装公司提供安装服务、商业银行对外贷款、租赁公司出租资产等活动，均属于企业为完成其经营目标所从事的经常性活动，由此形成的经济利益的总流入构成收入。工业企业对外出售不需用的原材料、对外转让无形资产使用权、对外进行权益性投资（取得现金股利）或债权性投资（取得利息）等活动，虽不属于企业的经常性活动，但属于企业为完成其经营目标所从事的与经常性活动相关的活动，由此形成的经济利益的总流入也构成收入。

收入形成于企业日常活动的特征使其与产生于非日常活动的利得相区分。企业所从事或发生的某些活动也能为企业带来经济利益，但不属于企业为完成其经营目标所从事的经常性活动，也不属于与经常性活动相关的活动。例如，工业企业处置固定资产、无形资产，因其他企业违约收取罚款等，这些活动形成的经济利益的总流入属于企业的利得而不是收入。利得通常不经过经营过程就能取得或属于企业不曾期望获得的收益。

（二）收入会导致企业所有者权益的增加

收入形成的经济利益总流入的形式多种多样，既可能表现为资产的增加，如增加银行存款、应收账款；也可能表现为负债的减少，如减少预收账款；还可能表现为两者的组合，如销售实现时，部分冲减预收账款，部分增加银行存款。收入形成的经济利益总流入能增加资产或减少负债或两者兼而有之，根据"资产-负债=所有者权益"的会计等式，收入一定能增加企业的所有者权益。这里所说的收入能增加所有者权益，仅指收入本身的影响，而收入扣除与之相配比的费用后的净额，既可能增加所有者权益，也可能减少所有者权益。

企业为第三方或客户代收的款项，如企业代国家收取的增值税等，一方面增加企业的资产，另一方面增加企业的负债，并不增加企业的所有者权益，因此不构成本企业的收入。

（三）收入与所有者投入资本无关

所有者投入资本主要是为谋求享有企业资产的剩余权益，由此形成的经济利益的总流入不构成收入，而应确认为企业所有者权益的组成部分。

本章主要涉及销售商品、提供劳务、让渡资产使用权等的收入确认和计量，不涉及长期股权投资、租赁、原保险合同、再保险合同等形成的收入确认和计量。

二、收入的分类

（一）收入按交易性质分类

收入按交易性质，可分为销售商品收入、提供劳务收入和让渡资产使用权收入。

（1）销售商品收入，是指企业通过销售产品或商品实现的收入，如工业企业销售产成品和半成品实现的收入、商业企业销售商品实现的收入、房地产开发商销售自行开发的房地产实现的收入等。企业销售不需用的原材料、包装物等存货实现的收入，也视同销售商品的收入。

（2）提供劳务收入，是指企业通过提供劳务作业实现的收入，如工业企业提供工业性劳务作业实现的收入、交通运输企业提供运输劳务实现的收入、咨询公司提供咨询服务实现的收入、软件开发企业为客户开发软件实现的收入、安装公司提供安装实现的收入、服务性企业提供各类服务实现的收入等。

（3）让渡资产使用权收入，是指企业通过让渡资产使用权实现的收入，如商业银行发放贷款实现的利息收入、租赁公司出租资产实现的租金收入、企业对外出租无形资产实现的使用费收入等。

（二）收入按在经营业务中所占比重分类

收入按在经营业务中所占的比重，可以分为主营业务收入和其他业务收入。

（1）主营业务收入，或称基本业务收入，是指企业为完成其经营目标所从事的主要经营活动实现的收入。不同行业的企业，具有不同的主营业务。例如，工业企业的主营业务是制造和销售产成品及半成品，商业企业的主营业务是销售商品，商业银行的主营业务是存贷款和办理结算，保险公司的主营业务是签发保单，租赁公司的主营业务是出租资产，安装公司的主营业务是提供安装服务等。企业通过主营业务形成的经济利益的总流入，属于主营业务收入。主营业务收入经常发生，并在收入中占有较大的比重。

（2）其他业务收入，或称附营业务收入，是指企业除主要经营业务以外的其他经营活动实现的收入，如工业企业出租固定资产、出租无形资产、出租周转材料、销售不需用的原材料等实现的收入。其他业务收入不经常发生，金额一般较小，在收入中所占比重较低。

第二节　销售商品收入的确认和计量

一、销售商品收入的确认与计量

商品包括企业为销售而生产的产品和为转售而购进的商品，如工业企业生产的产品、商业企业购进的商品等。企业销售的其他存货，如原材料、包装物等，也视同企业的商品。

销售商品取得的收入通常应在销售成立时予以确认，并按实际交易金额计价入账。但在会计实务中，商品交易的方式是多种多样的，交易过程有时也纷繁复杂，判断一项销售商品的收入是否可以确认入账或应于何时确认入账，需要考虑多种因素。企业会计准则规定，销售商品收入同时满足下列条件的，才能予以确认：①企业已将商品所有权上的主要风险和报酬转移给购货方；②企业既没有保留通常与所有权相联系的继续管理权，也没有对已售出的商品实施有效控制；③收入的金额能够可靠地计量；④相关的经济利益很可能流入企业；⑤相关的已发生或将发生的成本能够可靠地计量。具体分述如下。

（一）企业已将商品所有权上的主要风险和报酬转移给购货方

企业已将商品所有权上的主要风险和报酬转移给购货方，是指与商品所有权有关的主要风险和报酬同时转移给了购货方。其中，与商品所有权有关的风险，是指商品可能发生减值或毁损等形成的损失；与商品所有权有关的报酬，是指商品价值增值或通过使用商品等形成的经济利益。

判断企业是否已将商品所有权上的主要风险和报酬转移给购货方，应当关注交易的实质而不是形式，同时考虑所有权凭证的转移或实物的交付。如果与商品所有权有关的任何损失均不需要销货方承担，与商品所有权有关的任何经济利益也不归销货方所有，就表明商品所有权上的主要风险和报酬转移给了购货方。

通常情况下，转移商品所有权凭证或交付实物后，商品所有权上的所有风险和报酬随之转移，如大多数商品零售、预收款销售商品、订货销售商品、托收承付方式销售商品、分期收款发出商品等。

某些情况下，转移商品所有权凭证或交付实物后，商品所有权上的主要风险和报酬随之转移，企业只保留商品所有权上的次要风险和报酬，应当视同商品所有权上的所有风险和报酬已经转移给购货方。例如，在交款提货销售方式下，当销货方收到购货方支付的货款并给购货方开具发票、提货单时，商品的所有权已经转移给了购货方。虽然此时商品尚未实际支付，销货方对销售的商品仍然负有保管责任，但这只是次要风险，而商品所有权上的主要风险和报酬，如商品的贬值或增值，已经转移给了购货方。再如，视同买断方式委托代销商品，委托方和受托方签订合同或协议，委托方按合同或协议收取代销的货款，实际售价由受托方自定，实际售价与合同或协议价之间的差额归受托方所有。如果委托方和受托方之间的协议明确表明，受托方在取得代销商品后，无论是否能够卖出、是否获利，均与委托方无关，那么委托方和受托方之间的代销商品交易，与委托方直接销售商品给受托方没有实质区别，在符合销售商品收入确认条件时，委托方应确认相关销售商品收入。

在某些情况下，企业已将商品所有权凭证或实物支付给购货方，而商品所有权上的主要风险和报酬并未随之转移。如果企业仍然保留着商品所有权上的主要风险和报酬，则该项交易就不是一项已实现的销售，不能确认收入。企业可能在以下几种情况下仍然保留商品所有权上的主要风险和报酬。

（1）企业销售的商品在质量、品种、规格等方面不符合合同或协议要求，又未根据正常的保证条款予以弥补，因而仍负有责任。

（2）企业销售商品的收入是否能够取得，取决于购买方是否已将商品销售出去，如采用支付手续费方式委托代销商品。支付手续费方式委托代销商品，是指委托方和受托方签订合同或协议，委托方根据代销商品数量向受托方支付手续费的销售方式。在这种方式下，委托方发出商品时，商品所有权上的主要风险和报酬并未转移，委托方在发出商品时通常不应确认销售商品收入，仍然应当按照有关风险和报酬是否转移来判断何时确认收入，通常可在收到受托方开出的代销清单时确认销售商品收入；受托方应在商品销售后，按合同或协议约定的方法计算确定的手续费确认收入。

（3）企业尚未完成售出商品的安装或检验工作，而此安装或检验工作是销售合同或协议的重要组成部分。企业在销售大型设备时，一般要负责设备的安装和调试。购买方通常只支付部分货款，余下的货款要等设备安装调试完成且运转正常后再支付。在这种情况下，设备的发出并不表明商品所有权上的风险和报酬已经转移，企业仍需对设备进行安装，安装过程中可能会发生一些不确定因素。因此，对于需要安装调试的大型设备的出售，企业只能在安装完毕并且检验合格后才能确认收入。

(4) 销售合同或协议中规定了买方由于特定原因有权退货的条款，且企业又不能确定退货的可能性。

(二) 企业既没有保留通常与所有权相联系的继续管理权，也没有对已售出的商品实施有效控制

通常情况下，企业售出商品后不再保留与商品所有权相联系的继续管理权，也不再对售出商品实施有效控制，表明商品所有权上的主要风险和报酬已经转移给购货方，应在发出商品时确认收入。

(三) 收入的金额能够可靠地计量

收入的金额能够可靠地计量，是指收入的金额能够合理地估计。如果收入的金额不能够合理估计，则无法确认收入。

通常情况下，企业在销售商品时，商品销售价格已经确定，企业应当按照从购货方已收或应收的合同或协议价款确定收入金额。如果企业从购货方应收的合同或协议价款延期收取具有融资性质，企业应按应收的合同或协议价款的公允价值确定销售商品收入金额。如果销售商品涉及现金折扣、商业折扣、销售折让等因素，还应当考虑这些因素后确定销售商品收入金额。

有时，由于销售商品过程中某些不确定因素的影响，也有可能存在商品销售价格发生变动的情况。例如对于附有销售退回条件的商品销售，如果企业不能合理估计退货的可能性，则无法确定销售商品的价格，也就不能够合理地估计收入的金额，不应在发出商品时确定收入，而应当在售出商品退货期满，商品销售价格能够可靠计量时确定收入。

企业从购货方已收或应收的合同或协议价款不公允的，企业应按公允的交易价格确定收入金额，不公允的价款不应确定为收入金额。

(四) 相关的经济利益很可能流入企业

经济利益，是指直接或间接流入企业的现金或现金等价物，就销售商品而言，指销售商品的价款。相关的经济利益很可能流入企业，是指销售商品价款收回的可能性大于不能收回的可能性，即销售商品价款收回的可能性超过50%。

企业在确定销售商品价款收回的可能性时，应当结合以前和买方交往的直接经验、政府有关政策、其他方面取得信息等因素进行分析。一般情况下，企业销售的商品符合合同或协议要求，已将发票账单交付买方，买方承诺付款，通常表明满足确认条件，则相关的经济利益很可能流入企业。如果企业判断价款不能收回，应提供可靠的证据。如果企业根据以前与买方交往的直接经验判断买方信誉较差，或销售时得知买方在另一项交易中发生了巨额亏损，资金周转十分困难，或在出口商品时不能肯定进口企业所在国政府是否允许将款项汇出等，就可能会出现与销售商品相关的经济利益不能流入企业的情况。此时企业不应确认收入，直至这些不确定因素消除。如果企业判断销售商品收入满足确认条件确认了一笔应收债权，以后由于购货方资金周转困难无法收回该债权时，不应调整原确认的收入，而应对该债权计提坏账准备，确认坏账损失。

(五) 相关的已发生或将发生的成本能够可靠地计量

通常情况下，销售商品相关的已发生或将发生的成本能够合理地估计，如库存商品的成本、商品运输费用等。有时，销售商品相关的已发生或将发生的成本不能够合理地估计，此时企业不应确认收入，已收到的价款应确认为负债。

二、销售商品的会计处理

(一) 一般销售商品业务

在进行销售商品的会计处理时，首先考虑销售商品收入是否符合确认条件。符合收入确认五项

条件的，企业应当及时确认收入，并结转相应的销售成本。否则，不确认收入。

确认销售商品收入时，企业应按已收或应收的合同或协议价款，加上应收取的增值税税额，借记"银行存款""应收账款""应收票据"等科目，按确定的收入金额，贷记"主营业务收入""其他业务收入"等科目，按应收取的增值税税额，贷记"应交税金——应交增值税（销项税额）"科目；同时在资产负债表日，按应交纳的消费税、资源税、城市维护建设税、教育费附加等税费金额，借记"营业税金及附加"科目，贷记"应交税费——应交消费税（应交资源税、应交城市维护建设税等）"科目。

如果售出商品不符合收入确认条件，则不应确认收入，已经发出的商品，应当通过"发出商品"科目进行核算。

【例10-1】A公司2×16年3月10日向B公司销售商品一批，商品成本为60万元，增值税专用发票上注明产品价款为100万元，增值税税率为17%。购货时，B公司以支票付款。

A公司编制会计分录如下。

借：银行存款　　　　　　　　　　　　　　　　　　1 170 000
　　贷：主营业务收入　　　　　　　　　　　　　　　　1 000 000
　　　　应交税费——应交增值税（销项税额）　　　　　170 000
借：主营业务成本　　　　　　　　　　　　　　　　　600 000
　　贷：库存商品　　　　　　　　　　　　　　　　　　600 000

（二）特殊销售商品业务

1. 托收承付方式销售商品

托收承付，是指企业根据合同发货后，委托银行向异地付款单位收取款项，由购货方向银行承诺付款的销售方式。在这种方式下，企业通常应在发出商品且办妥托收手续时确认收入。如果商品已经发出且办妥托收手续，但由于各种原因与发出商品所有权有关的风险和报酬没有转移，企业不应确认收入。

2. 销售商品涉及商业折扣、现金折扣、销售折让

企业在销售商品时，有时还会附有一些销售折扣条件，也会因售出的商品不符等原因而在价格上给予购货方一定的折让。当企业发生商业折扣、现金折扣以及销售折让时，将会对收入金额以及销售成本、有关费用金额产生一定的影响。

（1）商业折扣

商业折扣，是指企业为促进商品销售而在商品标价上给予的价格扣除。商业折扣的目的是鼓励购货方多购商品。企业销售商品涉及商业折扣的，应当按照扣除商业折扣后的金额确定销售商品收入金额。

【例10-2】华康股份有限公司A商品价格为每件120元，联达公司一次购买A商品5 000件，根据规定的折扣条件，可得到10%的商业折扣。增值税税率为17%。

分析：购买总价款=120×5 000×（1-10%）=540 000（元）

销项税额=540 000×17%=91 800（元）

华康股份有限公司编制会计分录如下。

借：应收账款——联达公司　　　　　　　　　　　　631 800
　　贷：主营业务收入　　　　　　　　　　　　　　　　540 000
　　　　应交税费——应交增值税（销项税额）　　　　　91 800

（2）现金折扣

现金折扣，是指债权人为鼓励债务人在规定的期限内付款而向债务人提供的债务扣除。企业销售商品涉及现金折扣的，应当按照扣除现金折扣前的金额确定销售商品收入金额。现金折扣在实际发生时计入财务费用。

通常折扣条件形式表示为一个简单的分式，如"2/10，1/20，N/30"，表示10天内付款享受折扣2%，20天内付款折扣条件为1%，30天内付款无折扣。附有现金折扣条件的销售，会计处理将面临两种选择：一是按发票金额对应收账款及销售收入计价入账，这种会计处理方法称为总价法；二是按发票金额扣除现金折扣后的净额对应收账款及销售收入计价入账，这种会计处理方法称为净价法。我国企业会计准则规定采用总价法。

【例10-3】华康公司2×16年3月21日，销售给联达公司商品一批，增值税专用发票上注明销售价格为200万元，增值税税额为34万元。提货单和增值税专用发票已交联达公司，联达公司已承诺付款。为及时收回货款，给予联达公司的现金折扣条件为2/10，1/20，N/30（假定计算现金折扣时不考虑增值税因素）。该批商品的实际成本为160万元。

分析：华康公司应根据联达公司付款时间确定其享有的现金折扣金额，并进行相应的账务处理。

① 销售商品时，编制如下会计分录。

借：应收账款　　　　　　　　　　　　　　　　　2 340 000
　　贷：主营业务收入　　　　　　　　　　　　　2 000 000
　　　　应交税费——应交增值税（销项税额）　　　340 000
借：主营业务成本　　　　　　　　　　　　　　　1 600 000
　　贷：库存商品　　　　　　　　　　　　　　　1 600 000

② 如果华康公司10日内收到联达公司支付的、扣除所享受现金折扣金额后的款项，则编制如下会计分录。

借：银行存款　　　　　　　　　　　　　　　　　2 300 000
　　财务费用　　　　　　　　　　　　　　　　　　40 000
　　贷：应收账款　　　　　　　　　　　　　　　2 340 000

③ 如果华康公司在10至20日内收到联达公司支付的、扣除所享受现金折扣金额后的款项，则编制如下会计分录。

借：银行存款　　　　　　　　　　　　　　　　　2 320 000
　　财务费用　　　　　　　　　　　　　　　　　　20 000
　　贷：应收账款　　　　　　　　　　　　　　　2 340 000

④ 如果华康公司在20至30日内收到联达公司支付的款项，则编制如下会计分录。

借：银行存款　　　　　　　　　　　　　　　　　2 340 000
　　贷：应收账款　　　　　　　　　　　　　　　2 340 000

（3）销售折让

销售折让，是指企业因售出商品的质量不合格等原因而在售价上给予的减让。对于销售折让，企业应分别不同情况进行处理：①已确认收入的售出商品发生销售折让的，通常应当在发生时冲减当期销售商品收入；②已确认收入的销售折让属于资产负债表日后事项的，应当按照有关资产负债表日后事项的相关规定进行处理。

【例10-4】华康公司2×16年2月2日，收到联达公司来函，要求对当年1月2日所购商品在价格上给予5%的折让（华康公司在该批商品售出时，已确认销售收入600万元，款项尚未收到）。经查核，该批商品外观存在质量问题。华康公司同意了联达公司提出的折让要求。当日，收到联达公司交来的税务机关开具的索取折让证明单，并开具红字增值税专用发票。

发生折让时华康公司编制如下会计分录。

借：主营业务收入　　　　　　　　　　　　　　　300 000
　　应交税费——应交增值税（销项税额）　　　　　51 000
　　贷：应收账款　　　　　　　　　　　　　　　351 000

3. 销售退回业务

销售退回，是指企业售出的商品由于质量、品种不符合要求等原因而发生的退货。对于销售退回,企业应分别不同情况进行会计处理。

(1)对于未确认收入的售出商品发生销售退回的,企业应按已记入"发出商品"科目的商品成本金额,借记"库存商品"科目,贷记"发出商品"科目。

(2)对于已确认收入的售出商品发生退回的,企业一般应在发生时冲减当期销售商品收入,同时冲减当期销售商品成本。如该项销售退回已发生现金折扣的,应同时调整相关财务费用的金额;如该项销售退回允许扣减增值税额的,应同时调整"应交税费——应交增值税(销项税额)"科目的相应金额。

已确认收入的售出商品发生的销售退回属于资产负债表日后事项的,应当按照有关资产负债表日后事项的相关规定进行会计处理。

【例10-5】华康公司2×16年2月1日,销售给联达公司商品一批,增值税专用发票上注明销售价格为100万元,增值税税额为17万元。提货单和增值税专用发票已交联达公司,联达公司已承诺付款。为及时收回货款,给予联达公司的现金折扣条件为2/10,1/20,N/30(假定计算现金折扣时不考虑增值税因素)。该批商品的实际成本为80万元。2月9日,收到联达公司支付的、扣除所享受现金折扣金额后的款项,并存入银行。4月20日,收到联达公司退回的商品。经查核,该批商品的性能不稳定,华康公司同意了联达公司的退货要求。当日,华康公司办妥了退货手续,并退回货款。

分析:华康公司有关会计处理如下。

(1)销售商品时。

```
借:应收账款                          1 170 000
    贷:主营业务收入                       1 000 000
        应交税费——应交增值税(销项税额)       170 000
借:主营业务成本                        800 000
    贷:库存商品                           800 000
```

(2)收到货款时。

```
借:银行存款                          1 150 000
    财务费用                            20 000
    贷:应收账款                          1 170 000
```

(3)销售退回时。

```
借:主营业务收入                       1 000 000
    应交税费——应交增值税(销项税额)       170 000
    贷:银行存款                          1 150 000
        财务费用                            20 000
借:库存商品                           800 000
    贷:主营业务成本                        800 000
```

4. 附有销售退回条件的商品销售业务

附有销售退回条件的商品销售,是指购买方依照有关协议有权退货的销售方式。在这种销售方式下,企业根据以往经验能够合理估计退货可能性且确认与退货相关负债的,通常应在发出商品时确认收入;企业不能合理估计退货可能性的,通常应在售出商品退货期满时确认收入。

【例10-6】华康公司对其生产的A产品实行"包退、包换、包修"的销售政策,并承诺售出的A产品如有质量问题在三个月内有权要求退货。华康公司2×16年7月共销售A产品1 000件,销售价款计1 000万元,增值税税率为17%,款项均已收存银行。该批产品成本为800万元。根据以往的经验,估计A产品的退货率占10%。实际发生销售退回时有关的增值税税额允许冲减。

分析:华康公司会计处理如下。

（1）销售产品时。

借：银行存款　　　　　　　　　　　　　　　　11 700 000

　　贷：主营业务收入　　　　　　　　　　　　10 000 000

　　　　应交税费——应交增值税（销项税额）　　1 700 000

借：主营业务成本　　　　　　　　　　　　　　 8 000 000

　　贷：库存商品　　　　　　　　　　　　　　 8 000 000

（2）月末确认估计的销货退回。

借：主营业务收入　　　　　　　　　　　　　　 1 000 000

　　贷：主营业务成本　　　　　　　　　　　　　 800 000

　　　　预计负债　　　　　　　　　　　　　　　 200 000

（3）发生销货退回时。

① 若实际退货的数量为100件（占10%）。

借：库存商品　　　　　　　　　　　　　　　　　 800 000

　　应交税费——应交增值税（销项税额）　　　　 170 000

　　预计负债　　　　　　　　　　　　　　　　　 200 000

　　贷：银行存款　　　　　　　　　　　　　　 1 170 000

② 若实际退货的数量为60件。

借：库存商品　　　　　　　　　　　　　　　　　 480 000

　　应交税费——应交增值税（销项税额）　　　　 102 000

　　预计负债　　　　　　　　　　　　　　　　　 200 000

　　主营业务成本　　　　　　　　　　　　　　　 320 000

　　贷：银行存款　　　　　　　　　　　　　　　 702 000

　　　　主营业务收入　　　　　　　　　　　　　 400 000

③ 若实际退货的数量为110件。

借：库存商品　　　　　　　　　　　　　　　　　 880 000

　　应交税费——应交增值税（销项税额）　　　　 187 000

　　预计负债　　　　　　　　　　　　　　　　　 200 000

　　主营业务收入　　　　　　　　　　　　　　　 100 000

　　贷：银行存款　　　　　　　　　　　　　　 1 287 000

　　　　主营业务成本　　　　　　　　　　　　　　 80 000

假定华康公司无法合理估计A产品退货的可能性；产品的纳税义务在产品发出时已经发生，则华康公司有关会计处理如下。

（1）销售产品时。

借：发出商品　　　　　　　　　　　　　　　　 8 000 000

　　贷：库存商品　　　　　　　　　　　　　　 8 000 000

借：银行存款　　　　　　　　　　　　　　　　11 700 000

　　贷：预收账款　　　　　　　　　　　　　　10 000 000

　　　　应交税费——应交增值税（销项税额）　　1 700 000

（2）退货期满时。

① 若没有发生退货。

借：预收账款　　　　　　　　　　　　　　　　10 000 000

　　贷：主营业务收入　　　　　　　　　　　　10 000 000

```
借：主营业务成本                                    8 000 000
    贷：发出商品                                        8 000 000
```

② 若发生退货100件。

```
借：预收账款                                       10 000 000
    应交税费——应交增值税（销项税额）                    170 000
    （退货部分的增值税）
        贷：主营业务收入                                 9 000 000
            银行存款                                    1 170 000
借：主营业务成本                                     7 200 000
    库存商品                                           800 000
    贷：发出商品                                        8 000 000
```

5. 售后回购业务

售后回购，是指销售商品的同时，销售方同意日后将同样或类似的商品购回的销售方式。在这种方式下，销售方应根据合同或协议的条款判断企业是否已将商品所有权上的主要风险和报酬转移给购货方，以确定是否确认销售商品收入。在大多数情况下，回购价格固定或原销价加合理回报，售后回购交易属于融资交易，商品所有权上的主要风险和报酬没有转移，企业不应确认销售商品收入；回购价格大于原售价的差额，企业应在回购期间按期计提利息，计入财务费用。

【例10-7】华康公司2×16年3月1日，与丙公司签订合同，向丙公司销售商品一批。该批商品的销售价格为500万元（不含增值税），增值税税率为17%，实际成本为400万元。商品已发出，款项已收到。该合同同时规定，华康公司应在2×16年10月31日以540万元（不含增值税额）将该批商品回购。

要求：编制华康公司的有关会计分录。

分析：华康公司有关会计处理如下。

（1）发出商品时。

```
借：银行存款                                        5 850 000
    贷：其他应付款                                      5 000 000
        应交税费——应交增值税（销项税额）                   850 000
```

同时，

```
借：发出商品                                        4 000 000
    贷：库存商品                                        4 000 000
```

（2）3月31日（以后每月末）将回购价大于售价的差额按月计提利息。

（540-500）÷8=5（万元）

```
借：财务费用                                          50 000
    贷：其他应付款                                        50 000
```

（3）10月31日回购该批商品时。

```
借：其他应付款                                       5 400 000
    应交税费——应交增值税（进项税额）                     918 000
    贷：银行存款                                        6 318 000
```

同时，

```
借：财务费用                                          50 000
    贷：其他应付款                                        50 000
借：库存商品                                        4 000 000
    贷：发出商品                                        4 000 000
```

6. 代销商品业务

（1）视同买断方式

视同买断，即由委托方和受托方签订协议，委托方按协议价格收取委托代销商品的货款，实际售价可由受托方自定，实际售价与协议价之间的差额归受托方所有的销售方式。

如果委托方和受托方之间的协议明确表明，受托方在取得代销商品后，无论是否能够卖出、是否获利，均与委托方无关，那么，委托方和受托方之间的代销商品交易，与委托方直接销售商品给受托方没有实质区别。在符合销售商品收入确认条件时，委托方应确认相关商品销售收入。

如果委托方与受托方之间的协议明确表明，将来受托方没有将商品售出时可以将商品退回给委托方，或者受托方因代销商品出现亏损时可以要求委托方补偿，那么，委托方在交付商品时通常不确认收入，受托方也不作为购进商品处理。受托方将商品销售后，按实际售价确认收入，并向委托方开具代销清单，委托方收到代销清单时，再确认相应的销售收入。

【例10-8】华康公司委托长帝公司代销商品1 000件，协议价为每件1 000元，增值税税率为17%，该商品的实际成本为每件800元。华康公司收到长帝公司开来的代销清单时开具增值税专用发票。华康公司与长帝公司签订的协议明确表明，将来长帝公司没有将商品售出时可以将商品退回给华康公司。长帝公司按每件1 200元的价格销售，增值税税率为17%。华康公司本年度收到长帝公司交来的代销清单，代销清单列明已销售代销商品的60%。假定按代销协议，长帝公司可以将未代销的商品退回给华康公司。

分析：（1）华康公司会计处理如下。

① 华康公司将商品交付给长帝公司时。

借：发出商品　　　　　　　　　　　　　　　　　800 000
　　贷：库存商品　　　　　　　　　　　　　　　　　800 000

② 收到代销清单时。

借：应收账款　　　　　　　　　　　　　　　　　702 000
　　贷：主营业务收入　　　　　　　　　　　　　　　600 000
　　　　应交税费——应交增值税（销项税额）　　　　102 000

同时，

借：主营业务成本　　　　　　　　　　　　　　　480 000
　　贷：发出商品　　　　　　　　　　　　　　　　　480 000

借：银行存款　　　　　　　　　　　　　　　　　702 000
　　贷：应收账款　　　　　　　　　　　　　　　　　702 000

（2）长帝公司会计处理如下。

① 收到华康公司交付的商品时。

借：受托代销商品　　　　　　　　　　　　　　1 000 000
　　贷：受托代销商品款　　　　　　　　　　　　　1 000 000

② 销售商品时。

借：银行存款　　　　　　　　　　　　　　　　　842 400
　　贷：主营业务收入　　　　　　　　　　　　　　　720 000
　　　　应交税费——应交增值税（销项税额）　　　　122 400

同时，

借：主营业务成本　　　　　　　　　　　　　　　600 000
　　贷：受托代销商品　　　　　　　　　　　　　　　600 000

借：受托代销商品款　　　　　　　　　　　　　　600 000
　　贷：应付账款　　　　　　　　　　　　　　　　　600 000

③ 按合同协议价款支付代销商品款时。

借：应付账款   600 000

     应交税费——应交增值税（进项税额）   102 000

     贷：银行存款   702 000

（2）支付手续费方式

此种方式下，受托方根据所代销的商品金额或数量向委托方收取手续费。在此情形下，委托方在发出商品时通常不应确认销售商品收入，而应在收到受托方开出的代销清单时确认销售商品收入；受托方应在商品销售后，按合同或者协议约定的方法计算确定的手续费确认收入。

【例10-9】华康公司委托甲公司代销商品500件，该商品的实际成本为每件800元。合同约定甲公司应按每件1 000元的价格对外销售，增值税税率为17%，甲公司按代销价款的10%收取手续费。华康公司收到甲公司开来的代销清单时开具增值税专用发票。华康公司本年度收到甲公司交来的代销清单，代销清单列明已销售代销商品的80%。

分析：华康公司会计处理如下。

（1）华康公司将商品交付甲公司时。

借：发出商品   400 000

     贷：库存商品   400 000

（2）收到代销清单时。

借：应收账款   468 000

     贷：主营业务收入   400 000

         应交税费——应交增值税（销项税额）   68 000

同时，

借：主营业务成本   320 000

     贷：发出商品   320 000

借：销售费用   40 000

     贷：应收账款   40 000

（3）收到甲公司的货款时。

借：银行存款   428 000

     贷：应收账款   428 000

7. 预收款销售商品业务

预收款销售商品，是指购买方在商品尚未收到前，按合同或协议约定分期付款，销售方在收到最后一笔款项时才交货的销售方式。在这种方式下，销售方直到收到最后一笔款项才将商品交付购货方，表明商品所有权上的主要风险和报酬只有在收到最后一笔款项时才转移给购货方，因此，企业通常应在发出商品时确认收入，在此之前预收的货款应确认为负债（预收账款）。

【例10-10】华康公司与联达公司签订协议，采用分期预收款方式向联达公司销售一批商品。该批商品实际成本为1 400 000元。协议约定，该批商品销售价格为2 000 000元；联达公司应在协议签订时预付60%的货款（按不含增值税销售价格计算），剩余货款于两个月后支付。假定华康公司在收到剩余货款时，销售该批商品的增值税纳税义务发生，增值税税额为340 000元。不考虑其他因素。

分析：华康公司的账务处理如下。

（1）收到60%的货款。

借：银行存款   1 200 000

     贷：预收账款——联达公司   1 200 000

（2）收到剩余货款，发生增值税纳税义务。

借：预收账款——联达公司	1 200 000
银行存款	1 140 000
贷：主营业务收入——销售 X 商品	2 000 000
应交税费——应交增值税（销项税额）	340 000
借：主营业务成本——销售 X 商品	1 400 000
贷：库存商品——X 商品	1 400 000

8. 具有融资性质的分期收款销售商品业务

企业销售商品，有时会采取分期收款的方式，如分期收款发出商品，即商品已经交付，货款分期收回（通常为超过三年）。如果延期收取的货款具有融资性质，其实质是企业向购货方提供信贷，企业应当按照应收的合同或协议价款的公允价值确定收入金额。应收的合同或协议价款的公允价值，通常应当按照其未来现金流量现值或商品现销价格计算确定。

应收的合同或协议价款与其公允价值之间的差额，应当在合同或协议期间内，按照应收款项的摊余成本和实际利率计算确定的金额进行摊销，作为财务费用的抵减处理。其中，实际利率是指具有类似信用等级的企业发行类似工具的现时利率，或者将应收的合同或协议价款折现为商品现销价格时的折现率等。

应收的合同或协议价款与其公允价值之间的差额，按照实际利率法摊销与直线法摊销结果相差不大的，也可以采用直线法进行摊销。

【例10-11】华康公司2×11年1月1日售出大型设备一套，协议约定采用分期收款方式，从销售当年末分五年分期收款，每年1 000万元，合计5 000万元，成本为3 000万元。在合同约定的收款日期，发生有关的增值税纳税义务，增值税税率为17%。假定销货方在销售成立日应收金额的公允价值为4 000万元，实际利率为7.93%。

分析：华康公司应确认销售收入和各年应确认的利息收益见表10-1。

表 10-1　　　　　　　　　　华康公司各年应确认的利息收益表　　　　　　　　　　单位：万元

日期	收现总额 （a）	财务费用 （b）= 期初（d）×7.93%	已收本金 （c）=（a）-（b）	未收本金 （d）= 期初（d）-（c）
2×11 年 1 月 1 日				4 000
2×11 年 12 月 31 日	1 000	317.2	682.8	3 317.2
2×12 年 12 月 31 日	1 000	263.05	736.95	2 580.25
2×13 年 12 月 31 日	1 000	204.61	795.39	1 784.86
2×14 年 12 月 31 日	1 000	141.54	858.46	926.4
2×15 年 12 月 31 日	1 000	73.6*	926.4	0
合计	5 000	1 000	4 000	

*尾数调整 1 000-926.4=73.6（万元）

（1）2×11年1月1日。

借：长期应收款	50 000 000
贷：主营业务收入	40 000 000
未实现融资收益	10 000 000
借：主营业务成本	30 000 000
贷：库存商品	30 000 000

（2）2×11年12月31日。

未实现融资收益摊销=每期期初应收款本金余额×实际利率

每期期初应收款本金余额=期初长期应收款余额-期初未实现融资收益余额

未实现融资收益摊销=（5 000-1 000）×7.93%=317.20（万元）

借：银行存款 11 700 000

　　贷：长期应收款 10 000 000

　　　应交税费——应交增值税（销项税额） 1 700 000

借：未实现融资收益 3 172 000

　　贷：财务费用 3 172 000

（3）2×12年12月31日。

未实现融资收益摊销=[（5 000-1 000）-（1 000-317.20）]×7.93%=263.05（万元）

借：银行存款 11 700 000

　　贷：长期应收款 10 000 000

　　　应交税费——应交增值税（销项税额） 1 700 000

借：未实现融资收益 2 630 500

　　贷：财务费用 2 630 500

（4）2×13年12月31日。

未实现融资收益摊销=[（5 000-1 000-1 000）-（1 000-317.20-263.05）]×7.93%=204.61（万元）

借：银行存款 11 700 000

　　贷：长期应收款 10 000 000

　　　应交税费——应交增值税（销项税额） 1 700 000

借：未实现融资收益 2 046 100

　　贷：财务费用 2 046 100

（5）2×14年12月31日。

借：银行存款 11 700 000

　　贷：长期应收款 10 000 000

　　　应交税费——应交增值税（销项税额） 1 700 000

借：未实现融资收益 1 415 400

　　贷：财务费用 1 415 400

（6）2×15年12月31日。

借：银行存款 11 700 000

　　贷：长期应收款 10 000 000

　　　应交税费——应交增值税（销项税额） 1 700 000

借：未实现融资收益 736 000

　　贷：财务费用 736 000

9. 售后租回

售后租回，是指销售商品的同时，销售方同意在日后再将同样的商品租回的销售方式。在这种方式下，销售方应根据合同或协议条款判断企业是否已将商品所有权上的主要风险和报酬转移给购货方，以确定是否确认销售商品收入。

通常情况下，售后租回属于融资交易，企业不应确认收入。售价与资产账面价值之间的差额应当分别按照不同情况处理。

第一，如果售后租回交易认定为融资租赁，售价与资产账面价值之间的差额应当予以递延，并按照该项租赁资产的折旧进度进行分摊,作为折旧费用的调整。

第二,如果售后租回交易认定为经营租赁,应当分别情况处理:①有确凿证据表明售后租回交易是按照公允价值达成的,售价与资产账面价值之间的差额应当计入当期损益。②售后租回交易如果不是按照公允价值达成的,售价低于公允价值的差额应当计入当期损益;但若该损失将由低于市价的未来租赁付款额补偿,有关损失应予以递延(递延收益),并按与确认租金费用相一致的方法在租赁期内进行分摊;如果售价大于公允价值,其大于公允价值的部分应计入递延收益,并在租赁期内分摊。

10. 以旧换新销售商品业务

以旧换新销售,是指销售方在销售商品的同时回收与所售商品相同的旧商品。在此种业务下,销售商品应当按照销售商品收入确认条件确认收入,回收的商品作为购进商品处理。要注意单独核算新产品的销售与旧商品的回收,不能按差额确认收入。

【例10-12】2×15年12月16日,采用以旧换新方式,甲公司销售给长帝公司A产品一件,单价为1 170万元(含税价格),单位销售成本为600万元;同时收回一件同类旧商品,每件回收价为100万元(不考虑增值税);实际收入款项1 070万元。

分析:甲公司会计处理如下。

借:银行存款　　　　　　　　　　　　　　　　10 700 000
　　库存商品　　　　　　　　　　　　　　　　 1 000 000
　　贷:主营业务收入　　　　　　　　　　　　10 000 000
　　　　应交税费——应交增值税(销项税额)　 1 700 000
借:主营业务成本　　　　　　　　　　　　　　 6 000 000
　　贷:库存商品　　　　　　　　　　　　　　 6 000 000

【例10-13】华康公司响应我国政府有关部门倡导的汽车家电以旧换新、搞活流通扩大消费、促进再生资源回收利用的相关政策,积极开展家电以旧换新业务。2×16年3月份,华康公司共销售X型号彩色电视机100台,每台不含增值税销售价格为2 000元,每台销售成本为900元;同时回收100台X型号旧彩色电视机,每台回收价格为234元;款项均已收付。根据上述资料,华康公司的账务处理如下。

(1)2×16年3月份,华康公司销售100台X型号彩色电视机。

借:库存现金　　　　　　　　　　　　　　　　　 234 000
　　贷:主营业务收入——售X型号彩电　　　　　 200 000
　　　　应交税费——应交增值税(销项税额)　　　 34 000
借:主营业务成本——售X型号彩电　　　　　　　　 90 000
　　贷:库存商品——X型号彩电　　　　　　　　　 90 000

(2)2×16年3月份,华康公司回收100台X型号彩色电视机。

借:原材料　　　　　　　　　　　　　　　　　　　 20 000
　　应交税费——应交增值税(进项税额)　　　　　　 3 400
　　贷:库存现金　　　　　　　　　　　　　　　　　23 400

第三节　提供劳务收入的确认和计量

劳务通常是指结果不形成有形资产的服务,如旅游服务、运输服务、饮食服务、广告策划与制作、管理咨询、代理业务、培训业务、建筑安装、软件设计、提供特许权等。企业通过提供劳务而取得的收入，即为劳务收入。劳务收入应当根据在资产负债表日提供劳务交易的结果是否能够可靠地估计，分别采用不同的方法予以确认和计量。

一、提供劳务交易结果能够可靠估计

企业在资产负债表日提供劳务交易的结果能够可靠估计的，应当采用完工百分比法确认提供劳务收入。

（一）提供劳务交易结果能够可靠估计的条件

提供劳务交易的结果能够可靠估计，是指同时满足下列条件。

（1）收入的金额能够可靠地计量，是指提供劳务收入的总额能够合理地估计。通常情况下，企业应当按照从接受劳务方已收或应收的合同或协议价款确定提供劳务收入总额。随着劳务的不断提供，可能会根据实际情况增加或减少已收或应收的合同或协议价款，此时，企业应及时调整提供劳务收入总额。

（2）相关的经济利益很可能流入企业，是指提供劳务收入总额收回的可能性大于不能收回的可能性。企业在确定提供劳务收入总额能否收回时，应当结合接受劳务方的信誉、以前的经验以及双方就结算方式和期限达成的合同或协议条款等因素，综合进行判断。

企业在确定提供劳务收入总额收回的可能性时，应当进行定性分析。如果确定提供劳务收入总额收回的可能性大于不能收回的可能性，即可认为提供劳务收入总额很可能流入企业。通常情况下，企业提供的劳务符合合同或协议要求，接受劳务方承诺付款，就表明提供劳务收入总额收回的可能性大于不能收回的可能性。如果企业判断提供劳务收入总额不是很可能流入企业，应当提供确凿证据。

（3）交易的完工进度能够可靠地确定，是指交易的完工进度能够合理地估计。企业确定提供劳务交易的完工进度，可以选用下列方法。

① 已完工作的测量。这是一种比较专业的测量方法，由专业测量师对已经提供的劳务进行测量，并按一定方法计算确定提供劳务交易的完工程度。

② 已经提供的劳务占应提供劳务总量的比例。这种方法主要以劳务量为标准确定提供劳务交易的完工程度。

③ 已经发生的成本占估计总成本的比例。这种方法主要以成本为标准确定提供劳务交易的完工程度。只有已提供劳务的成本才能包括在已经发生的成本中，只有已提供或将提供劳务的成本才能包括在估计总成本中。

（4）交易中已发生和将发生的成本能够可靠地计量，是指交易中已经发生和将要发生的成本能够合理地估计。企业应当建立完善的内部成本核算制度和有效的内部财务预算及报告制度，准确地提供每期发生的成本，并对完成剩余劳务将要发生的成本做出科学、合理的估计。同时应随着劳务的不断提供或外部情况的不断变化，随时对将要发生的成本进行修订。

（二）完工百分比法的具体应用

完工百分比法，是指按照提供劳务交易的完工进度确认收入和费用的方法。在这种方法下，确认的提供劳务收入金额能够提供各个会计期间关于提供劳务交易及其业绩的有用信息。

企业应当在资产负债表日按照提供劳务收入总额乘以完工进度扣除以前会计期间累计已确认提供劳务收入后的金额，确认当期提供劳务收入；同时，按照提供劳务估计总成本乘以完工进度扣除以前会计期间累计已确认劳务成本后的金额，结转当期劳务成本。用公式表示如下：

本期确认的收入=劳务总收入×本期末止劳务的完工进度-以前期间已确认的收入

本期确认的费用=劳务总成本×本期末止劳务的完工进度-以前期间已确认的费用

在采用完工百分比法确认提供劳务收入的情况下，企业应按计算确定的提供劳务收入金额，借记"应收账款""银行存款"等科目，贷记"主营业务收入"科目。结转提供劳务成本时，借记"主营业务成本"科目，贷记"劳务成本"科目。

【例10-14】华康公司于2×16年12月1日接受一项设备安装任务，安装期为三个月。合同总收入为300 000元，至年底已预收安装费220 000元，实际发生安装费用140 000元（假定均为安装人员薪酬），估计还会发生60 000元。假定华康公司按实际发生的成本占估计总成本的比例确定劳务的完工进度，不考虑其他因素。

分析：甲公司的账务处理如下。

实际发生的成本占估计总成本的比例=140 000÷（140 000+60 000）=70%

2×16年12月31日确认的提供劳务收入=300 000×70%-0=210 000（元）

2×16年12月31日结转的提供劳务成本=（140 000+60 000）×70%-0=140 000（元）

（1）实际发生劳务成本时。

借：劳务成本   140 000

    贷：应付职工薪酬   140 000

（2）预收劳务款时。

借：银行存款   220 000

    贷：预收账款   220 000

（3）2×16年12月31日确认提供劳务收入并结转劳务成本时。

借：预收账款   210 000

    贷：主营业务收入   210 000

借：主营业务成本   140 000

    贷：劳务成本   140 000

二、提供劳务交易结果不能可靠估计

企业在资产负债表日提供劳务交易结果不能够可靠估计的，即不能同时满足上述四个条件时，企业不能采用完工百分比法确认提供劳务收入。此时，企业应正确预计已经发生的劳务成本能够得到补偿和不能得到补偿，分别进行会计处理：①已经发生的劳务成本预计全部能够得到补偿的，应按已收或预计能够收回的金额确认提供劳务收入，并结转已经发生的劳务成本。②已经发生的劳务成本预计部分能够得到补偿的，应按能够得到补偿的劳务成本金额确认提供劳务收入，并结转已经发生的劳务成本。③已经发生的劳务成本预计全部不能得到补偿的，应将已经发生的劳务成本计入当期损益，不确认提供劳务收入。

【例10-15】华康公司于2×15年12月25日接受联达公司委托，为其培训一批学员，培训期为六个月，2×16年1月1日开学。协议约定，联达公司应向华康公司支付的培训费总额为120 000元，分三次等额支付，第一次在开学时预付，第二次在2×16年3月1日支付，第三次在培训结束时支付。2×16年1月1日，联达公司预付第一次培训费。至2×16年2月28日，华康公司发生培训成本30 000元（假定均为培训人员薪酬）。2×16年3月1日，华康公司得知联达公司经营发生困难，后两次培训费能否收回难以确定。

分析：华康公司的账务处理如下。

（1）2×16年1月1日收到联达公司预付的培训费。

借：银行存款   40 000

　　贷：预收账款——联达公司   40 000

（2）实际发生培训支出。

借：劳务成本——培训成本   30 000

　　贷：应付职工薪酬   30 000

（3）2×16年2月28日确认劳务收入并结转劳务成本。

借：预收账款——联达公司   30 000

　　贷：主营业务收入——培训收入   30 000

借：主营业务成本——培训成本   30 000

　　贷：劳务成本——培训成本   30 000

三、同时销售商品和提供劳务交易

企业与其他企业签订的合同或协议，有时既包括销售商品又包括提供劳务，如销售电梯的同时负责安装工作，销售软件后继续提供技术支持，设计产品同时负责生产等。此时，如果销售商品部分和提供劳务部分能够区分且能够单独计量，企业应当分别核算销售商品部分和提供劳务部分，将销售商品的部分作为销售商品处理，将提供劳务的部分作为提供劳务处理；如果销售商品部分和提供劳务部分不能够区分，或虽能区分但不能够单独计量，企业应当将销售商品部分和提供劳务部分全部作为销售商品部分进行会计处理。

【例10-16】华康公司与联达公司签订合同，向联达公司销售一部电梯并负责安装。华康公司开出的增值税专用发票上注明的价款合计为2 000 000元，其中电梯销售价格为1 960 000元，安装费为40 000元，增值税税额为340 000元。电梯的成本为1 120 000元；电梯安装过程中发生安装费24 000元，均为安装人员薪酬。假定电梯已经安装完成并经验收合格，款项尚未收到；安装工作是销售合同的重要组成部分。

分析：华康公司的账务处理如下。

（1）电梯发出。

借：发出商品——X电梯   1 120 000

　　贷：库存商品——X电梯   1 120 000

注意，"安装工作是销售合同的重要组成部分"，因此发出商品时不能确认收入。

（2）实际发生安装费用24 000元。

借：劳务成本——电梯安装   24 000

　　贷：应付职工薪酬   24 000

（3）确认销售电梯收入和提供劳务收入合计2 000 000元。

借：应收账款——联达公司   2 340 000

　　贷：主营业务收入——销售X电梯   1 960 000

　　　　　　　　　　　——电梯安装劳务   40 000

　　　　应交税费——应交增值税（销项税额）   340 000

（4）结转销售商品成本1 120 000和安装成本24 000元。

借：主营业务成本——销售X电梯   1 120 000

　　贷：发出商品——X电梯   1 120 000

借：主营业务成本——电梯安装劳务   24 000
 贷：劳务成本——电梯安装劳务   24 000

四、特殊劳务收入的确认

企业提供的劳务种类繁多，而不同的劳务，其提供方式以及收费方式各具特点。企业提供以下劳务，满足收入确认条件的，应按规定的时点确认有关劳务收入。

（1）安装费，在资产负债表日根据安装的完工进度确认为收入。如果安装工作是商品销售的附带条件，安装费通常应在确认商品销售实现时确认为收入。

（2）宣传媒介的收费，在相关的广告或商业行为开始出现于公众面前时确认为收入。广告制作费，通常应在资产负债表日根据广告制作的完工进度确认为收入。

（3）为特定客户开发软件的收费，在资产负债表日根据开发的完工进度确认为收入。

（4）包括在商品售价内可区分的服务费收入，在提供服务的期间内分期确认收入。

（5）艺术表演、招待宴会和其他特殊活动的收费，在相关活动发生时确认为收入。

（6）申请入会费和会员费能使会员在会员期间内取得各种服务或出版物，或者以低于非会员的价格销售商品或提供服务的，通常应在整个受益期内分期确认为收入；仅允许取得会籍，所有其他服务或商品都要另行收费的，通常应在款项收回不存在重大不确定性时确认为收入。

（7）特许权使用费收入，提供后续服务的应在提供服务时分期确认收入，提供设备和有形资产的应在资产所有权转移时确认收入。

（8）长期为客户提供重复的劳务收取的劳务费，通常应在相关劳务活动发生时确认为收入。

五、建设经营移交方式参与公共基础设施建设业务

建设经营移交方式（BOT）参与公共基础设施建设业务，应当同时满足下列条件：①合同授予方为政府及其有关部门或政府授权进行招标的企业。②合同投资方为按照有关程序取得该特许经营权合同的企业（合同投资方）。合同投资方按照规定设立项目公司（以下简称项目公司）进行项目建设和经营。项目单位除取得建造有关基础设施的权利以外，在基础设施建造完成以后的一定期间内负责提供后续经营服务。③特许经营权合同中对建造基础设施的质量标准、工期、开始经营后提供服务的对象、收费标准及后续调整做出约定，同时在合同期满，合同投资方负有将有关基础设施移交给合同授予方的义务，并对基础设施在移交时的性能、状态等做出规定。

在某些情况下合同投资方为了服务协议目的建造或从第三方购买的基础设施，或合同授予方基于服务协议目的提供给合同投资方经营的现有基础设施，也应比照 BOT 业务的原则处理。

（1）与 BOT 业务相关收入的确认。

① 建造期间，项目公司对于所提供的建造服务应当按照《企业会计准则第 15 号——建造合同》确认相关的收入和费用。基础设施建成后，项目公司应当按照《企业会计准则第 14 号——收入》确认与后续经营服务相关的收入和费用。

建造合同收入应当按照收取或应收对价的公允价值计量，并视以下情况在确认收入的同时，分别确认金融资产或无形资产。

第一，合同规定基础设施建成后的一定时间内，项目公司可以无条件地自合同授予方收取确定金额的货币资金或其他金融资产，或在项目公司提供经营服务的收费低于某一限定金额的情况下，合同授予方按照合同规定负责将有关差价补偿给项目公司的，应当在确认收入的同时确认金

融资产，所形成金融资产按照《企业会计准则第 22 号——金融工具确认和计量》规定进行处理。项目公司应根据已收取或应收取对价的公允价值，借记"银行存款""应收账款"等科目，贷记"工程结算"科目。

第二，合同规定项目公司在有关基础设施建成后，从事经营的一定期间内有权利向获取服务的对象收取费用，但收费金额不能确定的，该权利不构成一项无条件收取现金的权利，项目公司应当在确认收入的同时确认无形资产。建造过程如发生借款利息，应当按照《企业会计准则第 17 号——借款费用》的规定处理。项目公司应根据应收取对价的公允价值，借记"无形资产"科目，贷记"工程结算"科目。

② 项目公司未提供实际建造服务，将基础设施建造发包给其他方的，不应确认建造服务收入，应当按照建造过程中支付的工程价款等考虑合同规定，分别确认为金融资产或无形资产。

（2）按照合同规定，企业为使有关基础设施保持一定的服务能力或在移交给合同授予方之前保持一定的使用状态，预计将发生的支出，应当按照《企业会计准则第 13 号——或有事项》的规定处理。

（3）按照特许经营权合同规定，项目公司应提供不止一项服务（如既提供基础设施建造服务又提供建成后经营服务）的，各项服务能够单独区分时，其收取或应收的对价应当按照各项服务的相对公允价值比例分配给所提供的各项服务。

（4）BOT 业务所建造基础设施不应确认为项目公司的固定资产。

（5）在 BOT 业务中，授予方可能向项目公司提供除基础设施以外的其他资产。如果该资产构成授予方应付合同价款的一部分，不应作为政府补助处理。项目公司自授予方取得资产时，应以其公允价值确认，未提供与获取该资产相关的服务前应确认为一项负债。

六、授予客户奖励积分

在某些情况下，企业在销售商品或提供劳务的同时会授予客户奖励积分，如航空公司给予客户的里程累计等，客户在满足一定条件后将奖励积分兑换为企业或第三方提供的免费或折扣后的商品或服务。企业对该交易事项应当分别以下情况进行处理。

（1）在销售产品或提供劳务的同时，应当将销售取得的货款或应收货款在本次商品销售或劳务提供产生的收入与奖励积分的公允价值之间进行分配，将取得的货款或应收货款扣除奖励积分公允价值的部分确认为收入，奖励积分的公允价值确认为递延收益。

（2）在客户兑换奖励积分时，授予企业应将原计入递延收益的与所兑换积分相关的部分确认为收入，确认为收入的金额应当以被兑换用于换取奖励的积分数额占预期将兑换用于换取奖励的积分总数的比例为基础计算确定。

第四节 | 让渡资产使用权收入的确认和计量

一、让渡资产使用权收入的确认

让渡资产使用权收入主要包括：①利息收入，主要是指金融企业对外贷款形成的利息收入，以及同业之间发生往来形成的利息收入等。②使用费收入，主要是指企业转让无形资产（如商标权、专利权、专营权、软件、版权）等资产的使用权形成的使用费收入。

企业对外出租资产收取的租金、进行债权投资收取的利息、进行股权投资取得的现金股利，也构成让渡资产使用权收入，有关的会计处理，参照有关租赁、金融工具确认和计量、长期股权投资等内容。

让渡资产使用权收入同时满足下列条件的，才能予以确认。

（一）相关的经济利益很可能流入企业

相关的经济利益很可能流入企业，是指让渡资产使用权收入金额收回的可能性大于不能收回的可能性。企业在确定让渡资产使用权收入金额能否收回时，应当根据对方企业的信誉和生产经营情况、双方就结算方式和期限等达成的合同或协议条款等因素，综合进行判断。如果企业估计让渡资产使用权收入金额收回的可能性不大，就不应确认收入。

（二）收入的金额能够可靠地计量

收入的金额能够可靠地计量，是指让渡资产使用权收入的金额能够合理地估计。如果让渡资产使用权收入的金额不能够合理地估计，则不应确认为收入。

二、让渡资产使用权收入的计量

（一）利息收入

企业应在资产负债表日，按照他人使用本企业货币资金的时间和实际利率计算确定利息收入金额。按计算确定的利息收入金额，借记"应收利息""银行存款"等科目，贷记"利息收入""其他业务收入"等科目，贷记"应交税费——应交增值税（销项税额）"。

【例10-17】甲银行于2×16年10月1日向华康公司发放一笔贷款500万元，期限为一年，年利率为5%。甲银行发放贷款时没有发生交易费用。该贷款合同利率与实际利率相同。假定甲银行按季度编制财务报表，不考虑其他因素。

（1）2×16年10月1日对外贷款时。

借：贷款　　　　　　　　　　　　　　　　　5 000 000
　　贷：吸收存款　　　　　　　　　　　　　　　　　5 000 000

（2）2×16年12月31日确认利息收入时。

借：应收利息　　　　　　　　　　　62 500（5 000 000×5%÷4）
　　贷：利息收入　　　　　　　　　　　　　　　　　58 962.26
　　　　应交税费——应交增值税（销项税额）　　　　　3 537.74

（二）使用费收入

使用费收入应当按照有关合同或协议约定的收费时间和方法计算确定。不同的使用费收入，收费时间和方法各不相同。有一次性收取一笔固定金额的，如一次收取十年的场地使用费；有在合同或协议规定的有效期内分期等额收取的，如合同或协议规定在使用期内每期收取一笔固定的金额；也有分期不等额收取的，如合同或协议规定按资产使用方每期销售额的百分比收取使用费等。

合同或协议规定一次性收取使用费，且不提供后续服务的，应当视同销售该项资产一次性确认收入；提供后续服务的，应在合同或协议规定的有效期内分期确认收入。合同或协议规定分期收取使用费的，应按合同或协议规定的收款时间和金额或规定的收费方法计算确定的金额分期确认收入。

知识链接

思考题

1. 什么是收入，如何分类？
2. 销售商品收入的确认应同时满足哪些条件？
3. 简述视同买断和收取手续费两种委托代销方式的区别，以及两者在会计处理上有何不同？
4. 让渡资产使用权收入的确认应该满足哪些条件？
5. 不同特殊劳务收入的确认的时点是什么？

关键术语

收入	revenue
现金折扣	cash discount
商业折扣	commercial discount
销售商品收入	revenue from sales of goods
让渡资产使用权收入	the revenue from transferring of asset use rights
提供劳务收入	rendering of services

借款费用

第十一章

【引例】

攀钢集团重庆钛业股份有限公司（简称"攀渝钛业"，原渝钛白股份公司）公布了1997年度财务报告后，立即在证券市场引起轩然大波，因为负责审计该公司的重庆会计师事务所对其年度财务报告出具了否定意见。这是中国证券市场上第一家被注册会计师出具否定意见审计报告的上市公司。在编制1997年度财务报表时，该公司将钛白粉工程建筑项目建设期间的借款及应付债券利息8 064万元资本化为在建工程成本。重庆会计师事务所的注册会计师审计时发现，钛白粉工程已于1995年下半年开始试产，1996年就已经生产出合格产品，按会计制度规定，该8 064万元应当计入1997年度的财务费用。重庆会计师事务所要求该公司更正这一违反会计规定的账务处理，将这8 064万元利息支出反映为期间费用，但遭到该公司的"严正拒绝"。经过多次徒劳无益的协商后，重庆会计师事务所的注册会计师被迫出具否定意见的审计报告。针对该公司上述年度报告，《中国证券报》进行了连续两周的跟踪报道，引起证券监管部门的高度关注。1998年6月30日，该公司召开股东大会，经表决，一致同意按重庆会计师事务所的审计报告调整1997年度财务报表，调整后，该公司1997年度的亏损额由原来的3 879万元增至11 943万元。

为了增强企业会计报表的可比性，提高会计信息质量，财政部多次颁布法规规范借款费用的处理：1992年颁布《工业企业会计制度》，1994年颁布《企业会计准则——借款费用（征求意见稿）》，2000年颁布《股份有限公司会计制度》，2001年颁布《企业会计准则——借款费用》（旧准则），2006年颁布《我国企业会计准则第17号——借款费用》（新准则）。这些新法规的颁布无疑对规范借款费用的会计核算、提高会计信息质量、遏制企业粉饰会计报表行为具有重大意义。本章将对借款费用相关问题进行探讨。

第一节

借款费用概述

一、借款费用的概念及内容

借款费用，指企业因借入资金而付出的代价，它包括借款利息费用、折价或者溢价的摊销、辅助费用以及因外币借款而发生的汇兑差额等。其具体内容如下。

（一）因借入资金而发生的利息

因借入资金而发生的利息，包括企业向银行或者其他金融机构等借入资金而发生的利息、发行公司债券发生的利息以及为购建或者生产符合资本化条件的资产而发生的带息债务所承担的利息等。借款利息是借款人按照本金的一定比率和借款期限付给银行等金融机构或社会公众的报酬。它是一种资本成本，企业取得借款资金后，必须按照合同规定予以支付。借款利息的计算通常有单利和复利两种方法。对于因借款而发生的利息支出，应按照权责发生制的原则对符合资本化条件的利息支出予以资本化，对不符合资本化条件的利息支出于发生时直接确认为当期费用。

（二）因借款而发生的折价或溢价的摊销

因借款而发生的折价或者溢价主要是指因发行债券等所发生的折价或者溢价，其实质是发行债券企业在债券存续期内对借款利息费用的一种调整。一般认为债券溢价是企业为将来多付利息而提前得到的补偿，是债券持有人为未来多得利息而提前付出的代价。对于债券溢价，应采用一定的方法摊销冲减各期借款费用。债券折价是企业为将来少付利息而提前付出的代价，是对债券持有人未来少得利息收入而提前提供的补偿。对于债券折价也应采用一定的方法摊销计入各期借款费用。债券溢价和折价应在债券的存续期间内进行摊销。按照准则规定，借款存在折价和溢价的，应当按照实际利率法确定每一会计期间应摊销的折价或者溢价金额，调整每期利息金额。

（三）因外币借款而发生的汇兑差额

因外币借款而发生的汇兑差额，是指由于汇率变动导致市场汇率与账面汇率出现差异，从而对外币借款本金及其利息的记账本位币金额所产生的影响金额。由于汇率的变化往往和利率的变化相联动，它是企业外币借款所需承担的风险，因此，因外币借款相关汇率变化所导致的汇兑差额属于借款费用的有机组成部分。按照准则规定，在资本化期间，对外币专门借款本金及利息的汇兑差额，应当予以资本化，计入符合资本化条件的资产的成本。

（四）因借款而发生的辅助费用

因借款而发生的辅助费用，是指企业在借款过程中发生的相关费用支出，主要包括借款时发生的手续费以及发行债券时发生的手续费、佣金、印刷费等。按照准则规定，辅助费用根据其用途等情况的不同在发生当期计入当期损益或者予以资本化：①一般借款发生的辅助费用，应当在发生时根据其发生额确认为费用，计入当期损益；②专门借款发生的辅助费用，在所购建或生产的符合资本化条件的资产达到预定可使用或者可销售状态之前发生的，应当在发生时根据其发生额予以资本化，计入符合资本化条件的资产的成本；在所购建或者生产的符合资本化条件的资产达到预定可使用或者可销售状态之后发生的，应当在发生时根据其发生额确认为费用，计入当期损益。

应当注意的是，对于企业发生的权益性融资费用，不应包括在借款费用中。承租人根据租赁会计准则所确认的融资租赁发生的融资费用不属于借款费用。

二、借款的分类与借款费用的范围

（一）借款的分类

1. 短期借款与长期借款

按借入时间长短进行分类，借款可以分为短期借款和长期借款。其中，短期借款是指企业向银行或其他金融机构等借入的期限在一年以下（含一年）的各种借款。长期借款是指企业向银行或其他金融机构等借入的期限在一年以上的各项借款。

2. 专门借款与一般借款

按借入资金用途进行分类，借款可以分为专门借款和一般借款。专门借款是指为购建或者生产符合资本化条件的资产而专门借入的款项。专门借款通常应当有明确的用途，即为购建或者生产某项符合资本化条件的资产而专门借入的，并通常应当具有标明该用途的借款合同。一般借款是指除专门借款之外的借款，相对于专门借款而言，一般借款在借入时，其用途通常没有特指用于符合资本化条件的资产的购建或生产。

【例11-1】甲制造企业为了建造厂房向某银行专门贷款1亿元，乙房地产开发企业为了开发某住宅小区向某银行专门贷款2亿元，丙施工企业为了完成承接的某运动场馆建造合同向银行专门贷款5 000万元。这些贷款均属于专门借款，其使用目的明确，而且其使用受与银行签订的相关合同限制。

3. 银行借款与公司债券

按借入资金来源不同，借款可以分为向银行或其他金融机构借入的款项和以发行债券方式向社会公众借入的款项。

（二）借款费用的范围

本准则中的借款费用，既包括企业短期借款的借款费用，也包括长期借款的借款费用；既包括专门借款的借款费用，又包括一般借款的借款费用；既包括向银行或其他金融机构借入款项的借款费用，又包括以发行债券方式取得款项的借款费用。

第二节　借款费用的确认

一、借款费用确认的原则

（一）借款费用确认原则的两种观点

借款费用的确认，就是确定一定时期的借款费用的金额以及应归属何种会计要素的过程。具体而言，就是指借款费用究竟应作为财务费用计入当期损益，还是应计入相关资产的成本。目前主要有两种观点：一种为借款费用费用化，另一种为借款费用资本化。

1. 借款费用费用化

主张借款费用费用化的学者认为，企业债务所发生的利息等借款费用属于筹资过程中发生的筹资费用，与借入资金的运用无关，因而应将其计入当期损益，而不应计入购置或生产的资产的成本。如果将借款费用资本化，会使同类资产的取得成本仅仅由于筹资方式不同而产生差异，用借入资金购置或生产的资产的成本要高于用自有资金购置或生产的资产的成本，而且这种差异往往较大。这样就会使资本成本缺乏可比性。一方面，企业的部分资产是由带息负债筹措的；另一方面，有的资产是由权益筹措的。由于作为权益报酬支付投资者的金额不作为资本化费用，当负债利息资本化时，其资产的入账成本就会大于由权益筹措资产的入账成本。以借款费用冲减收益即费用化，能使财务报表提供各期之间更为可比的财务成果，从而更能说明一个企业日后的现金流量。借款费用费用化使财务费用随着形成利息费用的借款水平和利率发生变动，而不是受购置资产的影响。

2. 借款费用资本化

主张借款费用资本化的学者认为，长期负债往往是为了取得某项长期资产而借入的，其利息等借款费用与索取的资产有紧密的联系，它与构成资产成本的其他要素并无本质上的区别。如果使一项资产达到预定使用状态需要相当长的时间，在此期间内因该项资产支出而发生的借款费用应属于其历史成本的一部分。此外，如果将借款费用费用化，会导致还款前的各个会计期间，由于巨额的借款费用而盈利偏少乃至亏损，同时借款所购置的资产往往在还款之后的相当长时期内仍然发挥作用。可见，借款费用费用化不利于正确反映各期损益。对购置此类资产有关的借款费用资本化，则会提高企业建造或生产资产成本与购置资产成本之间的可比性。

（二）借款费用的确认原则

《企业会计准则第 17 号——借款费用》规定，企业发生的借款费用，可直接归属于符合资本化条件的购建或者生产的，应当予以资本化，计入相关资产成本；其他借款费用，应当在发生时根据其发生额确认为费用，计入当期损益。

在资本化期间，外币专门借款本金及利息的汇兑差额，应当予以资本化，计入符合资本化条件的资产的成本。

借款存在折价或溢价的，应当按照实际利率法确定每一会计期间应摊销的折价或者溢价金额，调整每期利息金额。

专门借款发生的辅助费用，如果是在所购建或者生产的符合资本化条件的资产达到预定可使用或者可销售状态之前发生的，应当在发生时根据其发生额予以资本化，计入符合资本化条件的资产的成本；如果是在所购建或者生产的符合资本化条件的资产达到预定可使用或者可销售状态之后发生的，应当在发生时根据其发生额确认为费用，计入当期损益。

一般借款发生的辅助费用，在发生时根据其发生额确认为费用，计入当期损益。

二、借款费用应予资本化的资产的范围

准则明确了借款费用确认的基本原则，即企业发生的借款费用，可直接归属于符合资本化条件的资产的购建或生产的，应当予以资本化。其中，"符合资本化条件的资产"是指需要经过相当长时间的购建或者生产活动才能达到预定可使用或者可销售状态的固定资产、投资性房地产和存货等资产。建造合同成本、确认为无形资产的开发支出等在符合条件的情况下，也可以认定为符合资本化条件的资产。

"符合资本化条件的存货"主要包括房地产开发企业开发的用于对外出售的房地产开发产品、企业制造的用于对外出售的大型机械设备等。这类存货通常需要经过相当长时间的建造或者生产过程，才能达到预定可销售状态。其中，"相当长时间"应当是指为资产的购建或者生产所必要的时间，通常为一年以上（含一年）。

在实务中，由于人为或者故意等非正常因素导致资产的购建或者生产时间相当长的，该资产不属于符合资本化条件的资产。购入即可使用的资产，或者购入后需要安装但所需安装时间较短的资产，或者需要建造或者生产但所需建造或者生产时间较短的资产，均不属于符合资本化条件的资产。

三、借款费用的资本化期间的确定

企业只有发生在资本化期间内的有关借款费用，才允许资本化，资本化期间的确定是借款费用确认和计量的重要前提。借款费用资本化期间，是指从借款费用开始资本化时点到停止资本化时点的期间，但不包括借款费用暂停资本化的期间。

（一）借款费用开始资本化的时点

借款费用允许开始资本化必须同时满足三个条件，即资产支出已经发生，借款费用已经发生，为使资产达到预定可使用或者可销售状态所必要的购建或者生产活动已经开始。

1. "资产支出已经发生"的界定

"资产支出已经发生"，是指企业已经发生了支付现金、转移非现金资产或者承担带息债务形式所发生的支出。其中：

（1）支付现金，是指用货币资金支付符合资本化条件的资产的购建或者生产支出；

（2）转移非现金资产，是指企业将自己的非现金资产直接用于符合资本化条件的资产的购建或者生产；

（3）承担带息债务，是指企业为了购建或者生产符合资本化条件的资产所需用物资等而承担的带息应付款项（如带息应付票据）。企业以赊购方式购买这些物资所产生的债务可能带息，也可能不带息。如果企业赊购这些物资承担的是不带息债务，就不应当将购买价款计入资产支出，因为该债务在偿付前不需要承担利息，也没有占用借款资金。企业只有等到实际偿付债务，发生了资源流出时，才能将其作为资产支出。如果企业赊购物资承担的是带息债务，则企业要为这笔债务付出代价，支付利息，与企业向银行借入款项用以支付资产支出在性质上是一致的。所以，企业为购建或者生

产符合资本化条件的资产而承担的带息债务应当作为资产支出，当该带息债务发生时，视同资产支出已经发生。

2. "借款费用已经发生"的界定

"借款费用已经发生"，是指企业已经发生了因购建或者生产符合资本化条件的资产而专门借入款项的借款费用或者所占用的一般借款的借款费用。

3. "为使资产达到预定可使用或者可销售状态所必要的购建或者生产活动已经开始"的界定

"为使资产达到预定可使用或者可销售状态所必要的购建或者生产活动已经开始"，是指符合资本化条件的资产的实体建造或者生产工作已经开始，例如主体设备的安装、厂房的实际开工建造等。它不包括仅仅持有资产，但没有发生为改变资产形态而进行的实质上的建造或者生产活动。

企业只有在上述三个条件同时满足的情况下，有关借款费用才可开始资本化。只要其中有一个条件没有满足，借款费用就不能开始资本化。

借款费用开始资本化，就应将其资本化金额借记"生产成本""在建工程""研发支出"等科目，贷记"应付利息""预提费用"等科目。

（二）借款费用停止资本化的时点

购建或者生产符合资本化条件的资产达到预定可使用或者可销售状态时，借款费用应当停止资本化。在符合资本化条件的资产达到预定可使用或者可销售状态之后所发生的借款费用，应当在发生时根据其发生额确认为费用，计入当期损益。购建或者生产符合资本化条件的资产达到预定可使用或者可销售状态，可从下列几个方面进行判断。

（1）符合资本化条件的资产的实体建造（包括安装）或者生产工作已经全部完成或者实质上已经完成。

（2）所购建或者生产的符合资本化条件的资产与设计要求、合同规定或者生产要求相符或者基本相符，即使有极个别与设计、合同或者生产要求不相符的地方，也不影响其正常使用或者销售。

（3）继续发生在所购建或生产的符合资本化条件的资产上的支出金额很少或者几乎不再发生。

（4）所购建或者生产的资产分别建造、分别完工的，企业应当区别情况界定借款费用停止资本化的时点。

所购建或者生产的符合资本化条件的资产的各部分分别完工，且每部分在其他部分继续建造或者生产过程中可供使用或者可对外销售，且为使该部分资产达到预定可使用或可销售状态所必要的购建或者生产活动实质上已经完成的，应当停止与该部分资产有关的借款费用的资本化，因为该部分资产已经达到了预定可使用或者可销售状态。

（三）借款费用暂停资本化的时间

符合资本化条件的资产在购建或者生产过程中发生非正常中断，且中断时间连续超过三个月的，应当暂停借款费用的资本化。中断的原因必须是非正常中断，属于正常中断的，相关借款费用仍可资本化。在实务中，企业应当遵循"实质重于形式"等原则来判断借款费用暂停资本化的时间。相关资产购建或者生产的中断时间较长而且满足其他规定条件的，相关借款费用应当暂停资本化。

非正常中断，通常是由于企业管理决策上的原因或者其他不可预见的原因等所导致的中断。比如，企业因与施工方发生了质量纠纷，或者工程、生产用料没有及时供应，或者资金周转发生了困难，或者施工、生产发生了安全事故，或者发生了与资产购建、生产有关的劳动纠纷等原因，导致资产购建或者生产活动发生中断，均属于非正常中断。

非正常中断与正常中断显著不同。正常中断通常仅限于因购建或者生产符合资本化条件的资产达到预定可使用或者可销售状态所必要的程序，或者事先可预见的不可抗力因素导致的中断。

【例11-2】某些工程建造到一定阶段必须暂停下来进行质量或者安全检查，检查通过后才可继续下一阶段的建造工作。这类中断是在施工前可以预见的，而且是工程建造必须经过的程序，属于正常中断。某些地区的工程在建造过程中，由于可预见的不可抗力因素（如雨季或冰冻季节等原因）导致施工出现停顿，也属于正常中断。

第三节 借款费用的计量

一、借款利息资本化金额的确定

（一）在借款费用资本化期间内，每一会计期间的利息资本化金额，应当按专门借款和一般借款分别处理

（1）为购建或者生产符合资本化条件的资产而借入专门借款的，应当以专门借款当期实际发生的利息费用，减去将尚未动用的借款资金存入银行取得的利息收入或进行暂时性投资取得的投资收益后的金额，确定为专门借款利息费用的资本化金额。计算公式如下：

$$\begin{matrix}\text{专门借款利息费用资本化金额}\\ \text{（包括折价或溢价摊销）}\end{matrix} = \begin{matrix}\text{专门借款当期实际}\\ \text{发生的利息费用}\end{matrix} - \begin{matrix}\text{尚未动用的借款资金存入银行取得的利息}\\ \text{收入或进行暂时性投资取得的投资收益}\end{matrix}$$

【例11-3】华远公司于2×15年1月1日动工兴建办公楼，工程采用出包方式，每半年支付一次工程进度款。工程于2×16年6月30日完工，达到预定可使用状态。建造工程资产支出如下：

2×15年1月1日，支出1 500万元；

2×15年7月1日，支出2 500万元，累计支出4 000万元；

2×16年1月1日，支出1 500万元，累计支出5 500万元。

公司为建造办公楼于2×15年1月1日专门借款2 000万元，借款期限为三年，年利率为8%。除此之外，无其他专门借款。

闲置专门借款资金用于固定收益债券短期投资，假定短期投资月收益率为0.5%。假定全年按360天计。

分析计算：

2×15年专门借款利息资本化金额=2 000×8%-500×0.5%×6=145（万元）

2×16年专门借款利息资本化金额=2 000×8%×180/360=80（万元）

（2）在借款费用资本化期间内，为购建或者生产符合资本化条件的资产而占用了一般借款的，企业应当根据累计资产支出超过专门借款部分的资产支出加权平均数乘以所占用一般借款的资本化率，计算确定一般借款应予资本化的利息金额。

对于一般借款资本化利息的确定，必须要解决三个问题：①确定资本化期间（每笔借款实际占用的天数）；②计算资产平均累计支出；③确定资本化率。其中，资产平均累计支出实质上是平均占用一般借款数。符合资本化条件的资产，它的每一项支出都有它的资本化期间，这一期间既可以按天数计算，也可以按月数计算。而资本化率，应当根据一般借款加权平均利率计算确定。

在应予资本化的每一会计期间，为购建或者生产符合资本化条件的资产而占用了一般借款的，一般借款应予资本化的利息金额按如下公式计算：

$$\begin{matrix}\text{一般借款利息费用}\\ \text{资本化金额}\end{matrix} = \begin{matrix}\text{累计资产支出超过专门借款部分的}\\ \text{资产支出加权平均数}\end{matrix} \times \begin{matrix}\text{占用一般借款}\\ \text{的资本化率}\end{matrix}$$

其中，累计资产支出超过专门借款部分的资产支出加权平均数、占用一般借款的资本化率的计算公式为：

$$累计资产支出超过专门借款部分的资产支出加权平均数 = \sum \left(所占用的每笔一般借款的资产支出金额 \times \frac{每笔资产支出实际占用的天数}{会计期间涵盖的天数} \right)$$

$$占用一般借款的资本化率 = 所占用一般借款加权平均利率 \times \frac{所占用一般借款当期实际发生的利息之和}{所占用一般借款本金加权平均数}$$

$$所占用一般借款本金加权平均数 = \sum \left(所占用每笔一般借款本金 \times \frac{每笔一般借款在当期所占用的天数}{当期天数} \right)$$

为简化计算，一般以月数作为计算累计支出加权平均数的权数。

【例11-4】接【例11-3】。华远公司于2×15年1月1日动工兴建办公楼，工程采用出包方式，每半年支付一次工程进度款。工程于2×16年6月30日完工，达到预定可使用状态。

除上述专门借款外，办公楼的建造还占用两笔一般借款：

A银行长期贷款2 000万元，期限为2×14年12月1日至2×17年12月1日，年利率为6%，按年支付利息；

发行公司债券1亿元，发行日为2×14年1月1日，期限为五年，年利率为8%，按年支付利息。

计算一般借款利息资本化金额：

$$一般借款资本化率（年）= \frac{2\,000 \times 6\% + 10\,000 \times 8\%}{2\,000 + 10\,000} \times 100\% = 7.67\%$$

2×15年占用一般借款资金资产支出加权平均数=2 000×180/360=1 000（万元）

2×15年一般借款利息资本化金额=1 000×7.67%=76.70（万元）

2×16年占用一般借款资金的资产支出加权平均数=（2 000+1 500）×180/360=1 750（万元）

2×16年一般借款利息资本化金额=1 750×7.67%=134.23（万元）

（3）每一会计期间的利息资本化金额，不应当超过当期相关借款实际发生的利息金额。

企业在确定每期利息资本化金额时，应当首先判断符合资本化条件的资产在购建或者生产过程所占用的资金来源。如果所占用的资金是专门借款资金，则应当在资本化期间内，根据每期实际发生的专门借款利息费用，确定应予资本化的金额。在企业将闲置的专门借款资金存入银行取得利息收入或者进行暂时性投资获取投资收益的情况下，企业还应当将这些相关的利息收入或者投资收益从资本化金额中扣除，以如实反映符合资本化条件的资产的实际成本。

企业在购建或者生产符合资本化条件的资产时，如果专门借款资金不足，占用了一般借款资金，或者企业为购建或者生产符合资本化条件的资产并没有借入专门借款，而占用的都是一般借款资金，则企业应当根据为购建或者生产符合资本化条件的资产而发生的累计资产支出超过专门借款部分的资产支出加权平均数乘以所占用一般借款费用的资本化率，计算确定一般借款应予资本化的利息金额。资本化率应当根据一般借款费用加权平均利率计算确定。如果符合资本化条件的资产的购建或者生产没有借入专门借款，则应以累计资产支出加权平均数为基础计算所占用的一般借款利息资本化金额。即企业占用一般借款资金购建或者生产符合资本化条件的资产时，一般借款的借款费用的资本化金额的确定应当与资产支出相挂钩。

【例11-5】ABC公司于2×16年1月1日动工兴建一幢办公楼，工期为一年，工程采用出包方式，分别于2×16年1月1日、7月1日及10月1日支付工程进度款1 500万元、3 000万元和1 000万元。办公楼于2×16年12月31日完工，达到预定可使用状态。公司为建造办公楼发生了两笔专门借款，分别为：①2×16年1月1日专门借款2 000万元，借款期限为三年，年利率为8%，利息按年支付；②2×16年7月1日专门借款2 000万元，借款期限为五年，年利率为10%，利息按年支付。闲置专门借款资金均用于固定收益债券短期投资，假定该短期投资月收益率为0.5%。

ABC公司为建造办公楼的支出总额5 500（1 500+3 000+1 000）万元超过了专门借款总额4 000

（2 000+2 000）万元，占用了一般借款1 500万元。假定所占用一般借款有两笔，分别为：①向A银行长期借款2 000万元，期限为2×14年12月1日至2×17年12月1日，年利率为6%，按年支付利息；②发行公司债券10 000万元，于2×14年1月1日发行，期限为五年，年利率为8%，按年支付利息。根据上述资料，计算公司建造办公楼应予资本化的利息费用金额如下。

（1）计算专门借款利息费用资本化金额。

$$\text{专门借款利息资本化金额} = \text{专门借款当期实际发生的利息费用} - \text{将闲置借款金额短期投资取得的投资收益}$$

为简化计算，假定全年按360天计算。据此，专门借款利息费用的资本化金额为

2 000×8%+2 000×10%×180/360−500×0.5%×6=245（万元）

（2）计算一般借款利息费用资本化金额。

一般借款利息费用资本化金额=累计资产支出超过专门借款部分的资产支出加权平均数×所占用一般借款的资本化率

累计资产支出超过专门借款部分的资产支出加权平均数=（4 500−4 000）×180/360+1 000×90/360=500（万元）

一般借款资本化率=（2 000×6%+10 000×8%）/（2 000+10 000）×100%=7.67%

一般借款利息费用资本化金额=500×7.67%=38.35（万元）

（3）计算建造办公楼应予资本化的利息费用金额。该公司建造办公楼应予资本化的利息费用金额为283.35万元，即专门借款利息费用资本化金额245万元和一般借款利息费用资本化金额38.35万元之和。

（二）借款溢价或者折价的摊销

在计算借款费用资本化金额时还应注意，如果专门借款存在折价或溢价，还应当将每期应摊销的折价或溢价金额作为利息的调整额，对资本化利息费用做相应调整。调整的结果是，当期利息费用等于专门借款当期实际支付的利息减去当期债券溢价的摊销额或加上当期债券折价的摊销额。

《企业会计准则第17号——借款费用》规定，借款存在折价或溢价的，应当采用实际利率法确定每一个会计期间应摊销的折价或者溢价金额。

在实际利率法下，企业应当按照期初借款余额乘以实际利率计算确定每期借款利息费用。实际利率是企业在借款期限内未来应支付的利息和本金折现为借款当前账面价值的利率。

除公司债券外，其他借款也应当按照实际利率法确定每期利息费用。如果按照名义（合同）利率和实际利率计算的每期利息费用相差不大，可以按照名义利率计算确定每期利息。

【例11-6】A公司于2×14年1月1日折价发行了面值为1 250万元公司债券，期限为五年。发行价格为1 000万元，票面利率为4.72%，每年年末支付利息59万元（1 250×4.72%），到期一次还本。据此，计算该公司债券实际利率R如下：

由于1 000=59×（P/A，R，5）+1 250×（P/F，R，5），由此可计算得出R=10%。A公司各期的利息费用计算如表11-1所示。

表11-1　　　　　　　　　　　　　各期利息费用计算表　　　　　　　　　　　　　单位：万元

年份	期初公司债券余额（A）	实际利息费用（B） （按10%计算）	每年支付现金 （C）	期末公司债券摊余成本 （D=A+B−C）
2×14	1 000	100	59	1 041
2×15	1 041	104	59	1 086
2×16	1 086	109	59	1 136
2×17	1 136	113	59	1 190
2×18	1 190	119	1 250+59	0

假定A公司发行公司债券募集的资金专门用于建造一条生产线。该生产线从2×14年1月1日开始建设，于2×16年底完工，达到预定可使用状态。公司在2×14年至2×16年间每年应予资本化的利息费用分别为100万元、104万元和109万元，2×17年和2×18年发生的113万元和119万元利息费用应当计入当期损益，不再资本化。

二、外币专门借款汇兑差额资本化金额的确定

当企业为购建或者生产符合资本化条件的资产所借入的专门借款为外币借款时，由于企业取得外币借款日、使用外币借款日和会计结算日往往并不一致，而外汇汇率又在随时发生变化，因此，外币借款会产生汇兑差额。相应地，在借款费用资本化期间内，为购建固定资产而专门借入的外币借款所产生的汇兑差额，是购建固定资产的一项代价，应当予以资本化，计入固定资产成本。出于简化核算的考虑，在资本化期间内，外币专门借款本金及其利息的汇兑差额，应当予以资本化，计入符合资本化条件的资产的成本。而除外币专门借款之外的其他外币借款本金及其利息所产生的汇兑差额应当作为财务费用，计入当期损益。

【例11-7】甲公司于2×14年1月1日，为建造某工程项目专门以面值发行美元公司债券1 000万美元，年利率为8%，期限为三年。假定不考虑与发行债券有关的辅助费用、未支出专门借款的利息收入或投资收益。合同约定，每年1月1日支付当年利息，到期还本。

工程于2×14年1月1日开始实体建造，2×15年6月30日完工，达到预定可使用状态，期间发生的资产支出如下：

2×14年1月1日，支出200万美元；

2×14年7月1日，支出500万美元；

2×15年1月1日，支出300万美元。

公司的记账本位币为人民币，外币业务采用外币业务发生时当日的市场汇率折算。相关汇率如下：

2×14年1月1日，市场汇率为1美元=7.70元人民币；

2×14年12月31日，市场汇率为1美元=7.75元人民币；

2×15年1月1日，市场汇率为1美元=7.77元人民币；

2×15年6月30日，市场汇率为1美元=7.80元人民币。

本例中，公司计算外币借款汇兑差额资本化金额如下（会计分录中金额单位为元）。

（1）计算2×14年汇兑差额资本化金额。

① 债券应付利息=1 000×8%×7.75=620（万元）

账务处理为

借：在建工程 6 200 000

　　贷：应付利息 6 200 000

② 外币债券本金及利息汇兑差额=1 000×（7.75-7.70）+80×（7.75-7.75）=50（万元）

账务处理为

借：在建工程 500 000

　　贷：应付债券 500 000

（2）2×15年1月1日实际支付利息时，应当支付80万美元，折算成人民币为621.60万元。该金额与原账面金额之间的差额1.60万元应当继续予以资本化，计入在建工程成本。账务处理如下。

借：应付利息 6 200 000

　　在建工程 16 000

　　贷：银行存款 6 216 000

（3）计算2×15年6月30日时的汇兑差额资本化金额。

① 债券应付利息=1 000×8%×1/2×7.80=312（万元）

账务处理为

借：在建工程   3 120 000

  贷：应付利息   3 120 000

② 外币债券本金及利息汇兑差额=1 000×（7.80-7.75）+40×（7.80-7.80）=50（万元）

账务处理为

借：在建工程   500 000

  贷：应付债券   500 000

三、借款辅助费用的处理

辅助费用是企业为了安排借款而发生的必要费用，包括借款手续费（如发行债券手续费）、佣金等。如果企业不发生这些费用，就无法取得借款，因此辅助费用是企业借入款项所付出的一种代价，是借款费用的有机组成部分。

（一）专门借款辅助费用的处理

本准则规定，专门借款发生的辅助费用，在所购建或者生产的符合资本化条件的资产达到预定可使用状态或者可销售状态之前，应当在发生时根据其发生额确认为费用，计入当期损益。

上述资本化计入当期损益的辅助费用的发生额，是指根据《企业会计准则第22号——金融工具确认和计量》，按照实际利率法所确定的金融负债交易费用对每期利息费用的调整额。借款实际利率与合同利率差异较小的，也可以采用合同利率计算确定利息费用。

（二）一般借款辅助费用的处理

一般借款发生的辅助费用，应当在发生时根据发生额确认为费用，计入当期损益。其发生额，也应当按照上述专门借款辅助费用的处理原则确定。

考虑到借款辅助费用与金融负债交易费用是一致的，其会计处理也应当保持一致。根据《企业会计准则第22号——金融工具确认和计量》的规定，除以公允价值计量且其变动计入当期损益的金融负债之外，其他金融负债相关的交易费用应当计入金融负债的初始确认金额。为购建或者生产符合资本化条件的资产的专门借款或者一般借款，通常都属于除以公允价值计量且其变动计入当期损益的金融负债之外的其他金融负债。对于这些金融负债所发生的辅助费用需要计入借款的初始确认金额，即抵减相关借款的初始金额，从而影响以后各期实际利息的计算。换句话说，由于辅助费用的发生将导致相关借款实际利率的上升，从而需要对各期利息费用做相应调整，在确定借款辅助费用资本化金额时可以结合借款利息资本化金额一起计算。

第四节 借款费用的相关会计处理

【例11-8】甲公司为建造一座车间，于2×14年1月1日向银行借入一笔期限为18个月的专门借款800万元，年利率为5%；2×14年3月1日又为此而以平价发行的方式发行债券1 800万元，年利率为6%，期限为三年，债券承销人收取20万元的发行手续费，直接从发行收入中扣除。2×14年甲公司向建筑施工单位支付工程承包价款的时间和金额为：2月1日支付600万元、4月1日支付1 200万元、

11月1日支付600万元。该车间的实体建造活动自2×14年1月15日开始，于同年11月30日达到预定可使用状态，并于12月31日办理竣工决算手续。甲公司每季度计提应付利息一次。

甲公司2×14年计算应予资本化的借款费用及账务处理如下（计算时以月数为权数）。

（1）第一季度

当季借款费用资本化的开始日为2月1日。

专门借款本金加权平均数=800×3/3+1 800×1/3=1 400（万元）

注：专门借款本金加权平均数=∑（每笔专门借款本金×每笔借款实际占用的天数）/会计期间涵盖的天数

专门借款当期发生的利息之和=800×5%×3/12+1 800×6%×1/12=19（万元）

加权平均利率=19/1 400×100%=1.357 1%

注：加权平均利率=（专门借款当期实际发生的利息之和±折价（或溢价）摊销额）/专门借款本金加权平均数×100%

累计支出加权平均数=600×2/3=400（万元）

注：累计支出加权平均数=∑（每笔资产支出金额×每笔资产支出实际占用的天数）/会计期间涵盖的天数

一季度利息的资本化金额=400×1.357 1%=5.43（万元）

注：每一会计期间利息资本化金额=至当期末止购建固定资产累计支出加权平均数×资本化率

该金额小于一季度实际发生的利息19万元，差额部分计入财务费用。另外，甲公司将发行债券的手续费20万元予以资本化。

借：在建工程——借款费用　　　　　　　　　　254 300
　　财务费用　　　　　　　　　　　　　　　　135 700
　　贷：应付债券——应计利息　　　　　　　　　　90 000
　　　　长期借款——借款利息　　　　　　　　　100 000
　　　　银行存款　　　　　　　　　　　　　　200 000

注：当同时满足以下三个条件时，企业为购建某项固定资产而借入的专门借款所发生的利息、折价或溢价的摊销、汇兑差额应当开始资本化，计入所购建固定资产的成本。

① 资产支出（只包括为购建固定资产而以支付现金、转移非现金资产或者承担带息债务形式发生的支出）已经发生；

② 借款费用已经发生；

③ 为使资产达到预定可使用状态所必需的购建活动已经开始。

这主要包括以下工作。

第一，资产的实体建造工作。例如主体设备的安装、厂房的实体建造等。

第二，实体建造之前进行的技术性和管理性工作。如在开始实体建造之前进行的计划制定、工程设计、为获得政府有关部门许可而进行的工作等。

在上述三个条件同时满足的情况下，为购建固定资产的专门借款所发生的借款费用才能开始资本化，只要其中有一个条件没有满足，就不能开始资本化。

（2）第二季度

专门借款本金加权平均数=800×3/3+1 800×3/3=2 600（万元）

专门借款当期发生的利息之和=800×5%×3/12+1 800×6%×3/12=37（万元）

加权平均利率=37/2 600×100%=1.423%

累计支出加权平均数=600×3/3+1 200×3/3=1 800（万元）

一季度利息的资本化金额=1 800×1.423%=25.62（万元）

借：在建工程——借款费用	256 200
财务费用	113 800
贷：应付债券——应计利息	270 000
长期借款——借款利息	100 000

（3）第三季度（与第二季度相同）。

（4）第四季度。

加权平均利率仍为1.423%。

由于11月30日该车间已达到预定可使用状态，故第四季度应予资本化的借款费用对应的时间仅为两个月，则累计支出加权平均数=600×2/3+1 200×2/3+600×1/3=1 400（万元）。

该季度利息资本化金额=1 400×1.423%=19.92（万元）

借：在建工程——借款费用	199 200
财务费用	170 800
贷：应付债券——应计利息	270 000
长期借款——借款利息	100 000

以后期间的长期借款利息和债券利息均计入财务费用。

通过上述会计处理可以得出，债券利息和长期借款利息计入2×14年度"财务费用"的金额合计为135 700+113 800+113 800+170 800=534 100（元）

知识链接

思 考 题

1. 什么是借款费用，借款费用包括哪些内容？
2. 如何区分一般借款与专门借款？
3. 借款费用开始资本化应同时满足哪些条件？
4. 满足资本化条件的借款费用应如何进行会计处理？
5. 什么是借款辅助费用？辅助费用如何进行会计处理？

关键术语

借款费用资本化	capitalization of borrowing costs
资本化期间	capitalization period
专门借款	special loan
一般借款	general borrowing
资本化利息	capitalized interest
非正常中断	abnormal interruption
正常中断	normal interruption

【引例】

2011年1月21日，四川金路集团股份有限公司（股票简称金路集团；股票代码000510）董事会发布公告，金路集团全资子公司德阳金路高新材料有限公司（以下简称高新材料公司）于2010年3月经四川省高新技术企业认定管理小组办公室认定为高新技术企业。高新技术公司接到四川省什邡市国家税务局什国税通[2010]015号文件通知，高新材料公司于2010年12月向四川省什邡市国家税务局申请备案的"企业所得税优惠事项备案单"已经审核批准，同意高新材料公司自2011年1月1日起至"高新技术企业证书"有效期止，预缴企业所得税可暂执行15%的优惠政策（高新材料公司目前企业所得税执行税率为25%）。该项优惠政策不会对高新材料公司及金路集团2010年度经营业绩产生影响。目前，高新材料公司营业收入及净利润占金路集团比例较小，该项优惠政策对金路集团收益不会产生重大影响。

由此引发我们思考：所得税的基本要素有哪些，资产负债表债务法核算所得税的基本原理是什么，在企业所得税税率变动情况下如何进行会计账务处理？

第一节 所得税会计概述

我国所得税会计采用了资产负债表债务法，要求企业从资产负债表出发，通过比较资产负债表上列示的资产、负债按照企业会计准则规定确定的账面价值与按照税法规定确定的计税基础，对于两者之间的差异分别应纳税暂时性差异与可抵扣暂时性差异，确认相关的递延所得税负债与递延所得税资产，并在此基础上确定每一会计期间利润表中的所得税费用。

一、资产负债表债务法

所得税准则采用资产负债表债务法核算所得税。

资产负债表债务法较为完全地体现了资产负债观，在所得税的会计核算方面贯彻了资产、负债的界定。从资产负债表角度考虑，资产的账面价值代表的是企业在持续持有及最终处置某项资产的一定期间内，该项资产能够为企业带来的未来经济利益，而其计税基础代表的是在这一期间内，就该项资产按照税法规定可以税前扣除的金额。一项资产的账面价值小于其计税基础的，表明该项资产于未来期间产生的经济利益流入低于按照税法规定允许税前扣除的金额，产生可抵减未来期间应纳税所得额的因素，减少未来期间以应交所得税的方式流出企业的经济利益，应确认为资产。反之，一项资产的账面价值大于其计税基础的，两者之间的差额将会于未来期间产生应税金额，增加未来期间的应纳税所得额及应交所得税，对企业形成经济利益流出的义务，应确认为负债。

二、所得税会计核算的一般程序

采用资产负债表债务法核算所得税的情况下，企业一般应于每一资产负债表日进行所得税的核算。发生特殊交易或事项时，如企业合并，在确认因交易或事项取得的资产、负债时即应确认相关的所得税影响。企业进行所得税核算一般应遵循以下程序。

（1）按照相关会计准则规定确定资产负债表中除递延所得税资产和递延所得税负债以外的其他

资产和负债项目的账面价值。其中资产、负债的账面价值，是指企业按照相关会计准则的规定进行核算后在资产负债表中列示的金额。例如，企业持有的应收账款账面余额为 2 000 万元，企业对该应收账款计提了 100 万元的坏账准备，其账面价值为 1 900 万元，为该应收账款在资产负债表中的列示金额。

（2）按照准则中对于资产和负债计税基础的确定方法，以适用的税收法规为基础，确定资产负债表中有关资产、负债项目的计税基础。

（3）比较资产、负债的账面价值与其计税基础，对于两者之间存在差异的，分析其性质，除准则中规定的特殊情况外，分别应纳税暂时性差异与可抵扣暂时性差异并乘以适用的所得税税率，确定资产负债表日递延所得税负债和递延所得税资产的应有金额，并与期初递延所得税负债和递延所得税资产的余额相比，确定当期应予进一步确认的递延所得税资产和递延所得税负债金额或应予转销的金额，作为构成利润表中所得税费用的其中一个组成部分——递延所得税。

（4）按照适用的税法规定计算确定当期应纳税所得额，将应纳税所得额与适用的所得税税率计算的结果确认为当期应交所得税，作为利润表中应予确认的所得税费用的另外一个组成部分——当期所得税。

（5）确定利润表中的所得税费用。利润表中的所得税费用包括当期所得税和递延所得税两个组成部分，企业在计算确定了当期所得税和递延所得税后，两者之和（或之差），是利润表中的所得税费用。

本章着重讲解资产负债表债务法的原理，资产、负债的计税基础及暂时性差异的计算，递延所得税资产和递延所得税负债以及所得税费用的确认和计量等问题。

第二节 资产、负债的计税基础及暂时性差异

所得税会计的关键在于确定资产、负债的计税基础。在确定资产、负债的计税基础时，应严格遵循税收法规中对于资产的税务处理以及可税前扣除的费用等的规定进行。

一、资产的计税基础

资产的计税基础，是指企业收回资产账面价值过程中，计算应纳税所得额时按照税法规定可以自应税经济利益中抵扣的金额，即某一项资产在未来期间计税时按照税法规定可以税前扣除的金额。

资产在初始确认时，其计税基础一般为取得成本，即企业为取得某项资产支付的成本在未来期间准予税前扣除。在资产持续持有的过程中，其计税基础是指资产的取得成本减去以前期间按照税法规定已经税前扣除的金额后的余额。该余额代表的是按照税法规定，就涉及的资产在未来期间计税时仍然可以税前扣除的金额。如固定资产、无形资产等长期资产在某一资产负债表日的计税基础是指其成本扣除按照税法规定已在以前期间税前扣除的累计折旧额或累计摊销额后的金额。

现对资产负债表中部分资产项目计税基础的确定介绍如下。

（一）固定资产

以各种方式取得的固定资产，初始确认时按照会计准则规定确定的入账价值基本上是被税法认可的，即取得时其账面价值一般等于计税基础。

固定资产在持有期间进行后续计量时，会计准则规定按照"成本-累计折旧-固定资产减值准备"进行计量，税收是按照"成本-按照税法规定已在以前期间税前扣除的折旧额"进行计量。由于会计

与税收处理规定的不同，固定资产的账面价值与计税基础之间可能存在差异。这种差异主要产生于折旧方法、折旧年限的不同以及固定资产减值准备的提取。

1. 折旧方法、折旧年限的差异

会计准则规定，企业应当根据与固定资产有关的经济利益的预期实现方式合理选择折旧方法，如可以按直线法计提折旧，也可以按照双倍余额递减法、年数总和法等计提折旧。前提是有关的方法能够反映固定资产为企业带来经济利益的消耗情况。税法一般会规定固定资产的折旧方法，除某些按照规定可以加速折旧的情况外，基本上可以税前扣除的是按照直线法计提的折旧。

另外，税法还就每一类固定资产的折旧年限做出了规定，而会计处理时按照准则规定折旧年限是由企业根据固定资产的性质和使用情况合理确定的。如企业进行会计处理时确定的折旧年限与税法规定不同，也会产生固定资产持有期间账面价值与计税基础之间的差异。

2. 因计提固定资产减值准备产生的差异

持有固定资产的期间内，在对固定资产计提了减值准备以后，因税法规定按照会计准则规定计提的资产减值准备在资产发生实质性损失前不允许税前扣除，也会造成固定资产的账面价值与计税基础的差异。

【例12-1】A企业于2×15年年末以600万元购入一项生产用固定资产。按照该项固定资产的预计使用情况，A企业估计其使用寿命为20年，按照直线法计提折旧，预计净残值为零。假定税法规定的折旧年限、折旧方法及净残值与会计规定相同。2×17年12月31日，A企业估计该项固定资产的可收回金额为500万元。

分析：由于2×17年12月31日，该项固定资产的可收回金额为500万元，因此，该项固定资产在2×17年12月31日应该计提固定资产减值准备40万元。

该项固定资产在2×17年12月31日的账面价值=600-600÷20×2-40

$$=500（万元）$$

该项固定资产在2×17年12月31日的计税基础=600-600÷20×2=540（万元）

2×17年12月31日，该项固定资产的账面价值500万元与其计税基础540万元之间产生40万元差额。这个差额主要是由于2×17年12月31日计提40万元固定资产减值准备造成的，在未来期间会减少企业的应纳税所得额和应交所得税。

【例12-2】甲公司于2×16年1月1日开始计提折旧的某项固定资产，原价为3 000 000元，使用年限为10年，采用年限平均法计提折旧，预计净残值为零。税法规定类似固定资产采用加速折旧法计提的折旧可于税前扣除，该企业在计税时采用双倍余额递减法计提折旧，预计净残值为零。2×17年12月31日，企业估计该项固定资产的可收回金额为2 200 000元。

分析：由于2×17年12月31日，企业估计该项固定资产的可收回金额为2 200 000元，因此，该项固定资产在2×17年12月31日应该计提固定资产减值准备20万元。

2×17年12月31日，该项固定资产的账面价值=3 000 000-300 000×2-200 000

$$=2 200 000（元）$$

2×17年12月31日，该项固定资产的计税基础=3 000 000-3 000 000×20%-2 400 000×20%=1 920 000（元）

该项固定资产账面价值2 200 000元与其计税基础1 920 000元之间的280 000元差额，代表着将于未来期间计入企业应纳税所得额的金额，产生未来期间应纳税所得额和应交所得税的增加。

（二）无形资产

除内部研究开发形成的无形资产以外，以其他方式取得的无形资产，初始确认时按照会计准则规定确定的入账价值与按照税法规定确定的成本之间一般不存在差异。无形资产的账面价值与计税基础之间的差异主要产生于内部研究开发形成的无形资产以及使用寿命不确定的无形资产。

（1）对于内部研究开发形成的无形资产，会计准则规定有关内部研究开发活动区分两个阶段，研究阶段的支出应当费用化计入当期损益，开发阶段符合资本化条件以后至达到预定用途前发生的支出应当资本化作为无形资产的成本。对于研究开发费用的税前扣除，税法中规定企业为开发新技术、新产品、新工艺发生的研究开发费用，未形成无形资产计入当期损益的，在按照规定据实扣除的基础上，按照研究开发费用的50%加计扣除；形成无形资产的，按照无形资产成本的150%摊销。如该无形资产的确认不是产生于合并交易，同时在确认时既不影响会计利润也不影响应纳税所得额，则按照所得税会计准则的规定，不确认有关暂时性差异的所得税影响。

（2）无形资产在后续计量时，会计与税收的差异主要产生于对无形资产是否需要摊销及无形资产减值准备的提取。

会计准则规定，应根据无形资产使用寿命情况区分为使用寿命有限的无形资产与使用寿命不确定的无形资产。对于使用寿命不确定的无形资产，不要求摊销，但持有期间每年应进行减值测试。税法规定，企业取得的无形资产成本应在一定期限内摊销。即税法中没有界定使用寿命不确定的无形资产，除外购商誉外所有的无形资产成本均应在一定期间内摊销。

对于使用寿命不确定的无形资产，会计处理时不予摊销，但计税时其按照税法规定确定的摊销额允许税前扣除，造成该类无形资产的账面价值与计税基础的差异。

在对无形资产计提减值准备的情况下，因所计提的减值准备不允许税前扣除，也会造成其账面价值与计税价值的差异。

【例12-3】A企业当期为开发新技术发生研究开发支出计2 000万元，其中研究阶段支出400万元，开发阶段符合资本化条件前发生的支出为400万元，符合资本化条件后至达到预定用途前发生的支出为1 200万元。税法规定，研究开发支出未形成无形资产计入当期损益的，按照研究开发费用的50%加计扣除；形成无形资产的，按照无形资产成本的150%摊销。假定开发形成的无形资产在当期期末已达到预定用途（尚未开始摊销）。

A企业当期发生的研究开发支出中，按照会计准则规定应予费用化的金额为800万元，形成无形资产的成本为1 200万元，即期末所形成无形资产的账面价值为1 200万元。

A企业当期发生的2 000万元研究开发支出，按照税法规定可在当期税前扣除的金额为1 200万元（应予以费用化的金额800万元+可以加计扣除的金额400万元）。所形成无形资产在未来期间可予税前扣除的金额为1 800万元（成本1 200万元×150%），其计税基础为1 800万元，形成暂时性差异600万元。

【例12-4】甲公司于2×16年1月1日取得的某项无形资产，取得成本为1 500万元。取得该无形资产后，根据各方面情况判断，甲公司无法合理预计其使用期限，将其作为使用寿命不确定的无形资产。2×16年12月31日，甲公司对该项无形资产进行减值测试表明其未发生减值。企业在计税时，对该项无形资产按照10年的期限采用直线法进行摊销，摊销金额允许税前扣除。

分析：会计上将该项无形资产作为使用寿命不确定的无形资产，因未发生减值，其在2×16年12月31日的账面价值就是其取得成本1 500万元。

该项无形资产在2×16年12月31日的计税基础为1 350万元（成本1 500万元-按照税法规定可予税前扣除的摊销金额150万元）。

该项无形资产的账面价值1 500万元与其计税基础1 350万元之间的差额150万元，代表着将于未来期间计入企业应纳税所得额的金额，产生未来期间应交所得税的增加。

（三）以公允价值计量且其变动计入当期损益的金融资产

按照《企业会计准则第22号——金融工具确认和计量》的规定，对于以公允价值计量且其变动计入当期损益的金融资产，其于某一会计期末的账面价值为该时点的公允价值。如果税法规定按照会计准则确认的公允价值变动损益在计税时不予考虑，即有关金融资产在某一会计期末的计税基础为其取得成本，会造成该类金融资产账面价值与计税基础之间的差异。

【例12-5】2×16年10月20日，A公司自公开市场取得一项权益性投资，支付价款1 600万元，作为交易性金融资产核算。2×16年12月31日，该项权益性投资的市价为1 760万元。

假定税法规定对于交易性金融资产，持有期间公允价值的变动不计入应纳税所得额，待出售时一并计算应计入应纳税所得额的金额。

该项交易性金融资产的期末市价为1 760万元，其按照会计准则规定进行核算在2×16年资产负债表日的账面价值为1 760万元。

因税法规定交易性金融资产在持有期间的公允价值变动不计入应纳税所得额，其在2×16年资产负债表日的计税基础应维持原取得成本不变，即为1 600万元。

该交易性金融资产的账面价值1 760万元与其计税基础1 600万元之间产生了160万元的暂时性差异。该暂时性差异在未来期间转回时会增加未来期间的应纳税所得额，导致企业应交所得税的增加。

（四）其他资产

因会计准则规定与税收法规规定不同，企业持有的其他资产可能造成其账面价值与计税基础之间存在差异。

1. 投资性房地产

企业持有的投资性房地产进行后续计量时，会计准则规定可以采用两种模式：一种是成本模式，采用该种模式计量的投资性房地产，其账面价值与计税基础的确定与固定资产、无形资产相同；另一种是在符合规定条件的情况下，可以采用公允价值模式对投资性房地产进行后续计量。对于采用公允价值模式进行后续计量的投资性房地产，其计税基础的确定类似于固定资产或无形资产计税基础的确定。

【例12-6】A公司于2×16年1月1日将其自用房屋用于对外出租，该房屋的成本为750万元，预计使用年限为20年。转为投资性房地产之前，已使用4年，企业按照年限平均法计提折旧，预计净残值为零。转为投资性房地产核算后，预计能够持续可靠取得该投资性房地产的公允价值，A公司采用公允价值对该投资性房地产进行后续计量。假定税法规定的折旧方法、折旧年限及净残值与会计规定相同。同时，税法规定资产在持有期间公允价值的变动不计入应纳税所得额，待处置时一并计算确定应纳税所得额的金额。该项投资性房地产在2×16年12月31日的公允价值为900万元。

分析：

该投资性房地产在2×16年12月31日的账面价值为其公允价值900万元。其计税基础为取得成本扣除按照税法规定允许税前扣除的折旧额后的金额，即其计税基础=750-750÷20×5=562.5（万元）。

该项投资性房地产的账面价值900万元与其计税基础562.5万元产生了337.5万元的暂时性差异，会增加企业在未来期间的应纳税所得额。

2. 其他计提了资产减值准备的各项资产

有关资产计提了减值准备后，其账面价值会随之下降，而税法规定资产在发生实质性损失之前，不允许税前扣除，即其计税基础不会因减值准备的提取而变化，造成在计提资产减值准备以后，资产的账面价值与计税基础之间的差异。

【例12-7】A公司2×16年12月31日应收账款余额为6 000万元，该公司期末对应收账款计提了600万元的坏账准备。税法规定，不符合国务院财政、税务主管部门规定的各项资产减值准备不允许税前扣除。假定该公司期初应收账款及坏账准备的余额均为0。

该项应收账款在2×16年资产负债表日的账面价值为5 400（6 000-600）万元，因有关的坏账准备不允许税前扣除，其计税基础为6 000万元。该计税基础与其账面价值之间产生600万元暂时性差异，在应收账款发生实质性损失时，会减少未来期间的应纳税所得额。

二、负债的计税基础

负债的计税基础，是指负债的账面价值减去未来期间计算应纳税所得额时按照税法规定可予抵扣的金额，用公式表示即

负债的计税基础=账面价值-未来期间按照税法规定可予税前扣除的金额

负债的确认与偿还一般不会影响企业的损益，也不会影响其应纳税所得额，未来期间计算应纳税所得额时按照税法规定可予抵扣的金额为0，计税基础即为账面价值，如企业的短期借款、应付账款等。但是，某些情况下，负债的确认可能会影响企业的损益，进而影响不同期间的应纳税所得额，使得其计税基础与账面价值之间产生差额，如按照会计规定确认的某些预计负债。

(一)企业因销售商品提供售后服务等原因确认的预计负债

按照或有事项准则规定，企业对于预计提供售后服务将发生的支出在满足有关确认条件时，销售当期即应确认为费用，同时确认预计负债。如果税法规定，与销售产品相关的支出应于发生时税前扣除，因该类事项产生的预计负债在期末的计税基础为其账面价值与未来期间可税前扣除的金额之间的差额，如有关的支出实际发生时可全部税前扣除，其计税基础为0；如果税法规定对于费用支出按照权责发生制原则确定税前扣除时点，所形成负债的计税基础等于账面价值。

因其他事项确认的预计负债，应按照税法规定的计税原则确定其计税基础。某些情况下，因有些事项确认的预计负债，税法规定其支出无论是否实际发生均不允许税前扣除，即未来期间按照税法规定可予抵扣的金额为0，账面价值等于计税基础。

【例12-8】甲企业2×16年因销售产品承诺提供三年的保修服务，在当年度利润表中确认了400万元的销售费用，同时确认为预计负债，当年度未发生任何保修支出。

假定按照税法规定，与产品售后服务相关的费用在实际发生时允许税前扣除。该项预计负债在甲企业2×16年12月31日资产负债表中的账面价值为400万元。因税法规定与产品保修相关的支出在未来期间实际发生时允许税前扣除，则该项负债的计税基础=账面价值-未来期间计算应纳税所得额时按照税法规定可予抵扣的金额，未来期间计算应纳税所得额时按照税法规定可予抵扣的金额为400万元，该项负债的计税基础=400万元-400万元=0。

(二)预收账款

企业在收到客户预付的款项时，因不符合收入确认条件，会计上将其确认为负债。税法中对于收入的确认原则一般与会计规定相同，即会计上未确认收入时，计税时一般亦不计入应纳税所得额，该部分经济利益在未来期间计税时可予税前扣除的金额为0，计税基础等于账面价值。

某些情况下，因不符合会计准则规定的收入确认条件未确认为收入的预收款项，按照税法规定应计入当期应纳税所得额时，有关预收账款的计税基础为0，即因其产生时已经计算交纳所得税，未来期间可全额税前扣除。

【例12-9】A公司于2×16年12月20日自客户收到一笔合同预付款，金额为2 000万元，因不符合收入确认条件，将其作为预收账款核算。假定按照适用税法规定，该款项应计入取得当期应纳税所得额计算交纳所得税。

该预收账款在A公司2×16年12月31日资产负债表中的账面价值为2 000万元。

因假定按照税法规定，该项预收款应计入取得当期的应纳税所得额计算交纳所得税，与该项负债相关的经济利益已在取得当期计算交纳所得税，未来期间按照会计准则规定应确认收入时，不再计入应纳税所得额。即其未来期间计算应纳税所得额时可予税前扣除的金额为2 000万元，计税基础=账面价值2 000万元-未来期间计算应纳税所得额时按照税法规定可予抵扣的金额2 000万元=0。

该项负债的账面价值2 000万元与其计税基础0之间产生的2 000万元暂时性差异，会减少企业于

未来期间的应纳税所得额，使企业未来期间以应交所得税的方式流出的经济利益减少。

（三）应付职工薪酬

会计准则规定，企业为获得职工提供的服务给予的各种形式的报酬以及其他相关支出均应作为企业的成本费用，在未支付之前确认为负债。税法中对于合理的职工薪酬基本允许税前扣除，但税法中规定了税前扣除标准的，按照会计准则规定计入成本费用的金额超过规定标准部分，应进行纳税调整。因超过部分在发生当期不允许税前扣除，在以后期间也不允许税前扣除，即该部分差额对未来期间计税不产生影响，所产生应付职工薪酬负债的账面价值等于计税基础。

【例12-10】某企业2×16年12月计入成本费用的职工工资总额为3 200万元，至2×16年12月31日尚未支付，体现为资产负债表中的应付职工薪酬负债。假定按照适用税法规定，当期计入成本费用的3 200万元工资支出中，可予税前扣除的金额为2 400万元。

会计准则规定，企业为获得职工提供的服务给予的各种形式的报酬以及其他相关支出均应作为成本费用，在未支付之前确认为负债。该项应付职工薪酬负债的账面价值为3 200万元。

企业实际发生的工资支出3 200万元与允许税前扣除的金额2 400万元之间所产生的800万元差额在发生当期即应进行纳税调整，并且在以后期间不能够再税前扣除，该项应付职工薪酬负债的计税基础=账面价值3 200万元-未来期间计算应纳税所得额时按照税法规定可予抵扣的金额0=3 200（万元）。

该项负债的账面价值3 200万元与其计税基础3 200万元相同，不形成暂时性差异。

（四）其他负债

企业的其他负债项目，如应交的罚款和滞纳金等，在尚未支付之前按照会计准则规定确认为费用，同时作为负债反映。税法规定，罚款和滞纳金不能税前扣除，即该部分费用无论是在发生当期还是在以后期间均不允许税前扣除，其计税基础为账面价值减去未来期间计税时可予税前扣除的金额的差额，即计税基础等于账面价值。其他交易或事项产生的负债，其计税基础应当按照适用税法的相关规定确定。

【例12-11】天华公司2×16年12月因违反当地有关环保法规的规定，接到环保部门的处罚通知，要求其支付罚款400万元。税法规定，企业因违反国家有关法律法规规定支付的罚款和滞纳金，计算应纳税所得额时不允许税前扣除。至2×16年12月31日，该项罚款尚未支付。

对于该项罚款，天华公司应计入2×16年利润表，同时确认为资产负债表中的负债。

因按照税法规定，企业违反国家有关法律法规规定支付的罚款和滞纳金不允许税前扣除，与该项负债相关的支出在未来期间计税时按照税法规定准予税前扣除的金额为0，其计税基础=账面价值400万元-未来期间计算应纳税所得额时按照税法规定可予抵扣的金额0=400（万元）。

该项负债的账面价值400万元与其计税基础400万元相同，不形成暂时性差异。

三、特殊交易或事项中产生资产、负债计税基础的确定

除企业在正常生产经营活动过程中取得的资产和负债以外，对于某些特殊交易中产生的资产、负债，其计税基础的确定应遵从税法规定，如企业合并过程中取得资产、负债计税基础的确定。

《企业会计准则第20号——企业合并》中，视参与合并各方在合并前及合并后是否为同一方或相同的多方最终控制，分为同一控制下的企业合并与非同一控制下的企业合并两种类型。对于同一控制下的企业合并，合并中取得的有关资产、负债基本上维持其原账面价值不变，合并中不产生新的资产和负债；对于非同一控制下的企业合并，合并中取得的有关资产、负债应按其在购买日的公允价值计量，企业合并成本大于合并中取得可辨认净资产公允价值的份额部分确认为商誉，企业合并成本小于合并中取得可辨认净资产公允价值的份额部分计入合并当期损益。

对于企业合并的税收处理，通常情况下，被合并企业应视为按公允价值转让、处置全部资产，计算资产的转让所得，依法缴纳所得税。合并企业接受被合并企业的有关资产，计税时可以按经评估确认的价值确定计税成本。另外，在考虑有关于企业合并是应税合并还是免税合并时，还需要考虑在合并中涉及的非股权支付的比例，具体划分标准和条件应遵从税法规定。

由于会计准则与税收法规对企业合并的划分标准不同，处理原则不同，某些情况下，会造成企业合并中取得的有关资产、负债的入账价值与其计税基础的差异。

四、暂时性差异

暂时性差异是指资产、负债的账面价值与其计税基础不同产生的差额。由于资产、负债的账面价值与其计税基础不同，产生了在未来收回资产或清偿负债的期间内，应纳税所得额增加或减少并导致未来期间应交所得税增加或减少的情况，形成企业的递延所得税资产和递延所得税负债。

应予说明的是，资产负债表债务法下，仅确认暂时性差异的所得税影响，原按照利润表下纳税影响会计法核算的永久性差异，因从资产负债表角度考虑，不会产生资产、负债的账面价值与其计税基础的差异，即不形成暂时性差异，对企业在未来期间计税没有影响，不产生递延所得税。

根据暂时性差异对未来期间应纳税所得额的影响，分为应纳税暂时性差异和可抵扣暂时性差异。除因资产、负债的账面价值与其计税基础不同产生的暂时性差异以外，按照税法规定可以结转以后年度的未弥补亏损和税款抵减，也视同可抵扣暂时性差异处理。

（一）应纳税暂时性差异

应纳税暂时性差异，是指在确定未来收回资产或清偿负债期间的应纳税所得额时，将导致产生应税金额的暂时性差异。该差异在未来期间转回时，会增加转回期间的应纳税所得额。即在未来期间不考虑该事项影响的应纳税所得额的基础上，由于该暂时性差异的转回，会进一步增加转回期间的应纳税所得额和应交所得税金额。在应纳税暂时性差异产生当期，应当确认相关的递延所得税负债。

应纳税暂时性差异通常产生于以下情况。

1. 资产的账面价值大于其计税基础

一项资产的账面价值代表的是企业在持续使用或最终出售该项资产时将取得的经济利益的总额，而计税基础代表的是一项资产在未来期间可予税前扣除的金额。资产的账面价值大于其计税基础，该项资产未来期间产生的经济利益不能全部税前抵扣，两者之间的差额需要交税，产生应纳税暂时性差异。例如，一项资产账面价值为 200 万元，计税基础如果为 150 万元，两者之间的差额会造成未来期间应纳税所得额和应交所得税的增加。在应纳税暂时性差异产生当期，符合确认条件的情况下，应确认相关的递延所得税负债。

2. 负债的账面价值小于其计税基础

一项负债的账面价值为企业预计在未来期间清偿该项负债时的经济利益流出，而其计税基础代表的是账面价值在扣除税法规定未来期间允许税前扣除的金额之后的差额。因负债的账面价值与其计税基础不同产生的暂时性差异，本质上是税法规定就该项负债在未来期间可以税前扣除的金额（即与该项负债相关的费用支出在未来期间可予税前扣除的金额）。负债的账面价值小于其计税基础，则意味着就该项负债在未来期间可以税前抵扣的金额为负数，即应在未来期间应纳税所得额的基础上调增，增加未来期间的应纳税所得额和应交所得税金额，产生应纳税暂时性差异，应确认相关的递延所得税负债。

（二）可抵扣暂时性差异

可抵扣暂时性差异，是指在确定未来收回资产或清偿负债期间的应纳税所得额时，将导致产生可抵扣金额的暂时性差异。该差异在未来期间转回时会减少转回期间的应纳税所得额，减少未来期间的应交所得税。在可抵扣暂时性差异产生当期，符合确认条件的情况下，应当确认相关的递延所得税资产。

可抵扣暂时性差异一般产生于以下情况。

1. 资产的账面价值小于其计税基础

从经济含义来看，资产在未来期间产生的经济利益少，按照税法规定允许税前扣除的金额多，则就账面价值与计税基础之间的差额，企业在未来期间可以减少应纳税所得额并减少应交所得税，符合有关条件时，应当确认相关的递延所得税资产。例如，一项资产的账面价值为 200 万元，计税基础为 260 万元，则企业在未来期间就该项资产可以在其自身取得经济利益的基础上多扣除 60 万元。从整体上来看，未来期间应纳税所得额会减少，应交所得税也会减少，形成可抵扣暂时性差异，符合确认条件时，应确认相关的递延所得税资产。

2. 负债的账面价值大于其计税基础

负债产生的暂时性差异实质上是税法规定就该项负债可以在未来期间税前扣除的金额，即

负债产生的暂时性差异=账面价值-计税基础

$$=账面价值-\left(账面价值-\begin{array}{l}未来期间计税时按照税法\\规定可予税前扣除的金额\end{array}\right)$$

$$=未来期间计税时按照税法规定可予税前扣除的金额$$

一项负债的账面价值大于其计税基础，意味着未来期间按照税法规定与该项负债相关的全部或部分支出可以自未来应税经济利益中扣除，减少未来期间的应纳税所得额和应交所得税。例如，企业对将发生的产品保修费用在销售当期确认预计负债 200 万元，但如果税法规定有关费用支出只有在实际发生时才能够税前扣除，其计税基础为 0，企业确认预计负债的当期相关费用不允许税前扣除，但在以后期间有关费用实际发生时允许税前扣除，使得未来期间的应纳税所得额和应交所得税减少，产生可抵扣暂时性差异，符合有关确认条件时，应确认相关的递延所得税资产。

（三）特殊项目产生的暂时性差异

1. 未作为资产、负债确认的项目产生的暂时性差异

某些交易或事项发生以后，因为不符合资产、负债的确认条件而未体现为资产负债表中的资产或负债，但按照税法规定能够确定其计税基础的，其账面价值与计税基础之间的差异也构成暂时性差异。如企业发生的符合条件的广告费和业务宣传费支出，除另有规定外，不超过销售收入15%的部分准予扣除；超过部分准予向以后纳税年度结转扣除。该类费用在发生时按照会计准则规定即计入当期损益，不形成资产负债表中的资产，但按照税法规定可以确定其计税基础，两者之间的差异也形成暂时性差异。

【例12-12】A公司2×16年发生了2 000万元广告支出，发生时已作为销售费用计入当期损益。税法规定，该类支出不超过当年销售收入15%的部分允许当期税前扣除，超过部分允许向以后纳税年度结转税前扣除。A公司2×16年实现销售收入10 000万元。

该广告费用支出因按照会计准则规定在发生时已计入当期损益，不体现为资产负债表中的资产，如果将其视为资产，其账面价值为0。

因按照税法规定，该类支出税前列支有一定标准限制，根据当期A公司销售收入15%计算，当期可予税前扣除1 500万元（10 000×15%），当期未予税前扣除的500万元可以向以后纳税年度结转扣除，其计税基础为500万元。

该项资产的账面价值0与其计税基础500万元之间产生了500万元的暂时性差异。该暂时性差异在未来期间可减少企业的应纳税所得额，为可抵扣暂时性差异，符合确认条件时，应确认相关的递延所得税资产。

2. 可抵扣亏损及税款抵减产生的暂时性差异

对于按照税法规定可以结转以后年度的未弥补亏损及税款抵减，虽不是因资产、负债的账面价值与计税基础不同产生的，但本质上可抵扣亏损和税款抵减与可抵扣暂时性差异具有同样的作用，均能减少未来期间的应纳税所得额和应交所得税，视同可抵扣暂时性差异，在符合确认条件的情况下，应确认与其相关的递延所得税资产。

【例12-13】甲公司于2×16年因政策性原因发生经营亏损4 000万元，按照税法规定，该亏损可用于抵减以后5个年度的应纳税所得额。该公司预计其于未来5年期间能够产生足够的应纳税所得额利用该经营亏损。

该经营亏损虽不是因比较资产、负债的账面价值与其计税基础产生的，但从其性质上来看可以减少未来期间的应纳税所得额和应交所得税，视同可抵扣暂时性差异。在企业预计未来期间能够产生足够的应纳税所得额利用该可抵扣亏损时，应确认相关的递延所得税资产。

第三节 递延所得税负债及递延所得税资产

企业在计算确定了应纳税暂时性差异与可抵扣暂时性差异后，应当按照所得税准则规定的原则确认与应纳税暂时性差异相关的递延所得税负债以及与可抵扣暂时性差异相关的递延所得税资产。

一、递延所得税负债的确认和计量

递延所得税负债产生于应纳税暂时性差异。因应纳税暂时性差异在转回期间将增加企业的应纳税所得额和应交所得税，导致企业经济利益的流出，在其发生当期，构成企业应支付税金的义务，应作为负债确认。

确认应纳税暂时性差异产生的递延所得税负债时，交易或事项发生时影响到会计利润或应纳税所得额的，相关的所得税影响应作为利润表中所得税费用的组成部分；与直接计入所有者权益的交易或事项相关的，其所得税影响应减少所有者权益；与企业合并中取得资产、负债相关的，递延所得税影响应调整购买日应确认的商誉或是计入合并当期损益的金额。

（一）递延所得税负债的确认

1. 确认的一般原则

企业在确认因应纳税暂时性差异产生的递延所得税负债时，应遵循以下原则。

除所得税准则中明确规定可不确认递延所得税负债的情况以外，企业对于所有的应纳税暂时性差异均应确认相关的递延所得税负债。基于谨慎性原则，为了充分反映交易或事项发生后对未来期间的计税影响，除特殊情况可不确认相关的递延所得税负债外，企业应尽可能地确认与应纳税暂时性差异相关的递延所得税负债。

2. 不确认递延所得税负债的特殊情况

有些情况下，虽然资产、负债的账面价值与其计税基础不同，产生了应纳税暂时性差异，但出于各方面考虑，所得税准则中规定不确认相应的递延所得税负债，主要包括以下情形。

（1）商誉的初始确认。非同一控制下的企业合并中，企业合并成本大于合并中取得的被购买方可辨认净资产公允价值份额的差额，按照会计准则规定应确认为商誉。

因会计与税收的划分标准不同，按照税收法规规定作为免税合并的情况下，计税时不认可商誉的价值，即从税法角度，商誉的计税基础为 0，两者之间的差额形成应纳税暂时性差异。对于商誉的账面价值与其计税基础不同产生的该应纳税暂时性差异，准则中规定不确认与其相关的递延所得税负债，原因在于以下两点。

一是确认该部分暂时性差异产生的递延所得税负债，则意味着购买方在企业合并中获得的可辨认净资产的价值量下降，企业应增加商誉的价值。商誉的账面价值增加以后，可能很快就要计提减值准备，同时其账面价值的增加还会进一步产生应纳税暂时性差异，使得递延所得税负债和商誉价值量的变化不断循环。

二是商誉本身即是企业合并成本在取得的被购买方可辨认资产、负债之间进行分配后的剩余价值，确认递延所得税负债进一步增加其账面价值会影响到会计信息的可靠性。

但是，应予说明的是，按照会计准则规定在非同一控制下企业合并中确认了商誉，并且按照所得税法规的规定，商誉在初始确认时计税基础等于账面价值的，该商誉在后续计量过程中因会计准则与税法规定不同产生暂时性差异的，应当确认相关的所得税影响。

（2）除企业合并以外的其他交易或事项中，如果该项交易或事项发生时既不影响会计利润，也不影响应纳税所得额，则所产生的资产、负债的初始确认金额与其计税基础不同，形成应纳税暂时性差异的，交易或事项发生时不确认相应的递延所得税负债。

该规定主要是考虑到由于交易发生时既不影响会计利润，也不影响应纳税所得额，确认递延所得税负债的直接结果是增加有关资产的账面价值或是降低所确认负债的账面价值，使得资产、负债在初始确认时，违背历史成本原则，影响会计信息的可靠性。

（3）与子公司、联营企业、合营企业投资等相关的应纳税暂时性差异，一般应确认相关的递延所得税负债，但同时满足以下两个条件的除外：一是投资企业能够控制暂时性差异转回的时间；二是该暂时性差异在可预见的未来很可能不会转回。满足上述条件时，投资企业可以运用自身的影响力决定暂时性差异的转回，如果不希望其转回，则在可预见的未来该项暂时性差异不会转回，从而对未来期间不会产生所得税影响，无须确认相应的递延所得税负债。

企业在运用上述条件不确认与联营企业、合营企业等投资相关的递延所得税负债时应有明确的证据表明其能够控制有关暂时性差异转回的时间。一般情况下，企业对联营企业的生产经营决策仅能够实施重大影响，并不能够主导被投资单位包括利润分配政策在内的主要生产经营决策的制定，满足所得税准则规定的能够控制暂时性差异转回时间的条件一般是通过与其他投资者签订协议等，达到能够控制被投资单位利润分配政策等情况下。

对于采用权益法核算的长期股权投资，其账面价值与计税基础产生的暂时性差异是否应确认相关的所得税影响，应考虑该项投资的持有意图。

① 如果企业拟长期持有该项投资，则因初始投资成本的调整产生的暂时性差异预计未来期间不会转回，对未来期间没有所得税影响；因确认投资损益产生的暂时性差异，如果在未来期间逐期分回现金股利或利润时免税，也不存在对未来期间的所得税影响；因确认应享有被投资单位其他权益的变动而产生的暂时性差异，在长期持有的情况下，对于采用权益法核算的长期股权投资账面价值与计税基础之间的差异一般不确认相关的所得税影响。

② 如果投资企业改变持有意图拟对外出售，按照税法规定，企业在转让或者处置投资资产时，投资资产的成本准予扣除。在持有意图由长期持有转变为拟近期出售的情况下，因长期股权投资账面价值与计税基础不同产生的有关暂时性差异，均应确认相关的所得税影响。

（二）递延所得税负债的计量

（1）所得税准则规定，资产负债表日，对于递延所得税负债，应当根据适用税法规定，按照预期清偿该负债期间的适用税率计量，即递延所得税负债应以相关应纳税暂时性差异转回期间按照税法规定适用的所得税税率计量。

在我国，除享受优惠政策的情况以外，企业适用的所得税税率在不同年度之间一般不会发生变化，企业在确认递延所得税负债时，可以现行适用税率为基础计算确定。对于享受优惠政策的企业，如经国家批准的经济技术开发区内的企业，享受一定期间的税率优惠，则所产生的暂时性差异应以预计其转回期间的适用所得税税率为基础计量。

（2）无论应纳税暂时性差异的转回期间如何，准则中规定递延所得税负债不要求折现。如果允许对递延所得税负债进行折现，则企业需要对相关的应纳税暂时性差异进行详细的分析，确定其具体的转回时间表，并在此基础上，按照一定的利率折现后确定递延所得税负债的金额。这将使得企业进行类似的分析工作量较大、包含的主观判断因素较多，且很多情况下无法合理确定暂时性差异的具体转回时间。因此，会计准则中规定递延所得税负债不予折现。

二、递延所得税资产的确认和计量

（一）递延所得税资产的确认

1. 确认的一般原则

递延所得税资产产生于可抵扣暂时性差异。资产、负债的账面价值与其计税基础不同产生可抵扣暂时性差异的，在估计未来期间能够取得足够的应纳税所得额用以利用该可抵扣暂时性差异时，应当以很可能取得用来抵扣可抵扣暂时性差异的应纳税所得额为限，确认相关的递延所得税资产。

同递延所得税负债的确认相同，有关交易或事项发生时，对税前会计利润或是应纳税所得额产生影响的，所确认的递延所得税资产应作为利润表中所得税费用的调整；有关的可抵扣暂时性差异产生于直接计入所有者权益的交易或事项的，确认的递延所得税资产也应计入所有者权益；企业合并中取得的有关资产、负债产生的可抵扣暂时性差异，其所得税影响应相应调整合并中确认的商誉或是应计入合并当期损益的金额。

确认递延所得税资产时，应关注以下问题。

（1）递延所得税资产的确认应以未来期间很可能取得用来抵扣可抵扣暂时性差异的应纳税所得额为限。在可抵扣暂时性差异转回的未来期间内，企业无法产生足够的应纳税所得额用以利用可抵扣暂时性差异的影响，使得与可抵扣暂时性差异相关的经济利益无法实现的，则不应确认递延所得税资产；企业有明确的证据表明其于可抵扣暂时性差异转回的未来期间能够产生足够的应纳税所得额，进而利用可抵扣暂时性差异的，则应以很可能取得的应纳税所得额为限，确认相关的递延所得税资产。

在判断企业于可抵扣暂时性差异转回的未来期间是否能够产生足够的应纳税所得额时，应考虑以下两个方面的影响。

一是通过正常的生产经营活动能够实现的应纳税所得额，如企业通过销售商品、提供劳务等所实现的收入，扣除有关的成本费用等支出后的金额。该部分情况的预测应当以经企业管理层批准的最近财务预算或预测数据以及该预算或者预测期之后年份稳定的或者递减的增长率为基础。

二是以前期间产生的应纳税暂时性差异在未来期间转回时将增加的应纳税所得额。

考虑到可抵扣暂时性差异转回的期间内可能取得应纳税所得额的限制，因无法取得足够的应纳税所得额而未确认相关的递延所得税资产的，应在会计报表附注中进行披露。

（2）对与子公司、联营企业、合营企业的投资相关的可抵扣暂时性差异，同时满足下列条件的，应当确认相关的递延所得税资产：一是暂时性差异在可预见的未来很可能转回；二是未来很可能获得用来抵扣可抵扣暂时性差异的应纳税所得额。

对联营企业和合营企业等的投资产生的可抵扣暂时性差异，主要产生于权益法下被投资单位发生亏损时，投资企业按照持股比例确认应予承担的部分相应减少长期股权投资的账面价值，但税法规定长期股权投资的成本在持有期间不发生变化，造成长期股权投资的账面价值小于其计税基础，产生可抵扣暂时性差异。可抵扣暂时性差异还产生于对长期股权投资计提减值准备的情况下。

（3）对于按照税法规定可以结转以后年度的未弥补亏损（可抵扣亏损）和税款抵减，应视同可抵扣暂时性差异处理。在预计可利用可弥补亏损或税款抵减的未来期间内很可能取得足够的应纳税所得额时，应当以很可能取得的应纳税所得额为限，确认相应的递延所得税资产，同时减少确认当期的所得税费用。

可抵扣亏损是指企业按照税法规定计算确定准予用以后年度的应纳税所得额弥补的亏损。与可抵扣亏损和税款抵减相关的递延所得税资产，其确认条件与其他可抵扣暂时性差异产生的递延所得税资产相同，即在能够利用可抵扣亏损及税款抵减的期间内，企业是否能够取得足够的应纳税所得额抵扣该部分暂时性差异。因此，如企业最近期间发生亏损，仅在有足够的应纳税暂时性差异可供利用的情况下或取得其他确凿的证据表明其于未来期间能够取得足够的应纳税所得额的情况下，才能够确认与可抵扣亏损和税款抵减相关的递延所得税资产。在估计未来期间是否能够产生足够的应纳税所得额用以利用该部分可抵扣亏损或税款抵减时，应考虑以下相关因素的影响。

① 在可抵扣亏损到期前，企业是否会因以前期间产生的应纳税暂时性差异转回而产生足够的应纳税所得额；

② 在可抵扣亏损到期前，企业是否可能通过正常的生产经营活动产生足够的应纳税所得额；

③ 可抵扣亏损是否产生于一些在未来期间不可能重复发生的特殊原因；

④ 是否存在其他的证据表明在可抵扣亏损到期前能够取得足够的应纳税所得额。

企业在确认与可抵扣亏损和税款抵减相关的递延所得税资产时，应当在会计报表附注中说明在可抵扣亏损和税款抵减到期前，企业能够产生足够的应纳税所得额的估计基础。

2. 不确认递延所得税资产的特殊情况

某些情况下，如果企业发生的某项交易或事项不属于企业合并，并且交易发生时既不影响会计利润也不影响应纳税所得额，且该项交易中产生的资产、负债的初始确认金额与其计税基础不同，产生可抵扣暂时性差异的，所得税准则中规定在交易或事项发生时不确认相关的递延所得税资产。其原因同该种情况下不确认递延所得税负债相同。如果确认递延所得税资产，则需调整资产、负债的入账价值，对实际成本进行调整将有违会计核算中的历史成本原则，影响会计信息的可靠性。

【例12-14】甲公司进行内部研究开发所形成的无形资产成本为1 200万元，按照税法规定可于未来期间税前扣除的金额为1 800万元。因此，该项无形资产计税基础为1 800万元，而其账面价值却是1 200万元。

分析：该项无形资产并非产生于企业合并，同时在初始确认时既不影响会计利润也不影响应纳税所得额，而确认其账面价值与计税基础之间产生的暂时性差异的所得税影响则需要调整该项资产的历史成本，这种对实际成本的调整将有违会计核算中的历史成本原则。因此，会计准则规定该种情况下不确认相关的递延所得税资产。

（二）递延所得税资产的计量

1. 适用税率的确定

同递延所得税负债的计量原则相一致，确认递延所得税资产时，应当以预期收回该资产期间的适用所得税税率为基础计算确定。

另外，无论相关的可抵扣暂时性差异转回期间如何，递延所得税资产均不要求折现。

2. 递延所得税资产的减值

所得税准则规定，资产负债表日，企业应当对递延所得税资产的账面价值进行复核。如果未来期间很可能无法取得足够的应纳税所得额用以利用可抵扣暂时性差异带来的经济利益，应当减记递延所得税资产的账面价值。

同其他资产的确认和计量原则相一致，递延所得税资产的账面价值应当代表其为企业带来未来经济利益的能力。企业在确认了递延所得税资产以后因各方面情况变化，导致按照新的情况估计，在有关可抵扣暂时性差异转回的期间内，无法产生足够的应纳税所得额以利用可抵扣暂时性差异，使得与递延所得税资产相关的经济利益无法全部实现的，对于预期无法实现的部分，应当减记递延所得税资产的账面价值。除原确认时计入所有者权益的递延所得税资产，其减记金额亦应计入所有者权益外，其他的情况应增加减记当期的所得税费用。因无法取得足够的应纳税所得额利用可抵扣暂时性差异而减记递延所得税资产账面价值的，后续期间根据新的环境和情况判断能够产生足够的应纳税所得额利用可抵扣暂时性差异，使得递延所得税资产包含的经济利益能够实现的，应相应恢复递延所得税资产的账面价值。

另外，应当说明的是，无论是递延所得税资产还是递延所得税负债的计量，均应考虑资产负债表日企业预期收回资产或清偿负债方式的所得税影响，在计量递延所得税资产和递延所得税负债时，应当采用与收回资产或清偿债务的预期方式相一致的税率和计税基础。

三、特定交易或事项中涉及递延所得税的确认

（一）与直接计入所有者权益的交易或事项相关的所得税

与当期及以前期间直接计入所有者权益的交易或事项相关的当期所得税及递延所得税应当计入所有者权益。直接计入所有者权益的交易或事项主要有，对会计政策变更采用追溯调整法或对前期差错更正采用追溯重述法调整期初留存收益、可供出售金融资产公允价值的变动计入所有者权益、同时包含负债及权益成分的金融工具在初始确认时计入所有者权益等情况。

在特定情况下，归属于直接计入所有者权益的交易或事项的当期所得税及递延所得税难以区分。例如，以下情况下可能涉及这类问题：①当税率或其他税收法规的改变，影响以前借记或贷记入权益的项目（全部或部分）相关的递延所得税资产或负债时；②当企业决定确认或不再全部确认一项递延所得税资产，且该项递延所得税资产与以前借记或贷记入权益的项目（全部或部分）相关时。该类情况下，与贷记或借记入权益的项目相关的当期所得税及递延所得税，应以所涉及的税收管辖区内该企业的当期所得税及递延所得税的合理分摊或以其他更为合理的方法为基础进行分配。

【例12-15】甲公司于2×16年2月自公开市场以每股8元的价格取得A公司普通股100万股，作为可供出售金融资产核算（假定不考虑交易费用）。2×16年12月31日，甲公司该股票投资尚未出售，当日市价每股为12元。按照税法规定，资产在持有期间公允价值的变动不计入应纳税所得额，待处理时一并计算应计入应纳税所得额的金额。甲公司适用的所得税税率为25%。假定在未来期间不会发生变化。

甲公司在期末应进行的账务处理如下。

借：可供出售金融资产	4 000 000	
贷：资本公积		4 000 000
借：资本公积	1 000 000	
贷：递延所得税负债		1 000 000

假定甲公司以每股13元的价格将该股票于2×16年对外出售，结转该股票出售损益时编制如下会计分录。

借：银行存款	13 000 000	
贷：可供出售金融资产		12 000 000
投资收益		1 000 000
借：资本公积	3 000 000	
递延所得税负债	1 000 000	
贷：投资收益		4 000 000

（二）与企业合并相关的递延所得税

企业合并发生后，购买方对于合并前本企业已经存在的可抵扣暂时性差异及未弥补亏损等，可能因为企业合并后估计很可能产生足够的应纳税所得额利用可抵扣暂时性差异，从而确认相关的递延所得税资产。该递延所得税资产的确认不应为企业合并的组成部分，不影响企业合并中应予确认的商誉或是因企业合并成本小于合并中取得的被购买方可辨认净资产公允价值的份额应计入合并当期损益的金额。

在企业合并中，购买方取得被购买方的可抵扣暂时性差异，比如，购买日取得的被购买方在以前期间发生的未弥补亏损等可抵扣暂时性差异，按照税法规定可以用于抵减以后年度应纳税所得额，但在购买日不符合递延所得税资产确认条件的，不应予以确认。购买日后12个月内，如果取得新的或进一步的信息表明相关情况在购买日已经存在，预期被购买方在购买日可抵扣暂时性差异带来的经济利益能够实现的，购买方应当确认相关的递延所得税资产，同时减少由该企业合并所产生的商誉，商誉不足冲减的，差额部分确认为当期损益（所得税费用）。除上述情况以外（比如，购买日后超过12个月，或在购买日不存在相关情况但购买日以后出现新的情况导致可抵扣暂时性差异带来的经济利益预期能够实现），如果符合递延所得税资产的确认条件，确认与企业合并相关的递延所得税资产，应当计入当期损益（所得税费用），不得调整商誉金额。

【例12-16】某非同一控制下的企业合并，因会计准则规定与适用税法规定的处理方法不同在购买日产生可抵扣暂时性差异300万元。假定购买日及未来期间企业适用的所得税税率为25%。

购买日因预计未来期间无法取得足够的应纳税所得额，未确认与可抵扣暂时性差异相关的递延所得税资产75万元。购买日确认的商誉金额为2 000万元。

在购买日之后9个月，企业预计能够产生足够的应纳税所得额用来抵扣原合时产生的300万元可抵扣暂时性差异的影响，企业应当考虑导致该利益变为很可能实现的事实和环境是否在购买日已经存在。

如果这些事实和环境出现在购买日之后，企业应进行以下账务处理。

借：递延所得税资产　　　　　　　　　　　　　　　　750 000
　　贷：所得税费用　　　　　　　　　　　　　　　　　　750 000

如果这些事实和环境在购买日已经存在，企业应进行以下账务处理。

借：递延所得税资产　　　　　　　　　　　　　　　　750 000
　　贷：商誉　　　　　　　　　　　　　　　　　　　　　750 000

（三）与股份支付相关的当期及递延所得税

与股份支付相关的支出在按照会计准则规定确认为成本费用时，其相关的所得税影响应区别于税法的规定进行处理：如果税法规定与股份支付相关的支出不允许税前扣除，则不形成暂时性差异；如果税法规定与股份支付相关的支出允许税前扣除，在按照会计准则规定确认成本费用的期间内，企业应当根据会计期末取得的信息估计可税前扣除的金额计算确定其计税基础及由此产生的暂时性差异，符合确认条件的情况下应当确认相关的递延所得税。其中预计未来期间可税前扣除的金额超过会计准则规定确认的与股份支付相关的成本费用，超过部分的所得税影响应直接计入所有者权益。

四、适用税率变化对已确认递延所得税资产和递延所得税负债的影响

因适用税收法规的变化，导致企业在某一会计期间适用的所得税税率发生变化的，企业应对已确认的递延所得税资产和递延所得税负债按照新的税率进行重新计量。递延所得税资产和递延所得

税负债的金额代表的是有关可抵扣暂时性差异或应纳税暂时性差异于未来期间转回时，导致应交所得税金额的减少或增加的情况。因国家税收法律、法规等的变化导致适用税率变化的，必然导致应纳税暂时性差异或可抵扣暂时性差异在未来期间转回时产生应交所得税金额的变化，在适用税率变动的情况下，应对原已确认的递延所得税资产及递延所得税负债的金额进行调整，反映税率变化带来的影响。

除直接计入所有者权益的交易或事项产生的递延所得税资产及递延所得税负债，相关的调整金额应计入所有者权益以外，其他情况下产生的递延所得税资产及递延所得税负债的调整金额应确认为变化当期的所得税费用（或收益）。

第四节　所得税费用的确认和计量

企业核算所得税，主要是为确定当期应交所得税以及利润表中应确认的所得税费用。按照资产负债表债务法核算所得税的情况下，利润表中的所得税费用由两个部分组成，即当期所得税和递延所得税。

一、当期所得税

当期所得税是指企业按照税法规定计算确定的针对当期发生的交易和事项，应交纳给税务部门的所得税金额，即应交所得税。当期所得税应以适用的税收法规为基础计算确定。

企业在确定当期所得税时，对于当期发生的交易或事项，会计处理与税收处理不同的，应在会计利润的基础上，按照适用税收法规的规定进行调整，计算出当期应纳税所得额，按照应纳税所得额与适用所得税税率计算确定当期应交所得税。一般情况下，应纳税所得额可在会计利润的基础上，考虑会计与税收之间的差异，按照以下公式计算确定：

应纳税所得额=会计利润+按照会计准则规定计入利润表但计税时不允许税前扣除的费用±
计入利润表的费用与按照税法规定可予税前抵扣的费用金额之间的差额±
计入利润表的收入与按照税法规定应计入应纳税所得额的收入之间的差额-
税法规定的不征税收入±其他需要调整的因素
当期所得税=当期应交所得税=应纳税所得额×适用的所得税税率

企业向投资者分配现金股利或利润时，如果按照适用税收法规规定，需要将所分配现金股利或利润的一定比例代投资者缴纳给税务部门，即代扣代交税款，该部分代扣代交税款应作为股利的一部分计入权益。

【例12-17】A企业为设立在我国境内企业，其主要投资者为境外某企业。A企业2×16年董事会决定分派现金股利，其境外投资者按照持股比例计算可分得2 000万元。假定适用税法规定，其中20%应由A企业代扣作为境外投资者在我国境内应交的所得税，则A企业就该利润分配事项应进行的账务处理如下。

借：利润分配——未分配利润　　　　　　　　　　20 000 000
　　贷：应付股利　　　　　　　　　　　　　　　16 000 000
　　　　应交税费——应交所得税　　　　　　　　　4 000 000

二、递延所得税

递延所得税是指按照所得税准则规定应予确认的递延所得税资产和递延所得税负债在期末应有

的金额相对于原已确认金额之间的差额，即递延所得税资产及递延所得税负债当期发生额的综合结果。用公式表示即为

$$递延所得税 = \left(\begin{array}{c} 期末递延 \\ 所得税负债 \end{array} - \begin{array}{c} 期初递延 \\ 所得税负债 \end{array} \right) - \left(\begin{array}{c} 期末递延 \\ 所得税资产 \end{array} - \begin{array}{c} 期初递延 \\ 所得税资产 \end{array} \right)$$

应予说明的是，企业因确认递延所得税资产和递延所得税负债产生的递延所得税，一般应当计入所得税费用，但以下两种情况除外。

一是某项交易或事项按照会计准则规定应计入所有者权益的，由该交易或事项产生的递延所得税资产或递延所得税负债及其变化亦应计入所有者权益，不构成利润表中的递延所得税费用（或收益）。

二是企业合并中取得的资产、负债，其账面价值与计税基础不同，应确认相关递延所得税的，该递延所得税的确认影响合并中产生的商誉或是计入合并当期损益的金额，不影响所得税费用。

【例12-18】A企业持有的某项可供出售金融资产，成本为500万元。会计期末，其公允价值为600万元。该企业适用的企业所得税税率为25%。除该事项外，该企业不存在其他会计与税法法规之间的差异，且递延所得税资产和递延所得税负债不存在期初余额。

会计期末在确认100万元的公允价值变动时，账务处理如下。

借：可供出售金融资产　　　　　　　　　　　　　　　　1 000 000
　　贷：其他综合收益　　　　　　　　　　　　　　　　　　　1 000 000

确认应纳税暂时性差异的所得税影响时，账务处理如下。

借：其他综合收益　　　　　　　　　　　　　　　　　　250 000
　　贷：递延所得税负债　　　　　　　　　　　　　　　　　　　250 000

三、所得税费用

计算确定了当期所得税及递延所得税以后，利润表中应予确认的所得税费用为两者之和，即所得税费用=当期所得税+递延所得税。

【例12-19】A公司2×16年度利润表中利润总额为2 400万元，该公司适用的所得税税率为25%。递延所得税资产及递延所得税负债不存在期初余额。与所得税核算有关的情况如下。

2×16年发生的有关交易和事项中，会计处理与税收处理存在差别的有：

（1）2×16年1月开始计提折旧的一项固定资产，成本为1 200万元，使用年限为10年，净残值为0。会计处理按双倍余额递减法计提折旧，税收处理按直线法计提折旧。假定税法规定的使用年限及净残值与会计规定相同。

（2）向关联企业捐赠现金400万元。假定按照税法规定，企业向关联方的捐赠不允许税前扣除。

（3）期末持有的交易性金融资产成本为600万元，公允价值为1 200万元。税法规定，以公允价值计量的金融资产持有期间市价变动不计入应纳税所得额。

（4）违反环保规定应支付罚款200万元。

（5）期末对持有的存货计提了60万元的存货跌价准备。

分析：

（1）2×16年度应交所得税。

应纳税所得额=24 000 000+1 200 000+4 000 000-6 000 000+2 000 000+600 000

　　　　　　=25 800 000（元）

应交所得税=25 800 000×25%=6 450 000（元）

（2）2×16年度递延所得税。

该公司2×16年资产负债表相关项目金额及其计税基础如表12-1所示。

表 12-1　　　　　　　资产负债表相关项目账面价值、计税基础与暂时性差异　　　　　　　单位：元

项目	账面价值	计税基础	差异	
			应纳税暂时性差异	可抵扣暂时性差异
存货	16 000 000	16 600 000		600 000
固定资产：				
固定资产原价	12 000 000	12 000 000		
减：累计折旧	2 400 000	1 200 000		
减：固定资产减值准备	0	0		
固定资产账面价值	9 600 000	10 800 000		1 200 000
交易性金融资产	12 000 000	6 000 000	6 000 000	
其他应付款	2 000 000	2 000 000		
总计			6 000 000	1 800 000

递延所得税资产=1 800 000×25%=450 000（元）

递延所得税负债=6 000 000×25%=1 500 000（元）

递延所得税=1 500 000-450 000=1 050 000（元）

（3）利润表中应确认的所得税费用。

所得税费用=6 450 000+1 050 000=7 500 000（元）

借：所得税费用　　　　　　　　　　　　　　　　　　　7 500 000

　　递延所得税资产　　　　　　　　　　　　　　　　　　450 000

　　贷：应交税费——应交所得税　　　　　　　　　　　　　　6 450 000

　　　　递延所得税负债　　　　　　　　　　　　　　　　　　1 500 000

四、合并财务报表中因抵销未实现内部销售损益产生的递延所得税

企业在编制合并财务报表时，因抵销未实现内部销售损益导致合并资产负债表中资产、负债的账面价值与其在纳入合并范围的企业按照适用税法规定确定的计税基础之间产生暂时性差异的，在合并资产负债表中应当确认递延所得税资产或递延所得税负债，同时调整合并利润表中的所得税费用，但与直接计入所有者权益的交易或事项及企业合并相关的递延所得税除外（《企业会计准则解释第1号》财会〔2007〕14号 2007年11月16日）。

企业在编制合并财务报表时，按照合并报表的编制原则，应将纳入合并范围的企业之间发生的未实现内部交易损益予以抵销。因此，对于所涉及的资产负债项目在合并资产负债表中列示的价值与其所属的企业个别资产负债表中的价值会不同，进而可能产生与有关资产、负债所属个别纳税主体计税基础的不同，从合并财务报表作为一个完整经济主体的角度，应当确认该暂时性差异的所得税影响。

【例12-20】甲公司拥有乙公司80%有表决权股份，能够控制乙公司的生产经营决策。2×16年9月甲公司以800万元将一批自产产品销售给乙公司，该批产品在甲公司的生产成本为500万元。至2×16年12月31日，乙公司尚未对外销售该批商品。假定涉及商品未发生减值。甲、乙公司适用的所得税税率为25%，且在未来期间预计不会发生变化。税法规定，企业的存货以历史成本作为计税基础。

甲公司在编制合并财务报表时，对于与乙公司发生的内部交易应进行以下抵销处理。

借：营业收入　　　　　　　　　　　　　　　　8 000 000
　　贷：营业成本　　　　　　　　　　　　　　　　5 000 000
　　　　存货　　　　　　　　　　　　　　　　　　3 000 000

经过上述抵销处理后，该项内部交易中涉及的存货在合并资产负债表中体现的价值为500万元，即未发生减值的情况下，为出售方的成本。其计税基础为800万元。两者之间产生了300万元可抵扣暂时性差异。与该暂时性差异相关的递延所得税在乙公司并未确认，为此在合并财务报表中应进行以下处理。

借：递延所得税资产　　　　　　　　　　　　　　750 000
　　贷：所得税费用　　　　　　　　　　　　　　　　750 000

五、所得税的列报

企业对所得税的核算结果，除利润表中列示的所得税费用以外，在资产负债表中形成的应交税费（应交所得税）以及递延所得税资产和递延所得税负债应当遵循准则规定进行列报。其中，递延所得税资产和递延所得税负债一般应当分别作为非流动资产和非流动负债在资产负债表中列示，所得税费用应当在利润表中单独列示，同时还应在附注中披露与所得税有关的信息。

（1）同时满足下列条件时，企业应当将当期所得税资产及当期所得税负债以抵销后的净额列示。

① 企业拥有以净额结算的法定权利；

② 意图以净额结算或取得资产清偿债务同时进行。

对于当期所得税资产及当期所得税负债以净额列示是指，当企业实际交纳的所得税税款大于按照税法规定计算的应交税时，超过部分在资产负债表中应当列示为"其他流动资产"；当企业实际交纳的所得税税款小于按照税法规定计算的应交税时，差额部分应当作为资产负债表中的"应交税费"项目列示。

（2）同时满足下列条件时，企业应当将递延所得税资产及递延所得税负债以抵销后的净额列示。

① 企业拥有以净额结算当期所得税资产及当期所得税负债的法定权利；

② 递延所得税资产和递延所得税负债是与同一税收征管部门对同一纳税主体征收的所得税相关或者对不同的纳税主体相关，但在未来每一具有重要性的递延所得税资产和递延所得税负债转回的期间内，涉及的纳税主体意图以净额结算当期所得税资产及当期所得税负债或是同时取得资产、清偿债务。

一般情况下，在个别财务报表中，当期所得税资产与负债及递延所得税资产与递延所得税负债可以以抵销后的净额列示。在合并财务报表中，纳入合并范围的企业中，一方的当期所得税资产或递延所得税资产与另一方的当期所得税负债或递延所得税负债一般不能予以抵销，除非所涉及的企业具有以净额结算的法定权利并且意图以净额结算。

知识链接

思 考 题

1. 简述所得税会计核算的一般程序。
2. 简述采用资产负债表债务法核算所得税的理论基础。
3. 如何确定应纳税暂时性差异和可抵扣暂时性差异？
4. 递延所得税资产和递延所得税负债如何确认，如何计量？
5. 所得税费用包括哪两个部分，各自如何确认和计量？

关键术语

所得税费用	income tax expense
资产负债表债务法	the balance sheet liability method
可抵扣暂时性差异	deductible temporary difference
应纳税暂时性差异	taxable temporary difference
递延所得税资产	deferred tax assets
递延所得税负债	deferred tax liabilities
应纳税所得额	taxable income

金融工具的确认与计量 第十三章

【引例】

龙兴公司是一家综合性商贸集团公司，注册资本金为6 500万元，资产总值为9 000万元，拥有一家控股的电器销售公司和一家大型超市，投资比例均在50%以上。2015年年初在投资顾问的建议下，公司又以一部分闲置资金购入二级市场的股票，该股票可随时在证券市场中交易；购入龙腾公司发行的可转让五年期债券；购入三年期国债。以上投入，每年均可以获得相应的回报。

从该案例可知，龙兴公司为了合理使用资金，使其发挥最有效的作用，除了加强营运资金的有限管理外，还将闲置资金投放在其他单位的经济活动中，以获得最大的经济效益。

请思考：作为一名财务人员，你认为龙兴公司所进行的活动属于什么性质，上述活动有什么特点，对企业的经营活动有什么影响？

第一节　金融工具概述

一、金融工具概述

金融工具是指形成一个企业的金融资产，并形成其他单位的金融负债或权益工具的合同。金融工具包括金融资产、金融负债和权益工具。其中，金融资产通常指企业的下列资产：现金、银行存款、应收账款、应收票据、贷款、股权投资、债权投资等。金融负债通常指企业的下列负债：应付账款、应付票据、应付债券等。从发行方看，权益工具通常指企业发行的普通股、认股权证等。

金融工具可以分为基础金融工具和衍生金融工具。

（一）基础金融工具

基础金融工具包括企业持有的现金、存放于金融机构的款项、普通股，以及代表在未来期间收取或支付金融资产的合同权利或义务等，如应收账款、应付账款、其他应收款、其他应付款、存出保证金、存入保证金、客户贷款、客户存款、债券投资、应付债券等。

（二）衍生金融工具

衍生金融工具是由基础性金融工具衍生出来的，其价格对基础性金融工具有依赖关系的各种金融合约的总称。基础性金融工具其主要包括货币、利率工具（如债券、商业票据、存单等）和股票等。在基础性金融工具的基础上借助各种衍生技术，可以设计出品种繁多、特性各异的金融衍生工具。

从交易机制上看，衍生金融工具主要有远期、期货、期权、互换等品种。与基础金融工具相比，这些衍生金融工具主要有以下特点。

（1）衍生金融工具的性质复杂。因为对基本衍生工具如期货、期权和互换的理解和运用已经不易，而当今国际金融市场的"再衍生工具"更是把期货、期权和互换进行再组合，使衍生金融工具的特性更为复杂。这种复杂多变的特性，一方面使衍生金融工具具有充分的弹性，能够满足使用者的特定需要；另一方面也导致大量的衍生金融工具难以为一般投资者所理解，更难以掌握和驾驭。

（2）衍生金融工具的交易成本较低。衍生工具可以用较为低廉的交易成本达到规避风险和投机的目的，这也是衍生金融工具为保值者、投机者所喜好并得以迅速发展的原因之一。衍生金融工具的成本优势在投资于股价指数期货和利率期货时表现得尤为明显。例如，通过购买股价指数期货，投资者可以少量的资本投入及低廉的交易成本来实现其分散风险或投机的目的。又如，在浮动利率市场具有借款优势的借款人可与另一在固定利率市场具有借款优势的借款人进行利率互换交易，来达到双方降低成本的目的。

（3）衍生金融工具具有较高的财务杠杆作用，投资风险较大。高度的财务杠杆作用在金融期货和期权中表现得非常明显。例如，金融期货采用保证金方式进入市场交易，市场参与者只需动用少量资金即可控制巨额交易合约，所以金融期货具有以小博大的高杠杆效应。如果运用于套期保值，可以在一定程度上分散和转移风险；如果运用于投机，可以带来数十倍于保证金的收益，也可能产生巨额的亏损。

（4）运用衍生金融工具易于形成所需要的资产组合。比如，一个投资者决定在 A 国政府债券上做多头，在 B 国政府债券上做空头，而他现时资产组合中只有 B 国政府债券，为此，若按照传统金融工具的交易方式，他只有先卖出 B 国政府债券取得 B 国货币，再卖出 B 国货币买回 A 国货币，并用 A 国货币购买 A 国政府债券。这一资产组合的完成一般需要数天的时间才能实现，在此过程中还可能出现外汇风险。若是采用政府债券期货交易，则仅用数秒钟时间即可完成资产组合的调整。

二、金融资产和金融负债的分类

金融资产和金融负债的分类是确认和计量的基础。企业应当结合自身业务特点和风险管理要求，将取得的金融资产或承担的金融负债在初始确认时分为以下几类：①以公允价值计量且其变动计入当期损益的金融资产或金融负债；②持有至到期投资；③贷款和应收款项；④可供出售金融资产；⑤其他金融负债。上述分类一经确定，不得随意变更。

（一）以公允价值计量且其变动计入当期损益的金融资产或金融负债

以公允价值计量且其变动计入当期损益的金融资产或金融负债，可以进一步分为交易性金融资产或金融负债和直接指定为以公允价值计量且其变动计入当期损益的金融资产或金融负债。

1. 交易性金融资产或金融负债

满足以下条件之一的金融资产或金融负债，应当划分为交易性金融资产或金融负债。

（1）取得该金融资产或承担该金融负债的目的，主要是为了近期内出售、回购或赎回。例如，企业以赚取差价为目的从二级市场购入的股票、债券和基金等。

（2）属于进行集中管理的可辨认金融工具组合的一部分，且有客观证据表明企业近期采用短期获利方式对该组合进行管理。

（3）属于衍生工具。衍生工具通常划分为交易性金融资产或金融负债。但是，被指定为有效套期工具的衍生工具、属于财务担保合同的衍生工具、与在活跃市场中没有报价且其公允价值不能可靠计量的权益工具投资挂钩并须通过交付该权益工具结算的衍生工具除外。

2. 指定为以公允价值计量且其变动计入当期损益的金融资产或金融负债

企业将某项金融资产指定为以公允价值计量且其变动计入当期损益的金融资产，通常是指该金融资产不满足确认为交易性金融资产的条件时，企业仍可以在符合某些特定情况的条件下将其按公允价值计量，并将其公允价值变动计入当期损益。

通常，只有符合下列条件之一的金融资产，才可以在初始确认时指定为以公允价值计量且其变动计入当期损益的金融资产。

（1）该指定可以消除或明显减少由于该金融资产或金融负债的计量基础不同而导致的相关利得或损失在确认和计量方面不一致的情况。

（2）企业的风险管理或投资策略的正式书面文件已载明，该金融资产组合、该金融负债组合或该金融资产和金融负债组合，以公允价值为基础进行管理、评价并向关键管理人员报告。

（二）持有至到期投资

持有至到期投资，是指到期日固定、回收金额固定或可确定，且企业有明确意图和能力持有至到期的非衍生金融资产。

企业将金融资产划分为持有至到期投资时，应当注意把握其以下特征。

1. 到期日固定、回收金额固定或可确定

"到期日固定、回收金额固定或可确定"是指相关合同明确了投资者在确定的期间内获得或应收取现金流量（例如，债券投资利息和本金等）的金额和时间。因此，从投资者角度看，如果不考虑其他条件，在将某项投资划分为持有至到期投资时可以不考虑可能存在的发行方重大支付风险。其次，由于要求到期日固定，从而权益工具投资不能划分为持有至到期投资。再者，如果符合其他条件，不能由于某债务工具投资是浮动利率投资而不将其划分为持有至到期投资。

2. 有明确意图持有至到期

"有明确意图持有至到期"是指投资者在取得投资时意图就是明确的，除非遇到一些企业所不能控制、预期不会重复发生且难以合理预计的独立事件，否则将持有至到期。

存在下列情况之一的，表明企业没有明确意图将金融资产投资持有至到期。

（1）持有该金融资产的期限不确定。

（2）发生市场利率变化、流动性需要变化、替代投资机会及其投资收益率变化、融资来源和条件变化、外汇风险变化等情况时，将出售该金融资产。但是，无法控制、预期不会重复发生且难以合理预计的独立事项引起的金融资产出售除外。

（3）该金融资产的发行方可以按照明显低于其摊余成本的金额清偿。

（4）其他表明企业没有明确意图将该金融资产持有至到期的情况。

据此，对于发行方可以赎回的债务工具，如发行方行使赎回权，投资者仍可收回其几乎所有初始净投资（含支付的溢价和交易费用），那么投资者可以将此类投资划分为持有至到期投资。但是，对于投资者有权要求发行方赎回的债务工具投资，投资者不能将其划分为持有至到期投资。

3. 有能力持有至到期

"有能力持有至到期"是指企业有足够的财务资源，并不受外部因素影响将投资持有至到期。

存在下列情况之一的，表明企业没有能力将具有固定期限的金融资产投资持有至到期。

（1）没有可利用的财务资源持续地为该金融资产投资提供资金支持，以使该金融资产投资持有至到期。

（2）受法律、行政法规的限制，使企业难以将该金融资产投资持有至到期。

（3）其他表明企业没有能力将具有固定期限的金融资产投资持有至到期的情况。

企业应当于每个资产负债表日对持有至到期投资的意图和能力进行评价。发生变化的，应当将其重分类为可供出售金融资产进行处理。

（三）贷款和应收款项

贷款和应收款项是指在活跃市场中没有报价、回收金额固定或可确定的非衍生金融资产。贷款和应收款项泛指一类金融资产，主要是金融企业发放的贷款和其他债权，但不限于金融企业发放的贷款和其他债权。非金融企业持有的现金和银行存款、销售商品或提供劳务形成的应收款项、企业持有的其他企业的债权（不包括在活跃市场上有报价的债务工具）等，只要符合贷款和应收款项的定义，可以划分为这一类。划分为贷款和应收款项类的金融资产，与划分为持有至到期投资的金融资产，其主要差别在于前者不是在活跃市场上有报价的金融资产，并且不像持有至到期投资那样在出售或重分类方面受到较多限制。

（四）可供出售金融资产

可供出售金融资产，是指初始确认时即被指定为可供出售的非衍生金融资产，以及除下列各类资产以外的金融资产：①贷款和应收款项；②持有至到期投资；③以公允价值计量且其变动计入当期损益的金融资产。例如，企业购入的在活跃市场上有报价的股票、债券和基金等，没有划分为以公允价值计量且其变动计入当期损益的金融资产或持有至到期投资等的金融资产，可归为此类。

对于在活跃市场上有报价的金融资产，既可能划分为以公允价值计量且其变动计入当期损益的金融资产，也可能划分为可供出售金融资产；如果该金融资产属于有固定到期日、回收金额固定或可确定的金融资产，则该金融资产还可能划分为持有至到期投资。某项金融资产具体该划分为哪一类，主要取决于企业管理层的风险管理、投资决策等因素。金融资产的分类应是管理层意图的真实表达。

（五）其他金融负债

其他金融负债是指没有划分为以公允价值计量且其变动计入当期损益的金融负债。通常，企业购买商品形成的应付账款、长期借款、商业银行吸收的客户存款等，应划分为此类。

第二节 金融资产和金融负债的初始计量

初始确认的金融资产和金融负债，应当按照放弃或收到对价的公允价值计量。如果有客观证据表明相同金融资产的公开交易价格更公允，或采用仅考虑公开市场参数的估值技术确定的结果更公允，应当采用更公允的交易价格或估值结果确定公允价值，并在会计报表附注中对此做出详细说明。

对于以公允价值计量且其变动计入当期损益的金融资产或金融负债，相关交易费用应当直接计入当期损益；对于其他类别的金融资产或金融负债，相关交易费用应当计入初始确认金额。这里的交易费用是指可直接归属于购买、发行或处置金融工具新增的外部费用。新增的外部费用，是指企业不购买、发行或处置金融工具就不会发生的费用。交易费用包括支付给代理机构、咨询公司、券商等的手续费和佣金及其他必要支出，不包括债券溢价、折价、融资费用、内部管理成本及其他与交易不直接相关的费用。企业为购买金融工具所发生的差旅费等，不属于此处所讲的交易费用。企业取得金融资产所支付的价款中，包含已宣告但尚未发放的现金股利或已到付息期但尚未领取的债券利息，应当单独确认为应收项目。

具体来说，企业取得交易性金融资产时，按确认的初始成本（支付的价款扣除相关税费），借记"交易性金融资产"科目，按已宣告但尚未发放的现金股利或已到付息期但尚未领取的债券利息，借记"应收股利"或"应收利息"科目，按照相关交易费用金额，借记"投资收益科目"；按支付的全部款项，贷记"银行存款"等科目。企业取得的可供出售金融资产、持有至到期投资、贷款和应收款项，应按可供出售金融资产、持有至到期投资的公允价值和相关交易费用之和，借记"可供出售金融资产""持有至到期投资""贷款"等科目，按已宣告但尚未发放的现金股利或已到付息期但尚未领取的债券利息，借记"应收股利"或"应收利息"科目；按实际支付的款项，贷记"银行存款"等科目。

【例13-1】A公司于2×16年2月28日以每股15元的价格购入某上市公司股票100万股，划分为交易性金融资产，购买该股票另支付手续费20万元，均以银行存款支付。A公司的账务处理如下。

借：交易性金融资产——成本　　　　　　　15 000 000
　　投资收益　　　　　　　　　　　　　　　200 000
　　贷：银行存款　　　　　　　　　　　　　　15 200 000

【例13-2】甲公司2×16年1月1日购入一批股票,作为可供出售金融资产进行核算和管理,实际支付价款3 200 000元,另支付相关交易费用5 600元,均以银行存款支付。假定不考虑其他因素,甲公司的账务处理如下。

借:可供出售金融资产——成本   3 205 600

    贷:银行存款   3 205 600

第三节　金融资产和金融负债的后续计量

金融资产的和金融负债的后续计量,与其所归属的类别有关。根据金融资产和金融负债所归属的不同类别,应当分别采用公允价值或摊余成本进行后续计量。

一、以公允价值计量且其变动计入当期损益的金融资产和金融负债

对以公允价值计量且其变动计入当期损益的金融资产和金融负债,应当采用公允价值对其进行后续计量,且不扣除将来处置该金融资产时可能发生的交易费用。公允价值发生的增减变动,应当计入当期损益。具体来说,金融资产公允价值增加或者金融负债公允价值发生减少的,应当按照增加额或减少额,借记"交易性金融资产""交易性金融负债"等科目,贷记"公允价值变动损益"科目。或做相反分录。

【例13-3】2×16年5月13日,A公司支付价款1 060 000元从二级市场购入B公司发行的股票100 000股,每股价格10.60元(含已宣告但尚未发放的现金股利0.60元)。另支付交易费用1 000元。A公司将持有的B公司股权划分为交易性金融资产,且持有B公司股权后对其无重大影响。

A公司的其他相关资料如下:

(1)5月23日,收到B公司发放的现金股利;

(2)6月30日,B公司股票价格涨到每股13元;

(3)8月15日,将持有的B公司股票全部售出,每股售价15元。

假定不考虑其他因素,A公司的账务处理如下。

(1)5月13日,购入B公司股票。

借:交易性金融资产——成本   1 000 000

    应收股利   60 000

    投资收益   1 000

    贷:银行存款   1 061 000

(2)5月23日,收到B公司发放的现金股利。

借:银行存款   60 000

    贷:应收股利   60 000

(3)6月30日,确认股票价格变动。

借:交易性金融资产——公允价值变动   300 000

    贷:公允价值变动损益   300 000

(4)8月15日,将B公司股票全部售出。

借:银行存款   1 500 000

    公允价值变动损益   300 000

    贷:交易性金融资产——成本   1 000 000

             ——公允价值变动   300 000

    投资收益   500 000

【例13-4】2×16年3月31日，B上市公司持有某公司交易性金融负债公允价值期初余额为320 000元，月末余额为400 000元。假定不考虑其他因素，B上市公司的账务处理如下。

借：公允价值变动损益　　　　　　　　　　　　80 000
　　贷：交易性金融负债——公允价值变动　　　　　　　80 000

但是，下列金融资产，不应当采用公允价值进行后续计量：①持有至到期投资以及贷款和应收款项；②在活跃市场中没有报价且其公允价值不能可靠计量的权益工具投资，以及与该权益工具挂钩并需要通过交付该权益工具结算的衍生金融资产。

二、持有至到期投资、贷款和应收款项的后续计量

对于持有至到期投资、贷款和应收款项来说，应当采用实际利率法，按照摊余成本进行后续计量。

实际利率法，是指按照金融资产或金融负债（含一组金融资产或金融负债）的实际利率计算其摊余成本及各期利息收入和利息费用的方法。这里的实际利率，是指将金融资产或金融负债在预期存续期间或适用的更短的期间内的未来现金流量，折现为该金融资产或金融负债当前账面价值所使用的利率。在确定实际利率时，应当在考虑金融资产或金融负债所有合同条款（包括提前还款权、看涨期权、类似期权等）的基础上预计未来现金流量，但不应考虑未来信用损失。金融资产或金融负债合同各方之间支付或收取的、属于实际利率组成部分的各项收费、交易费用及溢价或折价等，应当在确定实际利率时予以考虑。金融资产或金融负债存续期间无法可靠预计时，应当采用该金融资产或金融负债在整个合同期间的合同现金流量。采用实际利率法，按照摊余成本进行后续计量，要求企业在初始确认持有至到期投资、贷款和应收款项时，就确定实际利率。实际利率一经确定，不应更改，即使对浮动利率金融资产也是如此。

金融资产或者金融负债的摊余成本，是指该金融资产或金融负债的初始确认金额经下列调整后的结果：①扣除已偿还的本金；②加上或减去采用实际利率法将该初始确认金额与到期日金额之间的差额进行摊销形成的累计摊销额；③扣除已发生的减值损失（仅适用于金融资产）。

具体来说，对于持有至到期投资，企业应该按照面值和票面利率计算的应计利息，借记"持有至到期投资——应计利息""应收利息"等科目；按照摊余成本和实际利率计算确认的利息收入，贷记"投资收益""利息收入"等科目；按照其差额，借记或贷记"持有至到期投资——利息调整"科目。对于贷款和应收款项，企业应该按照合同本金和合同利率计算确认的利息收入，贷记"应收利息"科目；按摊余成本和实际利率计算的利息收入，贷记"利息收入"；按其差额，借记或贷记"贷款——利息调整""长期应收款——利息调整"等科目。

【例13-5】2×12年1月1日，A上市公司支付价款1 000万元（含交易费用）从活跃市场中购入五年期债券，面值为1 250万元，票面利率为4.72%，按年支付利息（即每年59万元），本金需要最后一次支付。合同约定，该债券的发行方不可以提前赎回该债券。A公司将该债券划分为持有至到期投资。假定不考虑其他因素。为此，A公司在初始确认时应确定该债券的实际利率。

假定该债券的实际利率为r，则可列出下式：

$59 \times (P/A, r, 5) + 1\,250 \times (P/F, r, 5) = 1\,000$

上式中，$(P/A, r, 5)$表示利率为r五年期的年金现值系数，$(P/F, r, 5)$表示利率为r五年期的复利现值系数，

采用插值法，可以计算得出$r=10\%$，由此编制表13-1。

表 13-1		各期摊余成本及实际利息收入计算表		单位：万元
年份	期初摊余成本（a）	实际利息收入（b） （按 10% 计算）	现金流入（c）	期末摊余成本 （d=a+b-c）
2×12	1 000	100	59	1 041
2×13	1 041	104	59	1 086
2×14	1 086	109	59	1 136
2×15	1 136	114*	59	1 191
2×16	1 191	118**	1 309	0

*数字四舍五入取整；**数字考虑了计算过程中出现的尾差。

根据上列数据，A上市公司的账务处理如下（单位：万元）。

（1）2×12年1月1日，购入债券：

借：持有至到期投资——成本　　　　　　　　　　　　1 250

　　贷：银行存款　　　　　　　　　　　　　　　　　　1 000

　　　　持有至到期投资——利息调整　　　　　　　　　　250

（2）2×12年12月31日，确认实际利息收入，收到票面利息等。

借：应收利息　　　　　　　　　　　　　　　　　　　59

　　持有至到期投资——利息调整　　　　　　　　　　　41

　　贷：投资收益　　　　　　　　　　　　　　　　　　100

借：银行存款　　　　　　　　　　　　　　　　　　　59

　　贷：应收利息　　　　　　　　　　　　　　　　　　59

（3）2×13年12月31日，确认实际利息收入，收到票面利息等。

借：应收利息　　　　　　　　　　　　　　　　　　　59

　　持有至到期投资——利息调整　　　　　　　　　　　45

　　　　贷：投资收益　　　　　　　　　　　　　　　　104

借：银行存款　　　　　　　　　　　　　　　　　　　59

　　贷：应收利息　　　　　　　　　　　　　　　　　　59

（4）2×14年12月31日，确认实际利息收入，收到票面利息等。

借：应收利息　　　　　　　　　　　　　　　　　　　59

　　持有至到期投资——利息调整　　　　　　　　　　　50

　　贷：投资收益　　　　　　　　　　　　　　　　　　109

借：银行存款　　　　　　　　　　　　　　　　　　　59

　　贷：应收利息　　　　　　　　　　　　　　　　　　59

（5）2×15年12月31日，确认实际利息收入，收到票面利息等。

借：应收利息　　　　　　　　　　　　　　　　　　　59

　　持有至到期投资——利息调整　　　　　　　　　　　55

　　贷：投资收益　　　　　　　　　　　　　　　　　　114

借：银行存款　　　　　　　　　　　　　　　　　　　59

　　贷：应收利息　　　　　　　　　　　　　　　　　　59

（6）2×16年12月31日，确认实际利息收入，收到票面利息和本金。

借：应收利息　　　　　　　　　　　　　　　　　　　59

　　持有至到期投资——利息调整　　　　　　　　　　　59

　　贷：投资收益　　　　　　　　　　　　　　　　　　118

```
借：银行存款                                    59
    贷：应收利息                                      59
借：银行存款                              1 250
    贷：持有至到期投资——成本                        1 250
```

【例13-6】沿用【例13-5】的有关资料。假定A上市公司购买的债券不是分期付息，而是到期一次还本付息，利息不以复利计算。此时A上市公司所购买债券的实际利率r，可以计算如下。

$(59+59+59+59+59+1\ 250) \times (P/F, r, 5) = 1\ 000$，由此可得$r \approx 9.05\%$。

据此，可以制表13-2。

表13-2　　　　　　　　　各期摊余成本及实际利息收入计算表　　　　　　　　　单位：万元

年份	期初摊余成本（a）	实际利息收入（b）（按9.05%计算）	现金流入（c）	期末摊余成本（d=a+b−c）
2×12	1 000	90.5	0	1 090.5
2×13	1 090.5	98.69	0	1 189.19
2×14	1 189.19	107.62	0	1 296.81
2×15	1 296.81	117.36	0	1 414.17
2×16	1 414.17	130.83*	1 545	0

*考虑计算过程中出现的尾差2.85万元。

根据上列数据，A上市公司的账务处理如下（单位：万元）。

（1）2×12年1月1日，购入债券。

```
借：持有至到期投资——成本                 1 250
    贷：银行存款                                 1 000
        持有至到期投资——利息调整                     250
```

（2）2×12年12月31日，确认实际利息收入。

```
借：持有至到期投资——应计利息               59
              ——利息调整               31.5
    贷：投资收益                                  90.5
```

（3）2×13年12月31日，确认实际利息收入。

```
借：持有至到期投资——应计利息               59
              ——利息调整              39.69
    贷：投资收益                                 98.69
```

（4）2×14年12月31日，确认实际利息收入。

```
借：持有至到期投资——应计利息               59
              ——利息调整              48.62
    贷：投资收益                                107.62
```

（5）2×15年12月31日，确认实际利息收入：

```
借：持有至到期投资——应计利息               59
              ——利息调整              58.36
    贷：投资收益                                117.36
```

（6）2×16年12月31日，确认实际利息收入，收到票面利息和本金。

```
借：持有至到期投资——应计利息               59
              ——利息调整              71.83
    贷：投资收益                                130.83
```

借：银行存款   1 545

  贷：持有至到期投资——成本   1 250

      ——应计利息   295

三、可供出售金融资产

（一）公允价值变动利得或损失

对可供出售金融资产应当采取公允价值对其进行后续计量。可供出售金融资产公允价值变动形成的利得或损失，除减值损失和外币货币性金融资产形成的汇兑差额外，应当直接计入所有者权益，在该金融资产终止确认时转出，计入当期损益。可供出售外币货币性金融资产形成的汇兑差额，应当计入当期损益。与套期保值有关的金融资产或金融负债公允价值变动形成的利得或损失的处理，适用《企业会计准则第 24 号——套期保值》。

具体来说，可供出售金额资产公允价值发生的增减变动，应当借记"可供出售金融资产——公允价值变动"科目，贷记"其他综合收益"科目；或者，借记"其他综合收益"科目，贷记"可供出售金融资产——公允价值变动"科目。

【例13-7】2×15年12月31日，A上市公司持有的某可供出售金融资产月初公允价值为42万元，月末公允价值为40万元。假定不考虑其他因素，A上市公司的账务处理如下。

借：其他综合收益   20 000

  贷：可供出售金融资产——公允价值变动   20 000

【例13-8】2×15年12月31日，B上市公司持有某可供出售金融资产月初公允价值为56 000元，月末公允价值为59 800元。假定不考虑其他因素，B上市公司的账务处理如下。

借：可供出售金融资产——公允价值变动   3 800

  贷：其他综合收益   3 800

（二）持有期间的利息收入或股利收入

采用实际利率法计算的可供出售金融资产的利息，应当计入当期损益；可供出售权益工具投资的现金股利，应当在被投资单位宣告发放股利时计入当期损益。具体来说，对于可供出售的债务工具投资，应当按照实际利率法计算确定的利息收入，借记"应收利息"科目，贷记"投资收益"等科目；对于可供出售的权益工具投资，应当在被投资单位宣告发放现金股利时，按照企业应当享有的份额，借记"应收股利"科目，贷记"投资收益"等科目。

【例13-9】2×15年1月1日，B上市公司支付价款1 028.244万元购入某公司发行的三年期公司债券。该公司债券的票面总金额为1 000万元，票面利率为4%，实际利率为3%。利息每年支付，本金到期支付。A上市公司将该公司债券划分为可供出售金融资产。2×15年12月31日，该债券的市场价格为1 000.094万元。假定无交易费用和其他因素影响，B上市公司的账务处理如下（单位：万元）。

（1）2×15年1月1日，购入债券。

借：可供出售金融资产——成本   1 000

      ——利息调整   28.244

  贷：银行存款   1 028.244

（2）2×15年12月31日，收到债券利息，确认公允价值变动。

实际利息=1 028.244×3%≈30.85（万元）

年末摊余成本=1 028.244+30.85-40=1 019.094（万元）

```
借：应收利息                                    40
    贷：投资收益                                         30.85
        可供出售金融资产——利息调整                        9.15
借：银行存款                                    40
    贷：应收利息                                          40
借：其他综合收益                                19
    贷：可供出售金融资产——公允价值变动                     19
```

第四节 金融资产减值的确认和计量

一、金融资产减值损失的确认

企业应当在资产负债表日对以公允价值计量且其变动计入当期损益的金融资产以外的金融资产（含单项金融资产或一组金额资产，下同）的账面价值进行检查，有客观证据表明该金融资产发生减值的，应当确认减值损失，计提减值准备。在估计的资产减值损失的过程中，如果是一组金融资产发生减值，企业应该考虑财务报表发布关于资产负债表日情况的所有可获得的信息，以该范围内的最佳估计数确认资产减值损失。

表明金融资产发生减值的客观证据，是指金融资产初始确认后实际发生的、对该金融资产的预计未来现金流量有影响，且企业能够对该影响进行可靠计量的事项。金融资产发生减值的客观证据，包括下列各项：

（1）发行方或债务人出现严重的财务危机；

（2）债务人违反了合同条款，如偿付利息或本金发生违约或逾期；

（3）债权人出于经济或法律方面等因素的考虑，对发生财务困难的债务人做出让步；

（4）债务人很可能倒闭或进行其他债务重组；

（5）因发行方发生重大财务困难，该金融资产无法在活跃的市场上继续交易；

（6）无法辨认一组金融资产中的某项资产的现金流量是否已经减少，但根据公开的数据对其进行总体的客观评价后发现，该组金融资产自初始确认以来的预计未来现金流量确实已经减少且可计量，如该组金融资产的债务人支付能力逐步恶化，或债务人所在国家或地区失业率提高，担保物在其所在地区的价格明显降低，所处行业不景气等；

（7）发行方经营所处的技术、市场、经济或法律环境等发生重大不利变化，使权益工具投资人可能无法收回投资成本；

（8）权益工具投资的公允价值发生严重或非暂时性下跌；

（9）其他表明金融资产发生减值的客观证据。

企业在根据以上客观证据判断金融资产是否发生减值损失时，应注意以下几点：

第一，这些客观证据相关事项（也成为"损失事项"）必须影响金融资产的预计未来现金流量，并且能够可靠地计量。对于预期未来事项可能导致的损失，无论其发生的可能性有多大，均不能作为减值损失予以确认；

第二，企业通常难以找到某项单独的证据来认定金融资产是否已经减值，因而应综合考虑相关证据的总体影响进行判断；

第三，债务方或金融资产发行方信用等级下降本身不足以说明企业所持有的金融资产发生了减值。但是，如果企业将债务人或金融资产发行方的信用等级下降因素，与可获得的其他客观的减值依据联系起来，往往能够对金融资产是否发生减值做出判断；

第四，对于可供出售权益工具投资，其公允价值低于其成本不足以说明可供出售权益工具投资发生了减值，而应当综合考虑相关因素判断该投资公允价值下降是否严重或者是非暂时性下跌的。同时，企业应当从持有权益工具投资的整个期间来判断。

二、金融资产减值损失的计量

（一）持有至到期投资、贷款和应收款项减值损失的计量

（1）持有至到期投资、贷款和应收款项以摊余成本后续计量，其发生减值损失时，因当将该金融资产的账面价值与预计未来现金流量现值之间的差额，确认为减值损失，计入当期损益。

以摊余成本计量的金融资产的预计未来现金流量现值，应当按照该金融资产的原实际利率折现确定，并考虑相关担保物的价值（取得和出售担保物发生的费用应当予以扣除）。原实际利率是初始确认该金融资产时计算确定的利率。对于浮动利率贷款、应收款项或持有至到期投资，在计算未来现金流量现值时可采用合同规定的现行利率作为实际利率。

短期应收款项的预计未来现金流量与其现值相差很小的，在确认相关减值损失时，可不对其预计的未来现金流量进行折现。

（2）对于存在大量性质类似且以摊余成本后续计量金融资产的企业，在考虑金融资产减值测试时，应当先将单项金额重大的金融资产区分开来，单独进行减值测试。如有客观证据表明其已经发生减值，应当确认减值损失，计入当期损益。对于单项金额不重大的金融资产，可以单独进行减值测试，也可以包括在类似信用风险特征的金融资产组合中进行减值测试。在实务中，企业可以根据具体情况确定单项金额重大的标准。该项标准一经确定，应当一致运用，不得随意变更。

单独测试未发现减值的金融资产（包括单项金额重大和不重大的金融资产），应当包括在具有类似信用风险特征的金融组合中再进行减值测试。已单项确认减值损失的金融资产，不应包括在具有类似信用风险特征的金融资产组合中进行减值测试。

（3）外币金融资产发生减值的，预计未来现金流量现值应先按照外币确定，在计量减值时再按照资产负债表日即期汇率折合成记账本位币反映的金额。该项金额小于相关外币金融资产以记账本位币反映的账面价值的部分，确认为减值损失，计入当期损益。

【例13-10】ABC银行一年前向客户A发放了一笔三年期贷款，划分为贷款和应收款项，且属金额重大。今年，由于外部新技术冲击，客户A的产品市场销路不畅，存在着严重的财务困难，故不能按期及时偿还ABC银行的贷款本金和利息。为此，客户A提出与ABC银行调整贷款条款，以便顺利度过财务难关。ABC银行同意了客户A提出的要求。以下是五种可供选择的贷款条款调整方案。

（1）客户A在贷款原到期后五年内偿还贷款的全部本金，但不包括按原条款应计的利息；

（2）在原到期日，客户A偿还贷款的全部本金，但不包括按原条款应计的利息；

（3）在原到期日，客户A偿还贷款的全部本金，以及低于原条款应计的利息；

（4）客户A在原到期日后五年内偿还贷款的全部本金，以及原贷款期间的利息，但贷款展期期间不支付任何利息；

（5）客户 A 在原到期日后五年内偿还贷款的全部本金、原贷款期间和展期期间应计的利息。

在上述五种可供选择的贷款调整方案下，哪一种需要在今年年末确认减值损失？

答：不难看出，在上述方案（1）～（4）下，贷款未来的现金流量现值一定小于当前账面价值，因此，ABC 银行采用方案（1）～（4）中的任何一种，都需要在调整贷款日确认和计量贷款减值损失。

对于方案（5），虽然客户偿还本金和利息的时间发生变化，但 ABC 银行仍能够收到延迟支付所形成的利息。在这种情况下，如果按贷款发放时确定的实际利率计算，贷款未来现金流入（本金和利息）现值将与当前账面价值相等。因此，不需要确认和计量贷款减值损失。

【例13-11】2×12年1月1日，ABC银行以"折价"方式向B企业发放了一笔五年期贷款50 000 000元（实际发放给B企业的款项为49 000 000元），合同利率为10%。ABC银行将其划分为贷款和应收款项，初始确认该贷款时确定的实际利率为10.53%。

2×14年12月31日，有客观证据表明B企业发生严重财务困难，ABC银行据此认定对B企业的贷款发生了减值，并预期2×15年12月31日将收到利息5 000 000元，但2×16年12月31日将仅收到本金25 000 000元。

2×14年12月31日，ABC银行对B企业应确认的减值损失按确认减值损失前的摊余成本与未来现金流量现值之间的差额确定（小数点后数据四舍五入）。

（1）2×14年12月31日，未确认减值损失前，ABC银行对B企业贷款的摊余成本计算如下：

2×12年1月1日，对B企业贷款的摊余成本=49 000 000（元）

2×12年12月31日，对B企业贷款的摊余成本

=49 000 000+49 000 000×10.53% -5 000 000=49 159 700（元）

2×13年12月31日，对B企业贷款的摊余成本

=49 159 700×（1+10.53%）-5 000 000≈49 336 216（元）

2×14年12月31日，对B企业贷款的摊余成本

=49 336 216×（1+10.53%）-5 000 000≈49 531 320（元）

（2）2×14年12月31日，ABC银行预计从对B企业贷款将收到的现金流量的现值计算如下：

$5\ 000\ 000×（1+10.53\%）^{-1}+25\ 000\ 000×（1+10.53\%）^{-2}≈24\ 987\ 147$（元）

（3）2×14年12月31日，ABC银行应确认贷款减值损失

=49 531 320-24 987 147=24 544 173（元）

（二）可供出售金融资产减值损失的计量

可供出售金融资产发生减值时，即使该金融资产没有终止确认，原直接计入其他综合收益中的因公允价值下降所形成的累计损失，应当予以转出，计入当期损益。该转出的累计损失，等于可供出售金融资产的初始取得的成本扣除已收回本金和已摊销余额、当期公允价值和原已计入损益的减值损失后的余额。

在活跃市场中没有公开报价且其公允价值不能可靠计量的权益工具投资，发生减值时，应当将该权益工具投资的账面价值，与按照类似金融资产当时市场收益率对未来现金流量折现确定的现值之间的差额，确认为减值损失，计入当初损益。与该权益工具挂钩并须通过交付该权益工具结算的衍生金融资产发生减值的，也应当采用类似方法确认减值损失。

具体来说，可供出售金融资产发生减值时，按减记的金额，借记"资产减值损失"科目，按应转出的累计损失，贷记"其他综合收益"科目，按其差额，贷记"可供出售金融资产"科目。

【例13-12】2×13年1月1日，A公司按面值从债券二级市场中购入M公司发行的债券20 000张，每张面值为100元，票面利率为3%，划分为可供出售金融资产。

2×13年12月31日，该债券的市场价格为每张100元。

2×14年M公司因经营不善，发生严重的财务困难，但仍可以支付债券当年的票面利息。2×14年12月31日，该债券的公允价值下降为每张80元。A公司预计，如果M公司不采取措施，该债券的公允价值还会继续下跌。

假定A公司初始确认该债券时计算的债券的实际利率为3%，且不考虑其他因素，则A公司有关账务处理如下。

（1）2×13年1月1日，购入债券。

借：可供出售金融资产——成本	2 000 000	
贷：银行存款		2 000 000

（2）2×13年12月31日，确认利息及公允价值变动。

借：应收利息	60 000	
贷：投资收益		60 000
借：银行存款	60 000	
贷：应收利息		60 000

债券公允价值变动为零，故不作账务处理。

（3）2×14年12月31日，确认利息及价值损失。

借：应收利息	60 000	
贷：投资收益		60 000
借：银行存款	60 000	
贷：应收利息		60 000
借：资产减值损失	400 000	
贷：可供出售金融资产——公允价值变动		400 000

由于该债券的公允价值预计会持续下跌，A公司应确认减值损失。

（三）金融资产减值损失的转回

对以摊余成本计量的金融资产确认减值损失后，如有客观证据表明该金融资产价值已经恢复，且客观上与确认该损失后发生的事项有关（如债务人的信用评级已提高等），原确认的资产减值损失应当予以转回，计入当期损益。但是，该转回后的账面价值不应该超过假定不计提减值准备情况下该金融资产在转回日的摊余成本。

具体来说，企业计算出应转回的金额，借记"贷款损失准备""持有至到期投资减值准备""坏账准备"等科目，贷记"资产减值损失"科目。

对于已确认减值损失的可供出售债务工具，在随后的会计期间公允价值已经上升且客观上与确认原减值损失后发生的事项有关的，原确认的减值损失应当予以转回，计入当期损益。可供出售权益工具投资发生减值损失的，不得通过损益转回。另外，在活跃市场中没有报价且其公允价值不能可靠计量的权益工具投资，或与该权益工具挂钩并须通过交付该权益工具结算的衍生金融资产发生的减值损失，不得转回。

具体来说，已确认减值损失的可供出售债务工具在随后的会计期间公允价值上升，应按可转回的金额，借记"可供出售金融资产"科目，贷记"资产减值损失"科目。已确认减值损失的可供出售权益工具在随后的会计期间公允价值上升，应按可转回的金额，借记"可供出售金融资产"科目，贷记"其他综合收益"科目。

【例13-13】2×13年5月1日，A公司从股票二级市场中以每股18元（含宣告发放但尚未领取的现金股利0.24元）的价格购入B公司发行的股票2 000 000股，占B公司有表决权股份的5%，对B公司无重大影响。A公司将股票划分为可供出售金融资产。其他资料如下：

（1）2×13年5月6日，A公司收到B公司发放的上年现金股利480 000元；

（2）2×13年12月31日，该股票的市场价格为每股15.6元。A公司预计该股票的价格下跌是暂时性的；

（3）2×14年，B公司因违规，收到证券监管部门查处。受此影响，B公司股票价格的价格下挫。至2×14年12月31日，该股票的市场价格下跌到每股7.2元；

（4）2×15年，B公司整改完成，加之市场宏观面转好。股票价格有所回升。至12月31日，该公司股票的市场价格上升至每股12元。

假定B公司2×14年和2×15年均未分派现金股利，不考虑其他因素的影响，则A公司的账务处理如下。

（1）2×13年5月1日，购入股票。

借：可供出售金融资产——成本   35 520 000
    应收股利   480 000
  贷：银行存款   36 000 000

（2）2×13年5月6日，收到现金股利。

借：银行存款   480 000
  贷：应收股利   480 000

（3）2×13年12月31日，确认股票公允价值变动。

借：其他综合收益   4 320 000
  贷：可供出售金融资产——公允价值变动   4 320 000

（4）2×14年12月31日，确认取票投资的减值损失。

借：资产价值损失   21 120 000
  贷：其他综合收益   4 320 000
    可供出售金融资产——公允价值变动   16 800 000

（5）2×15年2月31日，确认股票价格上涨。

借：可供出售金融资产——公允价值变动   9 600 000
  贷：其他综合收益   9 600 000

【例13-14】沿用【例13-12】的资料。2015年，M公司经整顿，财务状况大为好转，2015年12月31日，该公司债券的价值已上升至每张95元。则A公司的账务处理如下。

2×15年12月31日，确认利息收入及减值损失的转回。

$$应确认利息收入 = （期初摊余成本 - 发生的减值损失）\times 3\%$$
$$= （2\ 000\ 000 - 400\ 000）\times 3\%$$
$$= 48\ 000（元）$$

借：应收利息   60 000
  贷：投资收益   48 000
    可供出售金融资产——利息调整   12 000

借：银行存款   60 000
  贷：应收利息   60 000

减值损失转回前，该债券的摊余成本 = 2 000 000 - 400 000 - 12 000 = 1 588 000（元）

2×15年12月31日，该债券的公允价值 = 1 900 000（元）

应转回的金额 = 1 900 000 - 1 588 000 = 312 000（元）

借：可供出售金融资产——公允价值变动   312 000
  贷：资产价值损失   312 000

知识链接

思 考 题

1. 金融资产的定义是什么，如何分类？
2. 可供出售金融资产投资收益如何计算？
3. 持有至到期投资摊余成本如何计算？
4. 什么情况下应对金融资产计提减值，如何进行会计处理？
5. 什么情况下应该对金融资产减值损失进行转回，如何做会计处理？

关 键 词

金融工具	financial instruments
金融资产	financial assets
金融负债	financial liabilities
交易性金融资产	trading financial asset
持有至到期投资	held-to-maturity investment
可供出售金融资产	financial assets available for sale
贷款和应收款项	loan or account receivable

第十四章 会计政策、会计估计变更和差错更正

【引例】

2009年11月11日，北京湘鄂情股份有限公司在深圳证券交易所正式挂牌上市，成为我国第一家在国内A股上市的民营餐饮企业。该公司上市后发展势头良好，其主营业务收入在2010年底达到9.23亿元。但随着北京高档餐饮企业受"三公消费"相关政策的影响，公司营业额显著下降。湘鄂情不得不重启加盟政策，半年内特许加盟商就增加到10家，收取加盟费高达2 660万元。2013年10月15日北京证监局向湘鄂情下发了《行政监管措施决定书》，指出该公司在2012年违反《企业会计准则》确认加盟费收入1 480万元（营业收入），确认股权收购合并日前损益1 556万元（营业外收入），共影响当期损益3 036万元，占2012年度利润总额的20.19%。该公司就此会计核算问题进行了会计差错更正。从2014年1月29日该公司发布的关于对2012年度报告进行会计差错更正的公告中，可以看到会计差错事项对公司2012年度应交税费、营业税金及附加、所得税费用的影响，会计差错事项对公司2013年第一季度应交税费的影响。从其会计差错公告中还可以看到其多计提了资产减值损失18万元。尽管多计提的资产减值损失会引起会计利润的降低，但这只不过是对虚增的会计利润的一个简单修饰而已，并没有改变会计利润全面提高的最终结果。而资产减值损失属于非应税项目，无论多提或少提都不会引起应纳税所得额的改变，不会由此增加所得税成本的增加。可见该公司发生的会计差错更正至多使其损失了货币的时间价值，但其从中获得的好处却远远超出了这一损失。因为如果没有2012年虚增利润的会计差错，该公司2012年就不可能做出每10股转增10股并派发现金股利0.8元到2元的高送转分配预案；没有这个分红预案的刺激，其之前6—7元徘徊的股价就不会开始大涨，其大股东就不可能在高价位实现多次减持套现的目的。湘鄂情的实例给了我们很大的启发，它证明上市公司利用会计差错更正进行盈余管理，可以轻松地实现报表上的高额利润和实际上的微薄税负成本并存的"双重效益"。

第一节 会计政策及其变更

《企业会计准则第28号——会计政策、会计估计变更和差错更正》（以下简称会计政策、会计估计变更和差错更正准则）规范了企业会计政策的应用，会计政策、会计估计变更和前期差错更正的确认、计量和相关信息的披露要求，以提高企业财务报表的相关性和可靠性，以及同一企业不同期间和同一期间不同企业的财务报表可比性。

一、会计政策的概念

会计政策，是指企业在会计确认、计量和报告中所采用的原则、基础和会计处理方法。会计政策包括的会计原则、基础和处理方法，是指导企业进行会计确认和计量的具体要求。

原则，是指按照企业会计准则规定的、适合于企业会计要素确认过程中所采用的具体会计原则。例如，《企业会计准则第14号——收入》规定的以交易已经完成、经济利益能够流入企业、收入和成本能够可靠计量等作为收入确认的标准，就属于收入确认的具体会计原则。

基础，是指为了将会计原则应用于交易或者事项而采用的基础，主要是计量基础（即计量属性），包括历史成本、重置成本、可变现净值、现值和公允价值等。

会计处理方法，是指企业在会计核算中按照法律、行政法规或者国家统一的会计制度等规定采

用或者选择的、适合于本企业的具体会计处理方法。

二、会计政策的判断

（1）在资产方面属于资产要素的会计政策有：
① 存货的取得、发出和期末计价的处理方法；
② 长期股权投资的取得及后续计量中的成本法或权益法；
③ 投资性房地产的确认及其后续计量模式；
④ 固定资产、无形资产的确认条件及其减值政策；
⑤ 金融资产的分类；
⑥ 非货币性资产交换商业实质的判断。
（2）在负债方面属于负债要素的会计政策有：
① 借款费用资本化的条件；
② 债务重组的确认和计量；
③ 预计负债的确认和计量；
④ 应付职工薪酬和股份支付的确认和计量；
⑤ 金融负债的分类等。
（3）在所有者权益方面属于所有者权益要素的会计政策有：
① 权益工具的确认和计量；
② 混合金融工具的分拆。
（4）在收入方面属于收入要素的会计政策有：
① 商品销售收入和提供劳务收入的确认条件；
② 建造合同、租赁合同、保险合同、贷款合同等合同收入的确认与计量方法。
（5）在费用方面属于费用要素的会计政策有：
① 商品销售成本及劳务成本的结转；
② 期间费用的划分。
（6）除会计要素相关会计政策外，财务报表列报方面所涉及的编制现金流量表的直接法和间接法、合并财务报表合并范围的判断、分部报告中报告分部的确定，也属于会计政策。

三、会计政策变更

企业采用的会计政策，在每一个会计期间和前后各期应当保持一致，不得随意变更。会计政策变更，是指企业对相同的交易或者事项由原来采用的会计政策改用另一会计政策的行为。

（一）符合下列条件之一的，企业可以变更会计政策

1. 法律、行政法规或国家统一的会计制度等要求变更
这种情况是指，按照法律、行政法规规定改变原会计政策，采用新的会计政策。
2. 会计政策的变更能够提供更可靠、更相关的会计信息
这种情况是指，由于经济环境变化，以及国家统一的会计制度的规定，要求企业采用新的会计政策。在这种情况下，由于客观情况的改变，使企业原来采用的会计政策所提供的会计信息，已不能恰当地反映企业的财务状况、经营成果和现金流量等情况。在这种情况下，应改变原有会计政策，按新的会计政策进行核算，以便对外提供更可靠、更相关的会计信息。

（二）下列情况不属于会计政策变更

（1）本期发生的交易或者事项与以前相比具有本质差别而采用新的会计政策。

【例14-1】A公司2×15年租入的普通机床均为临时需要而租入的，租期为两个月，企业按经营租赁会计处理方法核算。但自2×16年度起租入的设备均为采用融资租赁方式租入的数控机床，租期达到该设备使用年限75%以上，则A公司自本年度起对新租赁的设备采用融资租赁会计处理核算。由于经营租赁和融资租赁有着本质差别，因而不属于会计政策变更。

（2）对初次发生的或不重要的交易或者事项采用新的会计政策。

【例14-2】A公司2×16年初成立，第一次签订一项建造合同，为另一企业建造三栋厂房，A公司对该项建造合同采用完工百分比法确认收入。由于A公司初次发生该项交易，采用完工百分比法确认该项交易的收入，不属于会计政策变更。

四、会计政策变更的会计处理

（一）追溯调整法

追溯调整法，是指对某项交易或事项变更会计政策，视同该项交易或事项初次发生时即采用变更后的会计政策，并以此对财务报表相关项目进行调整的方法。会计政策变更能够提供更可靠、更相关的会计信息的，应当采用追溯调整法处理。采用追溯调整法时，对于比较财务报表期间的会计政策变更，应调整各期间净损益各项目和财务报表其他相关项目，视同该政策在比较财务报表期间一直采用。对于比较财务报表可比期间以前的会计政策变更的累积影响数，应调整比较财务报表最早期间的期初留存收益，其他相关项目的期初余额和列报前期披露的其他比较数据也应当一并调整，但确定该项会计政策变更累积影响数不切实可行的除外。

追溯调整法通常由以下四步骤构成。

（1）计算会计政策变更的累积影响数。

会计政策变更累积影响数，是指按照变更后的会计政策对以前各期追溯计算的列报前期最早期初留存收益应有金额与现有金额之间的差额。会计政策变更的累积影响数可以分解为以下两个金额之间的差额：①在变更会计政策当期，按变更后的会计政策对以前各期追溯计算，所得到的列报前期最早期初留存收益金额；②在变更会计政策当期，列报前期最早期初留存收益金额。上述留存收益金额，包括盈余公积和未分配利润等项目，不考虑由于损益的变化而应当补分的利润或股利。

会计政策变更的累积影响数，通常可以通过以下各步计算获得：

① 根据新的会计政策重新计算受影响的前期交易或事项；

② 计算两种会计政策下的差异；

③ 计算差异的所得税影响金额（仅考虑对递延所得税的影响，不考虑对应交所得税的影响）；

④ 确定前期中每一期的税后差异；

⑤ 计算会计政策变更的累积影响数。

（2）编制相关项目的调整分录。

（3）调整列报前期最早期初财务报表相关项目及其金额。

（4）在会计报表附注中进行说明。

【例14-3】长江公司系上市公司，所得税采用债务法核算，适用的所得税税率为25%。该公司于2×13年12月建造完工的办公楼作为投资性房地产对外出租。至2×16年1月1日，该办公楼的原价为3 000万元，预计使用年限为25年，采用年限平均法计提折旧，无残值。假定税法规定的折旧方法、年限和净残值与会计相同。2×16年1月1日，长江公司决定采用公允价值对出租的办公楼进行后续计量。该办公楼2×16年1月1日的公允价值为3 200万元。该公司按净利润的10%提取盈余公积。2×16年12月31日，该办公楼的公允价值为3 300万元。假定2×16年1月1日前无法取得该办公楼的公允价值。

分析：

（1）2×16年1月1日，该投资性房地产已提折旧=3 000÷25×2=240（万元）。投资性房地产的计税基础=3 000-240=2 760（万元），账面价值=3 200万元，应确认递延所得税负债=（3 200-2 760）×25%=110（万元）。因此，长江公司账务处理如下。

借：投资性房地产——成本	32 000 000	
投资性房地产累计折旧（摊销）	2 400 000	
贷：投资性房地产		30 000 000
递延所得税负债		1 100 000
利润分配——未分配利润		3 300 000
借：利润分配——未分配利润	330 000	
贷：盈余公积		330 000

（2）2×16年12月31日，该投资性房地产的计税基础=3 000-3 000÷25×3=2 640（万元），账面价值=3 300万元，应确认的递延所得税负债的余额=（3 300-2 640）×25%=165（万元），应确认的递延所得税负债的发生额=165-110=55（万元）。因此，长江公司账务处理如下。

借：投资性房地产——公允价值变动	1 000 000	
贷：公允价值变动损益		1 000 000
借：所得税费用	550 000	
贷：递延所得税负债		550 000

（二）未来适用法

未来适用法，是指将变更后的会计政策应用于变更日及以后发生的交易或者事项，或者在会计估计变更当期和未来期间确认会计估计变更影响数的方法。在未来适用法下，不需要计算会计政策变更产生的累积影响数，也无须重编以前年度的财务报表。企业会计账簿记录及财务报表上反映的金额，变更之日仍保留原有的金额，不因会计政策变更而改变以前年度的既定结果，并在现有金额的基础上再按新的会计政策进行核算。

【例14-4】乙公司于2×12年1月1日起对某管理用设备计提折旧，原价为84 000元，预计使用寿命为8年，预计净残值为4 000元，按年限平均法计提折旧。2×16年年初，由于新技术发展等原因，需要对原估计的使用寿命和净残值做出修正。修改后该设备预计尚可使用年限为2年，预计净残值为2 000元。乙公司适用的企业所得税税率为25%。

分析：乙公司对该项会计估计变更的会计处理如下。

（1）不调整以前各期折旧，也不计算累积影响数。

（2）变更日以后改按新的估计计提折旧。

按原估计，每年折旧额为10 000元，已提折旧4年，共计40 000元，该项固定资产账面价值44 000元，则第5年相关科目的期初余额如下：

固定资产	84 000
减：累计折旧	40 000
固定资产账面价值	44 000

改变预计使用年限后，从2×16年起每年计提的折旧费用为21 000[（44 000-2 000）÷2]元。2×16年不必对以前年度已提折旧进行调整，只需按重新预计的尚可使用年限和净残值计算确定折旧费用，

有关账务处理如下。

借：管理费用   21 000

    贷：累计折旧   21 000

（3）财务报表附注说明。

本公司一台管理用设备成本为84 000元，原预计使用寿命为8年，预计净残值为4 000元，按年限平均法计提折旧。由于新技术发展，该设备已不能按原预计使用寿命计提折旧，本公司于2×16年年初将该设备的预计尚可使用寿命变更为2年，预计净残值变更为2 000元，以反映该设备在目前状况下的预计尚可使用寿命和净残值。此估计变更将减少本年度净利润8 250[（21 000-10 000）×（1-25%）]元。

五、会计政策变更的会计处理方法的选择

对于会计政策变更，企业应当根据具体情况，分别采用不同的会计处理方法。

（1）企业依据法律、行政法规或者国家统一的会计制度等要求变更会计政策的情况。

① 国家发布相关会计处理办法的，按照国家发布的相关规定执行；

② 国家没有发布相关会计处理办法的，应当采用追溯调整法处理。

（2）会计政策变更能够提供更可靠、更相关的会计信息的，应当采用追溯调整法处理，将会计政策变更累积影响数调整列报前期最早期初留存收益，其他相关项目的期初余额和列报前期披露的其他比较数据也应当一并调整，但确定该项会计政策变更累积影响数不切实可行的除外。

（3）确定会计政策变更对列报前期影响数不切实可行的，应当从可追溯调整的最早期间期初开始应用变更后的会计政策。在当期期初确定会计政策变更对以前各期累积影响数不切实可行的，应当采用未来适用法处理。

不切实可行，是指企业在采取所有合理的方法后，仍然不能获得采用某项规定所必需的相关信息，而导致无法采用该项规定，则该项规定在此时是不切实可行的。

当出现以下情形时，对某项会计政策变更应用追溯调整法或对某项重要的前期差错采用追溯重述法是不切实可行的：①应用追溯调整法或追溯重述法的累积影响数不能确定；②应用追溯调整法或追溯重述法要求对管理层在该期当时的意图做出假定；③应用追溯调整法或追溯重述法要求对有关金额进行重大估计，然而有关交易发生时存在状况的证据无法提供（譬如，有关金额确认、计量或披露日期存在事实的证据，以及在受变更影响的当期和未来期间确认会计估计变更的影响的证据）。

在某些情况下，调整一个或者多个前期比较信息以获得与当期会计信息的可比性是不切实可行的。譬如，企业因账簿、凭证超过法定保存期限而销毁，或因不可抗力、人为因素而毁坏、遗失等，从而使得当期期初确定会计政策变更对以前各期累积影响数无法计算，即不切实可行。此时，会计政策变更应当采用未来适用法进行处理。

六、会计政策变更的披露

企业应当在附注中披露与会计政策变更有关的下列信息。

（1）会计政策变更的性质、内容和原因。包括对会计政策变更的简要阐述、变更的日期、变更前采用的会计政策和变更后所采用的新会计政策及会计政策变更的原因。例如，依据法律或会计准则等行政法规、规章的要求变更会计政策时，在财务报表附注中应当披露所依据的文件。如对于由于执行企业会计准则而发生的变更，应在财务报表附注中说明：依据《企业会计准则第×号——××》的要求变更会计政策……

（2）当期和各个列报前期财务报表中受影响的项目名称和调整金额。包括采用追溯调整法时，计算出的会计政策变更的累积影响数；当期和各个列报前期财务报表中需要调整的净损益及其影响金额，以及其他需要调整的项目名称和调整金额。

（3）无法进行追溯调整的，说明该事实和原因以及开始应用变更后的会计政策的时点、具体应用情况。包括无法进行追溯调整的事实；确定会计政策变更对列报前期影响数不切实可行的原因；在当期期初确定会计政策变更对以前各期累积影响数不切实可行的原因；开始应用新会计政策的时点和具体应用情况。

第二节　会计估计及其变更

一、会计估计

会计估计，是指企业对结果不确定的交易或者事项以最近可利用的信息为基础所做的判断。企业应当披露重要的会计估计，不具有重要性的会计估计可以不披露。判断会计估计是否重要，应当考虑与会计估计相关项目的性质和金额。通常情况下，企业应当披露的重要会计估计包括以下内容。

（1）存货可变现净值的确定；

（2）采用公允价值模式下的投资性房地产公允价值的确定；

（3）固定资产的预计使用寿命、预计净残值和折旧方法；

（4）生物资产的预计使用寿命、预计净残值和折旧方法；

（5）使用寿命有限的无形资产的预计使用寿命、残值、摊销方法；

（6）可收回金额按照资产组的公允价值减去处置费用后的净额确定的，确定公允价值减去处置费用后的净额的方法；可收回金额按照资产组预计未来现金流量的现值确定的，预计未来现金流量的确定；

（7）合同完工进度的确定；

（8）权益工具公允价值的确定；

（9）债务人债务重组中转让的非现金资产的公允价值、由债务转成的股份的公允价值和修改其他债务条件后债务的公允价值的确定；债权人债务重组中受让的非现金资产的公允价值、由债权转成的股份的公允价值和修改其他债务条件后债权的公允价值的确定；

（10）预计负债初始计量的最佳估计数的确定；

（11）与金融工具相关的公允价值的确定、摊余成本的确定、金融资产减值损失的确定；

（12）承租人对未确认融资费用的分摊；出租人对未实现融资收益的分配；

（13）探明矿区权益、井及相关设施的折旧方法；与油气开采活动相关的辅助设备及设施的折旧方法；

（14）非同一控制下企业合并成本的公允价值的确定；

（15）其他重要会计估计。

二、会计估计变更

会计估计变更，是指由于资产和负债的当前状况及预期经济利益和义务发生了变化，从而对资产或负债的账面价值或者资产的定期消耗金额进行调整。

通常情况下，企业可能由于以下原因而发生会计估计变更。

（1）赖以进行估计的基础发生了变化。企业进行会计估计，总是依赖于一定的基础，如果其所依赖的基础发生了变化，则会计估计也应相应做出改变。例如，企业某项无形资产的摊销年限原定为 10 年，以后发生的情况表明，该资产的受益年限已不足 10 年，则应相应调减摊销年限。

（2）取得了新的信息，积累了更多的经验。企业进行会计估计是就现有资料对未来所做的判断。随着时间的推移，企业有可能取得新的信息、积累更多的经验。在这种情况下，也需要对会计估计进行修订。例如，企业对应收账款计提坏账准备比例为 10%，后来根据新得到的信息，对方财务状况恶化，发生坏账的可能性为 80%，则企业需要补提 70% 的坏账准备。

需要说明的是，会计估计变更并不意味着以前期间会计估计是错误的。只是由于情况发生变化，或者掌握了新的信息，积累了更多的经验，使得变更会计估计能够更好地反映企业的财务状况和经营成果。如果以前期间的会计估计是错误的，则属于前期差错，需要按前期差错更正的会计处理办法进行处理。

三、会计估计变更的会计处理

企业对会计估计变更应当采用未来适用法进行处理，即在会计估计变更当期及以后期间，采用新的会计估计，不改变以前期间的会计估计，也不调整以前期间的报告结果。会计实务中，企业应按照以下规则进行处理。

（1）如果会计估计的变更仅影响变更当期，有关估计变更的影响应于当期确认。

（2）如果会计估计的变更既影响变更当期又影响未来期间，有关会计估计变更的影响应当在变更当期及以后各期确认。例如，应计提折旧的固定资产，其有效使用年限或预计净残值的估计发生的变更，常常影响变更当期及资产以后使用年限内各个期间的折旧费用。因此，这类会计估计的变更，应于变更当期及以后各期确认。

为了保证不同期间的财务报表具有可比性，会计估计变更的影响数应计入变更当期与前期相同的项目中。如果以前期间的会计估计变更的影响数计入企业日常经营活动损益，则以后期间也应计入日常经营活动损益；如果以前的会计估计变更的影响数计入特殊项目，则以后期间也应计入特殊项目。

【例14-5】A公司适用的所得税税率为25%。2×16年3月31日，A公司董事会决定将其固定资产的折旧年限由10年调整为6年，该项变更自2×16年4月1日起执行。上述管理用固定资产系2×13年12月购入，成本为1 000万元，采用年限平均法计提折旧，预计净残值为零。税法规定该固定资产的计税年限为10年。

分析：

（1）至2×16年3月31日的累计折旧额=1 000/10×2+1 000/10×3/12=225（万元）

（2）至2×16年3月31日的账面价值=1 000-225=775（万元）

（3）从2×16年4月1日至年末计提的折旧额=775/（6×12-2×12-3）×9=155（万元）

（4）2×16年计提的折旧额=1 000/10×3/12+155=180（万元）

（5）2×16年按照税法规定计算折旧额=1 000/10=100（万元）

（6）确认递延所得税资产=（180-100）×25%=20（万元）

（7）会计估计变更影响2016年净利润=-[（180-100）-20]=-60（万元）或=-（180-100）×（1-25%）=-60（万元）

（3）企业应当正确划分会计政策变更和会计估计变更，并按不同的方法进行相关会计处理。如果企业对会计政策变更和会计估计变更难以区分，应当将其作为会计估计变更处理。表 14-1 列举了一些会计政策变更和会计估计变更的情形。

表 14-1　　　　　　　　　会计政策变更和会计估计变更的情形

		业务情形	会计政策变更	会计估计变更
（一）首次执行38个《企业会计准则》	1	短期投资重新分类为交易性金融资产，其后续计量由成本与市价孰低改为公允价值	√	
	2	长期债权投资重新分类为持有至到期投资，其折价摊销由直线法改为实际利率法	√	
	3	分期付款购买固定资产原来采用历史成本计量，现在改为公允价值计量	√	
	4	完成合同法变更为完工百分比法	√	
	5	对子公司的长期股权投资由权益法改为成本法核算	√	
	6	存货期末计量由历史成本改为成本与可变现净值孰低计量	√	
	7	所得税核算方法由应付税款法变更为资产负债表债务法	√	
	8	研发费用原来确认为管理费用，现在确认为无形资产	√	
	9	在合并财务报表中对合营企业的投资由比例合并改为权益法核算	√	
	10	债务重组中债务人原不确认损益，现在改为确认债务重组利得和资产处置损益	√	
	11	非货币性资产交换原按照换出资产的账面价值确认换入资产的成本，现在改为满足条件时按照换出资产的公允价值确认换入资产的成本	√	
	12	一般借款费用原全部费用化，现在改为满足条件时可以资本化	√	
	13	商业企业购入商品发生的运杂费原计入损益，现在改为计入存货成本	√	
（二）2014年开始执行修改颁布8个准则	14	新修改的长期股权投资准则，施行日之前已经执行企业会计准则的企业，应当按照本准则进行追溯调整，追溯调整不切实可行的除外	√	
	15	新修改的职工薪酬准则，施行日存在的离职后福利计划、辞退福利、其他长期职工福利，采用追溯调整法处理	√	
	16	新修改的合并报表准则，因首次采用本准则导致合并范围发生变化的，应当进行追溯调整，追溯调整不切实可行的除外。比较期间已丧失控制权的原子公司，不再追溯调整	√	
	17	新颁布的合营安排准则，合营企业重新分类为共同经营的，合营方应当在比较财务报表最早期间期初终止确认以前采用权益法核算的长期股权投资，以及其他实质上构成对合营企业净投资的长期权益；同时根据比较财务报表最早期间期初采用权益法核算时使用的相关信息，确认本企业在共同经营中的利益份额所产生的各项资产（包括商誉）和负债，所确认资产和负债的账面价值与其计税基础之间存在暂时性差异的，应当按照《企业会计准则第18号——所得税》的规定进行会计处理。确认的各项资产和负债的净额与终止确认的长期股权投资以及其他实质上构成对合营企业净投资的长期权益的账面金额存在差额的，应当按照下列规定处理：①前者大于后者的，其差额应当首先抵减与该投资相关的商誉，仍有余额的，再调增比较财务报表最早期间的期初留存收益；②前者小于后者的，其差额应当冲减比较财务报表最早期间的期初留存收益	√	
（三）已执行41个《企业会计准则》	18	投资性房地产的后续计量由成本模式改为公允价值模式	√	
	19	存货发出计价方法的变更（发出存货的计价方法由先进先出法变更为加权平均法）	√	
	20	公允价值的计算方法的变更		√
	21	固定资产、无形资产的折旧年限、净残值率、摊销年限的变更等		√
	22	资产减值准备（存货）原来按照分类来计提，现改为按照单项计提		√
	23	应收账款坏账计提比例发生变更，例如10%→20%或20%→10%		√
	24	因或有事项确认的预计负债根据最新证据进行调整		√
	25	提供劳务完工进度的确定		√
	26	应纳税暂时性差异和可抵扣暂时性差异的确定		√
	27	持有至到期投资因意图和能力的原因，重新分类为可供出售金融资产	×	×
	28	自用固定资产因出租转变为投资性房地产，投资性房地产转变为自用固定资产	×	×
	29	低值易耗品摊销由一次摊销变更为分次摊销	×	×

四、会计估计变更的披露

企业应当在附注中披露与会计估计变更有关的下列信息。

（1）会计估计变更的内容和原因。包括变更的内容、变更日期以及会计估计变更的原因。

（2）会计估计变更对当期和未来期间的影响数。包括会计估计变更对当期和未来期间损益的影响金额，以及对其他各项目的影响金额。

（3）会计估计变更的影响数不能确定的，披露这一事实和原因。

第三节 前期差错更正

一、前期差错的概念

前期差错，是指由于没有运用或错误运用下列两种信息，而对前期财务报表造成省略或错报：①编报前期财务报表时预期能够取得并加以考虑的可靠信息；②前期财务报告批准报出时能够取得的可靠信息。

前期差错通常包括计算错误、应用会计政策错误、疏忽或曲解事实以及舞弊产生的影响以及固定资产盘盈等。没有运用或错误运用上述两种信息而形成前期差错的情形主要有以下几种。

（1）计算以及账号分类错误。譬如，企业购入的五年期国债，意图长期持有，但在记账时却记入了交易性金融资产，导致账户分类上的错误，并导致在资产负债表上流动资产和非流动资产的分类也错误。

（2）采用法律、行政法规或者国家统一的会计制度等不允许的会计政策。譬如，按照《企业会计准则第1号——存货》第十四条的规定，企业应当采用先进先出法、加权平均法或者个别计价法确定发出存货的实际成本。如果企业实务中采用后进先出法核算发出存货的实际成本，则属于采用法律或会计准则等行政法规、规章所不允许的会计政策。

（3）对事实的疏忽或曲解以及舞弊。譬如，企业对某项建造合同应按建造合同规定的方法确认营业收入，但该企业按确认商品销售收入的原则确认收入。

需要说明的是，随着更多信息的获得，会计估计可能需要进行修正，这个修正属于会计估计变更，而不是前期差错更正。

二、前期差错重要性的判断

重要的前期差错，是指足以影响财务报表使用者对企业财务状况、经营成果和现金流量做出正确判断的前期差错。不重要的前期差错，是指不足以影响财务报表使用者对企业财务状况、经营成果和现金流量做出正确判断的前期差错。

前期差错的重要性取决于在相关环境下对遗漏或错误表述的规模和性质的判断。前期差错所影响的财务报表项目的金额或性质，是判断该前期差错是否具有重要性的决定性因素。一般来说，前期差错所影响的财务报表项目的金额越大，性质越严重，其重要性水平越高。

三、前期差错更正的会计处理

会计差错产生于财务报表项目的确认、计量、列报或披露的会计处理过程中，如果财务报表中包含重要差错，或者差错不重要但是故意造成的（以便形成对企业财务状况、经营成果和现金流量等会计信息某种特定形式的列报），即应认为该财务报表未遵循企业会计准则的规定进行编制。在当期发现的当期差错应当在财务报表发布之前予以更正。当重要差错直到下一期间才被发现，就形成了前期差错。

企业应当采用追溯重述法更正重要的前期差错，但确定前期差错累积影响数不切实可行的除外。追溯重述法，是指在发现前期差错时，视同该项前期差错从未发生过，从而对财务报表相关项目进行更正的方法。

（一）不重要的前期差错的处理

对于不重要的前期差错，企业不需调整财务报表相关项目的期初数，但应调整发现当期与前期相同的相关项目。属于影响损益的，应直接计入本期与上期相同的净损益项目；属于不影响损益的，应调整本期与前期相同的相关项目。

【例14-6】ABC公司在2×16年12月31日发现，一台价值9 600元，应计入固定资产，并于2×15年2月1日开始计提折旧的管理用设备，在2×15年计入了当期费用。该公司固定资产折旧采用直线法，该资产估计使用年限为4年，假设不考虑净残值因素。则在2×16年12月31日更正此差错的会计分录如下。

借：固定资产   9 600
  贷：管理费用   5 000
    累计折旧   4 600

假设该项差错直至2×19年2月后才发现，则不需要做任何分录，因为该项差错已经抵销了。

（二）重要的前期差错的处理

对于重要的前期差错，企业应当在其发现当期的财务报表中，调整前期比较数据。具体地说，企业应当在重要的前期差错发现当期的财务报表中，通过下述处理对其进行追溯更正：①追溯重述差错发生期间列报的前期比较金额；②如果前期差错发生在列报的最早前期之前，则追溯重述列报的最早前期的资产、负债和所有者权益相关项目的期初余额。

对于发生的重要前期差错，如影响损益，应将其对损益的影响数调整发现当期的期初留存收益，财务报表其他相关项目的期初数也应一并调整；如不影响损益，应调整财务报表相关项目的期初数。

在编制比较财务报表时，对于比较财务报表期间的重要的前期差错，应调整各该期间的净损益和其他相关项目，视同该差错在产生的当期已经更正；对于比较财务报表期间以前的重要的前期差错，应调整比较财务报表最早期间的期初留存收益，财务报表其他相关项目的数字也应一并调整。

确定前期差错影响数不切实可行的，可以从可追溯重述的最早期间开始调整留存收益的期初余额，财务报表其他相关项目的期初余额也应当一并调整，也可以采用未来适用法。当企业确定前期差错对列报的一个或者多个前期比较信息的特定期间的累积影响数不切实可行时，应当追溯重述切实可行的最早期间的资产、负债和所有者权益相关项目的期初余额（可能是当期）；当企业在当期期初确定前期差错对所有前期的累积影响数不切实可行时，应当从确定前期差错影响数切实可行的最早日期开始采用未来适用法追溯重述比较信息；当企业确定所有前期差错（例如，采用错误的会计政策）累积影响数不切实可行时，应当从确定前期差错影响数切实可行的最早日期开始采用未来适用法追溯重述比较信息。

需要特别指出的是，对于年度资产负债表日至财务报告批准报出日之间发现的报告年度的会计差错及报告年度前不重要的前期差错，应按照《企业会计准则第29号——资产负债表日后事项》的相关规定进行处理。

【例14-7】ABC公司在2×16年发现，2×15年公司漏记一项固定资产的折旧费用150 000元，但在所得税申报表中扣除了该项折旧。假设2×15年适用所得税税率为25%，对上述折旧费用记录了49 500元的递延所得税负债，无其他纳税调整事项。该公司按净利润的10%提取法定盈余公积，按净利润的5%提取任意盈余公积。该公司发行股票份额为1 800 000股。

（1）分析差错的影响数。

2×15年少计折旧费用=150 000

少计累计折旧=150 000

多计所得税费用=150 000×25%=37 500

多计净利润=112 500

多计递延所得税负债=150 000×25%=37 500

多提法定盈余公积=11 250

多提任意盈余公积=5 625

（2）编制有关项目的调整分录。

① 补提折旧。

借：以前年度损益调整　　　　　　　　　　　　150 000

　　贷：累计折旧　　　　　　　　　　　　　　　　　150 000

② 调整递延税款。

借：递延所得税负债　　　　　　　　　　　　　37 500

　　贷：以前年度损益调整　　　　　　　　　　　　　37 500

③ 将"以前年度损益调整"科目的余额转入利润分配。

借：利润分配——未分配利润　　　　　　　　　112 500

　　贷：以前年度损益调整　　　　　　　　　　　　　112 500

④ 调整利润分配有关数字。

借：盈余公积　　　　　　　　　　　　　　　　16 875

　　贷：利润分配——未分配利润　　　　　　　　　　16 875

（3）财务报表调整和重述（财务报表略）。

ABC公司在列报2×16年度财务报表时，应调整2×16年度资产负债表有关项目的年初余额，利润表及所有者权益变动表有关项目的上年金额也应进行调整。

① 资产负债表项目的调整。

调增累计折旧150 000元；调减所得税负债37 500；调减盈余公积16 875元；调减未分配利润95 625元。

② 利润表项目的调整。

调增营业成本上年金额150 000元；调减应交所得税37 500元；调减净利润上年金额112 500元；调减基本每股收益上年金额0.062 5元。

③ 所有者权益变动表项目的调整。

调减前期差错更正项目中盈余公积上年余额16 875元，未分配利润上年金额95 625元，所有者权益合计上年金额112 500元。

（4）附注说明。

本年度发现2×15年漏记固定资产折旧150 000元，在编制2×15年与2×16年可比的财务报表时，已对该项差错进行了更正。更正后，调减2×15年净利润及留存收益112 500元，调增累计折旧150 000元。

四、前期差错更正的披露

企业应当在附注中披露与前期差错更正有关的下列信息：①前期差错的性质；②各个列报前期财务报表中受影响的项目名称和更正金额；③无法进行追溯重述的，说明该事实和原因以及对前期差错开始进行更正的时点、具体更正情况。

在以后期间的财务报表中，不需要重复披露在以前期间的附注中已披露的前期差错更正的信息。

知识链接

思考题

1. 符合哪些条件时，企业可以变更会计政策？
2. 哪些情况不属于会计政策变更？
3. 企业会由于哪些原因而发生会计估计变更？
4. 什么是前期差错，哪些前期差错是重要的前期差错？
5. 企业应当在附注中披露哪些与会计政策变更有关的信息？
6. 企业应当在附注中披露哪些与会计估计变更有关的信息？
7. 企业应当在附注中披露哪些与前期差错有关的信息？

关键术语

会计政策	accounting policy
会计估计	accounting estimate
前期差错	prior period errors

第十五章 资产负债表日后事项

【引例】

黄山公司年度财务会计报告均在次年4月30日经董事会批准报出,年度所得税汇算清缴均在次年4月1日完成。在对2008年财务会计报告的审计中,注册会计师发现,2008年1月27日,芬树公司诉黄山公司产品质量案,法院一审判决黄山公司赔偿芬树公司200万元的经济损失。黄山公司和芬树公司均表示不再上诉。2月1日,黄山公司向芬树公司支付上述赔偿款。该诉讼案系黄山公司2007年9月销售给芬树公司的X电子设备在使用过程中发生爆炸造成财产损失所引起的。芬树公司通过法律程序要求黄山公司赔偿部分损失。2007年12月31日,该诉讼案件尚未做出判决。黄山公司估计很可能赔偿芬树公司150万元的损失,并据此在2007年12月31日确认150万元的预计负债。黄山公司将未确认的损失50万元,计入了2008年2月的损益中。

在此事项中,法院裁决证实了黄山公司在资产负债表日已经存在现时义务,需要对原来预计负债进行调整,并确认新的负债(其他应付款)。而黄山公司将其未确认的损失计入了2008年2月的账务,这是不符合准则规定的。根据《企业会计准则第29号——资产负债表日后事项》第五条,"资产负债表日后诉讼案件结案,法院判决证实了企业在资产俩债表日已经存在现时义务,需要调整原先确认的与该诉讼案件相关的预计负债,或确认一项新负债",在冲减150万元的预计负债后,还应将剩下的50万元损失通过"以前年度损益调整"科目计入2007年的报表,同时调整2007年的其他应付款、应缴所得税、未分配利润和盈余公积。

本章将详细介绍资产负债表日后事项的定义、涵盖期间、调整事项与非调整事项的内容及其会计处理。

第一节 资产负债表日后事项概述

由于财务报告的编制需要一定的时间,因此,资产负债表日与财务报告的批准报出日(有时也包括实际报出日)之间往往存在时间差,这段时间发生的一些事项可能对财务报告使用者有重要影响。《企业会计准则第 29 号——资产负债表日后事项》(以下简称资产负债表日后事项准则)规范了资产负债表日后事项的确认、计量和相关信息的披露要求。

一、资产负债表日后事项的定义

资产负债表日后事项是指资产负债表日至财务报告批准报出日之间发生的有利或不利事项。理解这一定义,应注意以下相关概念。

(一)资产负债表日

资产负债表日是指会计年度末和会计中期期末。按照《会计法》规定,我国会计年度采用公历年度,即 1 月 1 日至 12 月 31 日。因此,年度资产负债表日是指公历 12 月 31 日;会计中期通常包括半年度、季度和月度等,会计中期期末相应地是指公历半年末、季末和月末等。

如果母公司或者子公司在国外,无论该母公司或子公司如何确定会计年度和会计中期,其向国内提供的财务报告都应根据我国《会计法》和会计准则的要求确定资产负债表日。

（二）财务报告批准报出日

财务报告批准报出日是指公司董事会或类似机构批准财务报告报出的日期。通常是指对财务报告的内容负有法律责任的单位或个人批准财务报告对外公布的批准日期。

财务报告的批准者包括所有者、所有者中的多数、董事会或类似的管理单位、部门和个人。根据《公司法》规定。董事会有权制订公司的年度财务预算方案、决算方案、利润分配方案和弥补亏损方案，并有权批准对外公布财务报告，因此，公司制企业财务报告批准报出日是指董事会批准财务报告报出的日期。对于非公司制企业，财务报告批准报出日是指经理（厂长）会议或类似机构批准财务报告报出的日期。

（三）有利或不利事项

资产负债表日后事项准则所称"有利或不利事项"的含义是，资产负债表日后事项肯定对企业财务状况和经营成果具有一定影响（既包括有利影响也包括不利影响）。如果某些事项的发生对企业并无任何影响，那么，那些事项既不是有利事项也不是不利事项，也就不属于资产负债表日后事项。

二、资产负债表日后事项涵盖的期间

资产负债表日后事项涵盖的期间是自资产负债表日次日起至财务报告批准报出日止的一段时间，具体是指，报告年度次年的1月1日或报告期下一期间的第一天至董事会或类似机构批准财务报告对外公布的日期。财务报告批准报出以后、实际报出之前又发生与资产负债表日后事项有关的事项，并由此影响财务报告对外公布日期的，应以董事会或类似机构再次批准财务报告对外公布的日期为截止日期。

【例15-1】甲上市公司2×16年的年度财务报告于2×17年3月15日编制完成。注册会计师完成年度审计工作并签署审计报告的日期为2×17年4月12日，2×17年4月20日董事会批准财务报告对外公布。财务报告实际对外公布的日期为2×17年4月25日，股东大会召开日期为2×17年5月6日。

本例中，甲企业2×16年年报的资产负债表日后事项涵盖的期间为2×17年1月1日至2×17年4月20日。如果在4月20日至25日之间发生了重大事项，需要调整财务报表相关项目的数字或需要在财务报表附注中披露，经调整或说明后的财务报告再经董事会批准报出的日期为2×17年4月28日，实际报出的日期为2×17年4月30日，则资产负债表日后事项涵盖的期间为2×17年1月1日至2×17年4月28日。

第二节 资产负债表日后事项的确认

资产负债表日后事项包括资产负债表日后调整事项（以下简称调整事项）和资产负债表日后非调整事项（以下简称非调整事项）两类。

一、调整事项

资产负债表日后调整事项，是指对资产负债表日已经存在的情况提供了新的或进一步证据的事项。

如果资产负债表日及所属会计期间已经存在某种情况，但当时并不知道其存在或者不能知道确切结果，资产负债表日后发生的事项能够证实该情况的存在或者确切结果，则该事项属于资产负债表日后事项中的调整事项。调整事项能对资产负债表日的存在情况提供追加的证据，并会影响编制财务报表过程中的内在估计。

企业在生产经营中可能存在一些不确定的因素，会计人员只能根据专业知识做出估计和判断。如果资产负债表日后事项对资产负债表日的情况提供了进一步的证据，证据表明的情况与原来的估计和判断不完全一致，则需要对原来的会计处理进行调整。

企业发生的资产负债表日后调整事项，通常包括下列各项：

（1）资产负债表日后诉讼案件结案，法院判决证实了企业在资产负债表日已经存在现时义务，需要调整原先确认的与该诉讼案件相关的预计负债，或确认一项新负债；

（2）资产负债表日后取得确凿证据，表明某项资产在资产负债表日发生了减值或者需要调整该项资产原先确认的减值金额；

（3）资产负债表日后进一步确定了资产负债表日前购入资产的成本或售出资产的收入；

（4）资产负债表日后发现了财务报表舞弊或差错。

【例15-2】甲企业因产品质量问题被消费者起诉。2×16年12月31日法院尚未判决，考虑到消费者胜诉要求甲企业赔偿的可能性较大，甲企业为此确认了500万元的预计负债。2×17年2月20日，在甲企业2×16年度财务报告对外报出之前，法院判决消费者胜诉，要求甲企业支付赔偿额700万元。

本例中，甲企业在2×16年12月31日结账时已经知道消费者胜诉的可能性较大，但不能知道法院判决的确切结果，因此确认了500万元的预计负债。2×17年2月20日法院判决结果为甲企业预计负债的存在提供了进一步的证据。此时，按照2×16年12月31日存在状况编制的财务报表所提供的信息已不能真实反映企业的实际情况，应据此对财务报表相关项目的数字进行调整。

二、非调整事项

资产负债表日后非调整事项，是指表明资产负债表日后发生的情况的事项。非调整事项的发生不影响资产负债表日企业的财务报表数字，只说明资产负债表日后发生了某些情况。对于财务报告使用者来说，非调整事项说明的情况有的重要，有的不重要。其中重要的非调整事项虽然与资产负债表日的财务报表数字无关，但可能影响资产负债表日以后的财务状况和经营成果，故准则要求适当披露。

三、调整事项与非调整事项的区别

如何确定资产负债表日后发生的某一事项是调整事项还是非调整事项，是运用资产负债表日后事项准则的关键。某一事项究竟是调整事项还是非调整事项，取决于该事项表明的情况在资产负债表日或资产负债表日以前是否已经存在。若该情况在资产负债表日或之前已经存在，则属于调整事项；反之，则属于非调整事项。

【例15-3】债务人乙企业财务情况恶化导致债权人甲企业发生坏账损失。此事项包括两种情况：①2×16年12月31日乙企业财务状况良好，甲企业预计应收账款可按时收回；乙企业一周后发生重大火灾，导致甲企业50%的应收账款无法收回；②2×17年12月31日甲企业根据掌握的资料判断，乙企业有可能破产清算，甲企业估计对乙企业的应收账款将有10%无法收回，故按10%的比例计提坏账准备，一周后甲企业接到通知，乙企业已被宣告破产清算，甲企业估计有70%的债权无法收回。

本例中，①导致甲企业2×16年度应收账款损失的因素是火灾，应收账款损失这一事实在资产负债表日以后才发生,因此乙企业发生火灾导致甲企业应收款项发生坏账的事项属于非调整事项;②导致甲企业2×17年度应收账款无法收回的事实是乙企业财务状况恶化,该事实在资产负债表日已经存在,乙企业被宣告破产只是证实了资产负债日财务状况恶化的情况,因此该事项属于调整事项。

四、表明持续经营假设不再适用的事项

资产负债表日后事项表明持续经营假设不再适用的,企业不应当在持续经营基础上编制财务报表。即企业不得在原有基础上调整会计报表金额,也不得仅仅在会计报表附注中做出说明。资产负债表日后事项准则在总则部分单独列出一个条款,对该事项做出规定,既明确了企业在发生该种事项情况下的处理要求,同时也表明,准则对调整事项、非调整事项处理方法的规定主要适用于符合持续经营假设的企业。本准则着重解决了持续经营假设下资产负债表日后调整事项和非调整事项的界定及其会计处理问题。

第三节 | 资产负债表日后调整事项的会计处理

一、资产负债表日后调整事项的处理原则

企业发生资产负债表日后调整事项,应当调整资产负债表日已编制的财务报表。对于年度财务报告而言,由于资产负债表日后事项发生在报告年度的次年,报告年度的有关账目已经结转,特别是损益类科目在结账后已无余额。因此,年度资产负债表日后发生的调整事项,应分别按以下情况进行处理。

(1)涉及损益的事项,通过"以前年度损益调整"科目核算。调整增加以前年度利润或调整减少以前年度亏损的事项,记入"以前年度损益调整"科目的贷方;反之,记入"以前年度损益调整"科目的借方。

需要注意的是,涉及损益的调整事项如果发生在资产负债表日所属年度(即报告年度)所得税汇算清缴前的,应调整报告年度应纳税所得额、应纳所得税税额;发生在报告年度所得税汇算清缴后的,应调整本年度(即报告年度的次年)应纳所得税税额。

由于以前年度损益调整增加的所得税费用,记入"以前年度损益调整"科目的借方,同时贷记"应交税费——应交所得税"等科目;由于以前年度损益调整减少的所得税费用,记入"以前年度损益调整"科目的贷方,同时借记"应交税费——应交所得税"等科目。调整完成后,将"以前年度损益调整"科目的贷方或借方余额,转入"利润分配——未分配利润"科目。

(2)涉及利润分配调整的事项,直接在"利润分配——未分配利润"科目核算。

(3)不涉及损益及利润分配的事项,直接调整相关科目。

(4)通过上述账务处理后,还应同时调整财务报表相关项目的数字,包括:①资产负债表日编制的财务报表相关项目的期末数或本年发生数;②当期编制的财务报表相关项目的期初数或上年数;③经过上述调整后,涉及报表附注内容的,还应当调整报表附注相关项目的数字。

二、资产负债表日后调整事项的具体会计处理方法

（一）资产负债表日后诉讼案件结案，法院判决证实了企业在资产负债表日已经存在现时义务，需要调整原先确认的与该诉讼案件相关的预计负债，或确认一项新负债

这一事项是指导致诉讼的事项在资产负债表日已经发生，但尚不具备确认负债的条件而未确认。然而，资产负债表日后至财务报告批准报出日之间获得了新的或进一步的证据（即法院判决结果），表明符合负债的确认条件。因此法院判决后应在财务报告中确认一项新负债；或者在资产负债表日虽已确认，但需要根据法院判决结果调整已确认负债的金额。

【例15-4】甲企业与乙企业签订一项销售合同，合同中约定甲企业应在2×16年8月销售给乙企业一批物资。由于甲企业未能按合同发货，致使乙企业发生重大经济损失。2×16年12月，乙企业将甲企业告上法庭，要求甲企业赔偿450万元。2×16年12月31日法院尚未判决，甲企业按或有事项准则对该诉讼事项确认预计负债300万元。2×17年2月10日，经法院判决甲企业应赔偿乙企业400万元，甲、乙两公司均服从判决。判决当日，甲企业向乙企业支付赔偿款400万元。甲、乙两公司2×16年所得税汇算清缴均在2×17年3月20日完成（假设该项预计负债产生的损失不允许在预计时税前抵扣，只有在损失实际发生时，才允许税前抵扣）。甲企业财务报告批准报出日是2×17年3月31日。甲、乙企业所得税税率为25%，按净利润的10%提取法定盈余公积，提取法定盈余公积后不再做其他分配；调整事项按税法规定均可调整应交纳的所得税；涉及递延所得税资产的，均假定未来期间很可能取得用来抵扣暂时性差异的应纳税所得额。

本例中，2×17年2月10日的判决证实了甲、乙两企业在资产负债表日（即2×16年12月31日）分别存在现时赔偿义务和获赔权利，因此两公司都应将"法院判决"这一事项作为调整事项进行处理。

（1）甲企业应进行如下账务处理。

① 2×17年2月10日，记录支付的赔款，并调整递延所得税资产。

借：以前年度损益调整   1 000 000
    贷：其他应付款   1 000 000

借：应交税费——应交所得税   250 000
    贷：以前年度损益调整   250 000（1 000 000×25%）

借：应交税费——应交所得税   750 000
    贷：以前年度损益调整   750 000

借：以前年度损益调整   750 000
    贷：递延所得税资产   750 000

借：预计负债   3 000 000
    贷：其他应付款   3 000 000

借：其他应付款   4 000 000
    贷：银行存款   4 000 000

注：2×16年年末因确认预计负债300万元时已确认相应的递延所得税资产，资产负债表日后事项发生后递延所得税资产不复存在，故应冲销相应记录。

② 将"以前年度损益调整"科目余额转入未分配利润。

借：利润分配——未分配利润   750 000
    贷：以前年度损益调整   750 000

③ 因净利润变动，调整盈余公积。

借：盈余公积   75 000

    贷：利润分配——未分配利润   75 000（750 000×10%）

④ 调整报告年度报表（财务报表略）。

资产负债表项目的年末数调整：

调减递延所得税资产75万元；调增其他应付款400万元；调减应交税费100万元；调减预计负债300万元；调减盈余公积7.5万元；调减未分配利润67.5万元。

利润表项目的调整：

调增营业外支出100万元；调减所得税费用25万元；调减净利润75万元。

所有者权益变动表项目的调整：

调减净利润75万元；提取盈余公积一栏调减7.5万元，未分配利润一栏调减67.5万元。

（2）乙企业应进行如下账务处理。

① 2×17年2月10日，记录收到的赔款。

借：其他应收款   4 000 000

    贷：以前年度损益调整   4 000 000

借：以前年度损益调整   1 000 000（4 000 000×25%）

    贷：应交税费——应交所得税   1 000 000

借：银行存款   4 000 000

    贷：其他应收款   4 000 000

② 将"以前年度损益调整"科目余额转入未分配利润。

借：以前年度损益调整   3 000 000

    贷：利润分配——未分配利润   3 000 000

③ 因净利润增加，补提盈余公积。

借：利润分配——未分配利润   300 000

    贷：盈余公积   300 000（3 000 000×10%）

④ 调整报告年度财务报表相关项目的数字（财务报表略）。

资产负债表项目的调整：

调增其他应收款400万元；调增应交税费100万元；调增盈余公积30万元；调增未分配利润270万元。

利润表项目的调整：

调增营业外收入400万元；调增所得税费用100万元；调增净利润300万元。

所有者权益变动表项目的调整：

调增净利润300万元；提取盈余公积一栏调增30万元，未分配利润一栏调增270万元。

（二）资产负债表日后取得确凿证据，表明某项资产在资产负债表日发生了减值或者需要调整该项资产原先确认的减值金额

这一事项是指在资产负债表日，根据当时的资料判断某项资产可能发生了损失或减值，但没有最后确定是否会发生，因而按照当时的最佳估计金额反映在财务报表中。但在资产负债表日至财务报告批准报出日之间，所取得的确凿证据能证明该事实成立，即某项资产已经发生了损失或减值，则应对资产负债表日所做的估计予以修正。

【例15-5】甲企业2×16年6月销售给乙企业一批物资，货款为2 000 000元（含增值税）。乙企业于7月份收到所购物资并验收入库。按合同规定，乙企业应于收到所购物资后三个月内付款。由于乙企业财务状况不佳，到2×16年12月31日仍未付款。甲企业于2×16年12月31日已为该项应收账款计提坏账准备100 000元。2×16年12月31日资产负债表上"应收账款"项目的金额为4 000 000元，其中1 900 000元为该项应收账款。甲企业于2×17年2月3日（所得税汇算清缴前）收到人民法院通知，乙企业已宣告破产清算，无力偿还所欠部分货款。甲企业预计可收回应收账款的60%。甲企业财务报告批准报出日是2×17年3月31日。甲企业所得税税率为25%，按净利润的10%提取法定盈余公积，提取法定盈余公积后不再做其他分配；调整事项按税法规定均可调整应交纳的所得税；涉及递延所得税资产的，均假定未来期间很可能取得用来抵扣暂时性差异的应纳税所得额。

本例中，甲企业在收到人民法院通知后，首先可判断该事项属于资产负债表日后调整事项。甲企业原对应收乙企业账款计提了100 000元的坏账准备，按照新的证据应计提的坏账准备为800 000（2 000 000×40%）元，差额700 000元应当调整2×16年度财务报表相关项目的数字。

分析：甲企业应进行如下账务处理。

（1）补提坏账准备。

应补提的坏账准备＝2 000 000×40%-100 000＝700 000（元）

借：以前年度损益调整——资产减值损失　　　　　700 000
　　贷：坏账准备　　　　　　　　　　　　　　　　　700 000

（2）调整递延所得税资产。

借：递延所得税资产　　　　　　　　　　　　　175 000
　　贷：以前年度损益调整——所得税费用　　　　　175 000（700 000×25%）

（3）将"以前年度损益调整"科目的余额转入未分配利润。

借：利润分配——未分配利润　　　　　　　　　525 000
　　贷：以前年度损益调整——本年利润　　　　　　525 000

（4）因净利润减少，调减盈余公积。

借：盈余公积——提取法定盈余公积　　　　　　52 500
　　贷：利润分配——未分配利润　　　　　　　　　52 500（525 000×10%）

（5）调整报告年度财务报表相关项目的数字（财务报表略）。

① 资产负债表项目的调整。

调减应收账款700 000元，调增递延所得税资产175 000元；调减盈余公积52 500元，调减未分配利润472 500元。

② 利润表项目的调整。

调增资产减值损失700 000元，调减所得税费用175 000元；调减净利润525 000元。

③ 所有者权益变动表项目的调整。

调减净利润525 000元；提取盈余公积项目中盈余公积一栏调减52 500元；未分配利润调减472 500元。

（6）调整2×17年2月资产负债表相关项目的年初数（资产负债表略）。

甲企业在编制2×17年1月的资产负债表时，按照调整前2×16年12月31日的资产负债表的数字作为资产负债表的年初数。由于发生了资产负债表日后调整事项，甲企业除了调整2×16年度资产负债表相关项目的数字外，还应当调整2×17年2月资产负债表相关项目的年初数，其年初数按照2×16年12月31日调整后的数字填列。

（三）资产负债表日后进一步确定了资产负债表日前购入资产的成本或售出资产的收入

这类调整事项包括两方面的内容：（1）若资产负债表日前购入的资产已经按暂估金额等入账，资产负债表日后获得证据，可以进一步确定该资产的成本，则应该对已入账的资产成本进行调整；（2）企业在资产负债表日已根据收入确认条件确认资产销售收入，但资产负债表日后获得关于资产收入的进一步证据，如发生销售退回等，此时也应调整财务报表相关项目的金额。需要说明的是，资产负债表日后发生的销售退回，既包括报告年度或报告中期销售的商品在资产负债表日后发生的销售退回，也包括以前期间销售的商品在资产负债表日后发生的销售退回。

资产负债表所属期间或以前期间所售商品在资产负债表日后退回的，应作为资产负债表日后调整事项处理。发生于资产负债表日后至财务报告批准报出日之间的销售退回事项，可能发生于年度所得税汇算清缴之前，也可能发生于年度所得税汇算清缴之后，其会计处理分别如下。

（1）涉及报告年度所属期间的销售退回发生于报告年度所得税汇算清缴之前，应调整报告年度利润表的收入、成本等，并相应调整报告年度的应纳税所得额以及报告年度应缴纳的所得税等。

【例15-6】甲企业2×16年11月8日销售一批商品给乙企业，取得收入120万元（不含税，增值税税率为17%）。甲企业发出商品后，按照正常情况已确认收入，并结转成本100万元。2×16年12月31日，该笔货款尚未收到，甲企业未对应收账款计提坏账准备。2×17年1月12日，由于产品质量问题，本批货物被退回。甲企业于2×17年2月28日完成2×16年所得税汇算清缴。甲企业财务报告批准报出日是2×17年3月31日。甲企业所得税税率为25%，按净利润的10%提取法定盈余公积，提取法定盈余公积后不再做其他分配；调整事项按税法规定均可调整应交纳的所得税；涉及递延所得税资产的，均假定未来期间很可能取得用来抵扣暂时性差异的应纳税所得额。

本例中，销售退回业务发生在资产负债表日后事项涵盖期间内，应属于资产负债表日后调整事项。

分析：甲企业应进行如下账务处理。

（1）2×17年1月12日，调整销售收入。

借：以前年度损益调整 1 200 000
　　应交税费——应交增值税（销项税额） 204 000
　贷：应收账款 1 404 000

（2）调整销售成本。

借：库存商品 1 000 000
　贷：以前年度损益调整 1 000 000

（3）调整应缴纳的所得税。

借：应交税费——应交所得税 50 000
　贷：以前年度损益调整 50 000

（4）将"以前年度损益调整"科目余额转入未分配利润。

借：利润分配——未分配利润 150 000
　贷：以前年度损益调整 150 000

（5）调整盈余公积。

借：盈余公积 15 000
　贷：利润分配——未分配利润 15 000

（6）调整相关财务报表（略）。

（2）资产负债表日后事项中涉及报告年度所属期间的销售退回发生于报告年度所得税汇算清缴之后，应调整报告年度会计报表的收入、成本等，但按照税法规定在此期间的销售退回所涉及的应缴所得税，应作为本年度的纳税调整事项。

（四）资产负债表日后发现了财务报表舞弊或差错

这一事项是指资产负债表日后发现报告期或以前期间存在的财务报表舞弊或差错。企业发生这一事项后，应当将其作为资产负债表日后调整事项，调整报告年度的年度财务报告或中期财务报告相关项目的数字。

第四节 | 资产负债表日后非调整事项的会计

一、资产负债表日后非调整事项的处理原则

资产负债表日后发生的非调整事项，是表明资产负债表日后发生的情况的事项，与资产负债表日存在状况无关，不应当调整资产负债表日的财务报表。但有的非调整事项对财务报告使用者具有重大影响，如不加以说明，将不利于财务报告使用者做出正确估计和决策，因此，资产负债表日后事项准则要求在附注中披露"重要的资产负债表日后非调整事项的性质、内容，及其对财务状况和经营成果的影响"。

二、资产负债表日后非调整事项的具体会计处理

资产负债表日后发生的非调整事项，应当在报表附注中披露每项重要的资产负债表日后非调整事项的性质、内容，及其对财务状况和经营成果的影响。无法做出估计的，应当说明原因。

资产负债表日后非调整事项主要有以下几种情形。

（一）资产负债表日后发生重大诉讼、仲裁、承诺

资产负债表日后发生的重大诉讼等事项，对企业影响较大，为防止误导投资者及其他财务报告使用者，应当在报表附注中进行相关披露。

【例15-7】甲企业是房地产的销售代理商，在买卖双方同意房地产的销售条款时确认佣金收入，佣金由卖方支付。2×16年，甲企业同意替乙企业的房地产寻找买主。2×16年12月10日，甲企业找到一位有意的买主丁公司。丁公司在对该房地产实地考察后，与乙企业在2×16年12月30日签订了购买该房地产的合同，乙企业随即向甲企业支付了销售佣金。但在2×17年1月20日，当乙企业催促丁公司履行合同时，丁公司称其在获得银行贷款方面有困难，资金不足，拒绝履行合同。2×17年2月，乙企业通过法律手段起诉丁公司。2×17年3月1日，丁公司同意赔偿给乙企业2 000 000元现金以使其撤回法律诉讼。假设该赔偿额对乙企业和丁公司均存在较大影响。

本例中，乙企业提起诉讼是在2×17年才发生的，在2×16年资产负债表日并不存在。但由于资产负债表日后发生的重大诉讼、仲裁、承诺等事项影响较大，应在财务报表附注中进行相关披露，即乙企业和丁公司均应在2×16年度财务报表附注中披露诉讼事项的信息。

（二）资产负债表日后资产价格、税收政策、外汇汇率发生重大变化

【例15-8】甲企业有一笔长期美元贷款，在编制2×16年12月31日的财务报表时已按2×16年末的汇率进行折算（假设2×16年末的汇率为1美元兑换6.48元人民币）。假设国家规定从2×17年1月1日起进行外汇管理体制改革，外汇管理体制改革后人民币对美元的汇率发生重大变化。

本例中，甲企业在资产负债表日已经按照当天的资产计量方式进行处理，或按规定的汇率对有关账户进行调整，因此，无论资产负债表日后的资产价格和汇率如何变化，均不应影响资产负债表日的财务状况和经营成果。但是，如果资产负债表日后资产价格、外汇汇率发生重大变化，应对由此产生的影响在报表附注中进行披露。同样，国家税收政策发生重大改变将会影响企业的财务状况和经营成果，也应当在报表附注中及时披露该信息。

（三）资产负债表日后因自然灾害导致资产发生重大损失

【例15-9】甲企业拥有某外国企业（乙企业）15%的股权，无重大影响，投资成本为2 000 000元。乙企业的股票在国外的某家股票交易所上市交易。在编制2×16年12月31日的资产负债表时，甲企业对乙企业投资的账面价值按初始投资成本反映。2×17年1月，乙企业所在国发生海啸造成乙企业的股票市场价格大幅下跌，甲企业对乙企业的股权投资遭受重大损失。

本例中，自然灾害导致的资产重大损失对企业资产负债表日后财务状况的影响较大，如果不加以披露，有可能使财务报告使用者做出错误的决策，因此应作为非调整事项在报表附注中进行披露。本例中海啸发生在2×17年1月，属于资产负债表日后才发生或存在的事项，应当作为非调整事项在2×16年度报表附注中进行披露。

（四）资产负债表日后发行股票和债券以及其他巨额举债

企业发行股票、债券以及向银行或非银行金融机构举借巨额债务都是比较重大的事项。虽然这一事项与企业资产负债表日的存在状况无关，但这一事项的披露能使财务报告使用者了解与此有关的情况及可能带来的影响，故应披露。

【例15-10】甲企业于2×17年1月20日经批准发行五年期债券10 000 000元，面值为100元，年利率为6%，公司按105元的价格发行，并于2×17年3月5日结束发行。

本例中，甲企业发行债券虽然与公司资产负债表日（2×16年12月31日）的存在状况无关，但这一事项的披露能使财务报告使用者了解与此有关的情况及可能带来的影响，甲企业应当将此事项作为非调整事项在2×16年度财务报表附注中进行披露。

（五）资产负债表日后资本公积转增资本

企业以资本公积转增资本将会改变企业的资本（或股本）结构，影响较大，需要在报表附注中进行披露。

【例15-11】甲企业2×17年1月经批准将80 000 000元资本公积转增资本。

本例中，甲企业于2×17年1月将资本公积转增资本，属于资产负债表日后才发生的事项，但对公司资产负债表日后财务状况的影响较大，甲企业应当将此事项作为非调整事项在2×16年度财务报表附注中进行披露。

（六）资产负债表日后发生巨额亏损

企业资产负债表日后发生巨额亏损将会对企业报告期以后的财务状况和经营成果产生重大影响，应当在报表附注中及时披露该事项，以便为投资者或其他财务报告使用者做出正确决策提供信息。

【例15-12】甲企业2×17年1月出现巨额亏损，净利润由2×16年12月的70 000 000元变为亏损5 000 000元。

本例中，甲企业出现巨额亏损发生于2×17年1月，虽然属于资产负债表日后才发生的事项，但由盈利转为亏损，会对公司资产负债表日后财务状况和经营成果产生重大影响，甲企业应当将此事项作为非调整事项在2×16年度财务报表附注中进行披露。

（七）资产负债表日后发生企业合并或处置子公司

企业合并或者处置子公司的行为可以影响股权结构、经营范围等方面，对企业未来生产经营活动可能产生重大影响。因此企业应在附注中披露处置子公司的信息。

【例15-13】甲企业2×17年1月15日将其全资子公司丙公司出售给乙企业。

本例中，甲企业出售子公司发生于2×17年1月，与公司资产负债表日（2×16年12月31日）存在的状况无关，但是出售子公司可能对甲企业的股权结构、经营范围等方面产生较大影响，甲企业应当将此事项作为非调整事项在2×16年度财务报表附注中进行披露。

（八）资产负债表日后，企业利润分配方案中拟分配的以及经审议批准宣告发放的股利或利润

资产负债表日后，企业制定利润分配方案，拟分配或经审议批准宣告发放股利或利润的行为，并不会致使企业在资产负债表日形成现时义务。虽然发生该事项可导致企业负有支付股利或利润的义务，但支付义务在资产负债表日尚不存在，不应该调整资产负债表日的财务报告，因此，该事项为非调整事项。

但由于该事项对企业资产负债表日后的财务状况有较大影响，可能导致现金较大规模流出，企业股权结构变动等，为便于财务报告使用者更充分了解相关信息，企业需要在财务报告中适当披露该信息。

【例15-14】2×17年1月16日，甲上市公司董事会审议通过了2×16年利润分配方案，决定以公司2×16年年末总股本为基数，分派现金股利10 000 000元，每10股派送1元（含税），该利润分配方案于2×17年4月10日经公司股东大会审议批准。

本例中，甲上市公司制订利润分配方案，拟分配或经审议批准宣告发放股利或利润的行为，并不会使公司在资产负债表日形成现时义务。虽然发生该事项可导致公司负有支付股利或利润的义务，但支付义务在资产负债表日尚不存在，不应该调整资产负债表日的财务报告，因此，该事项为非调整事项。但由于该事项对公司资产负债日后的财务状况有较大影响，可能导致现金较大规模流出、公司股权结构变动等，为便于财务报告使用者更充分了解相关信息，甲上市公司需要在2×16年度财务报表附注中单独披露该信息。

知识链接

思考题

1. 哪些日期可以作为资产负债表日？
2. 资产负债表日后事项有哪些确认条件？
3. 什么是调整事项，什么是非调整事项，二者有何区别？
4. 企业发生的资产负债表日后调整事项通常包括哪些？
5. 企业发生资产负债表日后调整事项，应具体调整哪些内容？
6. 企业发生的资产负债表日后非调整事项通常包括哪些？
7. 资产负债表日后外汇汇率发生重大变化应如何调整？

关键术语

诉讼	litigation
仲裁	arbitration
资产负债表日后事项	events subsequent to the balance sheet date
资产负债表日后调整事项	adjusting events occurring after the balance sheet date
资产负债表日后非调整事项	non-adjusting events occurring after the balance sheet date

企业会计准则第1号——存货

第一章　总则

第一条　为了规范存货的确认、计量和相关信息的披露，根据《企业会计准则——基本准则》，制定本准则。

第二条　下列各项适用其他相关会计准则：

（一）消耗性生物资产，适用《企业会计准则第5号——生物资产》。

（二）通过建造合同归集的存货成本，适用《企业会计准则第15号——建造合同》。

第二章　确认

第三条　存货，是指企业在日常活动中持有以备出售的产成品或商品、处在生产过程中的在产品、在生产过程或提供劳务过程中耗用的材料和物料等。

第四条　存货同时满足下列条件的，才能予以确认：

（一）与该存货有关的经济利益很可能流入企业；

（二）该存货的成本能够可靠地计量。

第三章　计量

第五条　存货应当按照成本进行初始计量。存货成本包括采购成本、加工成本和其他成本。

第六条　存货的采购成本，包括购买价款、相关税费、运输费、装卸费、保险费以及其他可归属于存货采购成本的费用。

第七条　存货的加工成本，包括直接人工以及按照一定方法分配的制造费用。制造费用，是指企业为生产产品和提供劳务而发生的各项间接费用。企业应当根据制造费用的性质，合理地选择制造费用分配方法。在同一生产过程中，同时生产两种或两种以上的产品，并且每种产品的加工成本不能直接区分的，其加工成本应当按照合理的方法在各种产品之间进行分配。

第八条　存货的其他成本，是指除采购成本、加工成本以外的，使存货达到目前场所和状态所发生的其他支出。

第九条　下列费用应当在发生时确认为当期损益，不计入存货成本：

（一）非正常消耗的直接材料、直接人工和制造费用。

（二）仓储费用（不包括在生产过程中为达到下一个生产阶段所必需的费用）。

（三）不能归属于使存货达到目前场所和状态的其他支出。

第十条　应计入存货成本的借款费用，按照《企业会计准则第17号——借款费用》处理。

第十一条　投资者投入存货的成本，应当按照投资合同或协议约定的价值确定，但合同或协议约定价值不公允的除外。

第十二条　收获时农产品的成本、非货币性资产交换、债务重组和企业合并取得的存货的成本，应当分别按照《企业会计准则第5号——生物资产》、《企业会计准则第7号——非货币性资产交换》、《企业会计准则第12号——债务重组》和《企业会计准则第20号——企业合并》确定。

第十三条　企业提供劳务的，所发生的从事劳务提供人员的直接人工和其他直接费用以及可归属的间接费用，计入存货成本。

第十四条　企业应当采用先进先出法、加权平均法或者个别计价法确定发出存货的实际成本。对于性质和用途相似的存货，应当采用相同的成本计算方法确定发出存货的成本。对于不能替代使用的存货、为特定项目专门购入或制造的存货以及提供劳务的成本，通常采用个别计价法确定发出存货的成本。对于已售存货，应当将其成本结转为当期损益，相应的存货跌价准备也应当予以结转。

第十五条　资产负债表日，存货应当按照成本与可变现净值孰低计量。存货成本高于其可变现净值的，应当计提存货跌价准备，计入当期损益。可变现净值，是指在日常活动中，存货的估计售价减去至完工时估计将要发生的成本、估计的销售费用以及相关税费后的金额。

第十六条　企业确定存货的可变现净值，应当以取得的确凿证据为基础，并且考虑持有存货的目的、资产负债表日后事项的影响等因素。为生产而持有的材料等，用其生产的产成品的可变现净值高于成本的，该材料仍然应当按照成本计量；材料价格的下降表明产成品的可变现净值低于成本的，该材料应当按照可变现净值计量。

第十七条　为执行销售合同或者劳务合同而持有的存货，其可变现净值应当以合同价格为基础计算。企业持有存货的数量多于销售合同订购数量的，超出部分的存货的可变现净值应当以一般销售价格为基础计算。

第十八条　企业通常应当按照单个存货项目计提存货跌价准备。对于数量繁多、单价较低的存货，可以按照存货类别计提存货跌价准备。与在同一地区生产和销售的产品系列相关、具有相同或类似最终用途或目的，且难以与其他项目分开计量的存货，可以合并计提存货跌价准备。

第十九条　资产负债表日，企业应当确定存货的可变现净值。以前减记存货价值的影响因素已经消失的，减记的金额应当予以恢复，并在原已计提的存货跌价准备金额内转回，转回的金额计入当期损益。

第二十条　企业应当采用一次转销法或者五五摊销法对低值易耗品和包装物进行摊销，计入相关资产的成本或者当期损益。

第二十一条　企业发生的存货毁损，应当将处置收入扣除账面价值和相关税费后的金额计入当期损益。存货的账面价值是存货成本扣减累计跌价准备后的金额。存货盘亏造成的损失，应当计入当期损益。

第四章　披露

第二十二条　企业应当在附注中披露与存货有关的下列信息：

（一）各类存货的期初和期末账面价值。

（二）确定发出存货成本所采用的方法。

（三）存货可变现净值的确定依据、存货跌价准备的计提方法、当期计提的存货跌价准备的金额、当期转回的存货跌价准备的金额，以及计提和转回的有关情况。

（四）用于担保的存货账面价值。

企业会计准则第2号——长期股权投资

第一章　总则

第一条　为了规范长期股权投资的确认、计量，根据《企业会计准则——基本准则》，制定本准则。

第二条　本准则所称长期股权投资，是指投资方对被投资单位实施控制、重大影响的权益性投资，以及对其合营企业的权益性投资。

在确定能否对被投资单位实施控制时，投资方应当按照《企业会计准则第33号——合并财务报表》的有关规定进行判断。投资方能够对被投资单位实施控制的，被投资单位为其子公司。投资方属于《企业会计准则第33号——合并财务报表》规定的投资性主体且子公司不纳入合并财务报表的情况除外。

重大影响，是指投资方对被投资单位的财务和经营政策有参与决策的权力，但并不能够控制或者与其他方一起共同控制这些政策的制定。在确定能否对被投资单位施加重大影响时，应当考虑投资方和其他方持有的被投资单位当期可转换公司债券、当期可执行认股权证等潜在表决权因素。投资方能够对被投资单位施加重大影响的，被投资单位为其联营企业。

在确定被投资单位是否为合营企业时，应当按照《企业会计准则第40号——合营安排》的有关规定进行判断。

第三条　下列各项适用其他相关会计准则：

（一）外币长期股权投资的折算，适用《企业会计准则第19号——外币折算》。

（二）风险投资机构、共同基金以及类似主体持有的、在初始确认时按照《企业会计准则第22号——金融工具确认和计量》的规定以公允价值计量且其变动计入当期损益的金融资产，投资性主体对不纳入合并财务报表的子公司的权益性投资，以及本准则未予规范的其他权益性投资，适用《企业会计准则第22号——金融工具确认和计量》。

第四条　长期股权投资的披露，适用《企业会计准则第41号——在其他主体中权益的披露》。

第二章　初始计量

第五条　企业合并形成的长期股权投资，应当按照下列规定确定其初始投资成本：

（一）同一控制下的企业合并，合并方以支付现金、转让非现金资产或承担债务方式作为合并对价的，应当在合并日按照被合并方所有者权益在最终控制方合并财务报表中的账面价值的份额作为长期股权投资的初始投资成本。长期股权投资初始投资成本与支付的现金、转让的非现金资产以及所承担债务账面价值之间的差额，应当调整资本公积；资本公积不足冲减的，调整留存收益。

合并方以发行权益性证券作为合并对价的，应当在合并日按照被合并方所有者权益在最终控制方合并财务报表中的账面价值的份额作为长期股权投资的初始投资成本。按照发行股份的面值总额作为股本，长期股权投资初始投资成本与所发行股份面值总额之间的差额，应当调整资本公积；资本公积不足冲减的，调整留存收益。

（二）非同一控制下的企业合并，购买方在购买日应当按照《企业会计准则第20号——企业合并》的有关规定确定的合并成本作为长期股权投资的初始投资成本。

合并方或购买方为企业合并发生的审计、法律服务、评估咨询等中介费用以及其他相关管理费用，应当于发生时计入当期损益。

第六条　除企业合并形成的长期股权投资以外，其他方式取得的长期股权投资，应当按照下列规定确定其初始投资成本：

（一）以支付现金取得的长期股权投资，应当按照实际支付的购买价款作为初始投资成本。初始投资成本包括与取得长期股权投资直接相关的费用、税金及其他必要支出。

（二）以发行权益性证券取得的长期股权投资，应当按照发行权益性证券的公允价值作为初始投资成本。与发行权益性证券直接相关的费用，应当按照《企业会计准则第37号——金融工具列报》的有关规定确定。

（三）通过非货币性资产交换取得的长期股权投资，其初始投资成本应当按照《企业会计准则第7号——非货币性资产交换》的有关规定确定。

（四）通过债务重组取得的长期股权投资，其初始投资成本应当按照《企业会计准则第12号——债务重组》的有关规定确定。

第三章　后续计量

第七条　投资方能够对被投资单位实施控制的长期股权投资应当采用成本法核算。

第八条　采用成本法核算的长期股权投资应当按照初始投资成本计价。追加或收回投资应当调整长期股权投资的成本。被投资单位宣告分派的现金股利或利润，应当确认为当期投资收益。

第九条　投资方对联营企业和合营企业的长期股权投资，应当按照本准则第十条至第十三条规定，采用权益法核算。

投资方对联营企业的权益性投资，其中一部分通过风险投资机构、共同基金、信托公司或包括投连险基金在内的类似主体间接持有的，无论以上主体是否对这部分投资具有重大影响，投资方都可以按照《企业会计准则第22号——金融工具确认和计量》的有关规定，对间接持有的该部分投资选择以公允价值计量且其变动计入损益，并对其余部分采用权益法核算。

第十条　长期股权投资的初始投资成本大于投资时应享有被投资单位可辨认净资产公允价值份额的，不调整长期股权投资的初始投资成本；长期股权投资的初始投资成本小于投资时应享有被投资单位可辨认净资产公允价值份额的，其差额应当计入当期损益，同时调整长期股权投资的成本。

被投资单位可辨认净资产的公允价值，应当比照《企业会计准则第20号——企业合并》的有关规定确定。

第十一条　投资方取得长期股权投资后，应当按照应享有或应分担的被投资单位实现的净损益和其他综合收益的份额，分别确认投资收益和其他综合收益，同时调整长期股权投资的账面价值；投资方按照被投资单位宣告分派的利润或现金股利计算应享有的部分，相应减少长期股权投资的账面价值；投资方对于被投资单位除净损益、其他综合收益和利润分配以外所有者权益的其他变动，应当调整长期股权投资的账面价值并计入所有者权益。

投资方在确认应享有被投资单位净损益的份额时，应当以取得投资时被投资单位可辨认净资产的公允价值为基础，对被投资单位的净利润进行调整后确认。

被投资单位采用的会计政策及会计期间与投资方不一致的，应当按照投资方的会计政策及会计期间对被投资单位的财务报表进行调整，并据以确认投资收益和其他综合收益等。

第十二条　投资方确认被投资单位发生的净亏损，应当以长期股权投资的账面价值以及其他实质上构成对被投资单位净投资的长期权益减记至零为限，投资方负有承担额外损失义务的除外。

被投资单位以后实现净利润的，投资方在其收益分享额弥补未确认的亏损分担额后，恢复确认收益分享额。

第十三条　投资方计算确认应享有或应分担被投资单位的净损益时，与联营企业、合营企业之间发生的未实现内部交易损益按照应享有的比例计算归属于投资方的部分，应当予以抵销，在此基础上确认投资收益。

投资方与被投资单位发生的未实现内部交易损失，按照《企业会计准则第8号——资产减值》等的有关规定属于资产减值损失的，应当全额确认。

第十四条　投资方因追加投资等原因能够对被投资单位施加重大影响或实施共同控制但不构成控制的，应当按照《企业会计准则第22号——金融工具确认和计量》确定的原持有的股权投资的公允价值加上新增投资成本之和，作为改按权益法核算的初始投资成本。原持有的股权投资分类为可供出售金融资产的，其公允价值与账面价值之间的差额，以及原计入其他综合收益的累计公允价值变动应当转入改按权益法核算的当期损益。

投资方因追加投资等原因能够对非同一控制下的被投资单位实施控制的，在编制个别财务报表时，应当按照原持有的股权投资账面价值加上新增投资成本之和，作为改按成本法核算的初始投资成本。购买日之前持有的股权投资因采用权益法核算而确认的其他综合收益，应当在处置该项投资时采用与被投资单位直接处置相关资产或负债相同的基础进行会计处理。购买日之前持有的股权投资按照《企业会计准则第22号——金融工具确认和计量》的有关规定进行会计处理的，原计入其他综合收益的累计公允价值变动应当在改按成本法核算时转入当期损益。在编制合并财务报表时，应当按照《企业会计准则第33号——合并财务报表》的有关规定进行会计处理。

第十五条　投资方因处置部分股权投资等原因丧失了对被投资单位的共同控制或重大影响的，处置后的剩余股权应当改按《企业会计准则第22号——金融工具确认和计量》核算，其在丧失共同控制或重大影响之日的公允价值与账面价值之间的差额计入当期损益。原股权投资因采用权益法核算而确认的其他综合收益，应当在终止采用权益法核算时采用与被投资单位直接处置相关资产或负债相同的基础进行会计处理。

投资方因处置部分权益性投资等原因丧失了对被投资单位的控制的，在编制个别财务报表时，处置后的剩余股权能够对被投资单位实施共同控制或施加重大影响的，应当改按权益法核算，并对该剩余股权视同自取得时即采用权益法核算进行调整；处置后的剩余股权不能对被投资单位实施共同控制或施加重大影响的，应当改按《企业会计准则第22号——金融工具确认和计量》的有关规定进行会计处理，其在丧失控制之日的公允价值与账面价值间的差额计入当期损益。在编制合并财务报表时，应当按照《企业会计准则第33号——合并财务报表》的有关规定进行会计处理。

第十六条　对联营企业或合营企业的权益性投资全部或部分分类为持有待售资产的，投资方应当按照《企业会计准则第4号——固定资产》的有关规定处理，对于未划分为持有待售资产的剩余权益性投资，应当采用权益法进行会计处理。

已划分为持有待售的对联营企业或合营企业的权益性投资，不再符合持有待售资产分类条件的，应当从被分类为持有待售资产之日起采用权益法进行追溯调整。分类为持有待售期间的财务报表应当做相应调整。

第十七条　处置长期股权投资，其账面价值与实际取得价款之间的差额，应当计入当期损益。采用权益法核算的长期股权投资，在处置该项投资时，采用与被投资单位直接处置相关资产或负债相同的基础，按相应比例对原计入其他综合收益的部分进行会计处理。

第十八条　投资方应当关注长期股权投资的账面价值是否大于享有被投资单位所有者权益账面价值的份额等类似情况。出现类似情况时，投资方应当按照《企业会计准则第8号——资产减值》对长期股权投资进行减值测试，可收回金额低于长期股权投资账面价值的，应当计提减值准备。

第四章　衔接规定

第十九条　在本准则施行日之前已经执行企业会计准则的企业，应当按照本准则进行追溯调整，追溯调整不切实可行的除外。

第五章　附则

第二十条　本准则自2014年7月1日起施行。

企业会计准则第4号——固定资产

第一章 总则

第一条 为了规范固定资产的确认、计量和相关信息的披露，根据《企业会计准则——基本准则》，制定本准则。

第二条 下列各项适用其他相关会计准则：

（一）作为投资性房地产的建筑物，适用《企业会计准则第3号——投资性房地产》。

（二）生产性生物资产，适用《企业会计准则第5号——生物资产》。

第二章 确认

第三条 固定资产，是指同时具有下列特征的有形资产：

（一）为生产商品、提供劳务、出租或经营管理而持有的；

（二）使用寿命超过一个会计年度。使用寿命，是指企业使用固定资产的预计期间，或者该固定资产所能生产产品或提供劳务的数量。

第四条 固定资产同时满足下列条件的，才能予以确认：

（一）与该固定资产有关的经济利益很可能流入企业；

（二）该固定资产的成本能够可靠地计量。

第五条 固定资产的各组成部分具有不同使用寿命或者以不同方式为企业提供经济利益，适用不同折旧率或折旧方法的，应当分别将各组成部分确认为单项固定资产。

第六条 与固定资产有关的后续支出，符合本准则第四条规定的确认条件的，应当计入固定资产成本；不符合本准则第四条规定的确认条件的，应当在发生时计入当期损益。

第三章 初始计量

第七条 固定资产应当按照成本进行初始计量。

第八条 外购固定资产的成本，包括购买价款、相关税费、使固定资产达到预定可使用状态前所发生的可归属于该项资产的运输费、装卸费、安装费和专业人员服务费等。

以一笔款项购入多项没有单独标价的固定资产，应当按照各项固定资产公允价值比例对总成本进行分配，分别确定各项固定资产的成本。

购买固定资产的价款超过正常信用条件延期支付，实质上具有融资性质的，固定资产的成本以购买价款的现值为基础确定。实际支付的价款与购买价款的现值之间的差额，除按照《企业会计准则第17号——借款费用》应予资本化的以外，应当在信用期间内计入当期损益。

第九条 自行建造固定资产的成本，由建造该项资产达到预定可使用状态前所发生的必要支出构成。

第十条 应计入固定资产成本的借款费用，按照《企业会计准则第17号——借款费用》处理。

第十一条 投资者投入固定资产的成本，应当按照投资合同或协议约定的价值确定，但合同或协议约定价值不公允的除外。

第十二条 非货币性资产交换、债务重组、企业合并和融资租赁取得的固定资产的成本，应当分别按照《企业会计准则第7号——非货币性资产交换》、《企业会计准则第12号——债务重组》、《企业会计准则第20号——企业合并》和《企业会计准则第21号——租赁》确定。

第十三条 确定固定资产成本时，应当考虑预计弃置费用因素。

第四章 后续计量

第十四条 企业应当对所有固定资产计提折旧。但是，已提足折旧仍继续使用的固定资产和单独计价入账的土地除外。折旧，是指在固定资产使用寿命内，按照确定的方法对应计折旧额进行系统分摊。

应计折旧额，是指应当计提折旧的固定资产的原价扣除其预计净残值后的金额。已计提减值准备的固定资产，还应当扣除已计提的固定资产减值准备累计金额。

预计净残值，是指假定固定资产预计使用寿命已满并处于使用寿命终了时的预期状态，企业目前从该项资产处置中获得的扣除预计处置费用后的金额。

第十五条　企业应当根据固定资产的性质和使用情况，合理确定固定资产的使用寿命和预计净残值。

固定资产的使用寿命、预计净残值一经确定，不得随意变更。但是，符合本准则第十九条规定的除外。

第十六条　企业确定固定资产使用寿命，应当考虑下列因素：

（一）预计生产能力或实物产量；

（二）预计有形损耗和无形损耗；

（三）法律或者类似规定对资产使用的限制。

第十七条　企业应当根据与固定资产有关的经济利益的预期实现方式，合理选择固定资产折旧方法。可选用的折旧方法包括年限平均法、工作量法、双倍余额递减法和年数总和法等。

固定资产的折旧方法一经确定，不得随意变更。但是，符合本准则第十九条规定的除外。

第十八条　固定资产应当按月计提折旧，并根据用途计入相关资产的成本或者当期损益。

第十九条　企业至少应当于每年年度终了，对固定资产的使用寿命、预计净残值和折旧方法进行复核。

使用寿命预计数与原先估计数有差异的，应当调整固定资产使用寿命。

预计净残值预计数与原先估计数有差异的，应当调整预计净残值。

与固定资产有关的经济利益预期实现方式有重大改变的，应当改变固定资产折旧方法。

固定资产使用寿命、预计净残值和折旧方法的改变应当作为会计估计变更。

第二十条　固定资产的减值，应当按照《企业会计准则第8号——资产减值》处理。

第五章　处置

第二十一条　固定资产满足下列条件之一的，应当予以终止确认：

（一）该固定资产处于处置状态。

（二）该固定资产预期通过使用或处置不能产生经济利益。

第二十二条　企业持有待售的固定资产，应当对其预计净残值进行调整。

第二十三条　企业出售、转让、报废固定资产或发生固定资产毁损，应当将处置收入扣除账面价值和相关税费后的金额计入当期损益。固定资产的账面价值是固定资产成本扣减累计折旧和累计减值准备后的金额。

固定资产盘亏造成的损失，应当计入当期损益。

第二十四条　企业根据本准则第六条的规定，将发生的固定资产后续支出计入固定资产成本的，应当终止确认被替换部分的账面价值。

第六章　披露

第二十五条　企业应当在附注中披露与固定资产有关的下列信息：

（一）固定资产的确认条件、分类、计量基础和折旧方法。

（二）各类固定资产的使用寿命、预计净残值和折旧率。

（三）各类固定资产的期初和期末原价、累计折旧额及固定资产减值准备累计金额。

（四）当期确认的折旧费用。

（五）对固定资产所有权的限制及其金额和用于担保的固定资产账面价值。

（六）准备处置的固定资产名称、账面价值、公允价值、预计处置费用和预计处置时间等。

企业会计准则第6号——无形资产

第一章 总则

第一条 为了规范无形资产的确认、计量和相关信息的披露，根据《企业会计准则——基本准则》，制定本准则。

第二条 下列各项适用其他相关会计准则：

（一）作为投资性房地产的土地使用权，适用《企业会计准则第3号——投资性房地产》。

（二）企业合并中形成的商誉，适用《企业会计准则第8号——资产减值》和《企业会计准则第20号——企业合并》。

（三）石油天然气矿区权益，适用《企业会计准则第27号——石油天然气开采》。

第二章 确认

第三条 无形资产，是指企业拥有或者控制的没有实物形态的可辨认非货币性资产。

资产满足下列条件之一的，符合无形资产定义中的可辨认性标准：

（一）能够从企业中分离或者划分出来，并能单独或者与相关合同、资产或负债一起，用于出售、转移、授予许可、租赁或者交换。

（二）源自合同性权利或其他法定权利，无论这些权利是否可以从企业或其他权利和义务中转移或者分离。

第四条 无形资产同时满足下列条件的，才能予以确认：

（一）与该无形资产有关的经济利益很可能流入企业；

（二）该无形资产的成本能够可靠地计量。

第五条 企业在判断无形资产产生的经济利益是否很可能流入时，应当对无形资产在预计使用寿命内可能存在的各种经济因素做出合理估计，并且应当有明确证据支持。

第六条 企业无形项目的支出，除下列情形外，均应于发生时计入当期损益：

（一）符合本准则规定的确认条件、构成无形资产成本的部分；

（二）非同一控制下企业合并中取得的、不能单独确认为无形资产、构成购买日确认的商誉的部分。

第七条 企业内部研究开发项目的支出，应当区分研究阶段支出与开发阶段支出。

研究是指为获取并理解新的科学或技术知识而进行的独创性的有计划调查。

开发是指在进行商业性生产或使用前，将研究成果或其他知识应用于某项计划或设计，以生产出新的或具有实质性改进的材料、装置、产品等。

第八条 企业内部研究开发项目研究阶段的支出，应当于发生时计入当期损益。

第九条 企业内部研究开发项目开发阶段的支出，同时满足下列条件的，才能确认为无形资产：

（一）完成该无形资产以使其能够使用或出售在技术上具有可行性；

（二）具有完成该无形资产并使用或出售的意图；

（三）无形资产产生经济利益的方式，包括能够证明运用该无形资产生产的产品存在市场或无形资产自身存在市场，无形资产将在内部使用的，应当证明其有用性；

（四）有足够的技术、财务资源和其他资源支持，以完成该无形资产的开发，并有能力使用或出售该无形资产；

（五）归属于该无形资产开发阶段的支出能够可靠地计量。

第十条 企业取得的已作为无形资产确认的正在进行中的研究开发项目，在取得后发生的支出应当按照本准则第七条至第九条的规定处理。

第十一条 企业自创商誉以及内部产生的品牌、报刊名等，不应确认为无形资产。

第三章 初始计量

第十二条 无形资产应当按照成本进行初始计量。

外购无形资产的成本，包括购买价款、相关税费以及直接归属于使该项资产达到预定用途所发生的其他支出。

购买无形资产的价款超过正常信用条件延期支付，实质上具有融资性质的，无形资产的成本以购买价款的现值为基础确定。实际支付的价款与购买价款的现值之间的差额，除按照《企业会计准则第17号——借款费用》应予资本化的以外，应当在信用期间内计入当期损益。

第十三条 自行开发的无形资产，其成本包括自满足本准则第四条和第九条规定后至达到预定用途前所发生的支出总额，但是对于以前期间已经费用化的支出不再调整。

第十四条 投资者投入无形资产的成本，应当按照投资合同或协议约定的价值确定，但合同或协议约定价值不公允的除外。

第十五条 非货币性资产交换、债务重组、政府补助和企业合并取得的无形资产的成本，应当分别按照《企业会计准则第7号——非货币性资产交换》、《企业会计准则第12号——债务重组》、《企业会计准则第16号——政府补助》和《企业会计准则第20号——企业合并》确定。

第四章 后续计量

第十六条 企业应当于取得无形资产时分析判断其使用寿命。无形资产的使用寿命为有限的，应当估计该使用寿命的年限或者构成使用寿命的产量等类似计量单位数量；无法预见无形资产为企业带来经济利益期限的，应当视为使用寿命不确定的无形资产。

第十七条 使用寿命有限的无形资产，其应摊销金额应当在使用寿命内系统合理摊销。

企业摊销无形资产，应当自无形资产可供使用时起，至不再作为无形资产确认时止。

企业选择的无形资产摊销方法，应当反映与该项无形资产有关的经济利益的预期实现方式。无法可靠确定预期实现方式的，应当采用直线法摊销。

无形资产的摊销金额一般应当计入当期损益，其他会计准则另有规定的除外。

第十八条 无形资产的应摊销金额为其成本扣除预计残值后的金额。已计提减值准备的无形资产，还应扣除已计提的无形资产减值准备累计金额。使用寿命有限的无形资产，其残值应当视为零，但下列情况除外：

（一）有第三方承诺在无形资产使用寿命结束时购买该无形资产。

（二）可以根据活跃市场得到预计残值信息，并且该市场在无形资产使用寿命结束时很可能存在。

第十九条 使用寿命不确定的无形资产不应摊销。

第二十条 无形资产的减值，应当按照《企业会计准则第8号——资产减值》处理。

第二十一条 企业至少应当于每年年度终了，对使用寿命有限的无形资产的使用寿命及摊销方法进行复核。无形资产的使用寿命及摊销方法与以前估计不同的，应当改变摊销期限和摊销方法。

企业应当在每个会计期间对使用寿命不确定的无形资产的使用寿命进行复核。如果有证据表明无形资产的使用寿命是有限的，应当估计其使用寿命，并按本准则规定处理。

第五章 处置和报废

第二十二条 企业出售无形资产，应当将取得的价款与该无形资产账面价值的差额计入当期损益。

第二十三条 无形资产预期不能为企业带来经济利益的，应当将该无形资产的账面价值予以转销。

第六章 披露

第二十四条 企业应当按照无形资产的类别在附注中披露与无形资产有关的下列信息：

（一）无形资产的期初和期末账面余额、累计摊销额及减值准备累计金额。

（二）使用寿命有限的无形资产，其使用寿命的估计情况；使用寿命不确定的无形资产，其使用寿命不确定的判断依据。

（三）无形资产的摊销方法。

（四）用于担保的无形资产账面价值、当期摊销额等情况。

（五）计入当期损益和确认为无形资产的研究开发支出金额。

企业会计准则第7号——非货币性资产交换

第一章　总则

第一条　为了规范非货币性资产交换的确认、计量和相关信息的披露，根据《企业会计准则——基本准则》，制定本准则。

第二条　非货币性资产交换，是指交易双方主要以存货、固定资产、无形资产和长期股权投资等非货币性资产进行的交换。该交换不涉及或只涉及少量的货币性资产（即补价）。

货币性资产，是指企业持有的货币资金和将以固定或可确定的金额收取的资产，包括现金、银行存款、应收账款和应收票据以及准备持有至到期的债券投资等。

非货币性资产，是指货币性资产以外的资产。

第二章　确认和计量

第三条　非货币性资产交换同时满足下列条件的，应当以公允价值和应支付的相关税费作为换入资产的成本，公允价值与换出资产账面价值的差额计入当期损益：

（一）该项交换具有商业实质；

（二）换入资产或换出资产的公允价值能够可靠地计量。

换入资产和换出资产公允价值均能够可靠计量的，应当以换出资产的公允价值作为确定换入资产成本的基础，但有确凿证据表明换入资产的公允价值更加可靠的除外。

第四条　满足下列条件之一的非货币性资产交换具有商业实质：

（一）换入资产的未来现金流量在风险、时间和金额方面与换出资产显著不同。

（二）换入资产与换出资产的预计未来现金流量现值不同，且其差额与换入资产和换出资产的公允价值相比是重大的。

第五条　在确定非货币性资产交换是否具有商业实质时，企业应当关注交易各方之间是否存在关联方关系。关联方关系的存在可能导致发生的非货币性资产交换不具有商业实质。

第六条　未同时满足本准则第三条规定条件的非货币性资产交换，应当以换出资产的账面价值和应支付的相关税费作为换入资产的成本，不确认损益。

第七条　企业在按照公允价值和应支付的相关税费作为换入资产成本的情况下，发生补价的，应当分别下列情况处理：

（一）支付补价的，换入资产成本与换出资产账面价值加支付的补价、应支付的相关税费之和的差额，应当计入当期损益。

（二）收到补价的，换入资产成本加收到的补价之和与换出资产账面价值加应支付的相关税费之和的差额，应当计入当期损益。

第八条　企业在按照换出资产的账面价值和应支付的相关税费作为换入资产成本的情况下，发生补价的，应当分别下列情况处理：

（一）支付补价的，应当以换出资产的账面价值，加上支付的补价和应支付的相关税费，作为换入资产的成本，不确认损益。

（二）收到补价的，应当以换出资产的账面价值，减去收到的补价并加上应支付的相关税费，作为换入资产的成本，不确认损益。

第九条　非货币性资产交换同时换入多项资产的，在确定各项换入资产的成本时，应当分别下列情况处理：

（一）非货币性资产交换具有商业实质，且换入资产的公允价值能够可靠计量的，应当按照换入各项资产的公允价值占换入资产公允价值总额的比例，对换入资产的成本总额进行分配，确定各项换入资产的成本。

（二）非货币性资产交换不具有商业实质，或者虽具有商业实质但换入资产的公允价值不能可靠计量的，应当按照换入各项资产的原账面价值占换入资产原账面价值总额的比例，对换入资产的成本总额进行分配，确定各项换入资产的成本。

第三章　披露

第十条　企业应当在附注中披露与非货币性资产交换有关的下列信息：

（一）换入资产、换出资产的类别。

（二）换入资产成本的确定方式。

（三）换入资产、换出资产的公允价值以及换出资产的账面价值。

（四）非货币性资产交换确认的损益。

企业会计准则第8号——资产减值

第一章 总则

第一条 为了规范资产减值的确认、计量和相关信息的披露，根据《企业会计准则——基本准则》，制定本准则。

第二条 资产减值，是指资产的可收回金额低于其账面价值。

本准则中的资产，除了特别规定外，包括单项资产和资产组。

资产组，是指企业可以认定的最小资产组合，其产生的现金流入应当基本上独立于其他资产或者资产组产生的现金流入。

第三条 下列各项适用其他相关会计准则：

（一）存货的减值，适用《企业会计准则第1号——存货》。

（二）采用公允价值模式计量的投资性房地产的减值，适用《企业会计准则第3号——投资性房地产》。

（三）消耗性生物资产的减值，适用《企业会计准则第5号——生物资产》。

（四）建造合同形成的资产的减值，适用《企业会计准则第15号——建造合同》。

（五）递延所得税资产的减值，适用《企业会计准则第18号——所得税》。

（六）融资租赁中出租人未担保余值的减值，适用《企业会计准则第21号——租赁》。

（七）《企业会计准则第22号——金融工具确认和计量》规范的金融资产的减值，适用《企业会计准则第22号——金融工具确认和计量》。

（八）未探明石油天然气矿区权益的减值，适用《企业会计准则第27号——石油天然气开采》。

第二章 可能发生减值资产的认定

第四条 企业应当在资产负债表日判断资产是否存在可能发生减值的迹象。

因企业合并所形成的商誉和使用寿命不确定的无形资产，无论是否存在减值迹象，每年都应当进行减值测试。

第五条 存在下列迹象的，表明资产可能发生了减值：

（一）资产的市价当期大幅度下跌，其跌幅明显高于因时间的推移或者正常使用而预计的下跌。

（二）企业经营所处的经济、技术或者法律等环境以及资产所处的市场在当期或者将在近期发生重大变化，从而对企业产生不利影响。

（三）市场利率或者其他市场投资报酬率在当期已经提高，从而影响企业计算资产预计未来现金流量现值的折现率，导致资产可收回金额大幅度降低。

（四）有证据表明资产已经陈旧过时或者其实体已经损坏。

（五）资产已经或者将被闲置、终止使用或者计划提前处置。

（六）企业内部报告的证据表明资产的经济绩效已经低于或者将低于预期，如资产所创造的净现金流量或者实现的营业利润（或者亏损）远远低于（或者高于）预计金额等。

（七）其他表明资产可能已经发生减值的迹象。

第三章 资产可收回金额的计量

第六条 资产存在减值迹象的，应当估计其可收回金额。

可收回金额应当根据资产的公允价值减去处置费用后的净额与资产预计未来现金流量的现值两者之间较高者确定。

处置费用包括与资产处置有关的法律费用、相关税费、搬运费以及为使资产达到可销售状态所发生的直接费用等。

第七条　资产的公允价值减去处置费用后的净额与资产预计未来现金流量的现值，只要有一项超过了资产的账面价值，就表明资产没有发生减值，不需再估计另一项金额。

第八条　资产的公允价值减去处置费用后的净额，应当根据公平交易中销售协议价格减去可直接归属于该资产处置费用的金额确定。

不存在销售协议但存在资产活跃市场的，应当按照该资产的市场价格减去处置费用后的金额确定。资产的市场价格通常应当根据资产的买方出价确定。

在不存在销售协议和资产活跃市场的情况下，应当以可获取的最佳信息为基础，估计资产的公允价值减去处置费用后的净额，该净额可以参考同行业类似资产的最近交易价格或者结果进行估计。

企业按照上述规定仍然无法可靠估计资产的公允价值减去处置费用后的净额的，应当以该资产预计未来现金流量的现值作为其可收回金额。

第九条　资产预计未来现金流量的现值，应当按照资产在持续使用过程中和最终处置时所产生的预计未来现金流量，选择恰当的折现率对其进行折现后的金额加以确定。

预计资产未来现金流量的现值，应当综合考虑资产的预计未来现金流量、使用寿命和折现率等因素。

第十条　预计的资产未来现金流量应当包括下列各项：

（一）资产持续使用过程中预计产生的现金流入。

（二）为实现资产持续使用过程中产生的现金流入所必需的预计现金流出（包括为使资产达到预定可使用状态所发生的现金流出）。

该现金流出应当是可直接归属于或者可通过合理和一致的基础分配到资产中的现金流出。

（三）资产使用寿命结束时，处置资产所收到或者支付的净现金流量。该现金流量应当是在公平交易中，熟悉情况的交易双方自愿进行交易时，企业预期可从资产的处置中获取或者支付的、减去预计处置费用后的金额。

第十一条　预计资产未来现金流量时，企业管理层应当在合理和有依据的基础上对资产剩余使用寿命内整个经济状况进行最佳估计。

预计资产的未来现金流量，应当以经企业管理层批准的最近财务预算或者预测数据，以及该预算或者预测期之后年份稳定的或者递减的增长率为基础。企业管理层如能证明递增的增长率是合理的，可以以递增的增长率为基础。

建立在预算或者预测基础上的预计现金流量最多涵盖五年，企业管理层如能证明更长的期间是合理的，可以涵盖更长的期间。

在对预算或者预测期之后年份的现金流量进行预计时，所使用的增长率除了企业能够证明更高的增长率是合理的之外，不应当超过企业经营的产品、市场、所处的行业或者所在国家或者地区的长期平均增长率，或者该资产所处市场的长期平均增长率。

第十二条　预计资产的未来现金流量，应当以资产的当前状况为基础，不应当包括与将来可能会发生的、尚未做出承诺的重组事项或者与资产改良有关的预计未来现金流量。

预计资产的未来现金流量也不应当包括筹资活动产生的现金流入或者流出以及与所得税收付有关的现金流量。

企业已经承诺重组的，在确定资产的未来现金流量的现值时，预计的未来现金流入和流出数，应当反映重组所能节约的费用和由重组所带来的其他利益，以及因重组所导致的估计未来现金流出数。其中重组所能节约的费用和由重组所带来的其他利益，通常应当根据企业管理层批准的最近财务预算或者预测数据进行估计；因重组所导致的估计未来现金流出数应当根据《企业会计准则第13号——或有事项》所确认的因重组所发生的预计负债金额进行估计。

第十三条　折现率是反映当前市场货币时间价值和资产特定风险的税前利率。该折现率是企业在购置或者投资资产时所要求的必要报酬率。

在预计资产的未来现金流量时已经对资产特定风险的影响做了调整的，估计折现率不需要考虑这些特定风险。如果用于估计折现率的基础是税后的，应当将其调整为税前的折现率。

第十四条　预计资产的未来现金流量涉及外币的，应当以该资产所产生的未来现金流量的结算货币为基础，按照该货币适用的折现率计算资产的现值；然后将该外币现值按照计算资产未来现金流量现值当日的即期汇率进行折算。

第四章　资产减值损失的确定

第十五条　可收回金额的计量结果表明，资产的可收回金额低于其账面价值的，应当将资产的账面价值减记至可收回金额，减记的金额确认为资产减值损失，计入当期损益，同时计提相应的资产减值准备。

第十六条　资产减值损失确认后，减值资产的折旧或者摊销费用应当在未来期间做相应调整，以使该资产在剩余使用寿命内，系统地分摊调整后的资产账面价值（扣除预计净残值）。

第十七条　资产减值损失一经确认，在以后会计期间不得转回。

第五章　资产组的认定及减值处理

第十八条　有迹象表明一项资产可能发生减值的，企业应当以单项资产为基础估计其可收回金额。企业难以对单项资产的可收回金额进行估计的，应当以该资产所属的资产组为基础确定资产组的可收回金额。

资产组的认定，应当以资产组产生的主要现金流入是否独立于其他资产或者资产组的现金流入为依据。同时，在认定资产组时，应当考虑企业管理层管理生产经营活动的方式（如是按照生产线、业务种类还是按照地区或者区域等）和对资产的持续使用或者处置的决策方式等。

几项资产的组合生产的产品（或者其他产出）存在活跃市场的，即使部分或者所有这些产品（或者其他产出）均供内部使用，也应当在符合前款规定的情况下，将这几项资产的组合认定为一个资产组。

如果该资产组的现金流入受内部转移价格的影响，应当按照企业管理层在公平交易中对未来价格的最佳估计数来确定资产组的未来现金流量。

资产组一经确定，各个会计期间应当保持一致，不得随意变更。

如需变更，企业管理层应当证明该变更是合理的，并根据本准则第二十七条的规定在附注中做相应说明。

第十九条　资产组账面价值的确定基础应当与其可收回金额的确定方式相一致。

资产组的账面价值包括可直接归属于资产组与可以合理和一致地分摊至资产组的资产账面价值，通常不应当包括已确认负债的账面价值，但如不考虑该负债金额就无法确定资产组可收回金额的除外。

资产组的可收回金额应当按照该资产组的公允价值减去处置费用后的净额与其预计未来现金流量的现值两者之间较高者确定。

资产组在处置时如要求购买者承担一项负债（如环境恢复负债等）、该负债金额已经确认并计入相关资产账面价值，而且企业只能取得包括上述资产和负债在内的单一公允价值减去处置费用后的净额的，为了比较资产组的账面价值和可收回金额，在确定资产组的账面价值及其预计未来现金流量的现值时，应当将已确认的负债金额从中扣除。

第二十条　企业总部资产包括企业集团或其事业部的办公楼、电子数据处理设备等资产。总部资产的显著特征是难以脱离其他资产或资产组产生独立的现金流入，而且其账面价值难以完全归属于某一资产组。

有迹象表明某项总部资产可能发生减值的，企业应当计算确定该总部资产所归属的资产组或者资产组组合的可收回金额，然后将其与相应的账面价值相比较，据以判断是否需要确认减值损失。

资产组组合，是指由若干个资产组组成的最小资产组组合，包括资产组或者资产组组合，以及按合理方法分摊的总部资产部分。

第二十一条　企业对某一资产组进行减值测试，应当先认定所有与该资产组相关的总部资产，再根据相关总部资产能否按照合理和一致的基础分摊至该资产组分别下列情况处理。

（一）对于相关总部资产能够按照合理和一致的基础分摊至该资产组的部分，应当将该部分总部资产的账面价值分摊至该资产组，再据以比较该资产组的账面价值（包括已分摊的总部资产的账面价值部分）和可收回金额，并按照本准则第二十二条的规定处理。

（二）对于相关总部资产中有部分资产难以按照合理和一致的基础分摊至该资产组的，应当按照下列步骤处理：

首先，在不考虑相关总部资产的情况下，估计和比较资产组的账面价值和可收回金额，并按照本准则第二十二条的规定处理。

其次，认定由若干个资产组组成的最小的资产组组合，该资产组组合应当包括所测试的资产组与可以按照合理和一致的基础将该部分总部资产的账面价值分摊其上的部分。

最后，比较所认定的资产组组合的账面价值（包括已分摊的总部资产的账面价值部分）和可收回金额，并按照本准则第二十二条的规定处理。

第二十二条　资产组或者资产组组合的可收回金额低于其账面价值的（总部资产和商誉分摊至某资产组或者资产组组合的，该资产组或者资产组组合的账面价值应当包括相关总部资产和商誉的分摊额），应当确认相应的减值损失。减值损失金额应当先抵减分摊至资产组或者资产组组合中商誉的账面价值，再根据资产组或者资产组组合中除商誉之外的其他各项资产的账面价值所占比重，按比例抵减其他各项资产的账面价值。

以上资产账面价值的抵减，应当作为各单项资产（包括商誉）的减值损失处理，计入当期损益。抵减后的各资产的账面价值不得低于以下三者之中最高者：该资产的公允价值减去处置费用后的净额（如可确定的）、该资产预计未来现金流量的现值（如可确定的）和零。

因此而导致的未能分摊的减值损失金额，应当按照相关资产组或者资产组组合中其他各项资产的账面价值所占比重进行分摊。

第六章　商誉减值的处理

第二十三条　企业合并所形成的商誉，至少应当在每年年度终了进行减值测试。商誉应当结合与其相关的资产组或者资产组组合进行减值测试。

相关的资产组或者资产组组合应当是能够从企业合并的协同效应中受益的资产组或者资产组组合，不应当大于按照《企业会计准则第35号——分部报告》所确定的报告分部。

第二十四条　企业进行资产减值测试，对于因企业合并形成的商誉的账面价值，应当自购买日起按照合理的方法分摊至相关的资产组；难以分摊至相关的资产组的，应当将其分摊至相关的资产组组合。

在将商誉的账面价值分摊至相关的资产组或者资产组组合时，应当按照各资产组或者资产组组合的公允价值占相关资产组或者资产组组合公允价值总额的比例进行分摊。公允价值难以可靠计量的，按照各资产组或者资产组组合的账面价值占相关资产组或者资产组组合账面价值总额的比例进行分摊。

企业因重组等原因改变了其报告结构，从而影响到已分摊商誉的一个或者若干个资产组或者资产组组合构成的，应当按照与本条前款规定相似的分摊方法，将商誉重新分摊至受影响的资产组或者资产组组合。

第二十五条　在对包含商誉的相关资产组或者资产组组合进行减值测试时，与商誉相关的资产组或者资产组组合存在减值迹象的，应当先对不包含商誉的资产组或者资产组组合进行减值测试，计算可收回金额，并与相关账面价值相比较，确认相应的减值损失。再对包含商誉的资产组或者资产组组合进行减值测试，比较这些相关资产组或者资产组组合的账面价值（包括所分摊的商誉的账面价值部分）与其可收回金额。相关资产组或者资产组组合的可收回金额低于其账面价值的，应当确认商誉的减值损失，按照本准则第二十二条的规定处理。

第七章 披露

第二十六条 企业应当在附注中披露与资产减值有关的下列信息：

（一）当期确认的各项资产减值损失金额。

（二）计提的各项资产减值准备累计金额。

（三）提供分部报告信息的，应当披露每个报告分部当期确认的减值损失金额。

第二十七条 发生重大资产减值损失的，应当在附注中披露导致每项重大资产减值损失的原因和当期确认的重大资产减值损失的金额。

（一）发生重大减值损失的资产是单项资产的，应当披露该单项资产的性质。提供分部报告信息的，还应披露该项资产所属的主要报告分部。

（二）发生重大减值损失的资产是资产组（或者资产组组合，下同）的，应当披露：

1. 资产组的基本情况。

2. 资产组中所包括的各项资产于当期确认的减值损失金额。

3. 资产组的组成与前期相比发生变化的，应当披露变化的原因以及前期和当期资产组组成情况。

第二十八条 对于重大资产减值，应当在附注中披露资产（或者资产组，下同）可收回金额的确定方法。

（一）可收回金额按资产的公允价值减去处置费用后的净额确定的，还应当披露公允价值减去处置费用后的净额的估计基础。

（二）可收回金额按资产预计未来现金流量的现值确定的，还应当披露估计其现值时所采用的折现率，以及该资产前期可收回金额也按照其预计未来现金流量的现值确定的情况下，前期所采用的折现率。

第二十九条 第二十六条（一）、（二）和第二十七条（二）第2项信息应当按照资产类别予以披露。资产类别应当以资产在企业生产经营活动中的性质或者功能是否相同或者相似为基础确定。

第三十条 分摊到某资产组的商誉（或者使用寿命不确定的无形资产，下同）的账面价值占商誉账面价值总额的比例重大的，应当在附注中披露下列信息：

（一）分摊到该资产组的商誉的账面价值。

（二）该资产组可收回金额的确定方法。

1. 可收回金额按照资产组公允价值减去处置费用后的净额确定的，还应当披露确定公允价值减去处置费用后的净额的方法。资产组的公允价值减去处置费用后的净额不是按照市场价格确定的，应当披露：

（1）企业管理层在确定公允价值减去处置费用后的净额时所采用的各关键假设及其依据。

（2）企业管理层在确定各关键假设相关的价值时，是否与企业历史经验或者外部信息来源相一致；如不一致，应当说明理由。

2. 可收回金额按照资产组预计未来现金流量的现值确定的，应当披露：

（1）企业管理层预计未来现金流量的各关键假设及其依据。

（2）企业管理层在确定各关键假设相关的价值时，是否与企业历史经验或者外部信息来源相一致；如不一致，应当说明理由。

（3）估计现值时所采用的折现率。

第三十一条 商誉的全部或者部分账面价值分摊到多个资产组，且分摊到每个资产组的商誉的账面价值占商誉账面价值总额的比例不重大的，企业应当在附注中说明这一情况以及分摊到上述资产组的商誉合计金额。

商誉账面价值按照相同的关键假设分摊到上述多个资产组，且分摊的商誉合计金额占商誉账面价值总额的比例重大的，企业应当在附注中说明这一情况，并披露下列信息：

（一）分摊到上述资产组的商誉的账面价值合计。

（二）采用的关键假设及其依据。

（三）企业管理层在确定各关键假设相关的价值时，是否与企业历史经验或者外部信息来源相一致；如不一致，应当说明理由。

企业会计准则第9号——职工薪酬

第一章 总则

第一条 为了规范职工薪酬的确认、计量和相关信息的披露，根据《企业会计准则——基本准则》，制定本准则。

第二条 职工薪酬，是指企业为获得职工提供的服务或解除劳动关系而给予的各种形式的报酬或补偿。职工薪酬包括短期薪酬、离职后福利、辞退福利和其他长期职工福利。企业提供给职工配偶、子女、受赡养人、已故员工遗属及其他受益人等的福利，也属于职工薪酬。

短期薪酬，是指企业在职工提供相关服务的年度报告期间结束后十二个月内需要全部予以支付的职工薪酬，因解除与职工的劳动关系给予的补偿除外。短期薪酬具体包括：职工工资、奖金、津贴和补贴，职工福利费，医疗保险费、工伤保险费和生育保险费等社会保险费，住房公积金，工会经费和职工教育经费，短期带薪缺勤，短期利润分享计划，非货币性福利以及其他短期薪酬。

带薪缺勤，是指企业支付工资或提供补偿的职工缺勤，包括年休假、病假、短期伤残、婚假、产假、丧假、探亲假等。利润分享计划，是指因职工提供服务而与职工达成的基于利润或其他经营成果提供薪酬的协议。

离职后福利，是指企业为获得职工提供的服务而在职工退休或与企业解除劳动关系后，提供的各种形式的报酬和福利，短期薪酬和辞退福利除外。

辞退福利，是指企业在职工劳动合同到期之前解除与职工的劳动关系，或者为鼓励职工自愿接受裁减而给予职工的补偿。

其他长期职工福利，是指除短期薪酬、离职后福利、辞退福利之外所有的职工薪酬，包括长期带薪缺勤、长期残疾福利、长期利润分享计划等。

第三条 本准则所称职工，是指与企业订立劳动合同的所有人员，含全职、兼职和临时职工，也包括虽未与企业订立劳动合同但由企业正式任命的人员。

未与企业订立劳动合同或未由其正式任命，但向企业所提供服务与职工所提供服务类似的人员，也属于职工的范畴，包括通过企业与劳务中介公司签订用工合同而向企业提供服务的人员。

第四条 下列各项适用其他相关会计准则：

（一）企业年金基金，适用《企业会计准则第10号——企业年金基金》。

（二）以股份为基础的薪酬，适用《企业会计准则第11号——股份支付》。

第二章 短期薪酬

第五条 企业应当在职工为其提供服务的会计期间，将实际发生的短期薪酬确认为负债，并计入当期损益，其他会计准则要求或允许计入资产成本的除外。

第六条 企业发生的职工福利费，应当在实际发生时根据实际发生额计入当期损益或相关资产成本。职工福利费为非货币性福利的，应当按照公允价值计量。

第七条 企业为职工缴纳的医疗保险费、工伤保险费、生育保险费等社会保险费和住房公积金，以及按规定提取的工会经费和职工教育经费，应当在职工为其提供服务的会计期间，根据规定的计提基础和计提比例计算确定相应的职工薪酬金额，并确认相应负债，计入当期损益或相关资产成本。

第八条 带薪缺勤分为累积带薪缺勤和非累积带薪缺勤。企业应当在职工提供服务从而增加了其未来享有的带薪缺勤权利时，确认与累积带薪缺勤相关的职工薪酬，并以累积未行使权利而增加的预期支付金额计量。企业应当在职工实际发生缺勤的会计期间确认与非累积带薪缺勤相关的职工薪酬。

累积带薪缺勤，是指带薪缺勤权利可以结转下期的带薪缺勤，本期尚未用完的带薪缺勤权利可以在未来期间使用。

非累积带薪缺勤，是指带薪缺勤权利不能结转下期的带薪缺勤，本期尚未用完的带薪缺勤权利将予以取消，并且职工离开企业时也无权获得现金支付。

第九条 利润分享计划同时满足下列条件的，企业应当确认相关的应付职工薪酬。

（一）企业因过去事项导致现在具有支付职工薪酬的法定义务或推定义务。

（二）因利润分享计划所产生的应付职工薪酬义务金额能够可靠估计。属于下列三种情形之一的，视为义务金额能够可靠估计：

1. 在财务报告批准报出之前企业已确定应支付的薪酬金额。

2. 该短期利润分享计划的正式条款中包括确定薪酬金额的方式。

3. 过去的惯例为企业确定推定义务金额提供了明显证据。

第十条 职工只有在企业工作一段特定期间才能分享利润的，企业在计量利润分享计划产生的应付职工薪酬时，应当反映职工因离职而无法享受利润分享计划福利的可能性。

如果企业在职工为其提供相关服务的年度报告期间结束后十二个月内，不需要全部支付利润分享计划产生的应付职工薪酬，该利润分享计划应当适用本准则其他长期职工福利的有关规定。

第三章 离职后福利

第十一条 企业应当将离职后福利计划分类为设定提存计划和设定受益计划。

离职后福利计划，是指企业与职工就离职后福利达成的协议，或者企业为向职工提供离职后福利制定的规章或办法等。其中，设定提存计划，是指向独立的基金缴存固定费用后，企业不再承担进一步支付义务的离职后福利计划；设定受益计划，是指除设定提存计划以外的离职后福利计划。

第十二条 企业应当在职工为其提供服务的会计期间，将根据设定提存计划计算的应缴存金额确认为负债，并计入当期损益或相关资产成本。

根据设定提存计划，预期不会在职工提供相关服务的年度报告期结束后十二个月内支付全部应缴存金额的，企业应当参照本准则第十五条规定的折现率，将全部应缴存金额以折现后的金额计量应付职工薪酬。

第十三条 企业对设定受益计划的会计处理通常包括下列四个步骤：

（一）根据预期累计福利单位法，采用无偏且相互一致的精算假设对有关人口统计变量和财务变量等做出估计，计量设定受益计划所产生的义务，并确定相关义务的归属期间。企业应当按照本准则第十五条规定的折现率将设定受益计划所产生的义务予以折现，以确定设定受益计划义务的现值和当期服务成本。

（二）设定受益计划存在资产的，企业应当将设定受益计划义务现值减去设定受益计划资产公允价值所形成的赤字或盈余确认为一项设定受益计划净负债或净资产。

设定受益计划存在盈余的，企业应当以设定受益计划的盈余和资产上限两项的孰低者计量设定受益计划净资产。其中，资产上限，是指企业可从设定受益计划退款或减少未来对设定受益计划缴存资金而获得的经济利益的现值。

（三）根据本准则第十六条的有关规定，确定应当计入当期损益的金额。

（四）根据本准则第十六条和第十七条的有关规定，确定应当计入其他综合收益的金额。

在预期累计福利单位法下，每一服务期间会增加一个单位的福利权利，并且需对每一个单位单独计量，以形成最终义务。企业应当将福利归属于提供设定受益计划的义务发生的期间。这一期间是指从职工提供服务以获取企业在未来报告期间预计支付的设定受益计划福利开始，至职工的继续服务不会导致这一福利金额显著增加之日为止。

第十四条 企业应当根据预期累计福利单位法确定的公式将设定受益计划产生的福利义务归属于职工提供服务的期间，并计入当期损益或相关资产成本。

当职工后续年度的服务将导致其享有的设定受益计划福利水平显著高于以前年度时，企业应当按照直线法将累计设定受益计划义务分摊确认于职工提供服务而导致企业第一次产生设定受益计划福利义务至职工提供服务不再导致该福利义务显著增加的期间。在确定该归属期间时，不应考虑仅因未来工资水平提高而导致设定受益计划义务显著增加的情况。

第十五条　企业应当对所有设定受益计划义务予以折现，包括预期在职工提供服务的年度报告期间结束后的十二个月内支付的义务。折现时所采用的折现率应当根据资产负债表日与设定受益计划义务期限和币种相匹配的国债或活跃市场上的高质量公司债券的市场收益率确定。

第十六条　报告期末，企业应当将设定受益计划产生的职工薪酬成本确认为下列组成部分：

（一）服务成本，包括当期服务成本、过去服务成本和结算利得或损失。其中，当期服务成本，是指职工当期提供服务所导致的设定受益计划义务现值的增加额；过去服务成本，是指设定受益计划修改所导致的与以前期间职工服务相关的设定受益计划义务现值的增加或减少。

（二）设定受益计划净负债或净资产的利息净额，包括计划资产的利息收益、设定受益计划义务的利息费用以及资产上限影响的利息。

（三）重新计量设定受益计划净负债或净资产所产生的变动。

除非其他会计准则要求或允许职工福利成本计入资产成本，上述第（一）项和第（二）项应计入当期损益；第（三）项应计入其他综合收益，并且在后续会计期间不允许转回至损益，但企业可以在权益范围内转移这些在其他综合收益中确认的金额。

第十七条　重新计量设定受益计划净负债或净资产所产生的变动包括下列部分：

（一）精算利得或损失，即由于精算假设和经验调整导致之前所计量的设定受益计划义务现值的增加或减少。

（二）计划资产回报，扣除包括在设定受益计划净负债或净资产的利息净额中的金额。

（三）资产上限影响的变动，扣除包括在设定受益计划净负债或净资产的利息净额中的金额。

第十八条　在设定受益计划下，企业应当在下列日期孰早日将过去服务成本确认为当期费用：

（一）修改设定受益计划时。

（二）企业确认相关重组费用或辞退福利时。

第十九条　企业应当在设定受益计划结算时，确认一项结算利得或损失。

设定受益计划结算，是指企业为了消除设定受益计划所产生的部分或所有未来义务进行的交易，而不是根据计划条款和所包含的精算假设向职工支付福利。设定受益计划结算利得或损失是下列两项的差额：

（一）在结算日确定的设定受益计划义务现值。

（二）结算价格，包括转移的计划资产的公允价值和企业直接发生的与结算相关的支付。

第四章　辞退福利

第二十条　企业向职工提供辞退福利的，应当在下列两者孰早日确认辞退福利产生的职工薪酬负债，并计入当期损益：

（一）企业不能单方面撤回因解除劳动关系计划或裁减建议所提供的辞退福利时。

（二）企业确认与涉及支付辞退福利的重组相关的成本或费用时。

第二十一条　企业应当按照辞退计划条款的规定，合理预计并确认辞退福利产生的应付职工薪酬。辞退福利预期在其确认的年度报告期结束后十二个月内完全支付的，应当适用短期薪酬的相关规定；辞退福利预期在年度报告期结束后十二个月内不能完全支付的，应当适用本准则关于其他长期职工福利的有关规定。

第五章　其他长期职工福利

第二十二条　企业向职工提供的其他长期职工福利，符合设定提存计划条件的，应当适用本准则第十二条关于设定提存计划的有关规定进行处理。

第二十三条 除上述第二十二条规定的情形外，企业应当适用本准则关于设定受益计划的有关规定，确认和计量其他长期职工福利净负债或净资产。在报告期末，企业应当将其他长期职工福利产生的职工薪酬成本确认为下列组成部分：

（一）服务成本。

（二）其他长期职工福利净负债或净资产的利息净额。

（三）重新计量其他长期职工福利净负债或净资产所产生的变动。

为简化相关会计处理，上述项目的总净额应计入当期损益或相关资产成本。

第二十四条 长期残疾福利水平取决于职工提供服务期间长短的，企业应当在职工提供服务的期间确认应付长期残疾福利义务，计量时应当考虑长期残疾福利支付的可能性和预期支付的期限；长期残疾福利与职工提供服务期间长短无关的，企业应当在导致职工长期残疾的事件发生的当期确认应付长期残疾福利义务。

第六章 披露

第二十五条 企业应当在附注中披露与短期职工薪酬有关的下列信息：

（一）应当支付给职工的工资、奖金、津贴和补贴及其期末应付未付金额。

（二）应当为职工缴纳的医疗保险费、工伤保险费和生育保险费等社会保险费及其期末应付未付金额。

（三）应当为职工缴存的住房公积金及其期末应付未付金额。

（四）为职工提供的非货币性福利及其计算依据。

（五）依据短期利润分享计划提供的职工薪酬金额及其计算依据。

（六）其他短期薪酬。

第二十六条 企业应当披露所设立或参与的设定提存计划的性质、计算缴费金额的公式或依据，当期缴费金额以及期末应付未付金额。

第二十七条 企业应当披露与设定受益计划有关的下列信息：

（一）设定受益计划的特征及与之相关的风险。

（二）设定受益计划在财务报表中确认的金额及其变动。

（三）设定受益计划对企业未来现金流量金额、时间和不确定性的影响。

（四）设定受益计划义务现值所依赖的重大精算假设及有关敏感性分析的结果。

第二十八条 企业应当披露支付的因解除劳动关系所提供辞退福利及其期末应付未付金额。

第二十九条 企业应当披露提供的其他长期职工福利的性质、金额及其计算依据。

第七章 衔接规定

第三十条 对于本准则施行日存在的离职后福利计划、辞退福利、其他长期职工福利，除本准则第三十一条规定外，应当按照《企业会计准则第 28 号——会计政策、会计估计变更和差错更正》的规定采用追溯调整法处理。

第三十一条 企业比较财务报表中披露的本准则施行之前的信息与本准则要求不一致的，不需要按照本准则的规定进行调整。

第八章 附则

第三十二条 本准则自2014年7月1日起施行。

企业会计准则第12号——债务重组

第一章　总则

第一条　为了规范债务重组的确认、计量和相关信息的披露，根据《企业会计准则——基本准则》，制定本准则。

第二条　债务重组，是指在债务人发生财务困难的情况下，债权人按照其与债务人达成的协议或者法院的裁定做出让步的事项。

第三条　债务重组的方式主要包括：

（一）以资产清偿债务；

（二）将债务转为资本；

（三）修改其他债务条件，如减少债务本金、减少债务利息等，不包括上述（一）和（二）两种方式；

（四）以上三种方式的组合等。

第二章　债务人的会计处理

第四条　以现金清偿债务的，债务人应当将重组债务的账面价值与实际支付现金之间的差额，计入当期损益。

第五条　以非现金资产清偿债务的，债务人应当将重组债务的账面价值与转让的非现金资产公允价值之间的差额，计入当期损益。

转让的非现金资产公允价值与其账面价值之间的差额，计入当期损益。

第六条　将债务转为资本的，债务人应当将债权人放弃债权而享有股份的面值总额确认为股本（或者实收资本），股份的公允价值总额与股本（或者实收资本）之间的差额确认为资本公积。

重组债务的账面价值与股份的公允价值总额之间的差额，计入当期损益。

第七条　修改其他债务条件的，债务人应当将修改其他债务条件后债务的公允价值作为重组后债务的入账价值。重组债务的账面价值与重组后债务的入账价值之间的差额，计入当期损益。

修改后的债务条款如涉及或有应付金额，且该或有应付金额符合《企业会计准则第13 号——或有事项》中有关预计负债确认条件的，债务人应当将该或有应付金额确认为预计负债。重组债务的账面价值，与重组后债务的入账价值和预计负债金额之和的差额，计入当期损益。

或有应付金额，是指需要根据未来某种事项出现而发生的应付金额，而且该未来事项的出现具有不确定性。

第八条　债务重组以现金清偿债务、非现金资产清偿债务、债务转为资本、修改其他债务条件等方式的组合进行的，债务人应当依次以支付的现金、转让的非现金资产公允价值、债权人享有股份的公允价值冲减重组债务的账面价值，再按照本准则第七条的规定处理。

第三章　债权人的会计处理

第九条　以现金清偿债务的，债权人应当将重组债权的账面余额与收到的现金之间的差额，计入当期损益。债权人已对债权计提减值准备的，应当先将该差额冲减减值准备，减值准备不足以冲减的部分，计入当期损益。

第十条　以非现金资产清偿债务的，债权人应当对受让的非现金资产按其公允价值入账，重组债权的账面余额与受让的非现金资产的公允价值之间的差额，比照本准则第九条的规定处理。

第十一条　将债务转为资本的，债权人应当将享有股份的公允价值确认为对债务人的投资，重组债权的账面余额与股份的公允价值之间的差额，比照本准则第九条的规定处理。

第十二条　修改其他债务条件的，债权人应当将修改其他债务条件后的债权的公允价值作为重组后债权的账面价值，重组债权的账面余额与重组后债权的账面价值之间的差额，比照本准则第九条的规定处理。

修改后的债务条款中涉及或有应收金额的，债权人不应当确认或有应收金额，不得将其计入重组后债权的账面价值。

或有应收金额，是指需要根据未来某种事项出现而发生的应收金额，而且该未来事项的出现具有不确定性。

第十三条　债务重组采用以现金清偿债务、非现金资产清偿债务、债务转为资本、修改其他债务条件等方式的组合进行的，债权人应当依次以收到的现金、接受的非现金资产公允价值、债权人享有股份的公允价值冲减重组债权的账面余额，再按照本准则第十二条的规定处理。

第四章　披露

第十四条　债务人应当在附注中披露与债务重组有关的下列信息：

（一）债务重组方式。

（二）确认的债务重组利得总额。

（三）将债务转为资本所导致的股本（或者实收资本）增加额。

（四）或有应付金额。

（五）债务重组中转让的非现金资产的公允价值、由债务转成的股份的公允价值和修改其他债务条件后债务的公允价值的确定方法及依据。

第十五条　债权人应当在附注中披露与债务重组有关的下列信息：

（一）债务重组方式。

（二）确认的债务重组损失总额。

（三）债权转为股份所导致的投资增加额及该投资占债务人股份总额的比例。

（四）或有应收金额。

（五）债务重组中受让的非现金资产的公允价值、由债权转成的股份的公允价值和修改其他债务条件后债权的公允价值的确定方法及依据。

企业会计准则第13号——或有事项

第一章 总则

第一条 为了规范或有事项的确认、计量和相关信息的披露，根据《企业会计准则——基本准则》，制定本准则。

第二条 或有事项，是指过去的交易或者事项形成的，其结果须由某些未来事项的发生或不发生才能决定的不确定事项。

第三条 职工薪酬、建造合同、所得税、企业合并、租赁、原保险合同和再保险合同等形成的或有事项，适用其他相关会计准则。

第二章 确认和计量

第四条 与或有事项相关的义务同时满足下列条件的，应当确认为预计负债：

（一）该义务是企业承担的现时义务；

（二）履行该义务很可能导致经济利益流出企业；

（三）该义务的金额能够可靠地计量。

第五条 预计负债应当按照履行相关现时义务所需支出的最佳估计数进行初始计量。

所需支出存在一个连续范围，且该范围内各种结果发生的可能性相同的，最佳估计数应当按照该范围内的中间值确定。

在其他情况下，最佳估计数应当分别下列情况处理：

（一）或有事项涉及单个项目的，按照最可能发生金额确定。

（二）或有事项涉及多个项目的，按照各种可能结果及相关概率计算确定。

第六条 企业在确定最佳估计数时，应当综合考虑与或有事项有关的风险、不确定性和货币时间价值等因素。

货币时间价值影响重大的，应当通过对相关未来现金流出进行折现后确定最佳估计数。

第七条 企业清偿预计负债所需支出全部或部分预期由第三方补偿的，补偿金额只有在基本确定能够收到时才能作为资产单独确认。确认的补偿金额不应当超过预计负债的账面价值。

第八条 待执行合同变成亏损合同的，该亏损合同产生的义务满足本准则第四条规定的，应当确认为预计负债。

待执行合同，是指合同各方尚未履行任何合同义务，或部分地履行了同等义务的合同。

亏损合同，是指履行合同义务不可避免会发生的成本超过预期经济利益的合同。

第九条 企业不应当就未来经营亏损确认预计负债。

第十条 企业承担的重组义务满足本准则第四条规定的，应当确认预计负债。同时存在下列情况时，表明企业承担了重组义务：

（一）有详细、正式的重组计划，包括重组涉及的业务、主要地点、需要补偿的职工人数及其岗位性质、预计重组支出、计划实施时间等；

（二）该重组计划已对外公告。

重组，是指企业制定和控制的，将显著改变企业组织形式、经营范围或经营方式的计划实施行为。

第十一条 企业应当按照与重组有关的直接支出确定预计负债金额。

直接支出不包括留用职工岗前培训、市场推广、新系统和营销网络投入等支出。

第十二条 企业应当在资产负债表日对预计负债的账面价值进行复核。有确凿证据表明该账面价值不能真实反映当前最佳估计数的，应当按照当前最佳估计数对该账面价值进行调整。

第十三条 企业不应当确认或有负债和或有资产。

　　或有负债，是指过去的交易或者事项形成的潜在义务，其存在须通过未来不确定事项的发生或不发生予以证实；或过去的交易或者事项形成的现时义务，履行该义务不是很可能导致经济利益流出企业或该义务的金额不能可靠计量。

　　或有资产，是指过去的交易或者事项形成的潜在资产，其存在须通过未来不确定事项的发生或不发生予以证实。

第三章　披露

　　第十四条　企业应当在附注中披露与或有事项有关的下列信息：

　　（一）预计负债。

　　1. 预计负债的种类、形成原因以及经济利益流出不确定性的说明。

　　2. 各类预计负债的期初、期末余额和本期变动情况。

　　3. 与预计负债有关的预期补偿金额和本期已确认的预期补偿金额。

　　（二）或有负债（不包括极小可能导致经济利益流出企业的或有负债）。

　　1. 或有负债的种类及其形成原因，包括已贴现商业承兑汇票、未决诉讼、未决仲裁、对外提供担保等形成的或有负债。

　　2. 经济利益流出不确定性的说明。

　　3. 或有负债预计产生的财务影响，以及获得补偿的可能性；无法预计的，应当说明原因。

　　（三）企业通常不应当披露或有资产。但或有资产很可能会给企业带来经济利益的，应当披露其形成的原因、预计产生的财务影响等。

　　第十五条　在涉及未决诉讼、未决仲裁的情况下，按照本准则第十四条披露全部或部分信息预期对企业造成重大不利影响的，企业无须披露这些信息，但应当披露该未决诉讼、未决仲裁的性质，以及没有披露这些信息的事实和原因。

企业会计准则第14号——收入

第一章 总则

第一条 为了规范收入的确认、计量和相关信息的披露，根据《企业会计准则——基本准则》，制定本准则。

第二条 收入，是指企业在日常活动中形成的、会导致所有者权益增加的、与所有者投入资本无关的经济利益的总流入。

本准则所涉及的收入，包括销售商品收入、提供劳务收入和让渡资产使用权收入。

企业代第三方收取的款项，应当作为负债处理，不应当确认为收入。

第三条 长期股权投资、建造合同、租赁、原保险合同、再保险合同等形成的收入，适用其他相关会计准则。

第二章 销售商品收入

第四条 销售商品收入同时满足下列条件的，才能予以确认：

（一）企业已将商品所有权上的主要风险和报酬转移给购货方；

（二）企业既没有保留通常与所有权相联系的继续管理权，也没有对已售出的商品实施有效控制；

（三）收入的金额能够可靠地计量；

（四）相关的经济利益很可能流入企业；

（五）相关的已发生或将发生的成本能够可靠地计量。

第五条 企业应当按照从购货方已收或应收的合同或协议价款确定销售商品收入金额，但已收或应收的合同或协议价款不公允的除外。

合同或协议价款的收取采用递延方式，实质上具有融资性质的，应当按照应收的合同或协议价款的公允价值确定销售商品收入金额。

应收的合同或协议价款与其公允价值之间的差额，应当在合同或协议期间内采用实际利率法进行摊销，计入当期损益。

第六条 销售商品涉及现金折扣的，应当按照扣除现金折扣前的金额确定销售商品收入金额。现金折扣在实际发生时计入当期损益。

现金折扣，是指债权人为鼓励债务人在规定的期限内付款而向债务人提供的债务扣除。

第七条 销售商品涉及商业折扣的，应当按照扣除商业折扣后的金额确定销售商品收入金额。

商业折扣，是指企业为促进商品销售而在商品标价上给予的价格扣除。

第八条 企业已经确认销售商品收入的售出商品发生销售折让的，应当在发生时冲减当期销售商品收入。

销售折让属于资产负债表日后事项的，适用《企业会计准则第29号——资产负债表日后事项》。

销售折让，是指企业因售出商品的质量不合格等原因而在售价上给予的减让。

第九条 企业已经确认销售商品收入的售出商品发生销售退回的，应当在发生时冲减当期销售商品收入。

销售退回属于资产负债表日后事项的，适用《企业会计准则第29号——资产负债表日后事项》。

销售退回，是指企业售出的商品由于质量、品种不符合要求等原因而发生的退货。

第三章 提供劳务收入

第十条 企业在资产负债表日提供劳务交易的结果能够可靠估计的，应当采用完工百分比法确认提供劳务收入。

完工百分比法，是指按照提供劳务交易的完工进度确认收入与费用的方法。

第十一条 提供劳务交易的结果能够可靠估计，是指同时满足下列条件：

（一）收入的金额能够可靠地计量；

（二）相关的经济利益很可能流入企业；

（三）交易的完工进度能够可靠地确定；

（四）交易中已发生和将发生的成本能够可靠地计量。

第十二条 企业确定提供劳务交易的完工进度，可以选用下列方法：

（一）已完工作的测量。

（二）已经提供的劳务占应提供劳务总量的比例。

（三）已经发生的成本占估计总成本的比例。

第十三条 企业应当按照从接受劳务方已收或应收的合同或协议价款确定提供劳务收入总额，但已收或应收的合同或协议价款不公允的除外。

企业应当在资产负债表日按照提供劳务收入总额乘以完工进度扣除以前会计期间累计已确认提供劳务收入后的金额，确认当期提供劳务收入；同时，按照提供劳务估计总成本乘以完工进度扣除以前会计期间累计已确认劳务成本后的金额，结转当期劳务成本。

第十四条 企业在资产负债表日提供劳务交易结果不能够可靠估计的，应当分别下列情况处理：

（一）已经发生的劳务成本预计能够得到补偿的，按照已经发生的劳务成本金额确认提供劳务收入，并按相同金额结转劳务成本。

（二）已经发生的劳务成本预计不能够得到补偿的，应当将已经发生的劳务成本计入当期损益，不确认提供劳务收入。

第十五条 企业与其他企业签订的合同或协议包括销售商品和提供劳务时，销售商品部分和提供劳务部分能够区分且能够单独计量的，应当将销售商品的部分作为销售商品处理，将提供劳务的部分作为提供劳务处理。

销售商品部分和提供劳务部分不能够区分，或虽能区分但不能够单独计量的，应当将销售商品部分和提供劳务部分全部作为销售商品处理。

第四章 让渡资产使用权收入

第十六条 让渡资产使用权收入包括利息收入、使用费收入等。

第十七条 让渡资产使用权收入同时满足下列条件的，才能予以确认：

（一）相关的经济利益很可能流入企业；

（二）收入的金额能够可靠地计量。

第十八条 企业应当分别下列情况确定让渡资产使用权收入金额：

（一）利息收入金额，按照他人使用本企业货币资金的时间和实际利率计算确定。

（二）使用费收入金额，按照有关合同或协议约定的收费时间和方法计算确定。

第五章 披露

第十九条 企业应当在附注中披露与收入有关的下列信息：

（一）收入确认所采用的会计政策，包括确定提供劳务交易完工进度的方法。

（二）本期确认的销售商品收入、提供劳务收入、利息收入和使用费收入的金额。

企业会计准则第17号——借款费用

第一章 总则

第一条 为了规范借款费用的确认、计量和相关信息的披露，根据《企业会计准则——基本准则》，制定本准则。

第二条 借款费用，是指企业因借款而发生的利息及其他相关成本。

借款费用包括借款利息、折价或者溢价的摊销、辅助费用以及因外币借款而发生的汇兑差额等。

第三条 与融资租赁有关的融资费用，适用《企业会计准则第21号——租赁》。

第二章 确认和计量

第四条 企业发生的借款费用，可直接归属于符合资本化条件的资产的购建或者生产的，应当予以资本化，计入相关资产成本；其他借款费用，应当在发生时根据其发生额确认为费用，计入当期损益。

符合资本化条件的资产，是指需要经过相当长时间的购建或者生产活动才能达到预定可使用或者可销售状态的固定资产、投资性房地产和存货等资产。

第五条 借款费用同时满足下列条件的，才能开始资本化：

（一）资产支出已经发生，资产支出包括为购建或者生产符合资本化条件的资产而以支付现金、转移非现金资产或者承担带息债务形式发生的支出；

（二）借款费用已经发生；

（三）为使资产达到预定可使用或者可销售状态所必要的购建或者生产活动已经开始。

第六条 在资本化期间内，每一会计期间的利息（包括折价或溢价的摊销）资本化金额，应当按照下列规定确定：

（一）为购建或者生产符合资本化条件的资产而借入专门借款的，应当以专门借款当期实际发生的利息费用，减去将尚未动用的借款资金存入银行取得的利息收入或进行暂时性投资取得的投资收益后的金额确定。

专门借款，是指为购建或者生产符合资本化条件的资产而专门借入的款项。

（二）为购建或者生产符合资本化条件的资产而占用了一般借款的，企业应当根据累计资产支出超过专门借款部分的资产支出加权平均数乘以所占用一般借款的资本化率，计算确定一般借款应予资本化的利息金额。资本化率应当根据一般借款加权平均利率计算确定。

资本化期间，是指从借款费用开始资本化时点到停止资本化时点的期间，借款费用暂停资本化的期间不包括在内。

第七条 借款存在折价或者溢价的，应当按照实际利率法确定每一会计期间应摊销的折价或者溢价金额，调整每期利息金额。

第八条 在资本化期间内，每一会计期间的利息资本化金额，不应当超过当期相关借款实际发生的利息金额。

第九条 在资本化期间内，外币专门借款本金及利息的汇兑差额，应当予以资本化，计入符合资本化条件的资产的成本。

第十条 专门借款发生的辅助费用，在所购建或者生产的符合资本化条件的资产达到预定可使用或者可销售状态之前发生的，应当在发生时根据其发生额予以资本化，计入符合资本化条件的资产的成本；在所购建或者生产的符合资本化条件的资产达到预定可使用或者可销售状态之后发生的，应当在发生时根据其发生额确认为费用，计入当期损益。

一般借款发生的辅助费用，应当在发生时根据其发生额确认为费用，计入当期损益。

第十一条　符合资本化条件的资产在购建或者生产过程中发生非正常中断、且中断时间连续超过三个月的，应当暂停借款费用的资本化。在中断期间发生的借款费用应当确认为费用，计入当期损益，直至资产的购建或者生产活动重新开始。如果中断是所购建或者生产的符合资本化条件的资产达到预定可使用或者可销售状态必要的程序，借款费用的资本化应当继续进行。

第十二条　购建或者生产符合资本化条件的资产达到预定可使用或者可销售状态时，借款费用应当停止资本化。在符合资本化条件的资产达到预定可使用或可销售状态之后所发生的借款费用，应当在发生时根据其发生额确认为费用，计入当期损益。

第十三条　购建或者生产符合资本化条件的资产达到预定可使用或者可销售状态，可从下列几个方面进行判断：

（一）符合资本化条件的资产的实体建造（包括安装）或者生产工作已经全部完成或者实质上已经完成。

（二）所购建或者生产的符合资本化条件的资产与设计要求、合同规定或者生产要求相符或者基本相符，即使有极个别与设计、合同或者生产要求不相符的地方，也不影响其正常使用或者销售。

（三）继续发生在所购建或生产的符合资本化条件的资产上的支出金额很少或者几乎不再发生。

购建或者生产符合资本化条件的资产需要试生产或者试运行的，在试生产结果表明资产能够正常生产出合格产品、或者试运行结果表明资产能够正常运转或者营业时，应当认为该资产已经达到预定可使用或者可销售状态。

第十四条　购建或者生产的符合资本化条件的资产的各部分分别完工，且每部分在其他部分继续建造过程中可供使用或者可对外销售，且为使该部分资产达到预定可使用或可销售状态所必要的购建或者生产活动实质上已经完成的，应当停止与该部分资产相关的借款费用的资本化。

购建或者生产的资产的各部分分别完工，但必须等到整体完工后才可使用或者可对外销售的，应当在该资产整体完工时停止借款费用的资本化。

第三章　披露

第十五条　企业应当在附注中披露与借款费用有关的下列信息：

（一）当期资本化的借款费用金额。

（二）当期用于计算确定借款费用资本化金额的资本化率。

企业会计准则第18号——所得税

第一章 总则

第一条 为了规范企业所得税的确认、计量和相关信息的列报，根据《企业会计准则——基本准则》，制定本准则。

第二条 本准则所称所得税包括企业以应纳税所得额为基础的各种境内和境外税额。

第三条 本准则不涉及政府补助的确认和计量，但因政府补助产生暂时性差异的所得税影响，应当按照本准则进行确认和计量。

第二章 计税基础

第四条 企业在取得资产、负债时，应当确定其计税基础。资产、负债的账面价值与其计税基础存在差异的，应当按照本准则规定确认所产生的递延所得税资产或递延所得税负债。

第五条 资产的计税基础，是指企业收回资产账面价值过程中，计算应纳税所得额时按照税法规定可以自应税经济利益中抵扣的金额。

第六条 负债的计税基础，是指负债的账面价值减去未来期间计算应纳税所得额时按照税法规定可予抵扣的金额。

第三章 暂时性差异

第七条 暂时性差异，是指资产或负债的账面价值与其计税基础之间的差额；未作为资产和负债确认的项目，按照税法规定可以确定其计税基础的，该计税基础与其账面价值之间的差额也属于暂时性差异。

按照暂时性差异对未来期间应税金额的影响，分为应纳税暂时性差异和可抵扣暂时性差异。

第八条 应纳税暂时性差异，是指在确定未来收回资产或清偿负债期间的应纳税所得额时，将导致产生应税金额的暂时性差异。

第九条 可抵扣暂时性差异，是指在确定未来收回资产或清偿负债期间的应纳税所得额时，将导致产生可抵扣金额的暂时性差异。

第四章 确认

第十条 企业应当将当期和以前期间应交未交的所得税确认为负债，将已支付的所得税超过应支付的部分确认为资产。

存在应纳税暂时性差异或可抵扣暂时性差异的，应当按照本准则规定确认递延所得税负债或递延所得税资产。

第十一条 除下列交易中产生的递延所得税负债以外，企业应当确认所有应纳税暂时性差异产生的递延所得税负债。

（一）商誉的初始确认。

（二）同时具有下列特征的交易中产生的资产或负债的初始确认：

1. 该项交易不是企业合并；

2. 交易发生时既不影响会计利润也不影响应纳税所得额（或可抵扣亏损）。

与子公司、联营企业及合营企业的投资相关的应纳税暂时性差异产生的递延所得税负债，应当按照本准则第十二条的规定确认。

第十二条 企业对与子公司、联营企业及合营企业投资相关的应纳税暂时性差异，应当确认相应的递延所得税负债。但是，同时满足下列条件的除外：

（一）投资企业能够控制暂时性差异转回的时间；

（二）该暂时性差异在可预见的未来很可能不会转回。

第十三条 企业应当以很可能取得用来抵扣可抵扣暂时性差异的应纳税所得额为限，确认由可抵扣暂时性差异产生的递延所得税资产。但是，同时具有下列特征的交易中因资产或负债的初始确认所产生的递延所得税资产不予确认：

（一）该项交易不是企业合并；

（二）交易发生时既不影响会计利润也不影响应纳税所得额（或可抵扣亏损）。

资产负债表日，有确凿证据表明未来期间很可能获得足够的应纳税所得额用来抵扣可抵扣暂时性差异的，应当确认以前期间未确认的递延所得税资产。

第十四条　企业对与子公司、联营企业及合营企业投资相关的可抵扣暂时性差异，同时满足下列条件的，应当确认相应的递延所得税资产：

（一）暂时性差异在可预见的未来很可能转回；

（二）未来很可能获得用来抵扣可抵扣暂时性差异的应纳税所得额。

第十五条　企业对于能够结转以后年度的可抵扣亏损和税款抵减，应当以很可能获得用来抵扣可抵扣亏损和税款抵减的未来应纳税所得额为限，确认相应的递延所得税资产。

第五章　计量

第十六条　资产负债表日，对于当期和以前期间形成的当期所得税负债（或资产），应当按照税法规定计算的预期应交纳（或返还）的所得税金额计量。

第十七条　资产负债表日，对于递延所得税资产和递延所得税负债，应当根据税法规定，按照预期收回该资产或清偿该负债期间的适用税率计量。

适用税率发生变化的，应对已确认的递延所得税资产和递延所得税负债进行重新计量，除直接在所有者权益中确认的交易或者事项产生的递延所得税资产和递延所得税负债以外，应当将其影响数计入变化当期的所得税费用。

第十八条　递延所得税资产和递延所得税负债的计量，应当反映资产负债表日企业预期收回资产或清偿负债方式的所得税影响，即在计量递延所得税资产和递延所得税负债时，应当采用与收回资产或清偿债务的预期方式相一致的税率和计税基础。

第十九条　企业不应当对递延所得税资产和递延所得税负债进行折现。

第二十条　资产负债表日，企业应当对递延所得税资产的账面价值进行复核。如果未来期间很可能无法获得足够的应纳税所得额用以抵扣递延所得税资产的利益，应当减记递延所得税资产的账面价值。

在很可能获得足够的应纳税所得额时，减记的金额应当转回。

第二十一条　企业当期所得税和递延所得税应当作为所得税费用或收益计入当期损益，但不包括下列情况产生的所得税：

（一）企业合并。

（二）直接在所有者权益中确认的交易或者事项。

第二十二条　与直接计入所有者权益的交易或者事项相关的当期所得税和递延所得税，应当计入所有者权益。

第六章　列报

第二十三条　递延所得税资产和递延所得税负债应当分别作为非流动资产和非流动负债在资产负债表中列示。

第二十四条　所得税费用应当在利润表中单独列示。

第二十五条　企业应当在附注中披露与所得税有关的下列信息：

（一）所得税费用（收益）的主要组成部分。

（二）所得税费用（收益）与会计利润关系的说明。

（三）未确认递延所得税资产的可抵扣暂时性差异、可抵扣亏损的金额（如果存在到期日，还应披露到期日）。

（四）对每一类暂时性差异和可抵扣亏损，在列报期间确认的递延所得税资产或递延所得税负债的金额，确认递延所得税资产的依据。

（五）未确认递延所得税负债的，与对子公司、联营企业及合营企业投资相关的暂时性差异金额。

企业会计准则第22号——金融工具确认和计量

第一章　总则

第一条　为了规范金融工具的确认和计量，根据《企业会计准则——基本准则》，制定本准则。

第二条　金融工具，是指形成一个企业的金融资产，并形成其他单位的金融负债或权益工具的合同。

第三条　衍生工具，是指本准则涉及的、具有下列特征的金融工具或其他合同：

（一）其价值随特定利率、金融工具价格、商品价格、汇率、价格指数、费率指数、信用等级、信用指数或其他类似变量的变动而变动，变量为非金融变量的，该变量与合同的任一方不存在特定关系；

（二）不要求初始净投资，或与对市场情况变化有类似反应的其他类型合同相比，要求很少的初始净投资；

（三）在未来某一日期结算。

衍生工具包括远期合同、期货合同、互换和期权，以及具有远期合同、期货合同、互换和期权中一种或一种以上特征的工具。

第四条　下列各项适用其他相关会计准则：

（一）由《企业会计准则第2号——长期股权投资》规范的长期股权投资，适用《企业会计准则第 2 号——长期股权投资》。

（二）由《企业会计准则第11号——股份支付》规范的股份支付，适用《企业会计准则第11 号——股份支付》。

（三）债务重组，适用《企业会计准则第12号——债务重组》。

（四）因清偿预计负债获得补偿的权利，适用《企业会计准则第13 号——或有事项》。

（五）企业合并中合并方的或有对价合同，适用《企业会计准则第 20 号——企业合并》。

（六）租赁的权利和义务，适用《企业会计准则第21号——租赁》。

（七）金融资产转移，适用《企业会计准则第23号——金融资产转移》。

（八）套期保值，适用《企业会计准则第24号——套期保值》。

（九）原保险合同的权利和义务，适用《企业会计准则第25号——原保险合同》。

（十）再保险合同的权利和义务，适用《企业会计准则第26号——再保险合同》。

（十一）企业发行的权益工具，适用《企业会计准则第37号——金融工具列报》

第五条　本准则不涉及企业做出的不可撤销授信承诺（即贷款承诺）。但是，下列贷款承诺除外：

（一）指定为以公允价值计量且其变动计入当期损益的金融负债的贷款承诺。

（二）能够以现金净额结算，或通过交换或发行其他金融工具结算的贷款承诺。

（三）以低于市场利率贷款的贷款承诺。

本准则不涉及的贷款承诺，适用《企业会计准则第 13 号——或有事项》。

第六条　本准则不涉及按照预定的购买、销售或使用要求所签订，并到期履约买入或卖出非金融项目的合同。但是，能够以现金或其他金融工具净额结算，或通过交换金融工具结算的买入或卖出非金融项目的合同，适用本准则。

第二章　金融资产和金融负债的分类

第七条　金融资产应当在初始确认时划分为下列四类：

（一）以公允价值计量且其变动计入当期损益的金融资产，包括交易性金融资产和指定为以公允价值计量且其变动计入当期损益的金融资产；

（二）持有至到期投资；

（三）贷款和应收款项；

（四）可供出售金融资产。

第八条　金融负债应当在初始确认时划分为下列两类：

（一）以公允价值计量且其变动计入当期损益的金融负债，包括交易性金融负债和指定为以公允价值计量且其变动计入当期损益的金融负债；

（二）其他金融负债。

第九条　金融资产或金融负债满足下列条件之一的，应当划分为交易性金融资产或金融负债：

（一）取得该金融资产或承担该金融负债的目的，主要是为了近期内出售或回购。

（二）属于进行集中管理的可辨认金融工具组合的一部分，且有客观证据表明企业近期采用短期获利方式对该组合进行管理。

（三）属于衍生工具。但是，被指定且为有效套期工具的衍生工具、属于财务担保合同的衍生工具、与在活跃市场中没有报价且其公允价值不能可靠计量的权益工具投资挂钩并须通过交付该权益工具结算的衍生工具除外。

第十条　除本准则第二十一条和第二十二条的规定外，只有符合下列条件之一的金融资产或金融负债，才可以在初始确认时指定为以公允价值计量且其变动计入当期损益的金融资产或金融负债：

（一）该指定可以消除或明显减少由于该金融资产或金融负债的计量基础不同所导致的相关利得或损失在确认或计量方面不一致的情况。

（二）企业风险管理或投资策略的正式书面文件已载明，该金融资产组合、该金融负债组合，或该金融资产和金融负债组合，以公允价值为基础进行管理、评价并向关键管理人员报告。

在活跃市场中没有报价、公允价值不能可靠计量的权益工具投资，不得指定为以公允价值计量且其变动计入当期损益的金融资产。

活跃市场，是指同时具有下列特征的市场：

（一）市场内交易的对象具有同质性；

（二）可随时找到自愿交易的买方和卖方；

（三）市场价格信息是公开的。

第十一条　持有至到期投资，是指到期日固定、回收金额固定或可确定，且企业有明确意图和能力持有至到期的非衍生金融资产。下列非衍生金融资产不应当划分为持有至到期投资：

（一）初始确认时被指定为以公允价值计量且其变动计入当期损益的非衍生金融资产；

（二）初始确认时被指定为可供出售的非衍生金融资产；

（三）贷款和应收款项。

企业应当在资产负债表日对持有意图和能力进行评价。发生变化的，应当按照本准则有关规定处理。

第十二条　存在下列情况之一的，表明企业没有明确意图将金融资产投资持有至到期：

（一）持有该金融资产的期限不确定。

（二）发生市场利率变化、流动性需要变化、替代投资机会及其投资收益率变化、融资来源和条件变化、外汇风险变化等情况时，将出售该金融资产。但是，无法控制、预期不会重复发生且难以合理预计的独立事项引起的金融资产出售除外。

（三）该金融资产的发行方可以按照明显低于其摊余成本的金额清偿。

（四）其他表明企业没有明确意图将该金融资产持有至到期的情况。

第十三条　金融资产或金融负债的摊余成本，是指该金融资产或金融负债的初始确认金额经下列调整后的结果：

（一）扣除已偿还的本金；

（二）加上或减去采用实际利率法将该初始确认金额与到期日金额之间的差额进行摊销形成的累计摊销额；

（三）扣除已发生的减值损失（仅适用于金融资产）。

第十四条　实际利率法，是指按照金融资产或金融负债（含一组金融资产或金融负债）的实际利率计算其摊余成本及各期利息收入或利息费用的方法。

实际利率，是指将金融资产或金融负债在预期存续期间或适用的更短期间内的未来现金流量，折现为该金融资产或金融负债当前账面价值所使用的利率。

在确定实际利率时，应当在考虑金融资产或金融负债所有合同条款（包括提前还款权、看涨期权、类似期权等）的基础上预计未来现金流量，但不应当考虑未来信用损失。

金融资产或金融负债合同各方之间支付或收取的、属于实际利率组成部分的各项收费、交易费用及溢价或折价等，应当在确定实际利率时予以考虑。金融资产或金融负债的未来现金流量或存续期间无法可靠预计时，应当采用该金融资产或金融负债在整个合同期内的合同现金流量。

第十五条　存在下列情况之一的，表明企业没有能力将具有固定期限的金融资产投资持有至到期：

（一）没有可利用的财务资源持续地为该金融资产投资提供资金支持，以使该金融资产投资持有至到期。

（二）受法律、行政法规的限制，使企业难以将该金融资产投资持有至到期。

（三）其他表明企业没有能力将具有固定期限的金融资产投资持有至到期的情况。

第十六条　企业将尚未到期的某项持有至到期投资在本会计年度内出售或重分类为可供出售金融资产的金额，相对于该类投资在出售或重分类前的总额较大时，应当将该类投资的剩余部分重分类为可供出售金融资产，且在本会计年度以及以后两个完整的会计年度内不得再将该金融资产划分为持有至到期投资。但是，下列情况除外。

（一）出售日或重分类日距离该项投资到期日或赎回日较近（如到期前三个月内），市场利率变化对该项投资的公允价值没有显著影响。

（二）根据合同约定的定期偿付或提前还款方式收回该投资几乎所有初始本金后，将剩余部分予以出售或重分类。

（三）出售或重分类是由于企业无法控制、预期不会重复发生且难以合理预计的独立事项所引起。此种情况主要包括：

1. 因被投资单位信用状况严重恶化，将持有至到期投资予以出售；

2. 因相关税收法规取消了持有至到期投资的利息税前可抵扣政策，或显著减少了税前可抵扣金额，将持有至到期投资予以出售；

3. 因发生重大企业合并或重大处置，为保持现行利率风险头寸或维持现行信用风险政策，将持有至到期投资予以出售；

4. 因法律、行政法规对允许投资的范围或特定投资品种的投资限额做出重大调整，将持有至到期投资予以出售；

5. 因监管部门要求大幅度提高资产流动性，或大幅度提高持有至到期投资在计算资本充足率时的风险权重，将持有至到期投资予以出售。

第十七条　贷款和应收款项，是指在活跃市场中没有报价、回收金额固定或可确定的非衍生金融资产。企业不应当将下列非衍生金融资产划分为贷款和应收款项：

（一）准备立即出售或在近期出售的非衍生金融资产。

（二）初始确认时被指定为以公允价值计量且其变动计入当期损益的非衍生金融资产。

（三）初始确认时被指定为可供出售的非衍生金融资产。

（四）因债务人信用恶化以外的原因，使持有方可能难以收回几乎所有初始投资的非衍生金融资产。

企业所持证券投资基金或类似基金，不应当划分为贷款和应收款项。

第十八条　可供出售金融资产，是指初始确认时即被指定为可供出售的非衍生金融资产，以及除下列各类资产以外的金融资产：

（一）贷款和应收款项。

（二）持有至到期投资。

（三）以公允价值计量且其变动计入当期损益的金融资产。

第十九条　企业在初始确认时将某金融资产或某金融负债划分为以公允价值计量且其变动计入当期损益的金融资产或金融负债后，不能重分类为其他类金融资产或金融负债；其他类金融资产或金融负债也不能重分类为以公允价值计量且其变动计入当期损益的金融资产或金融负债。

第三章 嵌入衍生工具

第二十条 嵌入衍生工具，是指嵌入到非衍生工具（即主合同）中，使混合工具的全部或部分现金流量随特定利率、金融工具价格、商品价格、汇率、价格指数、费率指数、信用等级、信用指数或其他类似变量的变动而变动的衍生工具。嵌入衍生工具与主合同构成混合工具，如可转换公司债券等。

第二十一条 企业可以将混合工具指定为以公允价值计量且其变动计入当期损益的金融资产或金融负债。但是，下列情况除外：

（一）嵌入衍生工具对混合工具的现金流量没有重大改变。

（二）类似混合工具所嵌入的衍生工具，明显不应当从相关混合工具中分拆。

第二十二条 嵌入衍生工具相关的混合工具没有指定为以公允价值计量且其变动计入当期损益的金融资产或金融负债，且同时满足下列条件的，该嵌入衍生工具应当从混合工具中分拆，作为单独存在的衍生工具处理：

（一）与主合同在经济特征及风险方面不存在紧密关系；

（二）与嵌入衍生工具条件相同，单独存在的工具符合衍生工具定义。

无法在取得时或后续的资产负债表日对其进行单独计量的，应当将混合工具整体指定为以公允价值计量且其变动计入当期损益的金融资产或金融负债。

第二十三条 嵌入衍生工具按照本准则规定从混合工具分拆后，主合同是金融工具的，应当按照本准则有关规定处理；主合同是非金融工具的，应当按照其他会计准则的规定处理。

第四章 金融工具确认

第二十四条 企业成为金融工具合同的一方时，应当确认一项金融资产或金融负债。

第二十五条 金融资产满足下列条件之一的，应当终止确认：

（一）收取该金融资产现金流量的合同权利终止。

（二）该金融资产已转移，且符合《企业会计准则第 23 号——金融资产转移》规定的金融资产终止确认条件。

终止确认，是指将金融资产或金融负债从企业的账户和资产负债表内予以转销。

第二十六条 金融负债的现时义务全部或部分已经解除的，才能终止确认该金融负债或其一部分。

企业将用于偿付金融负债的资产转入某个机构或设立信托，偿付债务的现时义务仍存在的，不应当终止确认该金融负债，也不能终止确认转出的资产。

第二十七条 企业（债务人）与债权人之间签订协议，以承担新金融负债方式替换现存金融负债，且新金融负债与现存金融负债的合同条款实质上不同的，应当终止确认现存金融负债，并同时确认新金融负债。

企业对现存金融负债全部或部分的合同条款做出实质性修改的，应当终止确认现存金融负债或其一部分，同时将修改条款后的金融负债确认为一项新金融负债。

第二十八条 金融负债全部或部分终止确认的，企业应当将终止确认部分的账面价值与支付的对价（包括转出的非现金资产或承担的新金融负债）之间的差额，计入当期损益。

第二十九条 企业回购金融负债一部分的，应当在回购日按照继续确认部分和终止确认部分的相对公允价值，将该金融负债整体的账面价值进行分配。分配给终止确认部分的账面价值与支付的对价（包括转出的非现金资产或承担的新金融负债）之间的差额，计入当期损益。

第五章 金融工具计量

第三十条 企业初始确认金融资产或金融负债，应当按照公允价值计量。对于以公允价值计量且其变动计入当期损益的金融资产或金融负债，相关交易费用应当直接计入当期损益；对于其他类别的金融资产或金融负债，相关交易费用应当计入初始确认金额。

第三十一条 交易费用，是指可直接归属于购买、发行或处置金融工具新增的外部费用。新增的外部费用，是指企业不购买、发行或处置金融工具就不会发生的费用。

交易费用包括支付给代理机构、咨询公司、券商等的手续费和佣金及其他必要支出，不包括债券溢价、折价、融资费用、内部管理成本及其他与交易不直接相关的费用。

第三十二条 企业应当按照公允价值对金融资产进行后续计量，且不扣除将来处置该金融资产时可能发生的交易费用。但是，下列情况除外：

（一）持有至到期投资以及贷款和应收款项，应当采用实际利率法，按摊余成本计量。

（二）在活跃市场中没有报价且其公允价值不能可靠计量的权益工具投资，以及与该权益工具挂钩并须通过交付该权益工具结算的衍生金融资产，应当按照成本计量。

第三十三条 企业应当采用实际利率法，按摊余成本对金融负债进行后续计量。但是，下列情况除外：

（一）以公允价值计量且其变动计入当期损益的金融负债，应当按照公允价值计量，且不扣除将来结清金融负债时可能发生的交易费用。

（二）与在活跃市场中没有报价、公允价值不能可靠计量的权益工具挂钩并须通过交付该权益工具结算的衍生金融负债，应当按照成本计量。

（三）不属于指定为以公允价值计量且其变动计入当期损益的金融负债的财务担保合同，或没有指定为以公允价值计量且其变动计入当期损益并将以低于市场利率贷款的贷款承诺，应当在初始确认后按照下列两项金额之中的较高者进行后续计量：

1. 按照《企业会计准则第13号——或有事项》确定的金额；

2. 初始确认金额扣除按照《企业会计准则第14号——收入》的原则确定的累计摊销额后的余额。

第三十四条 企业因持有意图或能力发生改变，使某项投资不再适合划分为持有至到期投资的，应当将其重分类为可供出售金融资产，并以公允价值进行后续计量。重分类日，该投资的账面价值与公允价值之间的差额计入所有者权益，在该可供出售金融资产发生减值或终止确认时转出，计入当期损益。

第三十五条 持有至到期投资部分出售或重分类的金额较大，且不属于第十六条所指的例外情况，使该投资的剩余部分不再适合划分为持有至到期投资的，企业应当将该投资的剩余部分重分类为可供出售金融资产，并以公允价值进行后续计量。重分类日，该投资剩余部分的账面价值与其公允价值之间的差额计入所有者权益，在该可供出售金融资产发生减值或终止确认时转出，计入当期损益。

第三十六条 对按照本准则规定应当以公允价值计量，但以前公允价值不能可靠计量的金融资产或金融负债，企业应当在其公允价值能够可靠计量时改按公允价值计量，相关账面价值与公允价值之间的差额按照本准则第三十八条的规定处理。

第三十七条 因持有意图或能力发生改变，或公允价值不再能够可靠计量，或持有期限已超过本准则第十六条所指"两个完整的会计年度"，使金融资产或金融负债不再适合按照公允价值计量时，企业可以将该金融资产或金融负债改按成本或摊余成本计量，该成本或摊余成本为重分类日该金融资产或金融负债的公允价值或账面价值。与该金融资产相关、原直接计入所有者权益的利得或损失，应当按照下列规定处理：

（一）该金融资产有固定到期日的，应当在该金融资产的剩余期限内，采用实际利率法摊销，计入当期损益。该金融资产的摊余成本与到期日金额之间的差额，也应当在该金融资产的剩余期限内，采用实际利率法摊销，计入当期损益。该金融资产在随后的会计期间发生减值的，原直接计入所有者权益的相关利得或损失，应当转出计入当期损益。

（二）该金融资产没有固定到期日的，仍应保留在所有者权益中，在该金融资产被处置时转出，计入当期损益。该金融资产在随后的会计期间发生减值的，原直接计入所有者权益的相关利得或损失，应当转出计入当期损益。

第三十八条 金融资产或金融负债公允价值变动形成的利得或损失，除与套期保值有关外，应当按照下列规定处理：

（一）以公允价值计量且其变动计入当期损益的金融资产或金融负债公允价值变动形成的利得或损失，应当计入当期损益。

（二）可供出售金融资产公允价值变动形成的利得或损失，除减值损失和外币货币性金融资产形成的汇兑差额外，应当直接计入所有者权益，在该金融资产终止确认时转出，计入当期损益。

可供出售外币货币性金融资产形成的汇兑差额，应当计入当期损益。采用实际利率法计算的可供出售金融资产的利息，应当计入当期损益；可供出售权益工具投资的现金股利，应当在被投资单位宣告发放股利时计入当期损益。

与套期保值有关的金融资产或金融负债公允价值变动形成的利得或损失的处理，适用《企业会计准则第24号——套期保值》。

第三十九条 以摊余成本计量的金融资产或金融负债，在终止确认、发生减值或摊销时产生的利得或损失，应当计入当期损益。但是，该金融资产或金融负债被指定为被套期项目的，相关的利得或损失的处理，适用《企业会计准则第24号——套期保值》。

第六章 金融资产减值

第四十条 企业应当在资产负债表日对以公允价值计量且其变动计入当期损益的金融资产以外的金融资产的账面价值进行检查，有客观证据表明该金融资产发生减值的，应当计提减值准备。

第四十一条 表明金融资产发生减值的客观证据，是指金融资产初始确认后实际发生的、对该金融资产的预计未来现金流量有影响，且企业能够对该影响进行可靠计量的事项。金融资产发生减值的客观证据，包括下列各项：

（一）发行方或债务人发生严重财务困难；

（二）债务人违反了合同条款，如偿付利息或本金发生违约或逾期等；

（三）债权人出于经济或法律等方面因素的考虑，对发生财务困难的债务人做出让步；

（四）债务人很可能倒闭或进行其他财务重组；

（五）因发行方发生重大财务困难，该金融资产无法在活跃市场继续交易；

（六）无法辨认一组金融资产中的某项资产的现金流量是否已经减少，但根据公开的数据对其进行总体评价后发现，该组金融资产自初始确认以来的预计未来现金流量确已减少且可计量，如该组金融资产的债务人支付能力逐步恶化，或债务人所在国家或地区失业率提高，担保物在其所在地区的价格明显下降，所处行业不景气等；

（七）债务人经营所处的技术、市场、经济或法律环境等发生重大不利变化，使权益工具投资人可能无法收回投资成本；

（八）权益工具投资的公允价值发生严重或非暂时性下跌；

（九）其他表明金融资产发生减值的客观证据。

第四十二条 以摊余成本计量的金融资产发生减值时，应当将该金融资产的账面价值减记至预计未来现金流量（不包括尚未发生的未来信用损失）现值，减记的金额确认为资产减值损失，计入当期损益。

预计未来现金流量现值，应当按照该金融资产的原实际利率折现确定，并考虑相关担保物的价值（取得和出售该担保物发生的费用应当予以扣除）。原实际利率是初始确认该金融资产时计算确定的实际利率。对于浮动利率贷款、应收款项或持有至到期投资，在计算未来现金流量现值时可采用合同规定的现行实际利率作为折现率。

短期应收款项的预计未来现金流量与其现值相差很小的，在确定相关减值损失时，可不对其预计未来现金流量进行折现。

第四十三条 对单项金额重大的金融资产应当单独进行减值测试，如有客观证据表明其已发生减值，应当确认减值损失，计入当期损益。对单项金额不重大的金融资产，可以单独进行减值测试，或包括在具有类似信用风险特征的金融资产组合中进行减值测试。

单独测试未发生减值的金融资产（包括单项金额重大和不重大的金融资产），应当包括在具有类似信用风险特征的金融资产组合中再进行减值测试。已单项确认减值损失的金融资产，不应包括在具有类似信用风险特征的金融资产组合中进行减值测试。

第四十四条 对以摊余成本计量的金融资产确认减值损失后，如有客观证据表明该金融资产价值已恢复，且客观上与确认该损失后发生的事项有关（如债务人的信用评级已提高等），原确认的减值损失应当予以转回，计入当期损益。但是，该转回后的账面价值不应当超过假定不计提减值准备情况下该金融资产在转回日的摊余成本。

第四十五条　在活跃市场中没有报价且其公允价值不能可靠计量的权益工具投资，或与该权益工具挂钩并须通过交付该权益工具结算的衍生金融资产发生减值时，应当将该权益工具投资或衍生金融资产的账面价值，与按照类似金融资产当时市场收益率对未来现金流量折现确定的现值之间的差额，确认为减值损失，计入当期损益。

第四十六条　可供出售金融资产发生减值时，即使该金融资产没有终止确认，原直接计入所有者权益的因公允价值下降形成的累计损失，应当予以转出，计入当期损益。该转出的累计损失，为可供出售金融资产的初始取得成本扣除已收回本金和已摊销金额、当前公允价值和原已计入损益的减值损失后的余额。

第四十七条　对于已确认减值损失的可供出售债务工具，在随后的会计期间公允价值已上升且客观上与确认原减值损失确认后发生的事项有关的，原确认的减值损失应当予以转回，计入当期损益。

第四十八条　可供出售权益工具投资发生的减值损失，不得通过损益转回。但是，在活跃市场中没有报价且其公允价值不能可靠计量的权益工具投资，或与该权益工具挂钩并须通过交付该权益工具结算的衍生金融资产发生的减值损失，不得转回。

第四十九条　金融资产发生减值后，利息收入应当按照确定减值损失时对未来现金流量进行折现采用的折现率作为利率计算确认。

第七章　公允价值确定

第五十条　公允价值，是指在公平交易中，熟悉情况的交易双方自愿进行资产交换或者债务清偿的金额。在公平交易中，交易双方应当是持续经营企业，不打算或不需要进行清算、重大缩减经营规模，或在不利条件下仍进行交易。

第五十一条　存在活跃市场的金融资产或金融负债，活跃市场中的报价应当用于确定其公允价值。活跃市场中的报价是指易于定期从交易所、经纪商、行业协会、定价服务机构等获得的价格，且代表了在公平交易中实际发生的市场交易的价格。

（一）在活跃市场上，企业已持有的金融资产或拟承担的金融负债的报价，应当是现行出价；企业拟购入的金融资产或已承担的金融负债的报价，应当是现行要价。

（二）企业持有可抵销市场风险的资产和负债时，可采用市场中间价确定可抵销市场风险头寸的公允价值；同时，用出价或要价作为确定净敞口的公允价值。

（三）金融资产或金融负债没有现行出价或要价，但最近交易日后经济环境没有发生重大变化的，企业应当采用最近交易的市场报价确定该金融资产或金融负债的公允价值。

最近交易日后经济环境发生了重大变化时，企业应当参考类似金融资产或金融负债的现行价格或利率，调整最近交易的市场报价，以确定该金融资产或金融负债的公允价值。

企业有足够的证据表明最近交易的市场报价不是公允价值的，应当对最近交易的市场报价做出适当调整，以确定该金融资产或金融负债的公允价值。

（四）金融工具组合的公允价值，应当根据该组合内单项金融工具的数量与单位市场报价共同确定。

（五）活期存款的公允价值，应当不低于存款人可支取时应付的金额；通知存款的公允价值，应当不低于存款人要求支取时应付金额从可支取的第一天起进行折现的现值。

第五十二条　金融工具不存在活跃市场的，企业应当采用估值技术确定其公允价值。采用估值技术得出的结果，应当反映估值日在公平交易中可能采用的交易价格。估值技术包括参考熟悉情况并自愿交易的各方最近进行的市场交易中使用的价格、参照实质上相同的其他金融工具的当前公允价值、现金流量折现法和期权定价模型等。

企业应当选择市场参与者普遍认同，且被以往市场实际交易价格验证具有可靠性的估值技术确定金融工具的公允价值：

（一）采用估值技术确定金融工具的公允价值时，应当尽可能使用市场参与者在金融工具定价时考虑的所有市场参数，包括无风险利率、信用风险、外汇汇率、商品价格、股价或股价指数、金融工具价格未来波动率、提前偿还风险、金融资产或金融负债的服务成本等，尽可能不使用与企业特定相关的参数。

（二）企业应当定期使用没有经过修正或重新组合的金融工具公开交易价格校正所采用的估值技术，并测试该估值技术的有效性。

（三）金融工具的交易价格应当作为其初始确认时的公允价值的最好证据，但有客观证据表明相同金融工具公开交易价格更公允，或采用仅考虑公开市场参数的估值技术确定的结果更公允的，不应当采用交易价格作为初始确认时的公允价值，而应当采用更公允的交易价格或估值结果确定公允价值。

第五十三条　初始取得或源生的金融资产或承担的金融负债，应当以市场交易价格作为确定其公允价值的基础。

债务工具的公允价值，应当根据取得日或发行日的市场情况和当前市场情况，或其他类似债务工具（即有类似的剩余期限、现金流量模式、标价币种、信用风险、担保和利率基础等）的当前市场利率确定。

债务人的信用风险和适用的信用风险贴水在债务工具发行后没有改变的，可使用基准利率估计当前市场利率确定债务工具的公允价值。债务人的信用风险和相应的信用风险贴水在债务工具发行后发生改变的，应当参考类似债务工具的当前价格或利率，并考虑金融工具之间的差异调整，确定债务工具的公允价值。

第五十四条　企业采用未来现金流量折现法确定金融工具公允价值的，应当使用合同条款和特征在实质上相同的其他金融工具的市场收益率作为折现率。金融工具的条款和特征，包括金融工具本身的信用质量、合同规定采用固定利率计息的剩余期间、支付本金的剩余期间以及支付时采用的货币等。

没有标明利率的短期应收款项和应付款项的现值与实际交易价格相差很小的，可以按照实际交易价格计量。

第五十五条　在活跃市场中没有报价的权益工具投资，以及与该权益工具挂钩并须通过交付该权益工具结算的衍生工具，满足下列条件之一的，表明其公允价值能够可靠计量：

（一）该金融工具公允价值合理估计数的变动区间很小。

（二）该金融工具公允价值变动区间内，各种用于确定公允价值估计数的概率能够合理地确定。

第八章　金融资产、金融负债和权益工具定义

第五十六条　金融资产，是指企业的下列资产：

（一）现金；

（二）持有的其他单位的权益工具；

（三）从其他单位收取现金或其他金融资产的合同权利；

（四）在潜在有利条件下，与其他单位交换金融资产或金融负债的合同权利；

（五）将来须用或可用企业自身权益工具进行结算的非衍生工具的合同权利，企业根据该合同将收到非固定数量的自身权益工具；

（六）将来须用或可用企业自身权益工具进行结算的衍生工具的合同权利，但企业以固定金额的现金或其他金融资产换取固定数量的自身权益工具的衍生工具合同权利除外。其中，企业自身权益工具不包括本身就是在将来收取或支付企业自身权益工具的合同。

第五十七条　金融负债，是指企业的下列负债：

（一）向其他单位交付现金或其他金融资产的合同义务；

（二）在潜在不利条件下，与其他单位交换金融资产或金融负债的合同义务；

（三）将来须用或可用企业自身权益工具进行结算的非衍生工具的合同义务，企业根据该合同将交付非固定数量的自身权益工具；

（四）将来须用或可用企业自身权益工具进行结算的衍生工具的合同义务，但企业以固定金额的现金或其他金融资产换取固定数量的自身权益工具的衍生工具合同义务除外。其中，企业自身权益工具不包括本身就是在将来收取或支付企业自身权益工具的合同。

第五十八条　权益工具，是指能证明拥有某个企业在扣除所有负债后的资产中的剩余权益的合同。

企业会计准则第28号——会计政策、会计估计变更和差错更正

第一章 总则

第一条 为了规范企业会计政策的应用，会计政策、会计估计变更和前期差错更正的确认、计量和相关信息的披露，根据《企业会计准则——基本准则》，制定本准则。

第二条 会计政策变更和前期差错更正的所得税影响，适用《企业会计准则第18号——所得税》。

第二章 会计政策

第三条 企业应当对相同或者相似的交易或者事项采用相同的会计政策进行处理。但是，其他会计准则另有规定的除外。

会计政策，是指企业在会计确认、计量和报告中所采用的原则、基础和会计处理方法。

第四条 企业采用的会计政策，在每一会计期间和前后各期应当保持一致，不得随意变更。但是，满足下列条件之一的，可以变更会计政策：

（一）法律、行政法规或者国家统一的会计制度等要求变更。

（二）会计政策变更能够提供更可靠、更相关的会计信息。

第五条 下列各项不属于会计政策变更：

（一）本期发生的交易或者事项与以前相比具有本质差别而采用新的会计政策。

（二）对初次发生的或不重要的交易或者事项采用新的会计政策。

第六条 企业根据法律、行政法规或者国家统一的会计制度等要求变更会计政策的，应当按照国家相关会计规定执行。

会计政策变更能够提供更可靠、更相关的会计信息的，应当采用追溯调整法处理，将会计政策变更累积影响数调整列报前期最早期初留存收益，其他相关项目的期初余额和列报前期披露的其他比较数据也应当一并调整，但确定该项会计政策变更累积影响数不切实可行的除外。

追溯调整法，是指对某项交易或事项变更会计政策，视同该项交易或事项初次发生时即采用变更后的会计政策，并以此对财务报表相关项目进行调整的方法。

会计政策变更累积影响数，是指按照变更后的会计政策对以前各期追溯计算的列报前期最早期初留存收益应有金额与现有金额之间的差额。

第七条 确定会计政策变更对列报前期影响数不切实可行的，应当从可追溯调整的最早期间期初开始应用变更后的会计政策。

在当期期初确定会计政策变更对以前各期累积影响数不切实可行的，应当采用未来适用法处理。

未来适用法，是指将变更后的会计政策应用于变更日及以后发生的交易或者事项，或者在会计估计变更当期和未来期间确认会计估计变更影响数的方法。

第三章 会计估计变更

第八条 企业据以进行估计的基础发生了变化，或者由于取得新信息、积累更多经验以及后来的发展变化，可能需要对会计估计进行修订。会计估计变更的依据应当真实、可靠。

会计估计变更，是指由于资产和负债的当前状况及预期经济利益和义务发生了变化，从而对资产或负债的账面价值或者资产的定期消耗金额进行调整。

第九条 企业对会计估计变更应当采用未来适用法处理。

会计估计变更仅影响变更当期的，其影响数应当在变更当期予以确认；既影响变更当期又影响未来期间的，其影响数应当在变更当期和未来期间予以确认。

第十条 企业难以对某项变更区分为会计政策变更或会计估计变更的，应当将其作为会计估计变更处理。

第四章 前期差错更正

第十一条 前期差错，是指由于没有运用或错误运用下列两种信息，而对前期财务报表造成省略或错报。

（一）编报前期财务报表时预期能够取得并加以考虑的可靠信息。

（二）前期财务报告批准报出时能够取得的可靠信息。

前期差错通常包括计算错误、应用会计政策错误、疏忽或曲解事实以及舞弊产生的影响以及存货、固定资产盘盈等。

第十二条 企业应当采用追溯重述法更正重要的前期差错，但确定前期差错累积影响数不切实可行的除外。

追溯重述法，是指在发现前期差错时，视同该项前期差错从未发生过，从而对财务报表相关项目进行更正的方法。

第十三条 确定前期差错影响数不切实可行的，可以从可追溯重述的最早期间开始调整留存收益的期初余额，财务报表其他相关项目的期初余额也应当一并调整，也可以采用未来适用法。

第十四条 企业应当在重要的前期差错发现当期的财务报表中，调整前期比较数据。

第五章 披露

第十五条 企业应当在附注中披露与会计政策变更有关的下列信息：

（一）会计政策变更的性质、内容和原因。

（二）当期和各个列报前期财务报表中受影响的项目名称和调整金额。

（三）无法进行追溯调整的，说明该事实和原因以及开始应用变更后的会计政策的时点、具体应用情况。

第十六条 企业应当在附注中披露与会计估计变更有关的下列信息：

（一）会计估计变更的内容和原因。

（二）会计估计变更对当期和未来期间的影响数。

（三）会计估计变更的影响数不能确定的，披露这一事实和原因。

第十七条 企业应当在附注中披露与前期差错更正有关的下列信息：

（一）前期差错的性质。

（二）各个列报前期财务报表中受影响的项目名称和更正金额。

（三）无法进行追溯重述的，说明该事实和原因以及对前期差错开始进行更正的时点、具体更正情况。

第十八条 在以后期间的财务报表中，不需要重复披露在以前期间的附注中已披露的会计政策变更和前期差错更正的信息。

企业会计准则第29号——资产负债表日后事项

第一章 总则

第一条 为了规范资产负债表日后事项的确认、计量和相关信息的披露，根据《企业会计准则——基本准则》，制定本准则。

第二条 资产负债表日后事项，是指资产负债表日至财务报告批准报出日之间发生的有利或不利事项。财务报告批准报出日，是指董事会或类似机构批准财务报告报出的日期。

资产负债表日后事项包括资产负债表日后调整事项和资产负债表日后非调整事项。

资产负债表日后调整事项，是指对资产负债表日已经存在的情况提供了新的或进一步证据的事项。

资产负债表日后非调整事项，是指表明资产负债表日后发生的情况的事项。

第三条 资产负债表日后事项表明持续经营假设不再适用的，企业不应当在持续经营基础上编制财务报表。

第二章 资产负债表日后调整事项

第四条 企业发生的资产负债表日后调整事项，应当调整资产负债表日的财务报表。

第五条 企业发生的资产负债表日后调整事项，通常包括下列各项：

（一）资产负债表日后诉讼案件结案，法院判决证实了企业在资产负债表日已经存在现时义务，需要调整原先确认的与该诉讼案件相关的预计负债，或确认一项新负债。

（二）资产负债表日后取得确凿证据，表明某项资产在资产负债表日发生了减值或者需要调整该项资产原先确认的减值金额。

（三）资产负债表日后进一步确定了资产负债表日前购入资产的成本或售出资产的收入。

（四）资产负债表日后发现了财务报表舞弊或差错。

第三章 资产负债表日后非调整事项

第六条 企业发生的资产负债表日后非调整事项，不应当调整资产负债表日的财务报表。

第七条 企业发生的资产负债表日后非调整事项，通常包括下列各项：

（一）资产负债表日后发生重大诉讼、仲裁、承诺。

（二）资产负债表日后资产价格、税收政策、外汇汇率发生重大变化。

（三）资产负债表日后因自然灾害导致资产发生重大损失。

（四）资产负债表日后发行股票和债券以及其他巨额举债。

（五）资产负债表日后资本公积转增资本。

（六）资产负债表日后发生巨额亏损。

（七）资产负债表日后发生企业合并或处置子公司。

第八条 资产负债表日后，企业利润分配方案中拟分配的以及经审议批准宣告发放的股利或利润，不确认为资产负债表日的负债，但应当在附注中单独披露。

第四章 披露

第九条 企业应当在附注中披露与资产负债表日后事项有关的下列信息：

（一）财务报告的批准报出者和财务报告批准报出日。

按照有关法律、行政法规等规定，企业所有者或其他方面有权对报出的财务报告进行修改的，应当披露这一情况。

（二）每项重要的资产负债表日后非调整事项的性质、内容，及其对财务状况和经营成果的影响。无法做出估计的，应当说明原因。

第十条 企业在资产负债表日后取得了影响资产负债表日存在情况的新的或进一步的证据，应当调整与之相关的披露信息。

主要参考文献

[1] 财政部会计司编写组. 企业会计准则讲解（2006）[M]. 北京：人民出版社，2007.

[2] 财政部会计司编写组. 企业会计准则讲解（2010）[M]. 北京：人民出版社，2010

[3] 财政部会计资格评价中心. 2015年全国会计专业技术资格考试辅导教材——初级会计实务[M]. 北京：中国财政经济出版社，2015.

[4] 财政部会计资格评价中心. 2016年全国会计专业技术资格考试辅导教材——中级会计实务[M]. 北京：经济科学出版社，2016.

[5] 查尔斯·T. 亨格瑞，小沃尔特·T. 哈里森. 会计学（第9版）. 财务会计分册[M]. 北京：清华大学出版社，2013.

[6] 陈少华. 会计学原理（第2版）（21世纪会计学系列教材）[M]. 厦门：厦门大学出版社，2006.

[7] 葛家澍. 《中级财务会计学（第三版）》学习指导用书[M]. 北京：中国人民大学出版社，2008.

[8] 葛家澍，林志军. 现代西方会计理论[M]. 厦门：厦门大学出版社，2011.

[9] 何哲，刘冬荣. 非货币性资产交换会计准则的国际比较研究[J]. 财会研究，2013（3）：28-33.

[10] 李定清，陈红. 中级财务会计[M]. 北京：科学出版社，2015.

[11] 李林杰，李宝广，王殿玉. 新企业会计准则与纳税处理 [M]. 北京：经济科学出版社，2008.

[12] 林源，孙晓梅. 中级财务会计[M]. 北京：清华大学出版社，2014.

[13] 刘永泽，陈立军. 中级财务会计（第四版）/东北财经大学会计学系列配套教材[M]. 大连：东北财经大学出版社，2014.

[14] 罗勇. 高级财务会计[M]. 上海：立信会计出版社，2012.

[15] 蒙丽珍，蒋晓凤，梁素萍. 新企业会计准则应用讲解[M]. 大连：东北财经大学出版社，2014.

[16] 企业会计准则编审委员会. 企业会计准则操作实务[M]. 上海：立信会计出版社，2007.

[17] 企业会计准则编审委员会. 企业会计准则案例讲解 [M]. 上海：立信会计出版社，2016.

[18] 企业会计准则编审委员会. 企业会计准则应用指南：含企业会计准则及会计科目（2015年版）[M]. 上海：立信会计出版社，2015.

[19] 潘远增，廖德英. 或有事项及期后事项的特殊案例剖析——口蹄疫事件查核程序及报告书[J]. 财会通讯，2001（1）：36-38.

[20] 宋建波，文雯. 长期股权投资成本法转权益法的会计处理探讨——基于大富科技的案例研究[J]. 国际商务财会，2015（8）：16-19.

[21] 谭美村. 非货币性资产交换对上市公司的影响[J]. 商业会计，2012（9）：85-87.

[22] 王建新. 国际财务报告准则简介及与中国会计准则比较[M]. 北京：人民出版社，2008

[23] 王军. 学习好宣传好贯彻好新会计准则全面提升会计工作在经济社会发展中的服务效能[J]. 商业会计，2006（10S）：3-6.

[24] 王军. 认真学习贯彻企业会计准则体系，切实维护资本市场稳定持续发展[J]. 会计研究，2007（1）：3-9.

[24] 温美琴，施元冲. 中级财务会计[M]. 北京：人民邮电出版社，2014.

[25] 许太谊. 最新企业会计准则及相关法规应用指南[M]. 北京：中国市场出版社，2015.

[26] 杨平波，孙灿明. 高级财务会计[M]. 长沙：湖南大学出版社，2012.

[27] 杨有红，张丽丽. 关于完善《或有事项》和《资产负债表日后事项》准则的几点建议——一桩未决诉讼案件引起的思考[J]. 北京工商大学学报社会科学版，2012（1）：82-86.

[28] 余蔚平. 认真贯彻企业会计准则全面提升会计信息质量[J]. 会计研究，2014（6）：4-7.

[29] 曾小青，甘书敏. 从债务重组核算看我国会计准则的国际趋同[J]. 财会月刊：2009（6）.

[30] 郑小兰，饶永华. 积极学习与有效实施新会计准则[J]. 价格月刊，2007（1）：90-92.

[31] 中国注册会计师协会. 2015年度注册会计师全国统一考试辅导教材——会计[M]. 中国财政经济出版社，2015.

[32] 中国注册会计师协会. 2016年度注册会计师全国统一考试辅导教材——会计[M]. 中国财政经济出版社，2016.

[33] 中华会计网校. 财务与会计：经典题解[M]. 北京：人民出版社，2014.

[34] 朱学军. 利用会计差错更正进行盈余管理会增加税负成本吗？——基于北京湘鄂情股份有限公司的案例分析[J]. 商业会计，2014（16）：5-7.